U0680870

倾听数据的声音

——技术赋能的课堂教学改进

主　编　谈莉莉

副主编　吴旻烨　洪玲芳

文汇出版社

本书编委会

主　编　谈莉莉

副主编　吴旻烨　洪玲芳

编　委　徐　弘　崔　颖　王　娟

　　　　杨丽莉　谭　懿

序

    人类教育的发展，在很大程度上体现了科学技术的发展。教育融合技术，运用技术推动教育的变革，越来越成为时代的特征和改革的必然。如何运用信息技术的优势，推动技术赋能的教育变革，已经成为当今学校教育整体改革与发展的重要问题域。对学校教育而言，最为重要的就是把握信息时代的教育发展脉搏，结合学校的实际，以扎扎实实的校本行动探索信息技术与学校课程、教学、评价等实践领域的深度契合，打造彰显信息时代特征的、有效的学校课程教学体系。

    上海市宝山区第二中心小学是一所在宝山区乃至全上海都有较强影响力的优质学校。近年来，学校认真贯彻落实党的教育方针，遵循新时代基础教育改革发展规律，以人本主义思想为核心，以符合师生生命成长需要为出发点，提出并践行"活力"教育思想，形成了"让每一个师生彰显生命活力"的办学理念，打造了支撑活力教育的课程体系、教学体系、师资体系、管理体系、保障体系，推动了指向于活力管理的学校系统性变革，有效提升了课程教学质量，回应了区域百姓对于家门口新优质学校的需求。在这个过程中，学校特别注重探索信息技术支撑的课程与教学改革，试图通过信息技术的有效运用，实现学校整体改革发展的转型升级。学校以市级、区级的科研项目为引领，组织不同学科的教师积极投身信息技术支撑的教学变革行动研究，不仅营造了良好的校本研究氛围，也产生了大量具有价值的研究成果，现在呈现给广大读者的这本《倾听数据的声音——技术赋能的课堂教学改进》一书就是其中的优秀代表。总体上看，本书的研究和写作具有三个方面的显著特征：

    首先，这是一本有思想价值的著作。教育研究是兼具理论性和实践性的活动,这意味着作为一项研究成果,不仅需要呈现"怎么做"的实践策略,也要体现这种行动背后的思考和设计,回答教育"是什么"的规律性问题。随着信息技术与学校课程教学融合的加速,当前,很多学校都开展了信息技术支撑下的教学改革尝试,引导教师学会收集、分析和运用数据,并且在实践领域取得了很多的成果。但是本书的写作,不满足于教师实践案例、行动策略的简单堆积,而是在每一部分具体内容的呈现之初,作者都对这一部分内容涉及的核心问题进行了理性的思考,阐述了学校基于信息技术的课程教学改革不同维度、不同层面的思考,这就在很大程度上提升了本书的研究价值,体现了学校管理者和教师对于新时代基于信息技术的课程教学变革的校本化个性化认识,也让他们的研究意识、研究思维、研究能力在本书的写作过程中得到了很好的展现。

其次,这是一本有系统思维的著作。信息技术对于教学的改进,是一种系统性的重塑。本书在进行研究和写作的过程中,非常注重运用整体性思维,力求全面展示学校在基于信息技术的课程教学变革中的整体性设计和行动。全书从基于数据分析的教学设计改进、教学实施改进、教学评价改进和教学保障改进四个维度全面呈现了教学过程中如何通过信息技术、运用数据分析来改善教学的思考和行动,涵盖了完整教学的主要过程和元素,体现了一种教学改进中的系统性思维,也便于读者从不同维度思考和借鉴数据驱动的教学改进的具体理念和方法。

最后,这是一本有借鉴意义的著作。随着信息技术在教育领域的充分运用,技术赋能已经成为教育信息化领域的研究热点和实践突破口。面对信息时代的教学需求,教师普遍存在"教学改进凭借主观臆断""数据与教学改进关联度低""数据素养不高"等问题。基于这样的问题,宝山区第二中心小学依托全校教师共同参与的校本行动研究,建立了以教学改进为标志的"采集数据→分析数据→运用数据"闭环式实践路径,形成了数学、语文、科学、综合四个课程领域的基于信息技术和数据分析的教学改进案例、方法,这些案例和方法不仅已经在学校的教学实践中得到了应用,而且也在上海市见习教师规范化培训基地、长三角骨干校长挂职进修基地等项目中进行了推广和运用，并获得了一致好评。本书的研究内容和呈现的结论，具有鲜明的实践价值，能够为同类学校、教师深入推动信息技术支撑的课程教学变革提供借鉴价值。

总体而言，信息技术的快速发展，催生了教育实践样态的变革。信息技术，不仅是一种新的技术样态，也是一种新的教育理念，这一理念隐含着人们对于信息时代教育现象（活动）的理性认识、理想追求及其所形成的教育思想观念和教育哲学观点，这一理念催生和促进着信息时代的教育教学目的、价值和转型以及实践样态的变革。要让教育真正适应这种变革，就要着力提升教师的数据素养，提升技术与教学的融合程度，提升现代教育的信息化、智能化水平。信息技术与教学的融合越来越成为一种教育的新常态，也加剧了学校层面对于数据驱动的课程教学变革探索的紧迫性需求。推动信息技术与课程教学的深度融合，既需要国家、区域层面的整体顶层设计，更需要每一所学校扎实的校本探索。期待在信息技术的支撑下，学校课程教学的明天更具光明，期待《倾听数据的声音——技术赋能的课堂教学改进》这样优质的校本研究成果更多地呈现，期待"面向人人、适合人人"的学校教育成为人民群众满意的现实。

上海市教育学会会长 尹后庆

2022 年 5 月 8 日

自　　序

　　教学行为是教师为实现一定教学目标所采用的一系列问题解决行为,是教师整体素质的外化形式,具有丰富的内涵与价值。教师教学行为的改进是教育质量提升的有效载体,是课程教学变革的题中之义,也是教师专业发展的重要维度。

　　信息技术的发展、大数据的运用,是未来教育的核心特征,为分析和改进教师教学行为提供了新的可能和空间。探索基于数据分析的教师教学行为改进校本策略,是学校主动应对信息时代教育变革,打造着眼于未来的高质量人才培养体系和教师专业发展支持体系的理性选择。

　　面对郊区教师"教学改进凭借主观臆断""数据与教学改进关联度低"等问题,宝山区第二中心小学建立了以教学改进为标志的"采集数据→分析数据→运用数据"闭环式实践路径,开展了10年系统实践,取得一系列成果:

　　构建了数据采集四维度模型,实时、客观地表征学生的学科能力与学习动力,准确发现教师的教学行为问题,动态预测学生学科能力与学习动力的变化。研发了数字化数据采集平台,诊断学生现状,即时采集数据,初步处理数据。设计了数据分析流程图,从多个角度,在不同类型数据之间进行关联分析。建构了常态运行机制"基于数据分析的教学五流程",通过数据分析精准把握学情,指导日常教学。形成了长效推进机制"基于数据分析的'教科研训一体化'研训范式"和"教研组公转带动教师个体自转的协同攻关行动模式",持续推进教学改进,提炼实践策略。

　　成果体现出"实证导向—数据为基—经验融合—精准教学""教研—科研—师训一体"的特点,应用于多所薄弱学校改革实践,在国内核心期刊和学术会议上发表,转化为上海市见习教师规范化培训基地、长三角骨干校长挂职进修基地的师训资源,成为上海市教育评价改革优秀典型案例,成为教育部2020年全国中小学教师信息技术应用能力提升工程2.0典型案例,并在全国进行宣讲,得到《文汇报》等媒体多次报道,产生了积极、广泛的影响,致力于在技术与教学的深度融合中建构未来学校教育的新样态。

2022年6月8日

前　　言

　　近年，宝山区先后成为了教育部以人工智能助推教师队伍建设和上海市教育数字化转型的双试点区。到 2023 年，宝山要基本建成"云网边端"一体化的环境，逐步形成智慧教育生态，实现教育数字基座在区域内学校全面覆盖，实现各种智能助手常态化应用基本形成。基于多维度数据的综合评价要实现应用场景涵盖教育教学全流程，涉及教育新基建、教育数字基座、智慧生态系统、教育评价、智能助手、教育应用场景这 6 大方面。教育数字化转型并非一蹴而就，宝山区在探索过程中以点带面，基于推进教育的公平优质均衡发展，围绕这 6 大主要任务，在全链条转型的道路上积极探索。一批新基建、新的数字化产品项目先后落地，一批先行先试的学校先后在教育数字化转型方面做出了积极的贡献。

　　宝山区第二中心小学就是其中的一个典型，学校围绕"基于数据分析改进教学行为的校本行动"，开展了具有开拓性的实践探索。学校充分利用数字技术深度赋能、创新教育评价，在很大程度上以学习的评价方式影响了教与学的方式，利用数字技术对教育系统的评价方式进行改革，制定数据采集的校本化标准，推进学生综合素质数据的全方位采集，制定综合素质评价体系和标准，推进学生新型能力建设，促进评价过程与学习过程的紧密结合，在学习过程中完成评价。

　　教育理应与时俱进，紧跟时代发展的潮流。从数字社会的角度重新思考人才培养的模式优化和升级，进行数字化的学习环境变革，探索教育教学和评价的模式，推动体制和机制的创新，建立适应智能时代的包容、公平、绿色、高质量和可持续的智慧教育体系。正所谓光荣与使命交融，责任与担当同在，希望我们全体教育工作者齐心协力、满怀信心、攻坚克难、开拓创新,深入推进全面落实教育数字化转型的各项工作,共同促进教育数字化全面赋能教育综合改革发展的宝山教育新格局。

上海市宝山区教育局局长 张治

2022 年 8 月 8 日

目　　录

总报告
经验+实证：课堂教学行为改进的10年实践

谈莉莉

一、问题的提出

中小学学生学业负担过重的问题在我国由来已久，是长期困扰我国基础教育的顽症，已成为当前推进教育强国的障碍之一，受到社会各界的广泛关注。20世纪90年代后，人们对教育的反思日益强烈，从教育部到地方各级教育行政部门不断出台减负政策以推行减负工作。1993年，国家教委就下发了《关于减轻义务教育阶段学生过重课业负担，全面提高教育质量的指示》。尽管如此，学生过重负担久减不下，不断反弹，甚至出现了"校内减负，校外增负"的现象。究其原因，除了义务教育不均衡、"五唯"顽疾难破，以及减负政策作为一种外在规则，在转化为内在规则的过程中顺从传统惯性这些深层次的原因，还有一个关键在于"只减数量，不提质量"的减负是无效的。而减轻学生负担和提高教学质量之间，教师能否精准把握教情、学情，不断改进教学行为是重要的纽带。

21世纪后，上海市的公办学校教育水平普遍提升，但宝山、嘉定、金山等郊区与市中心城区教育质量上仍有落差。郊区不太理想的生源结构，直接导致教师教学观、质量观相对固化，重复着"经验为先"的传统教学，缺少基于实证改进教学的意识。而相对偏远的地理位置，使得教师专业知识拓展所需要的信息资源、学术资源相对短缺，以致教师未能及时、有效地获取和补充专业知识，专业知识结构出现不均衡的现象，数据素养更是远低于中心城区的教师。教师良好的数据素养可以支撑教师精准把握学情、教情，基于实证数据改进教学，进而有效推动减负增效的实现。

10年前，宝山区第二中心小学作为一所乡镇中心校，也面临着上述问题。

一方面,经验教师习惯凭借经验做好"兜底"工作,单纯的经验导向使教育决策的针对性不强;而青年教师对学情的把握精准度不足,教学上的自我反思比较片面,对于如何改进教学缺少方向。另一方面,由于数据素养的不足,教师对于如何采集、分析数据,并应用于改进教学缺少方法和行动。以上两个问题造成了学生学习负担过重、教学质量不高,家长对学校失去信心,生源外流。

本项目研究成果主要包括教学行为改进和教师数据素养提升两个方面,着重解决教师如何采集、分析数据,获取科学决策的有效信息,改进教育教学行为,减轻学生负担,提高教育质量的问题。

二、解决问题的过程与方法

本研究的核心问题是:教师如何融合经验与实证,持续改进教学,推动减负增效。我们结合"内向视角"的经验提炼与"外向视角"的专家意见,将核心问题分解为三个关键问题:确定以教学改进为标志的数据观、提升教师数据素养、变革教学改进方式。10年来,我们以行动研究为主线,综合运用调查研究、经验总结、案例分析等方法,开展了以下实践:

第一阶段(2011年1月—2011年8月):梳理问题,探究成因。

围绕教学改进中的难点、盲点,开展调查研究,发现教师普遍存在教学改进凭借主观臆断的问题,共同原因是数据素养不足:经验教师过分依赖经验,缺少实证意识;青年教师难以在数据和教学改进之间建立联系。

第二阶段(2011年9月—2017年1月):构建路径,全面实施。

构建了"采集数据→分析数据→运用数据"的闭环式实践路径,在语、数、英、综合四个课程领域全面实施。建立以教学改进为标志的数据观,研读指导文件,挖掘实践经验,参考专家意见,确定数据采集四维度:学习过程表现性数据、学习成果阶段性数据、学业质量增值性数据、学习环境调查性数据;研发数字化数据采集平台,提高数据采集效率;设计数据分析流程图,引领教师从多角度进行关联分析,探究教学问题及内因;建构"基于数据分析的教学五流程",教师解读数据获取信息,把握学情,精准设计校本课程、教学目标、活动任务,同时外显教学的思路方法和优化教学行为。

第三阶段(2017年2月—2019年12月):基于反思,循环改进。

本阶段由于教师队伍年轻化,一些教师内驱力不足、参与度不高,教学持续改进受阻。为解决这一问题,建构"基于数据分析的教科研训一体化"研训范式,以科研为导向,以教研活动为载体,开展行动研究,并在"教研组公转带动教师个体自转"行动模式下,提炼教学改进策略。

第四阶段(2020年1月—2021年10月):广泛应用,发挥影响。

本阶段为推广总结阶段,跨区、跨省市推广"采集数据→分析数据→运用数据"的实践路径和"基于数据分析的教科研训一体化"研训范式,在全国、市级、区级共进行9次成果交流,3所薄弱学校开展实践,发表6篇成果论文,积累了40多个案例,多篇论文和案例在市区级层面获奖。

三、成果的主要内容

学校历经10年,通过**以教学改进为标志的"采集数据→分析数据→运用数据"闭环式实践路径**,勾连数据分析与教学行为改进,在我市郊区学校,率先实现教师教学改进从主观臆断走向基于"经验＋实证",从感性思考走向理性研判,推动减负增效,推进了我市城乡教育一体化的发展。具体成果如下:

(一)构建了数据采集四维度模型

采集数据是开展基于数据改进课堂教学的先决条件。哪些数据可以表征学生的学科能力和学习动力表现?哪些因素影响了教师的教学行为?如何避免教师只关注学业成绩的数据,而陷入另一种"唯分数论"?

由此,学校确定了以教学改进为标志的数据观:实时、客观地表征学生的学科能力与学习动力;准确发现教师的教学行为问题和学生的学习困难;动态预测学生学科能力与学习动力的变化。再组织教师研读指导文件,挖掘实践经验,参考专家意见,构建数据采集四维度模型。首先,以学科为单位,由各教研组组长牵头,组织学科教师研读课程标准、教学基本要求等指导性文件,梳理好从学科课程标准、学科核心素养到具体教学目标和教学内容,再到具体评价内容的落地路径,形成"解读课程标准→对标核心素养→确定教学目标→选择教学内容→确定评价内容"的流程。其次,学校从实践经验出发,发现学习习惯、学习兴趣等非智力因素对于提升学习动力,减轻学生学业心理负担有积极作用。因此,组织教师对各个年级、各个学科的评价内容进行精细化分解,强调尊重学生个体差异,关注非智力因素,以助推学生综合素质的整体提升和促进个体发展。最后,学校邀请专家指导,根据专家意见,参考绿色指标体系,最终确定了从"学习过程表现性数据""学业水平阶段性数据""学业质量增值性数据""学习环境调查性数据"四个维度全面采集数据。(见图1)

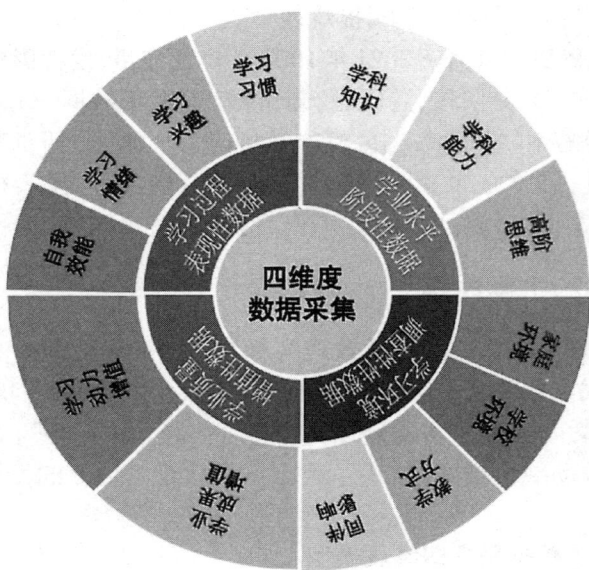

图1　四维度数据采集模型

　　学校在四个维度的基础上，再进行细化，确定观察点，便于一线教师操作。学习过程表现性数据，即学生在学习过程中，影响学生发展的非智力因素，包括学习习惯、学习兴趣、学习情绪和自我效能。学业水平阶段性数据，包括学生在某一阶段、某一个学科应该掌握的基本知识与核心能力，以及高阶思维能力。学业质量增值性数据则是追踪学生在一段时间内学习动力和学习成果的变化，测量一定时间内学生的进步幅度。而学习环境调查性数据则是为探讨影响学生发展和造成学生发展困难的原因服务。

　　（二）研发了数字化数据采集平台

　　如何让数据采集更加便利，而不增加教师负担？学校研发了数字化平台，优化数据采集方式。数据采集主要通过独立开发的数字化平台，包括大拇指徽章评价平台和学生学业水平绿色评价标准平台。教师运用大拇指徽章平台对学生的学习过程表现进行全方位关注。（见图2）

　　学业水平绿色评价平台主要应用于学业水平阶段性数据采集。（见图3）

　　两个平台中，都包含了增值性评价模块，为每位学生绘制个人增值情况评价图，测量一定时间内学生的进步幅度。教师可以自主设计调查问卷，借助问卷，采集学习环境调查性数据。

图2 "大拇指徽章"平台

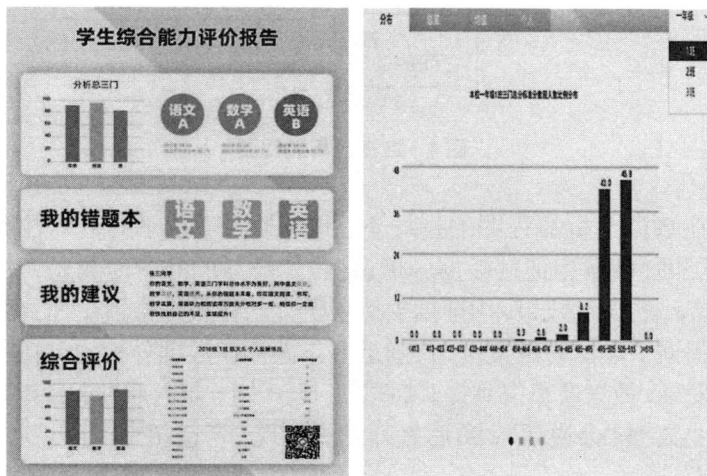

图3 学业水平绿色评价平台

（三）设计了数据分析流程图

信息技术可以提高数据分析的便利性，数字化数据采集平台也提供了丰富的数据分析图表，但教师解读数据时，仍然比较关注平均分、合格率等显性数据。为了帮助教师从海量的数据中剔除非常态、非典型的数据，提取对改进教学有价值的信息，学校立足一线教师操作，设计了数据分析流程图。（见图4）

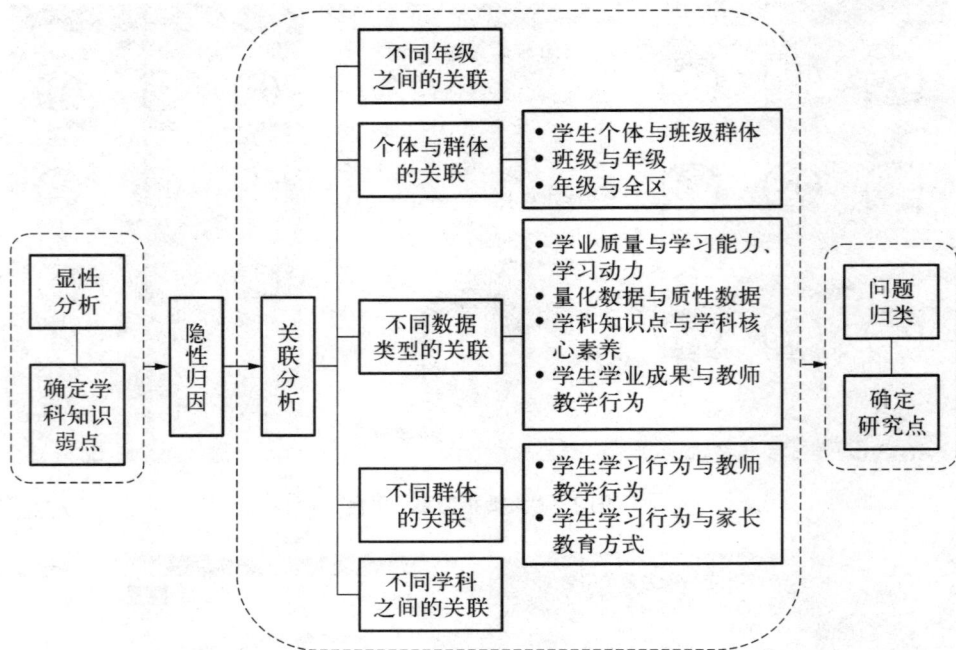

图4 数据分析流程图

教师在数据分析流程图的指导下，提升了课堂教学的针对性和实效性。在教研组层面，教研组通过数据分析，定位本学科的教学薄弱点，并借助数据分析教研实践的课堂效果，用证据支持了研究。在教师个人层面，经验教师和青年教师积累了数据分析案例，特别是青年教师在数据分析的支持下，实现了专业能力发展，教学质量得到提升，《文汇报》以《6年入职103名新教师，这个学校的学业数据"会说话"，90后教师发展实现"弯道超车"》为题，对此进行了深度报道。

（四）建构了常态运行机制"基于数据分析的教学五流程"

数据采集和分析，最终的目的都在于运用，这也是一线教师最为欠缺的能力。为此，学校通过教学流程管理，建构了常态运行机制"基于数据分析的教学五流程"，以促进教学改进，驱动教育质量提升。

学校设计的数据运用流程图，用于日常教学和课程开发，通过教学流程管理将其固化。（见图5）

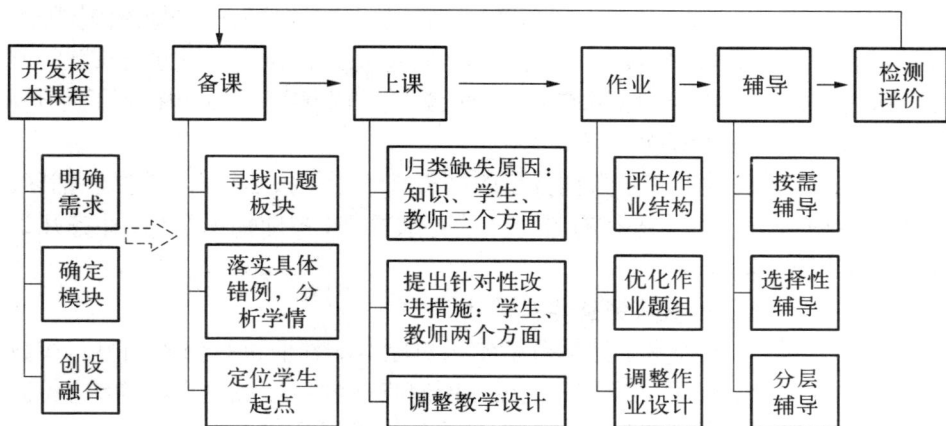

图5 基于数据分析的教学五流程

1.基于数据分析结果开发校本课程

教师通过数据分析，在课程设置上了解学生"缺什么""要什么""怎么给"等问题，开发更迎合学生需求、更符合学生实际、更适合学生发展的校本课程。以我校劳动教育课程开发为例，教师运用问卷调查法，从劳动意识、劳动情感、劳动能力和劳动创新四个维度设计问题进行网络调查，获取数据信息。通过对数据进行分类统计和归因分析后发现，劳动教育可以从"努力与坚持、幸福与价值、传统与传承、现代与创新"的角度出发，设计四个对应模块的课程内容。最后，通过创设与融合，形成了我校的"MAKE"劳动教育课程图谱，并试点开展了"大拇指梦工厂"课程。目前，我校已基于数据分析，开发了近10个校本课程。

2.基于数据分析定位学生学习起点

在备课环节，教师通过数据分析来定位学生的学习起点。以三年级数学《长、正方形的面积》一课为例，教师采用笔试测试和访谈结合的方法，对四个班级进行了前测。通过分析，发现大多数学生的认识是概念性错误，但具体的表现不同。再通过数据的对比分析，确定空间观念是本课核心素养中需要重点关注的，最后对教学设计进行调整。

3.基于数据分析结果调整教学设计

以美术学科《泥卷动物》一课为例，教师在试教过程中，使用评价量表进行评价。得到数据后，进行分析发现，90%学生都能做到造型完整，但是动态单一。通过归因分析,老师发现主要原因在于学生对于"生动"不理解,一味地模仿教师的示范。教师反思原本教学设计,从动态、表情、道具三个角度,细化创意实践的方法。经过改进,学生的作品在动态上有了改善,美术创意实践能力也得到了提升。

4. 基于数据分析结果分层辅导

在辅导环节,教师基于数据分析的结果来给学生按需辅导、选择性辅导,利用课余时间为学困生进行有针对性的补缺补差,梳理知识结构,补齐知识漏洞,而非简单地辅导作业。

5. 基于数据分析结果调整作业设计

在作业环节,教师基于数据分析结果对原有的作业进行修改调整。在数据分析的支持下,教师能够更好地评估所有作业的各项属性指标的结构,调整、优化作业题组,促进教师作业设计水平的不断提升。

(五)形成基于数据分析的"教科研训一体化"的研训范式,推进教学持续改进

基于数据分析的"教科研训一体化"的研训范式即以学科教研组、年级学科备课组为单位,解读数据,发现教学行为问题;科研引领,确立行动研究方案;教研落实,数据成为教研实证;师训跟进,研训助力教师成长。为了让教科研训一体化成为每一个教研组研究的基本路径,我校设计了"基于数据分析的教科研训一体化"范式图谱,并开展行动研究。

1. 厘清关系网

学校认识到教研、科研和师训工作是一种相互依存、共融共生的关系。三者之间的内部关系建构因为有了信息技术的支撑而变得更加顺畅——信息技术为教学研究提供了技术手段,为教育科研提供了数据分析,为教师培训提供了新式平台。

2. 设计路线图

将研究思路、研究设想可视化,便于参研教师操作。(见图6)

教研组根据平台自动生成的数据进行分析,发现学生的薄弱板块,将其作为改进方向,组织教师解读平台提供的各项数据,从学科知识本体、学生学习情况和教师教学行为三个维度进行关联分析,每个教师形成自己的教学改进方案。在此基础上,教研组对教师个人的教学改进方案进行汇总与梳理,细化成具体教学改进点,并以分工的形式开展研究。

3. 明确问题域

按照"数据分析—反思诊断—问题归类—研究改进"的路径,学校一共

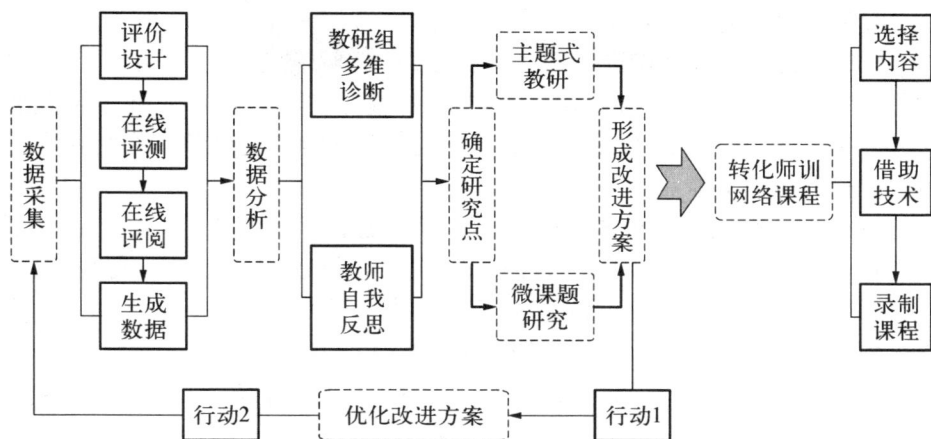

图6 基于数据分析的"教科研训一体化"协同攻关图谱

建构了涵盖7门学科的10个研究问题域（见表1），全面呈现了学校教师普遍关注和感到困惑的问题，为"教科研训一体化"教师专业发展范式的建构提供了现实载体。

表1 教学行为改进问题研究点

学　科	研　　究　　点
语文	阅读中推断能力的培养
	阅读中概括能力的培养
数学	解决问题能力的培养
	空间观念的培养
英语	语音中读音规则的运用
	阅读中逻辑思维能力的培养
体育	低年级计数跳短绳教学
音乐	小学竖笛起步阶段的教与学
美术	美术创意能力的培养
德育	特殊生的培养与转化

4. 研发课程群

学校对已积累的案例进行文本分析,选取内容,转化为师训网络课程,建构涵盖了学科教学、信息技术培训、探究性课程开发等多个领域、不同主题的教师网络培训课程群,为"教科研训一体化"教师专业发展范式在实践中的有序运行提供了支撑。

(六)基于协同攻关模式,提炼教学行为改进的实践策略

教师在"教研组公转带动教师个体自转"协同攻关的行动模式下,通过"聚焦问题—骨干先行—经验分享—个体实践—形成共识—化为策略",提炼改进教学行为的策略,以教研组的外驱力带动教师个体的内动力,外驱力与内动力共生,实现教师群体共同发展。(行动模式见图7)

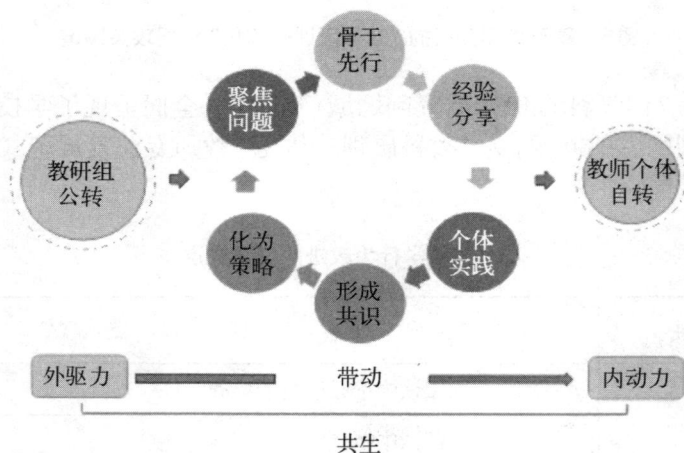

图7 "教研组公转带动教师个体自转"行动模式

1. 策略一:课堂讨论有效性策略

通过课堂观察,我们发现课堂讨论时学生的参与程度不均衡,往往是思维能力强、表达能力好的学生参与的机会更多,主导整个学习活动;其他学生只是听众,直接从同学的回答中获得信息,得不到独立思考、深度内化的机会。因此,要改变虚拟、无效的讨论,提高课堂讨论的有效性,提炼出三个策略:有主题的讨论,教师要充分思考讨论的主题,确定讨论的目标,避免漫无目的的讨论;有组织的讨论,教师要充分发挥好组织者的作用,协调课堂内的各种教学因素;有反馈的讨论,教师要充分发挥评价的作用,给学生以积极、

正面的反馈,鼓励学生发表观点。

2. 策略二：自主探究学习策略

在教师层面,我们通过课堂观察和教师访谈,发现虽然绝大多数教师都意识到"满堂灌"是一种不符合教育规律的教学模式,但是在实践中,许多教师仍无法摆脱对其的依赖。因此,我们提出"三个不替代":第一,不替代学生想,给予学生充分时间独立思考;第二,不替代学生说,给予学生充分时间自我表达;第三,不替代学生做,给予学生充分时间亲身实践。在学生层面,引导学生关注知识的链接和学法的迁移。"知识的链接"即在教学过程中,要注意将单个知识点串联为知识网络,在知识与知识之间建立联系。链接主要有四种方式:第一,深度链接,挖掘知识背景;第二,相似链接,寻找类似知识;第三,相关链接,找出相关联的知识;第四,应用链接,丰富使用场景。关注知识的链接,就是关注深度学习、主动探索。"学法的迁移"指的是课堂教学不仅要教学生"学会",更要教学生"会学"。实现"学法的迁移"有三个要点:第一,从教到用,在课堂中教给学生学习方法,再不断地运用和验证;第二,从扶到放,在课堂教学中,应向学生揭示出迁移的相似点;第三,从仿到创,在日常学习中,多进行一些"模仿",逐步从大同小异到小同大异,直至各具特色。

3. 策略三：学习动机激发策略

缓解学生学业心理负担,需要激活学生学习动机,促进主动学习,更要鼓励和保护学生的好奇心,缓解学生的畏难情绪。为此,我们提出"四聚一评"。"四聚"即"聚集、聚焦、聚齐、凝聚","一评"即"评价"。在教学的关键环节中,首先聚集学生的目光,让所有学生聚焦到核心问题上。其次,聚齐学生的不同想法,让所有学生参与讨论。最后,学生在思考辨析中,凝聚出核心智慧。在此过程中,教师关注整个学习过程,从习惯、兴趣、态度等方面出发,运用激励性、指导性评价语组织教学,创设和谐的学习环境。

4. 策略四：作业设计优化策略

核心素养的背景下,我们认为学生完成练习要重视在特定情境中对所掌握知识的操作和应用,而不是简单的机械刷题。因此,我们提出在练习设计时,做到"三有":第一,有趣味,设计游戏型练习,呵护学生的学习兴趣;第二,有思维,设计探究型练习,发展学生的思维品质;第三,有体验,设计实践型练习,增强学生的文化品格。

5. 策略五：高阶思维培养策略

高阶思维在各个学科之间都有交叉,同时各有侧重。我们认为,高阶思维的培养是一个动态过程,需要"五力整合",即整合提取力、发现力、联系力、思辨力、表达力。学生先在阅读中提取信息,在信息中发现问题,在问题中建立联系,在联系中进行思辨,在思辨中产生观点,最后用自己的话清晰表达。

四、效果与反思

(一)成果实践效果

2011—2014年,学校一年级入学人数呈逐年递增趋势。2014年,分校正式投入使用后,学校的入学压力才暂时得到缓解。10年间,学校实现了从"生源流失"到"生源回流"的逆转,成果实践效果显著。

1.落实减负增效,学生综合素养得到整体提升

学校在实践过程中理念发生转变,从关注智力因素到关注非智力因素、从关注学习结果到关注学习过程、从关注学业成绩到关注增值幅度,减轻了学生学习负担,增强了学习动力,艺术、体育、科技成绩斐然。从我校市区绿色指标测评结果可以看出,学生学业标准达成度指数和艺术素养指数达到高级水平,70%学生具备高层次思维能力。

2.践行闭环式实践路径,基于"经验+实证"的教学改进成为教师自觉

教师在"采集数据—分析数据—运用数据"的闭环中不断实践,基于"经验+实证"改进教学成为行动自觉。2021年3月,宝山区教育局进行视导。承担视导课的执教教师中,86%的教师教龄在5年以内,课堂优良率达到100%,优质课占63%。教师深度参与,课程领导力得到较大提升。5年来,学校新增13名高级教师,1名上海市特级校长,1名宝山区骨干校长,3名区学科带头人,10名教学能手,2名教坛新秀,1位教师获得上海市教书育人楷模称号,7位教师获市、区"优秀校长""园丁奖"等称号。6个学科被评为宝山区优秀教研组,其中数学为特优教研组,学校2020年被评为上海市优秀教师专业发展学校。

3.优化办学理念,学校发展能级水平得到提升

近5年学校教学质量高位稳定,学校办学满意度达90%以上。宝山区发展性督导评估报告中写道:"学校秉承'让每一个生命彰显活力'的办学理念,全面实施素质教育,获得了显著的办学成果,获得了师生、家长和社区的广泛认可和高度评价。"

4.跨区跨省市辐射,教改经验得到广泛认同

实践成果在宝山区菊泉学校、虎林路第三小学、陈伯吹实验小学3所薄弱学校同步实践应用。研究团队在上海市课程领导力年度大会、四川教育学会"教师教书育人叙事"大会、上海市教育委员会安徽省骨干校长评价能力提升研究班、上海电化教育馆安徽省中小学校长培训班等有影响力的重要会议、培训班上做了9次经验交流，报刊和电视主流媒体累计报道10余次。学校作为长三角骨干教师、骨干校长挂职进修基地，浙江兰溪、江苏泰州等多地学校派校长、教师来跟岗学习，福建、重庆、新疆、香港等多个省、市、区及特别行政区教师到校参观交流。学校教师通过行动实践，形成教科研成果，再通过信息技术转化为师训资源，开发教师研修课程，以微视频形式呈现，其中1个实践案例被评为教育部中小学教师信息技术应用能力提升工程2.0典型案例，5个课程被评为宝山区"十三五"优秀校本研修课程。

（二）反思与今后探索的方向

数据与教育的深度融合是一项需要长期研究的课题，还有很多问题需要做进一步深入研究：

1. 健全数据应用于教学常态的长效推进机制，持续推动减负增效

目前的实践成效证明，基于数据的教学改进可以是减负政策在学校层面落地的行动方向，值得我们进一步探索思考。

2. 进一步激发教师开展教学改进的内生动力，实现教师群体发展

如何激发教师的内生动力，给予教师更大的自主实践空间，也应该是我们今后研究的方向。

3. 充分发挥利用信息技术和人工智能的优势，提升学校能级水平

在教育数字化转型的趋势下，如何调动已有的信息技术资源，发挥人工智能的优势，提升学校专业品质的能级水平，将是我们努力的方向。

4. 建构教育集团内学校实践的协同联动模式，优化区域教育生态

在集团化办学的背景下，如何与集团内其他学校协同联动，成为优质资源的输出端，为优化区域教育生态服务，还需要积极的探索。

第一章 基于数据分析的教学设计改进

教学设计是教学的初始性环节,对于教学活动的顺利开展和教学成效的有效取得具有重要价值。教学设计,重在设计,而这种设计需要广泛占领和合理分析教情、学情。作为一种过程技术形式,教学设计一直随着技术形态的变化迅速而显著地变化着,经过半个多世纪的发展,现已成为一门比较成熟的学科,信息技术的发展,为教学设计合理、有效的提升提供了新的载体和可能。作为教师,要充分利用信息技术做好教学前的学生情况排查和统计分析,在这些分析的基础上把握每一节课在教学设计上的重点和难点,使教学设计做到有的放矢。本章节中呈现的8篇文章,展现了宝山区第二中心小学不同学科教师利用信息化手段分析学情的具体思考和行动,基于这样的分析,教师能够及时调整教学设计的重心,克服教学中的问题和缺陷,提升教学设计的趣味性和有效性,让数据驱动成为教师教学设计的重要抓手、成为提升课堂教学效能新的增长点。

让数据分析成为教学纠错的"啄木鸟"

——基于数据分析,明确低年级词语理解教学改进的方向

一、案例背景

"葡萄一大串一大串地挂在绿叶底下,有红的、白的、紫的、淡绿的,五光十色,美丽极了。"

师:同学们,读读这句话,谁知道"五光十色"是什么意思?

生1:"五光十色"就是颜色很多的意思。

师:说得没错!你是怎么知道的?

生1:我之前在一本课外书里看到过这个词,然后我就去问了妈妈,她告诉我"五光十色"是指颜色很多。

师:请教他人是个学习的好方法。还有谁知道"五光十色"是什么意思?

生2:老师,我也是在一本课外书里看到过这个词,然后妈妈带我在网上查到了这个词的意思,是指颜色有很多,很漂亮。

师:查阅资料也是个学习的好方法。还有吗?还有其他理解这个词语的方法吗?

教室里陷入了沉默,只剩下几只举起的小手,但得到的答案都不是老师真正想要的。

上述情况相信在很多低年级的课堂里都出现过。

我们经常会发现,低年级学生对于词语的理解往往是建立在请教他人、查阅工具书,或是死记硬背的基础上的,一旦碰到一些较为陌生抽象的词语,要么片面地去理解,要么完全失去了方向。

但是我们都知道,词语教学是小学语文的重要组成部分,是阅读教学的主要内容之一。查阅《义务教育语文课程标准(2011年版)》中的小学阶段

（1～6年级）阅读课程目标，发现对于词语的理解，在不同学段提出了既有联系又不断提升的要求：

第一学段：综合上下文和生活实际了解课文中词句的意思。

第二学段：能联系上下文，理解词语的意思，体会课文中关键词句在表情达意方面的作用。

第三学段：能联系上下文和自己的积累，推想课文中有关词句的意思，辨别词语的感情色彩，体会其表达效果。

不难发现，学生词语理解能力的培养是呈螺旋上升式的，也就是从低年级开始，我们就应该要逐步培养学生词语理解的能力，这样才能为日后的阅读理解能力打下坚实的基础。

那么，如何找寻词语教学过程中的问题，以此来明确教学改进的方向？数据是我们重要的抓手。有了数据，再借助学校课题组的数据分析流程图，精准地描述学生的学习行为表现，从而帮助我们找到教学改进的方向，做出决策。

二、数据分析

在二年级上学期的两次语文学科数字化调研中，通过数据能发现，不管是全年级的学生还是本班的学生，在阅读模块中的词语理解类题目上的失分率是比较高的。

表1　2021学年第一学期二年级语文学科数字化
调研阅读模块双向细目表（期中）

模块	题号	能 力 描 述	年级失分率	班级失分率
阅读	1	会数、标记自然段	1.67%	0%
	2	会数句子	9.2%	8.1%
	3	正确使用量词	5%	2.5%
	4	**能从语境中找出意思相反的词**	9.45%	8.25%
	5	根据要求提取文本信息	10.67%	8.56%

表2　2021学年第一学期二年级语文学科数字化
调研阅读模块双向细目表（期末）

模块	题号	能　力　描　述	年级失分率	班级失分率
阅读	1	数自然段、数句子	5.6%	4.5%
	2	圈出正确的汉字	7.67%	6.33%
	3	**理解词语的意思**	16.7%	11.9%
	4	根据提示，找寻句子	11.5%	9.5%
	5	根据提示，确定自然段	8.5%	7.5%
	6	根据事件，选择原因	3%	3%
	7	评价人物，发表看法	17%	12.34%

　　通过上述的数据，再结合平日里学生在课堂上对于词语理解的种种表现，我们更进一步地确定了这一学科的知识弱点。

（一）学生层面

1. 学习能力的缺失

　　为了明确学生词语理解能力薄弱的原因，笔者以期末那次数字化调研阅读模块中"理解词语的意思"这一典型题目对部分学生进行了访谈。

知了学飞

　　chuán
　　传 说在很久很久（己　以）前，知了是不会飞的。
　　一天，它见一只大雁在空中自由地飞翔，十分羡（幕　慕xiàn）。于是就请大雁教它如何飞，大雁很高兴地答应了。
　　学飞是一件很辛苦的事情。知了很怕辛苦，一会儿东张西望，一会儿爬来爬去，学习很不认真。大雁给它讲飞的方法，它只听几句就不耐nǎi烦地说："知了！知了！"大雁教给它本领，它只试几下，就自满地叫着："知了！知了！"
　　秋天到了，大雁要飞到南方去了。知了很想跟着大雁一起展翅高飞，可是，它用力扇动着翅膀还是没能飞离树梢shāo。
　　这时候，知了望着万里长空，只见大雁越飞越远，它真懊ào悔自己当初没有努力学习！可这时（己　以）经晚了，它只好叹tàn着气说："迟了！迟了！"
　　3. 你能给文中的加点词语"懊悔"换一个词吗？（　　　　　　）

先来看做对这一题的学生的回答：

生P：我是用老师教过的拆分的方法来理解的，"懊"这个字我不太理解，"悔"可以组词为"后悔""反悔"，我再把词语放到句子中读一读，发现"后悔"更合适，所以我写了"后悔"。

生C："懊悔"这个词中有一个"悔"字，我先给它组了个词语"后悔"。我再联系前文，知了总是偷懒，不好好学飞，最后只能看着大雁越飞越远，我想知了当时肯定很后悔自己之前没有认真学习，所以我就写了"后悔"。

生L：我是通过联系上下文理解这个词语的意思的：我先联系前文，知了学飞一点儿都不认真，总觉得自己很厉害，等到它想跟着大雁一起展翅高飞的时候，发现自己根本飞不起来，只能看着大雁越飞越远；我再联系后文，它只好叹着气说："迟了！迟了！"我想它当时肯定很后悔。

再来看做错这一题的学生的回答：

生H：我看到这个词里有个"悔"，我就给它组了个词语"反悔"。

生J：知了最后没能跟着大雁一起飞到南方，我想它肯定很伤心，所以我写了"伤心"。

生W：我不知道这个词是什么意思，我写了"不耐烦"。

从这几位学生的回答来看，大部分学生能通过拆分或是联系上下文的方法来理解词语的意思；一部分学生虽然有将词语进行拆分理解的意识，但是没有联系语境来选择更合适的词语；还有一小部分学生脱离文本，凭自己主观的认识来理解词语。

由此可见，学生词语理解能力薄弱的主要原因是：没有养成联系文本理解词语的意识，这是一种学习能力的缺失。

2. 学习动力的缺失

除了学习能力的缺失，还有一部分原因在于学生学习动力的不足。我们都知道，学生良好的语感是在不断的阅读实践中形成的。通过广泛的阅读，能逐步提高学生联系语境推断词义的能力。针对学生词语理解能力薄弱的现状，笔者对本校二年级1—9班的366名学生进行了一次《宝山区第二中心小学二年级学生语文阅读兴趣调查问卷》。

表3　宝山区第二中心小学二年级学生语文阅读兴趣调查数据分析（1）

题　目　一	你喜欢阅读吗？
数据分析	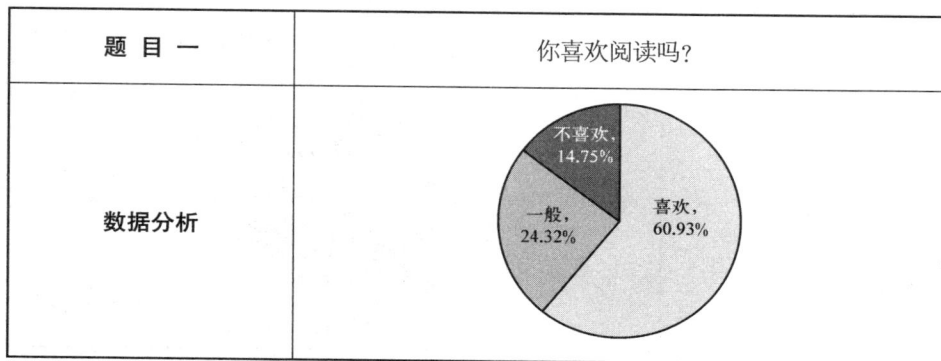

表4　宝山区第二中心小学二年级学生语文阅读兴趣调查数据分析（2）

题　目　二	你平时在什么情况下进行阅读？
数据分析	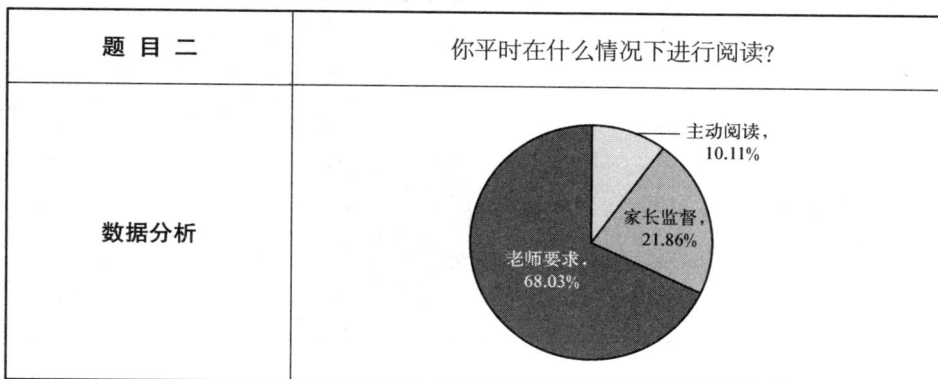

表5　宝山区第二中心小学二年级学生语文阅读兴趣调查数据分析（3）

题　目　三	你每天都有比较固定的时间阅读吗？
数据分析	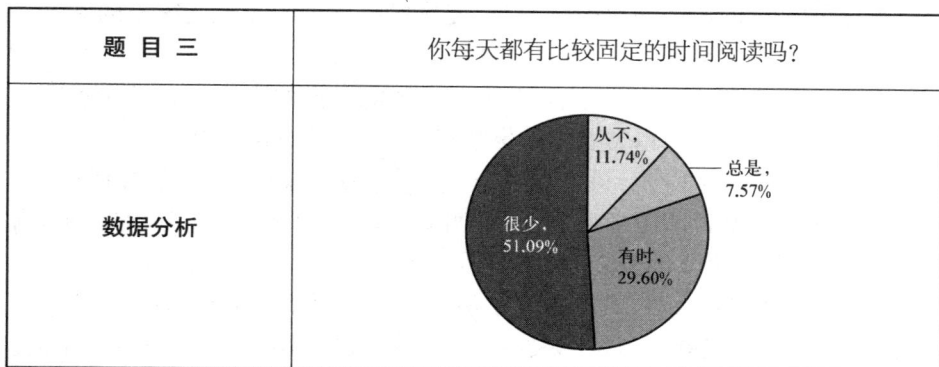

表6　宝山区第二中心小学二年级学生语文阅读兴趣调查数据分析（4）

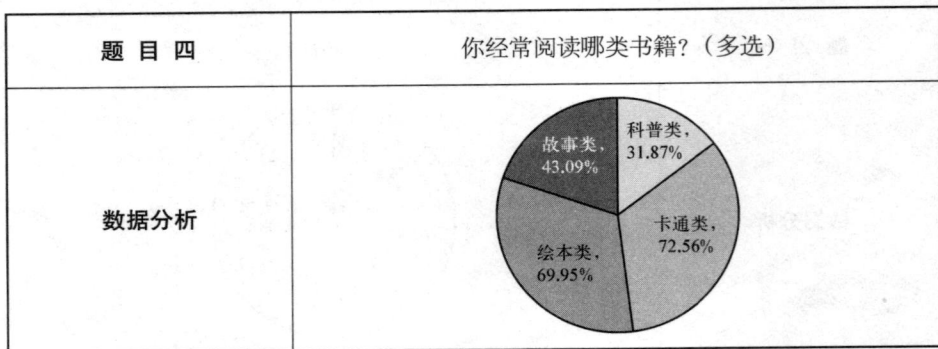

题　目　四	你经常阅读哪类书籍？（多选）
数据分析	科普类，31.87%　故事类，43.09%　卡通类，72.56%　绘本类，69.95%

表7　宝山区第二中心小学二年级学生语文阅读兴趣调查数据分析（5）

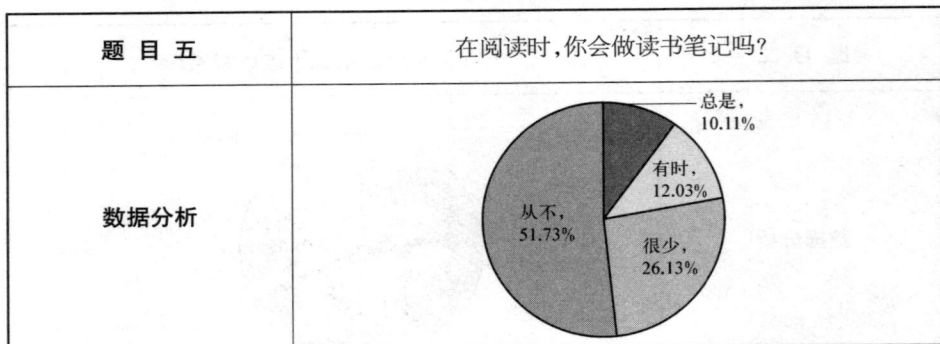

题　目　五	在阅读时，你会做读书笔记吗？
数据分析	总是，10.11%　有时，12.03%　从不，51.73%　很少，26.13%

通过调查的数据，我们发现：

1. 大部分学生还是比较喜欢阅读的。

2. 主动阅读的学生占比很小，往往是在教师的要求下或是家长的监督下进行阅读。

3. 学生阅读的时间比较少，甚至还有11.74%的学生根本没有阅读的时间。

4. 学生所阅读的书籍类型主要集中在卡通类和绘本类，层次较低。

5. 学生在阅读时很少会进行圈画批注，只是随意地翻阅，不带着任何思考。

上述的分析都说明了学生对于阅读的动力不足，虽然大部分学生看似喜爱阅读，但却是在外界的要求，甚至是压力下进行的阅读，并非主动自发的行为。大部分学生的阅读也纯粹是为了满足个人感官上的愉悦，图个一乐，对于更理性的、含有更高知识量的故事类和科普类的书籍，学生的兴趣并不高。

在阅读时,学生更没有养成带着思考去阅读的习惯,碰到一些陌生的词语时,相信大部分学生选择的是略过、跳过,并不会深入地去思考。

这样的阅读经历,怎能真正提高学生的能力呢?

但细细想来,不管是学生学习能力的缺失,还是学习动力的缺失,主要的原因还是来自教师教学行为的不足。因此,笔者也进行了反思。

(二)教师层面

1. 课堂的教学模式较为单一

低年级的学生知识比较浅薄,从听课的数据上来看,我们经常会发现在低年级的课堂中,一旦碰到学生回答不到点上的情况,教师往往会操之过急,开始喧宾夺主,"霸占"学生独立思考、自主探究、同伴合作的机会,使得学生都充当了"听众"。长此以往,学生的思维认知仍处于较低的水平,更不会出现独到或是富有创造性的见解。

2. 教师的教学方式及评价标准模糊

笔者以自己往日里的教学为数据进行分析,如:在学习《刘胡兰》这一课中的"收买"一词时,笔者是这样处理的:

"敌人想收买刘胡兰,对她说:'告诉我村子里谁是共产党员,说出一个,给你一百块钱。'"

师:同学们,你们知道"收买"是什么意思吗?

生1:"收买"就是用钱去诱惑对方,让对方听自己的话。

师:你说得真不错!

——统编版小学语文二上《刘胡兰》教学片段

生1的回答看似说到了点上,教师虽然第一时间肯定了学生的回答,但这仅仅是停留在了评价学生回答正确这一层面上,并没有对学生的思考过程进行回顾或点评,这样的教学方式和评价标准往往忽略了最有价值的学习资源。学生懵懵懂懂,好似学会了,但其实根本没有掌握理解词语的方法,下一次再碰到相关的题目,仍是无从下手。

3. 教师对"词语理解"方法及策略的认识模糊

在平时的教学中,每逢学生在词语理解这类题上出错,教师总习惯性地认定是学生的课外词汇不够,或是不懂运用恰当的方法去理解。但是教师自身对于"词语理解"方法及策略的认识又有多少呢?

因此,我们对低年级语文组的17位教师进行了一次词语教学的认知度调查。

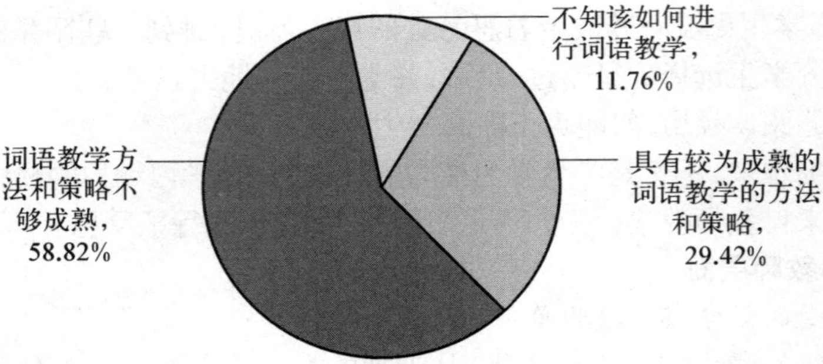

图1　宝山区第二中心小学低年级语文组教师对词语教学的认知度调查

从数据可见,大部分的教师认为自己没有掌握成熟的词语教学的方法和策略,只知道向学生灌输各种词语理解的大道理,但没有清楚地告诉学生怎么用这种方法。此外,教师本身在课堂上也没有运用较为成熟的词语教学的策略。

三、总结与反思

数据能为我们及时地找出教学过程中的错误,便于我们改进教学行为、转变教学方向、做出教学决策。善于利用数据,数据就是宝贵的信息,就是巨大的财富。

通过数据分析,我们找寻到了学生词语理解能力薄弱的原因,不仅在于学习能力的缺失,还在于学习动力的不足。

通过数据分析,我们也找寻到了其背后最根本的原因,那便是教师的教学行为。

1. 我们要改变课堂单一的教学模式,不再剥夺学生课堂主体的地位,不让教师思维替代学生思维,也不让个别学生的思维替代群体的思维。

2. 我们要改进学生的思维方式,将机械孤立的思维过程变为灵活有联系的思维过程,学生对于词语的理解不再是"就字论词",而是通过"发现—联系—表达",进一步理解词语的意思。教会学生思维的方式远比教会学生知识要重要得多。

3. 我们要改进学生的交流方式,将汇报答案变为讨论答题思路,让所有学生都有表达的机会;对于其他同学的观点可以提出不同的想法,再进行头脑风暴,合作讨论,最终得出答案。此外,还要密切关注学生交流表达的科学性、简练性和精准性,在交流中提升表达能力。

4. 我们要明确自己的教学方式及评价标准,不再让学生一知半解、云里雾里地学习,而是让学生在评价中获得方向与动力。

5. 我们要不断提升自己的学科素养,掌握更多的词语教学的方法及策略。要想给学生一杯水,首先自己必须要有一桶水。

数据为我们指明了词语理解教学改进的方向,但最终如何更好地落实、落实的效果如何……这些都需要我们在日后的实践探索中继续获取新的数据,最终提炼成经验与智慧。

【作者简介】

董雯,教龄6年,一级教师,担任语文教研组组长一职,参与学校区级重点课题项目,2022年成功立项区级青年课题。

翻转课堂，让时间"活"起来

——以校园儿童音乐剧课程为例

一、案例背景

2020年11月，在学校多位老师的帮助下，我尝试申报市级青年教师课题《指向学生活力成长的"Music"课程开发与实践——以校园儿童音乐剧微课程为例》并成功立项。正是为了更好地开展这次项目研究，我与教研组的老师一起研讨、开发了"校园儿童音乐剧社团课程"。本课程以学生的活力成长为导向，旨在通过一系列短小音乐剧作品的创作、排练与表演，提升队员的音乐感受力、表现力、创造力及合作力等综合素养与能力。

二、案例呈现

（一）小有成效

经过一段时间的尝试和思考，我们摸索出了一套比较合适的训练模式(图1)：

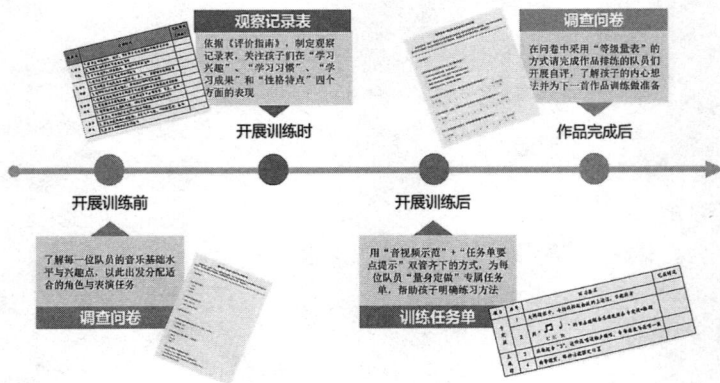

图1 校园儿童音乐剧社团课程训练模式流程图

1. 开展训练前，我们用"调查问卷"来了解每一名队员的音乐基础水平与兴趣点，以此分配适合的角色与表演任务；

2. 开展训练时，我们依据《评价指南》，制作观察记录表，关注孩子们在"学习兴趣""学习习惯""学习成果"和"性格特点"四个方面的表现；

3. 开展训练后，我们用"音视频示范"+"任务单要点提示"双管齐下的方式，为每名队员"量身定做"专属任务单，帮助孩子明确练习方法；

4. 作品完成后，我们在问卷中采用"等级量表"的方式请完成作品排练的队员开展自评，了解孩子的内心想法并为下一首作品训练做准备。

通过以上问卷及表格，我们得到了队员在进团后不同阶段得分情况的一些数据。以没有什么音乐基础的队员代表小陈、有一定基础但不太敢表现的队员代表小张以及有乐器学习经历且性格开朗敢于表现的队员代表小向为例，得到数据如下：

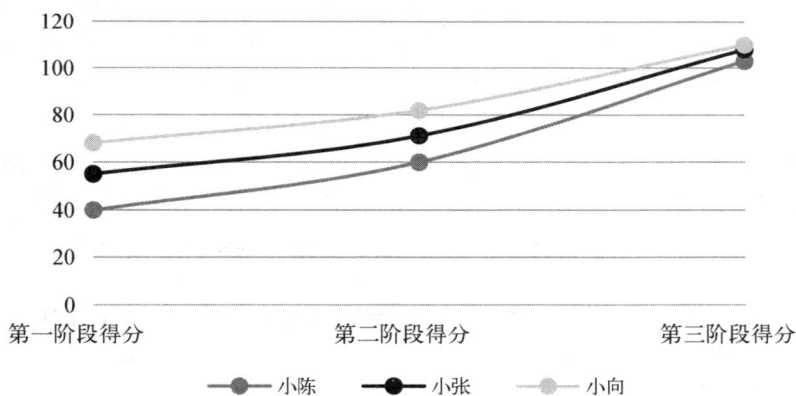

图2 校园儿童音乐剧社团部分队员不同阶段得分情况折线图

从折线图中能够看出，三类队员在"学习兴趣""学习习惯""学习成果"和"性格特点"四个方面的表现都是在进步的，而且随着时间的推移，进步的速度也越来越快。不仅如此，孩子们之间的分数差距越来越小，通过给不同能力水平的孩子分配合适的任务，让每个人都体验到了成就感，增强了自信心。

（二）问题显现

虽然课程已经取得一些小小成效，但在实施过程中仍有一些问题还困扰着我。

我除了负责音乐剧课程，还承担了我校"亮眼睛"合唱团的排练任务以及"五彩民乐队"古筝班的助教，孩子们更是每人参加了多个兴趣小组，而且都来自不同班级，所以我们能凑在一起排练的时间很少、很宝贵。但音乐剧的表演中，每个孩子负责演唱和演奏的内容都不相同，教新课的时候只能一对一进行，这样一来，没排到的孩子就只能等着，时间利用率比较低。甚至有时为了节省集体训练的时间，我就利用小朋友们午休或330等课余时间进行一对一的新课教学。但这样一来，我的工作量翻倍，也时常感到精力不足。"没时间"这个问题让我觉得很累、很苦恼，不知怎么办才好。

（三）寻求突破

与学校科研负责人洪老师的一次交流引发了我的思考。

洪老师：你可以试试"翻转课堂"的教学模式，或许能解决你的困难。

我：翻转课堂？什么意思呀？

洪老师：这是一种新的教学模式，它是把传统课堂教学模式中上课与下课的环节颠倒，将课上的知识传递过程与课下的知识内化过程颠倒，在课前实现知识的传递，课上完成知识的转化。

我：哦……

刚听到这个名词时我不是太懂，什么叫上课与下课环节颠倒？课前老师还没教如何实现知识传递？知识的转化和内化如何在课上实现……带着一连串的问题，我查阅了一些资料，梳理后通过以下表格将两种教学模式进行了对比。

表1 传统课堂教学模式与翻转课堂教学模式各阶段学习内容对比表

教学形式　学习阶段	课　前	课　中	课　后
传统课堂	无预习或无指导、无目的的预习	（知识传递）教师讲授，学生听讲	（知识内化）独立复习，完成作业
翻转课堂	（知识传递）观看视频，自主学习整理收获，提出问题	（知识内化）基于问题，交流答疑协作探究，个性辅导	（经验总结）总结经验，交流分享

在进一步了解后，我发现理想中的"翻转课堂"与传统课堂教学模式相比，似乎有很多优势：学生从被动接受变为主动研究，能够发挥主观能动性；

老师从知识传授变为个性指导,能够有针对性地因材施教;最重要的是,能够实现时间的重新分配,能够将我们每周一次集体训练的时间更高效地利用。

读文献的过程中,我心里是非常激动的,并且已经在脑海中构建出了新模式下音乐剧社团排练的样子。于是,我迫不及待地开始了尝试。

(四)摸索尝试

既然知识的传递需要在课前完成,那么教师示范必不可少。想到这里我暗自庆幸,还好我们以前有"任务单+音视频"打卡的经验,我只需要把之前课后做的事情,搬到课前去做就好了,而且现在并不需要打卡,等集体训练的时候就能看到孩子的练习效果,操作起来似乎比之前更简单了呢!

于是,我照例把《任务单》和"示范演奏(演唱)音视频"发给我的6名队员,随后便开始了对他们能够自主开展高效练习的期待。

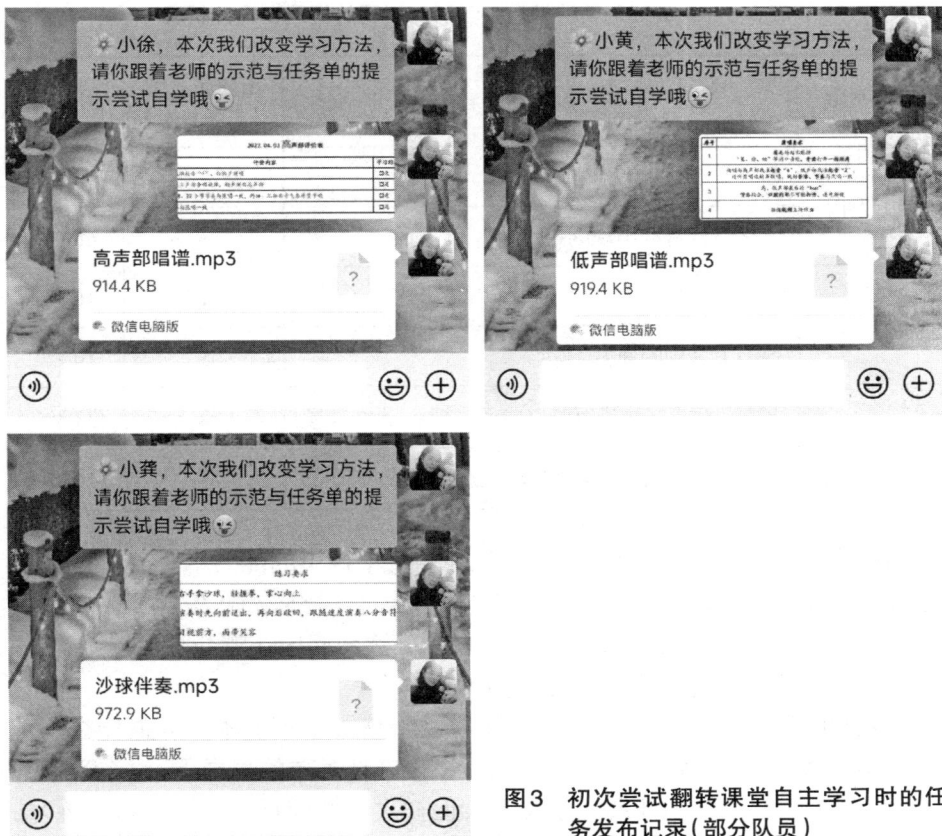

图3　初次尝试翻转课堂自主学习时的任务发布记录(部分队员)

很快,就到了我们集体训练的日子。

我:这次请大家参照任务单和示范进行自主练习,你们练得怎么样呀?

小徐:我觉得还行,不算太难。

小黄:我觉得刚开始跟唱的时候有点跟不上,不过练了几遍之后好多了。

小龚:我觉得没问题,我一共跟着练了3遍,就学会了。

孩子们的话语中透露着一股自信,这让我很兴奋,赶快邀请大家展示自己的学习成果。

可是,看到大家的表演我有些失望,除了来自合唱团的小徐和有乐器演奏经验的小龚两名队员能够演奏、演唱基本正确,剩下4名没有课外音乐学习基础的小朋友,他们的表现都与我心里的设想存在着一些差距。

针对孩子们在演唱和演奏方面出现的问题,事后我也进行了梳理与归类。

表2 初次尝试翻转课堂自主学习时出现的问题情况分析表

问题类型	问 题 内 容	出问题人数 (总数6人)	占 比
演唱方面	起音不准,整体偏高或偏低	2	33.3%
	变化音处音准出现问题	4	66.7%
演奏方面	左右手混淆	1	16.7%
	跟不上音乐的速度	1	16.7%
其他方面	演唱与演奏同步进行时有些手忙脚乱,无法兼顾	2	33.3%
	练了很久,导致错误的地方已成习惯,较难改正	1	16.7%

出现这种情况我感到很疑惑,我是根据每个孩子的能力水平分配适合任务的,从以往的打卡情况来看,6名队员的完成度都比较高。但同样一件事情从课后搬到了课前,怎么结果会差这么多?问题到底出在哪儿呢?

仔细一想,我似乎发现了问题的症结。

以往的任务打卡是建立在新课教学指导之后,小朋友不仅知道什么是正确的,还了解了正确演唱或演奏的方法,所以在任务单的引导下,没有音乐基础的队员也能够很好地开展自主练习。但初次尝试翻转课堂时的自主练习,仅提供了正确的音视频示范与评价要点,关于"练习方法"这部分的指导是缺失的。虽然节省了时间,但是效果不佳。

（五）优化完善

于是,我又继续查阅文献资料,在广泛阅读"翻转课堂"的优秀案例之后,不断进行优化、完善。以4名新队员参与的微音乐剧《圣诞乐想曲》一曲为例,我的设计如下:

1. 课前分析

（1）学材分析（旨在明确作品风格特点、音乐要素特点等,为内容设计做准备）

微音乐剧《圣诞乐想曲》的音乐素材主要选自合唱曲《铃儿响叮当的变迁》主题旋律与第三变奏中的部分旋律。选这两部分的原因有以下三点:

第一,这两部分旋律耳熟能详,孩子们非常喜欢,且学唱难度较低;

第二,这两部分情绪对比鲜明,能给人眼前一亮的感觉;

第三,这两部分速度对比鲜明,尤其是第三变奏结尾处可做渐快将音乐推向高潮。

选定学材后,我又与教研组陆老师商讨确定了具体表演情节与内容。

我们计划将主题旋律用钢琴慢速演奏,孩子们身穿校服表演读书学习的场景,在"圣诞铃铛"声响出现时设计变装转场,孩子们换上圣诞装扮演奏卡宏鼓、沙球、铃鼓,以及演唱第三变奏旋律与自编的卡农形式的加花旋律。表现出圣诞来临为平淡的学习生活增添乐趣的故事与情景。

（2）学情分析（旨在加深对每名队员基础水平、性格特点等方面的了解）

我们根据学材分析,拟定招募4名新队员参与这部微音乐剧的拍摄。队员招募完成后,首先通过问卷调查,了解他们各自的基本情况。

经过问卷调查,我们了解到,此次参加训练的4位同学中:

四年级的小高有1年街舞学习经历,肢体协调,想尝试担任打击乐手与歌手;

五年级的小张有5年钢琴学习经历,想要担任键盘手和歌手;

五年级的小向非常喜欢音乐,平时很爱唱歌,很有表现力,想担任主旋律歌手;

五年级的小陈是合唱团成员,想挑战加花旋律并尝试演奏简单的打击乐器。

随后我根据大家的起始能力与作品的角色需要,分配了任务:

慧声慧演小剧团队员基本情况调查问卷

　　亲爱的同学：你好！欢迎加入慧声慧演小剧团。为了大家有更好的学习体验和更有针对性的音乐活动练习，我们特开展本次问卷调查，希望能得到你的真实想法哦，谢谢合作！

1.你的姓名？ *

2.你今年读几年级？ *
　○ 三年级
　○ 四年级
　○ 五年级

3.你有学习乐器的经历吗？ *
　○ 有的，我学习过：
　○ 没有（请直接答第五题）

4.你学乐器几年了？

5.你有学习唱歌或舞蹈的经历吗？学了几年？（可多选） *
　□ 学过唱歌，学了
　□ 学过舞蹈，学了

6.你更想尝试以下哪个角色？（可多选） *
　□ 键盘手
　□ 打击乐手
　□ 小歌手

7.你为什么想要加入慧声慧演小剧团？ *
　○ 我在课外学过音乐，想要在更多舞台上展现更棒的自己
　○ 我没有课外学习音乐的经历，但我喜欢音乐，想来感受音乐的快乐
　○ 我爸爸妈妈让我报名参加的

图4　校园儿童音乐剧社团队员基本情况调查问卷

表3　校园儿童音乐剧《圣诞乐想曲》队员任务安排表

小张（键盘＋铃鼓＋主旋律）	小高（卡宏鼓＋主旋律）
小向（沙球＋主旋律）	小陈（沙球＋加花旋律）

2.学习内容设计

这首作品在表演时有两个难点：第一，小张负责的键盘（即钢琴）需要提前录制好音频，作为最后表演时的伴奏，而她还负责铃鼓和演唱，任务较重，所以我会先录制一版demo供大家练习时使用，等小张练好后再重新录制；第二，为了音频效果更加丰富，铃鼓、沙球和卡宏鼓的伴奏节奏都不相同，孩子们不仅需要跟随伴奏按自己声部的节奏演奏自己的乐器，还需要聆听他人的节奏，做到"合而不乱"。所以，每个人都要对自己负责的小乐器与旋律非常熟悉，才能自如地表演。

基于对作品难点的分析，我根据任务安排表为每名队员设计了翻转课堂的自主学习内容：

表4　校园儿童音乐剧《圣诞乐想曲》队员翻转课堂自主学习内容安排表

队员	任务安排	学　习　内　容
小张	键盘＋铃鼓＋主旋律	《铃儿响叮当的变迁》主题与第三变奏部分旋律；铃鼓持续演奏"0 X X"节奏；演唱主旋律歌词。
小高	卡宏鼓＋主旋律	卡宏鼓与捻指持续演奏"X X X"节奏；演唱主旋律歌词。
小向	沙球＋主旋律	沙球持续演奏"X X"节奏；演唱主旋律歌词。
小陈	沙球＋加花旋律	沙球持续演奏"X X"节奏；演唱加花旋律歌词。

3.学习方法设计

第一次尝试翻转课堂时因为缺失了"练习方法"的指导，孩子们的掌握情况不容乐观。所以，这次我将梳理出一条清晰可行的方法与路径，引导孩子一步一步跟着音频或视频进行自学与练习。

由于钢琴部分的难度不大，对于小张已有的钢琴能力来说，完全能够自学,所以我主要给孩子们提供练习演唱与演奏小乐器的方法。

（1）练习演唱方法

上次学唱有部分队员没找到起音,且在变化音这种音准较难掌握的地方出现了问题,究其原因就是听得少,没有将旋律印在脑海里。但是,如果老师直接提出"跟唱10遍"类似的要求,孩子们也会感到枯燥乏味,能认认真真按照要求做满10遍的人少之又少。所以,我想尝试一种新的练习方法——"闯关",就是把一遍遍的枯燥练习变成难度递增的闯关游戏,富有挑战性的任务远比强制性的命令更能引起他们的兴趣。

表5 校园儿童音乐剧《圣诞乐想曲》翻转课堂"演唱"闯关游戏步骤表

"演唱"闯关游戏	
第一关 心里默唱	找个安静的房间,边听范唱,边用手指在腿上打拍子(唱之前有四拍准备) **注意**:嘴不发声心里默唱,打拍子速度与范唱一致(连续拍对五遍后进入第二关)
第二关 轻声跟唱	找准起音的音高,带着高高的眉毛,边听范唱边打拍子跟唱 **注意**:一只耳朵听歌声,一只耳朵听范唱,确保音准、节奏与范唱一致(连续唱对五遍后进入第三关)
第三关 找找旋律	聆听合唱音频,试着找到你刚才学唱的旋律 **注意**:听的时候不唱(能连续五次找到刚才学唱的旋律后进入第四关)
第四关 加入合唱	带着高高的眉毛,听着刚才学唱的旋律一起加入合唱 **注意**:用轻轻的声音尝试跟唱(能连续五次正确跟唱刚才学唱的旋律后进入第五关)
第五关 做小老师	请对照"评价表"检查各项演唱任务的完成情况 ● 如果都已完成,则录制语音告诉老师"你是按照什么步骤学会演唱这条旋律的?" ● 如果有未完成的,则回到第一关重新开始闯关 **注意**:截止时间今晚9:00,只需要回答练习步骤,不需要发唱歌的音频

最后一关,请孩子们将练习方法录制音频打卡,也是希望能够帮助孩子记忆学唱新旋律的方法。

（2）练习小乐器方法

上次我拍摄的是镜面示范,有一个孩子练习时将左右手混淆,所以,此次我改变了拍摄的角度，以从上而下的第一视角来拍摄，不仅能够正确区分左右手，而且可以更近距离地观察演奏时的动作。

表6　校园儿童音乐剧《圣诞乐想曲》翻转课堂"小乐器"闯关游戏步骤表

"小乐器"闯关游戏	
第一关 **动作模仿**	跟随视频示范，了解正确的演奏姿势，模仿演奏动作 **注意**：正确区分左右手（动作与示范一致后进入第二关）
第二关 **节奏练习**	参照节奏谱，练习单一节奏型 **注意**：一只耳朵听自己演奏，一只耳朵听示范演奏（节奏与示范一致后进入第三关）
第三关 **慢速演奏**	跟随慢速示范视频，尝试完整演奏 **注意**：跟随音乐的速度与节拍进行演奏（演奏时的速度、节拍与示范一致后进入第四关）
第四关 **原速演奏**	跟随原速示范视频，完整演奏 **注意**：跟随音乐的速度与节拍进行演奏（能连续五次跟随音乐的速度与节拍进行演奏后进入第五关）
第五关 **做小老师**	请对照"评价表"检查各项演奏任务的完成情况 ● 如果都已完成，则录制语音告诉老师"你是按照什么步骤学会演奏这件小乐器的？" ● 如果有未完成的，则回到第一关重新开始闯关 **注意**：截止时间今晚9:00，只需要回答练习步骤，不需要发演奏的视频

4. 学习工具表设计

上一环节（学习方法设计）中"演唱"和"小乐器"闯关游戏的第五关中，都有提到"评价表"，其实这是一张自我评价表，可以让小朋友们直观地判断自己的练习成果是否达标。

比如，负责演奏卡宏鼓和演唱主旋律的小高，他拿到的评价表是这样的：

表7　校园儿童音乐剧《圣诞乐想曲》翻转课堂小高同学的评价表

项目	序号	评　价　内　容	学习结果核查
卡宏鼓	1	大拇指张开，手指放松敲击鼓的上边沿，目视前方	□ 是　□ 否
	2	用"♩♪♪"的节奏跟随音乐速度演奏卡宏鼓+捻指 右 左 捻	□ 是　□ 否

项目	序号	评　价　内　容	学习结果核查
主旋律	3	找准起音,边听范唱边轻声跟唱,音准速度与范唱一致	□ 是　□ 否
	4	面带微笑,节奏与范唱一致	□ 是　□ 否

负责演奏沙球和演唱加花旋律的小陈,她拿到的评价表是这样的:

表8　校园儿童音乐剧《圣诞乐想曲》翻转课堂小陈同学的评价表

项目	序号	评　价　内　容	学习结果核查
沙球	1	右手拿沙球,轻握拳,掌心向上	□ 是　□ 否
	2	用"♩ ♪"的节奏跟随音乐速度演奏沙球,演奏时跟随音乐速度先向前送出,再向后收回,目视前方,面带笑容	□ 是　□ 否
加花旋律	3	找准起音,边听范唱边轻声跟唱,音准速度与范唱一致	□ 是　□ 否
	4	面带微笑,节奏与范唱一致	□ 是　□ 否

有了方法的指导、老师的示范以及评价表的引导,队员不仅知道该做什么,还能知道该怎么做。这样一来,练习效果如何呢?针对孩子们在演唱和演奏方面出现的问题,我再次进行了梳理与归类。

表9　校园儿童音乐剧《圣诞乐想曲》翻转课堂自主学习时出现的问题情况分析表

问题类型	问　题　内　容	出问题人数（总数4人）	占　比
演唱方面	起音不准,整体偏高或偏低	1	25%
	变化音处音准出现问题	0	0
演奏方面	左右手混淆	0	0

问题类型	问 题 内 容	出问题人数 （总数4人）	占 比
演奏方面	跟不上音乐的速度	0	0
其他方面	演唱与演奏同步进行时有些手忙脚乱，无法兼顾	1	25%
	练了很久，导致错误的地方已经习惯，较难改正	0	0

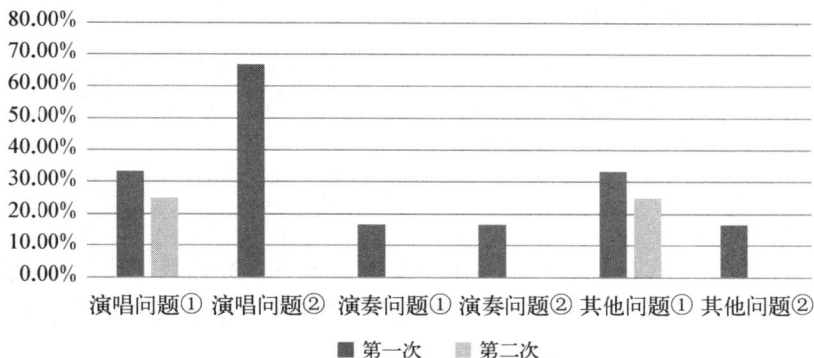

图5 两次翻转课堂自主学练问题情况对比图

从两次的问题情况分析表及对比图我们可以看出，孩子们出问题的概率大大降低，说明练习效果大大提升了，这也为我们集体训练时打下了良好的基础，让我们可以有更多的时间用来磨合和精进。

5. 学习评价设计

其实，督促队员利用课余时间进行自主学练，仅靠"闯关游戏"和评价表还是不够的，若想让大家一直保持兴趣与积极性，还需要评价的持续跟进。

除了言语上的肯定和鼓励，我还想到了学校的欣赏教育理念及"小思徽章" 平台与"大拇指" 奖励机制，对于能够按照要求完成自主练习并打卡的孩子发放"惜时守时"徽章、给自学任务完成质量较高的孩子奖励"大拇指"。这些方法都能让孩子增强自信心，收获成就感。

三、案例收获

翻转课堂的新模式确实帮我解决了"时间"上的大问题。

（一）学练时间变自由

不需要再占用孩子们午休或330等学习、休息时间进行新课教授，大家可以选择课余时间进行自主学练，让时间安排"活"了起来。

（二）碎片时间可利用

孩子们跟着老师提供的示范、学习方法表与评价表一步步开展自主学练，既可以利用一整块时间一次性完成，也可以利用休闲时的碎片时间抽空进行，让时间分配"活"了起来。

（三）集训时间更高效

能够在课前高效地完成新课学习，等到集训时，孩子们再也不用"学一会儿、等一会儿"了，大大地提高了集训的效率，也可以把更多的时间用于作品的打磨，让时间利用率"活"了起来。

【作者简介】

陈慧，教龄5年，一级教师。曾获"宝山区中小学影视教育展示活动优秀指导教师""宝山区第二中心小学优秀团员"，撰写文章多次获得市、区级各类课题、案例评比优秀奖或等第奖。

基于数据分析的特色劳动教育实践与探索

　　劳动教育是新时代党对教育的新要求，是中国特色社会主义教育制度的重要内容，是全面发展教育体系的重要组成部分，是大中小学必须开展的教育活动。为此，《大中小学劳动教育指导纲要（试行）》中强调，要"加强学校教育与社会生活、生产实践的直接联系，发挥劳动在个人与社会之间的纽带作用，引导学生认识社会，增强社会责任感"，也就是说，学校必须帮助学生面向真实的生活世界和职业世界，引导学生以动手实践为主要方式，在认识世界的基础上，获得有积极意义的价值体验，学会建设世界，塑造自己，实现树德、增智、强体、育美的目的。为此，我们以马克思主义劳动观贯彻始终，结合学校现有劳动教育资源和特色发展目标，对劳动教育进行了实践与探索。

一、实施背景

（一）政策推动

　　随着国家对劳动教育的不断重视，相关政策和理念逐步的推进，劳动教育已备受人们关注。2018年9月10日，习近平总书记在全国教育大会上强调，"要努力构建德智体美劳全面培养的教育体系"；2019年2月22日，劳动教育被列入教育部的工作要点；2020年3月20日，中共中央、国务院发布了《关于全面加强新时代大中小学劳动教育的意见》；同年7月7日，教育部发布了关于印发《大中小学劳动教育指导纲要（试行）》的通知。

（二）纲要指导

　　劳动教育是发挥劳动的育人功能，对学生进行热爱劳动、热爱劳动人民的教育活动。当前实施劳动教育的重点是在系统的文化知识学习之外，有目的、有计划地组织学生参加日常生活劳动、生产劳动和服务性劳动，让学生动手实践、出力流汗，接受锻炼、磨炼意志，培养学生正确的劳动价值观和良好的劳动品质。在《大中小学劳动教育指导纲要（试行）》（以下简称《指导纲要》）中已对学校进行了具体的指导，结合学校的实际情况，我们尤其关注到了以下三点：

1.《指导纲要》中明确要求在小学阶段,劳动教育课平均每周不少于1课时,每周课外活动和家庭生活中的劳动时间,小学一至四年级不少于2小时,其他年级不少于3小时,每学年设立劳动周。在时间上保证了劳动教育的充分度。

2.《指导纲要》就劳动教育的规划与实施给出了指导意见,不仅要求兼顾理论学习和实践锻炼,而且要求与综合实践活动的社会服务、设计制作、职业体验整合实施,还要求传承中华优秀传统文化,兼顾使用新知识、新技术、新工艺、新方法的劳动。在内容上拓展了劳动教育的范围。

3.《指导纲要》还就劳动教育的劳动实践场所与师资队伍建设提出了意见,要求充分利用现有活动场所,加强配置劳动教育实践资源,丰富劳动教育资源,并且对承担劳动教育课程的教师进行专项培训,提高劳动育人意识和专业化水平。在保障上做出了明确的要求。

(三)课程规划

学校着力建构"五育融合"的课程体系,在传统的课程建设与实施基础上,对标德、智、体、美、劳全面发展需要,强化体育、美育、劳动教育等相对薄弱的课程门类。依托第一批"行知行"劳动教育基地建设项目申报工作和特色化的"木工坊"课程建设,建构起融德育、劳动教育、信息技术运用、美育、表达能力为一体的综合性劳动教育课程实施体系,培养学生的综合劳动素养,形成积极健康的劳动价值观。

(四)学校需求

上海市宝山区第二中心小学是一所具有80多年历史的老学校,前身为庙行镇中心校,2014年北校区投入使用后拥有南、北两个校区,目前在校学生1 654名,在编教师124名。秉承"笃学慧教"的教风和"博取慧学"的学风,学校快速发展,是上海市"以校为本"教育质量保障体系建设项目校,获得了"上海市安全文明校园"称号,是上海市宝山区的"窗口学校"之一。在快速发展的过程中,我们发现学生的学习水平远高于其生活劳动水平,而这样的不均衡发展无法为学生的幸福人生奠基,也就违背了学校的理念——"为每一个学生的幸福人生奠基"。故通过劳动教育推进学生各方面均衡发展是学校当下的迫切需求。

二、实践与探索

教育部在《指导纲要》中要求大、中、小学必须开展劳动教育活动,并指出要"加强学校教育与社会生活、生产实践的直接联系,发挥劳动在个人与社会之间的纽带作用,引导学生认识社会,增强社会责任感"。就此,我们进行了思考:目前中小学生劳动教育面临什么问题?开展怎样的劳动教育才能真正获得有积极意义的价值体验,学会建设世界,塑造自己,实现树德、增智、强体、育美的目的?于是,我们经历了"调研—分析—行动"三个阶段的实践推进,探索如何有效开展劳动教育。

(一)调研——聚焦劳动教育面临的问题

"基于数据分析的教学行为的变革与实践"是学校一直着力探索的市级课题,在课题研究的过程中,学校已经形成了"调查先行"的工作模式。我们对全校进行了抽样调查,主要了解我校在进行劳动教育时会面临的问题。

1. 学生调查

首先对全校五个年级的学生进行抽样调查,一共收到有效的学生调查560份。调查表一共20题,分别从学生对劳动的认知、对劳动的态度、从事劳动的能力和家庭劳动行为四个维度对学生的情况进行了调查,发现孩子们的现状不容乐观。

在"劳动的认知"这一维度上,不少学生对于劳动的概念其实是不清晰的,从表1我们可以发现,仅有50.54%的学生认为体力与脑力劳动都是劳动,而在剩余的49.46%的学生中,他们对于劳动的认识更偏向于"体力劳动"。所以,在这一维度上,我们认为学生对于劳动的认知还不够深刻。

表1　学生对劳动认知情况统计表

选　项	小　计	比　例	
A. 服装设计	120		21.43%
B. 舞台表演	110		19.64%
C. 坐在办公室办公	100		17.86%
D. 科学研究	134		23.93%
E. 种植蔬菜	332		59.29%
F. 打扫卫生	352		62.86%
G. 开发电子游戏	88		15.71%

选　　项	小　计	比　　例	
H. 都属于劳动	283		50.54%
本题有效填写人次		560	

在"学生劳动的态度"这一维度上,通过观察表2,我们可以发现大部分学生尚且"知道"要喜欢劳动,也有23.93%的学生是抱着无所谓的态度的,甚至有6名学生是不喜欢劳动的。进而通过表3,可以了解到当问及不做劳动的原因时可以发现,"太累不想做"和"有人会去做,不需要我来做"都说明了其实至少有39.46%的学生是不喜欢劳动。所以,在这一维度上,我们认为学生对于劳动的态度有待改善。

表2　学生对劳动喜爱情况统计表

选　　项	小　计	比　　例	
A. 喜欢劳动	420		75%
B. 说不上喜欢不喜欢,无所谓,有劳动任务就接受	134		23.93%
C. 不喜欢劳动,又累又无聊	6		1.07%
D. 学校总给我们安排劳动任务,真讨厌	0		0%
本题有效填写人次		560	

表3　学生不做劳动原因统计表

选　　项	小　计	比　　例	
A. 不会做	257		45.89%
B. 学习任务太重,没有时间	308		55%

续 表

选 项	小 计	比 例	
C. 太累,不想做	83		14.82%
D. 有人会去做,不需要我来做	138		24.64%
本题有效填写人次		560	

　　在"劳动的能力"这一维度上,发现学生具备的劳动技能多数与学习活动有关:91.25%的学生能够自己整理书包,是比例最高的一项,但这也说明了仍然有8.75%的学生连整理书包都需要家长帮忙,也就是说560人中有49人是需要父母帮忙整理书包的;而清洗自己的衣物,这些基本的劳动只有47.32%的学生会;做简单饭菜则只有33.21%的学生会;能够维修家里的器具、物品的小学生仅有4.29%;会小发明、制作的小学生仅有10.54%;具体情况如表4所示。在这一维度里,我们发现,大部分小学生都只能够做一些简单的劳动,在劳动技能上的缺失可见一斑。

表4　学生劳动技能习得情况统计表

选 项	小 计	比 例	
整理书包	511		91.25%
整理自己的房间	479		85.54%
整理书桌书柜	479		85.54%
洗自己的衣物用品	265		47.32%
扫地	484		86.43%
擦桌子	418		74.64%
洗碗	418		74.64%
分碗筷	395		70.54%

续 表

选　　项	小　计	比　　　　例
盛饭	410	73.21%
垃圾分类	345	61.61%
倒垃圾	364	65%
做简单饭菜	186	33.21%
铺床叠被	339	60.54%
跑腿（取快递、买东西等）	337	60.18%
照顾家里的宠物或花草	238	42.5%
手工制作	288	51.43%
维修家里的器具、物品	24	4.29%
擦黑板（桌椅、门窗、橱柜）	327	58.39%
整理桌椅	374	66.79%
教室环境布置（养护班级绿植、整理图书角等）	256	45.71%
分餐	209	37.32%
分类投放垃圾	277	49.46%
小发明、制作	59	10.54%
本题有效填写人次		560

在"家庭中的劳动行为"这一维度中，可以发现在思考学习与家务哪个更重要时，有79.82%的学生选择了学习更重要，认为同等重要的学生只有19.82%，如表5所示；而在调查家庭劳动时间时，可以发现，学生在家中主要以学习为主，即使有劳动的行为，几乎都在1小时内，而且大多在半小时内，如

表6所示。故在这一维度的调查中,我们认为学生在家庭中的劳动行为也有待改善。

表5 学生对劳动价值的认同调查表

选 项	小 计	比 例	
A. 二者同等重要	111		19.82%
B. 做家务更重要	2		0.36%
C. 学习更重要	447		79.82%
本题有效填写人次		560	

表6 学生劳动时间情况统计表

选 项	小 计	比 例	
A. 0.5小时内	348		62.14%
B. 0.5—1小时	194		34.64%
C. 多于1小时	18		3.21%
本题有效填写人次		560	

综上所述,我们的学生对劳动的概念认知不够清晰、对劳动的态度有待改善、在劳动技能上的缺失的范围较大、对劳动的价值认同低于学习。

2. 家长分析

进而,我们还对这560名学生的家长进行了问卷调查,就结论而言,家长对于学生劳动教育抱着支持、积极的态度,但能付诸实践的仅占少数。

其实背后的原因很容易理解:因为计划生育,80后、90后的两代人大部分都是独生子女,虽然他们父母的劳动技能丰富,但宠溺孩子的家长不少,这两代人的劳动技能大多不够丰富;而当下00后、10后的小学生家长恰好就是第一代独生子女的80后、90后,这些家长自身劳动技能有限,劳动素养不高,在劳动教育方面缺乏对孩子以身作则的态度。还有不少孩子与父母和祖父母一起居住，溺爱孩子的情况就更多了。加之家长、社会普遍对小学生劳动教育的重视程度不如对其成绩的重视，关注学生成绩、才艺等显性素养超过道德水平、劳动能力等隐性素养，种种因素导致了当下孩子的劳动能力欠缺。

因此，新时代赋予了劳动教育新的意义，而学校要在有限的家庭支持及社会支持中尽可能地给予学生更多劳动实践的机会和指导。

（二）分析——明确劳动教育的核心任务

通过以上调查不难发现，我校劳动教育的开展不仅要在范围上进行全覆盖，还要在深度上进行挖掘，通过适当的方式帮助学生体认劳动的价值，培养劳动情感。也正是基于以上的实际情况和《指导纲要》的指导与要求，结合学校"十四五"发展规划的相关内容，我们明确了我校劳动教育的核心任务，即：

1. 建设"大拇指梦工厂"课程，以"生产劳动"为核心，获得有积极意义的价值体验，转变对劳动的认识，提升对劳动的认同，学会劳动的技能，提高劳动创新意识。

2. 结合生活劳动和岗位服务劳动，让学生进一步体验劳动的意义，感受劳动的幸福。

3. 通过与三类课程的有效融合，进一步促进学校"四气"学生培养目标的达成，发展学生综合能力，真正达到"五育并举"的育人目标。

（三）行动——架构劳动教育的框架体系

1. 聚焦"大拇指梦工场"核心目标

依据目标，我们尝试搭建了学校的课程框架，结合学校特色，初步形成了我校特有的"MAKE"教育课程图谱。"MAKE"本身意为"制作"，代表着学校的特色是以生产劳动为主要抓手，通过"生产劳动"，从Make efforts（踏实努力）、Make happiness（收获幸福）、Make future（创造未来）三个递进的培养目标，将劳动融入他们的生活，形成良好的劳动精神和品质。

"MAKE"四个字母分别代表英

图1　"MAKE"课程理念图

语中的"现代""吸收""坚持""热情",我们从劳动创造、劳动能力、劳动情感和劳动意识四个维度对学生的发展目标进行要求,四个课程模块中都包含"课程"学习和"活动"学习。Morden 模块以劳动创新能力为主要发展目标,包含"大拇指梦工厂"和"校外拓展活动";Absorb 模块以劳动技能为主要发展目标,包含"主题综合活动"和"劳动技术课程";Keep 模块以劳动情感为主要发展目标,包含"职业体验课程"和"岗位服务活动";Enthusiastic 模块以劳动意识为主要发展目标,包含"自我管理课程"和"家庭服务活动"。每个课程的目标各有侧重,但又相辅相成,相邻课程的内容虽各有不同,但又能相互融通。

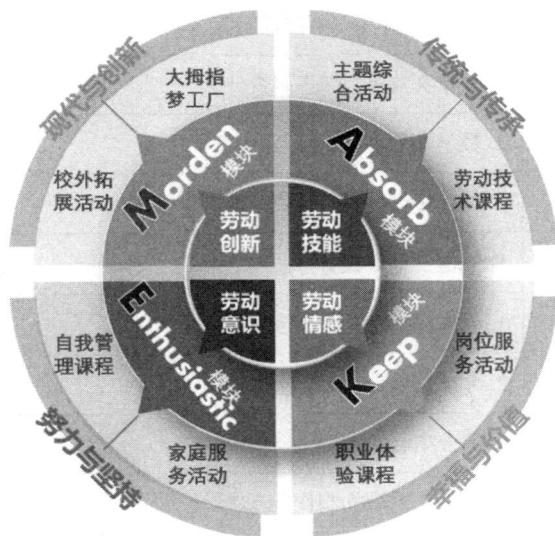

图2 "MAKE"课程图谱

2. 建设"大拇指梦工厂"校本课程

"大拇指梦工厂"作为学校特色课程和实践项目,是我校大力开发和推行的项目,包含"职业体验"与"生产劳动"两个内容。在此课程中,学生将经历一个产品从"调查、设计、制作、装饰、宣传、销售"的完整生产过程,体验"信息咨询师""设计师""工匠""美工""广告策划人"以及"导购员"或"带货小主播"等各类生产活动中的职业。

　　我校已再构了"大拇指梦工厂2.0"的课程框架,在本课程中,学生不仅可以选择自己喜欢的生产环节参与劳动,还可以自主选择想要生产的产品内容。学生可以和同伴一起商讨和制定课题的主题内容,老师仅做引导和必要帮助展开教学活动。

表7　大拇指梦工厂课程2.0

职业选择	课　程　内　容
启动课程	"5分钟带你了解木块的重生",了解整个学习过程,挑选喜爱环节进行课程学习。
一、大拇指调查员	体验课:"'不笔'不知道"
	1. 数学拓展课:你想调查什么
	2. 数学拓展课:如何来调查
	3. 综合拓展课:如何来分析调查结果
二、大拇指设计师	体验课:"笔筒设计"
	1. 美术拓展课:设计与需求
	2. 劳技拓展课:设想与选择
	3. 综合拓展课:3D 打印与调整
三、大拇指工匠人	体验课:"笔筒的制作"
	1. 劳技拓展课:材料、连接、步骤
	2. 综合拓展课:调整与打磨
四、大拇指广告人	体验课:"笔筒的宣传"
	1. 美术拓展课:海报设计
	2. 信息拓展课:图层与渲染
	3. 语文拓展课:语言与宣传

续 表

职业选择	课 程 内 容
五、大拇指导购员	体验课:"笔筒的销售"
	1. 综合拓展课: 宣传点的选择
	2. 综合拓展课: 宣传方式的选择
	3. 实践拓展课: 我是电视小导购
六、大拇指思想者	体验课:"做更好的自己"
	综合评价与总结反思

"大拇指梦工厂"是我校的特色劳动教育项目,而在后期的建设中,我们将以它为蓝本,总结形成课程开发的路径,为后续其他课程的开发打下基础。

3. 开展"大拇指梦工厂"系列活动

"大拇指梦工厂"课程将按部就班的生产劳动转变为了"创造性劳动",使得劳动教育更加深入孩子的心灵。

(1)当"大拇指梦工厂"课程"遇见"基础课程

我校重视劳动教育与"基础学科"相结合,将劳动主题综合活动与原有教学内容进行有机融合,将教材原有教学内容作为载体,深入发掘其劳动育人的价值,而后将其拓展进行综合实践活动。

如:在四年级的劳技教材中《简易锅盖架模型》一课的教学,涉及厨房中常见的烧菜时锅盖放置困难问题,故我们在本课前推行了"厨房小帮手"的主题实践活动,分别进行了"帮洗菜""能下厨""会洗碗"等一系列家庭劳动实践,尔后在学习本课内容时,学生对于锅盖放置的问题大都有了真实的体会,对课程学习内容不仅兴趣盎然,而且对于所学的知识有了更清晰的了解,对所学技能的使用有了更进一步的提升。又如:《简易衣架模型》一课的教学,涉及洗涤衣物后的晾晒以及晾晒时常见的衣架被风吹落等问题,故我们在本课教学前组织进行了"洗涤小达人"的主题实践活动,分别进行了"帮洗衣""会晾晒""善收纳"等一系列家庭劳动实践,尔后在学习本课内容时,学生对于晾晒衣物时用的衣架大小有了深刻的认知,无论是对课程学习,还是劳动育人都起到了事半功倍的作用。

（2）当"大拇指梦工厂"课程"遇见"拓展课程

拓展型课程是"大拇指梦工厂"的重要基础，在我校"SHINE"课程中不仅有许多"制作类课程"，还有不少"语言类课程"和"表演类课程"，而"大拇指梦工厂"则将它们巧妙地串联了起来。学生在"绘画小组"运用自己的画笔进行设计，在"制作小组"运用不同材料将其制作出来，在"装饰小组"对其进行装点。这些"产品"每个学期都会由"宣传小组"进行广告设计与宣传，并通过"销售小组"通过义卖的形式进行销售。学生在此过程中体验了"设计师""木匠工人""装点师""广告策划""销售员"等一系列角色，参与到了整个"生产劳动"的过程中去。"大拇指梦工厂"课程在拓展课程的开展中，为劳动教育落实提供多样的课程资源和广阔的个性发展空间，帮助学生体会劳动中的艰辛与快乐。

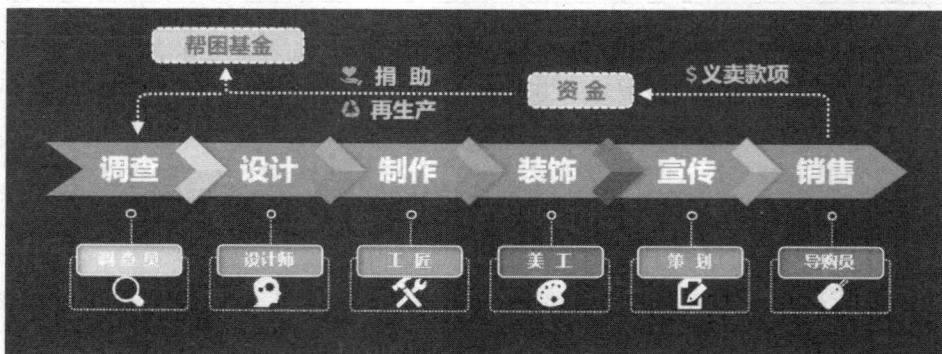

图3　"大拇指梦工厂"课程路径图

（3）当"大拇指梦工厂"课程"遇见"学科活动

当然，除此之外，我校还将劳动教育与基础学科及各类活动进行有机融合，使劳动教育逐渐成为校园文化的一部分。每年我校都有6个学科的主题节：语文节、数学节、英语节、艺术节、体育节和科技节。每个节日我们都会结合"劳动教育"创设一些主题式综合活动。比如，本学期的英语节主题为"Enjoy working, enjoy life"。在此次活动中，我们围绕"劳动"这个主题开展了相关的英语劳动歌曲创编、英语劳动小报制作、英语小主播介绍劳动小妙招等一系列活动。而数学节更是将数学测量与"种植养护"劳动进行了融合，通过记录种植豆苗时每天的给水量、光照时间、种植温度等数字信息，评比出生长高度最高的"种植小达人";通过绘制统计图和对全班的数据分析,评比出分析最全面的"分析小达人";通过拍摄烹饪自己种植出来的豆苗的加工过程,评比出介绍最细致的"烹饪小达人"。还有语文节、艺术节、科技节……可以说,劳动教育为原本的教学开拓了更新的思路,提供了更丰富的素材,此类活动不仅得到了学生的喜爱、家长的赞同与支持,也让老师欣喜地发现孩子的成长,得到了大家的一致好评。

（4）当"大拇指梦工厂"课程"遇见"校外资源

我校不仅关注学生在校内提升劳动素养,也重视学校与家长、社会资源的融通,形成合力,养成良好的劳动品质。通过全校征集与多次磋商,学校将家长请进学校,运用"学校少年宫"平台对感兴趣的学生进行"职业体验",深受学生的喜爱。

我校还积极拓展校外社会资源,如对应学校的"木艺坊",学校与"上海市木文化博物馆"进行了合作,带着孩子们"走出去",到博物馆中体会木文化的精髓;同时,我们也会将专业的知识引进来,利用学校已有的"木艺坊"场地和设备资源,将专业的老师请到学校来教授,进一步丰富劳动资源。

4. 完善"大拇指梦工厂"保障机制

（1）打造大拇指梦工厂硬件环境——两室两廊为劳动教育提供基础保障

学校现拥有"两室两廊",其结合了学校现有的硬件资源,进一步丰富了劳动教育实践场所,从学习制作与宣传展示两个方面着手,为劳动教育提供硬件上的保障。"两室"是指"木工教室"和"劳技教室",其中:木工教室配备多台先进的、适合学生使用的木工设备,配有多个展示柜对学生的作品进

图4 学生观摩北校展示长廊

图5 学生在朗读亭内录制宣传语

行展示；劳技教室则配备常用的手工制作工具以及展示柜，两间教室是学生进行"生产劳动"的主阵地。"两廊"分布于南、北两校，南校的展示廊鲜亮、明快，建在学生每天都会经过的长廊上；北校的展示廊更现代、立体，同样建在学生的必经之路上，两个"展示廊"是学生展示与评价的主会场。当然，学校还有大拇指电视台、朗读亭、无土栽培种植园等配合课程实施的诸多劳动实践场所，希望将"两室两廊"以及这些场所打造成学生乐于去、喜欢看、经常聊、愿意留的劳动教育场所。

（2）关注大拇指梦工厂软件建设——师资力量为劳动教育铺好路基

师资力量在劳动教育中是不可或缺的，除了班主任作为日常劳动教育的引路人外，学校还调配了优质教师资源为学生进行更好的生产劳动保驾护航。我校的杨丽莉老师是宝山区美术中心组成员，曾多次代表中国参加世界级的OM比赛，参与过"空中课堂"的录制，本次还参加了上海市的"爱岗敬业"比赛；孙奇老师是宝山区劳技中心组、课题组成员，也是上海市劳技中心组成员，曾参与"空中课堂"的录制，其录制的"木艺课程"被认定为宝山区"'十三五'优秀校本研修课程"。两位教师都十分敬业、努力，是"大拇指梦工厂"课程的主要开发者，他们的用心和智慧为我校劳动教育的开展打下了坚实的基础。

（3）强调大拇指梦工厂项目建设——专项团队为劳动教育保驾护航

我校还组建了专项团队进行管理，为劳动教育的开展保驾护航。学校已

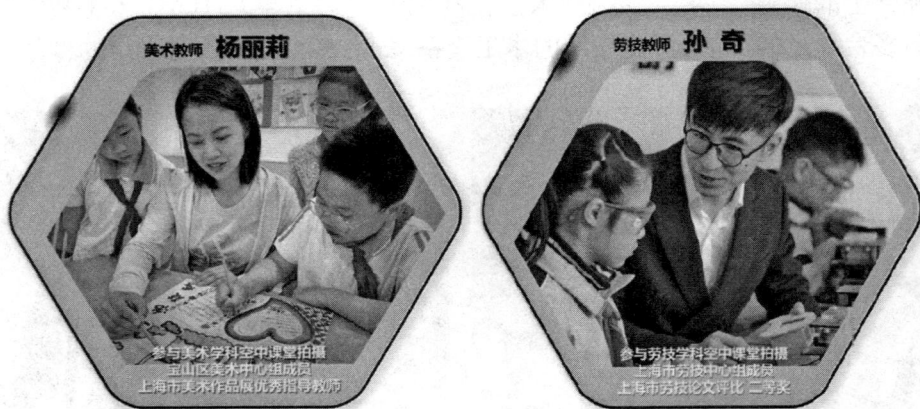

图6　两位劳动教育核心教师

成立由核心教师负责,由课程发展中心联合教师发展中心牵头管理及教师培训,由行政服务部做后勤保障,由综合组教师团队具体落实的工作室建设工作小组与保障小组;为推进劳动教育的全面实施和有序开展,学校项目小组还制订了推进计划,并逐步形成了"劳动教育项目推进方案闭环 1.0"机制。

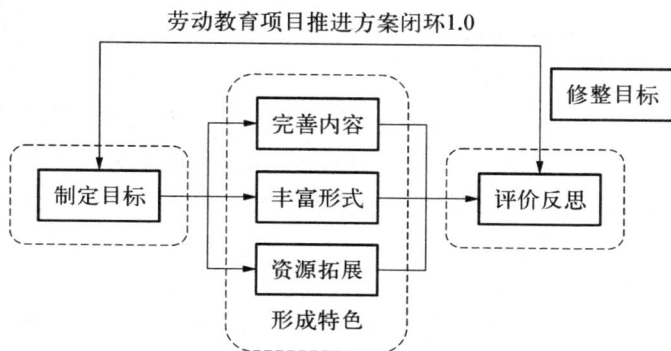

劳动教育项目推进方案闭环1.0

图7　劳动教育项目推进方案1.0路径图

（4）关注大拇指梦工厂多元评价——平台建设为劳动教育持续引路

评价对于学生的发展起着至关重要的作用,我校既关注学习结果的评价,也关注学习过程的评价。学校特色的"大拇指"评价能够对应劳动技能、劳动态度、劳动意识等不同维度,进行相应的评价。而学校利用"晓黑板""小思徽章"等平台,将评价范围不仅仅局限于学校,还扩展至家庭乃至社会,多方面地观察、收集和评价学生表现。

通过平台上收集到的数据,学校会对课程的开展情况进行一年一次的反思与分析,结合每学期期末的两次学生"打评"情况,及时调整和更新教育目标,从而形成闭环,不断完善和改进劳动教育的课程。

三、收获与经验

要推动劳动教育的顺利发展,我们认为在进行好课程设计之后,最重要的还是要构建真正促进学生劳动素养发展的劳动教育评价体系。所以,我们坚持综合性、发展性原则,从评价内容、评价方法、评价主体和评价结果四个方面采取了一系列的改进措施,并获得了一些经验。

（一）发展性和差异性相结合,体现评价内容全面性

培养全面发展的具有独立个性的人是我国的教育目的,而劳动教育是全

面发展教育体系的重要内容。劳动是人类赖以生存和发展的基础,学生是主要的劳动教育对象,是处于发展过程中的具有差异性的独立个体。学生劳动教育评价内容的设计要兼顾发展性与差异性,体现评价内容的全面性,以促进学生劳动素养的提升,达到劳动教育目标。

在观念上,我们设计进行了劳动教育评价,树立新时代学生观,尊重学生个体差异性;同时,以劳动教育综合育人功能为导向,尊重学生在不同评价内容上的个性化表现,激发其劳动意趣和劳动创造能力,帮助他们形成健全的人格,最终实现全面发展。在实践上,我们以促进学生发展,鼓励个体差异性为核心构建多维度中小学劳动教育评价内容。评价者在开展劳动教育评价时,要将劳动知识与技能、劳动观念、劳动习惯、劳动态度等全部纳入评价内容中。如:本校在开展主题劳动教育时,首先将评价点落在是否完成、是否认真完成;其次,是完成的情况如何,与之前的完成情况进行对比,是否有了长足的进步。这样的增值性评价既保证了学生劳动观念的形成,也尊重了学生的差异化,将劳动教育综合育人的向导作用充分地发挥了出来。

（二）质性和量化相结合,实现评价方法科学化

质性评价和量化评价都是进行劳动教育评价的主要方法,两种评价各有特点,在劳动教育评价中承担着不同的任务。量化评价注重数据分析,质性评价注重事实认识和价值认识的结合。二者的结合更能准确反映中小学劳动教育的成效,为劳动教育的完善与发展提供坚实、可靠的信息。

我校在劳动教育的评价中,既注重对学生劳动知识与技能的量化评价,也积极关注学生的劳动情感、态度、价值观,并将之进行质性评价。如在评价时,结合我校的大拇指文化,用欣赏的眼光奖励学生"大拇指",并运用"小思徽章"作为评价与记录的平台,记录学生在劳动教育中的点滴,将学生的持续性进步呈现给教师、学校、家长,并将之纳入我校学生综合素质评价体系,为学生劳动教育评价提供事实依据。

（三）自评和他评相结合,坚持评价主体多元化

劳动教育评价是一个多元主体参与的评价过程。学生是学习的主体,教师是活动的设计者和组织者,而家长和其他与劳动教育相关的人员都是劳动教育的参与者,他们都以直接或者间接的方式参与劳动教育,对劳动教育过程产生一定的影响,因此,劳动教育评价需要将教师、家长、学生等主体考虑在内,使参与者也成为评价主体,这样有助于提高劳动教育评价的客观性和准确性。

按照学生年龄阶段与身心发展特点,我校对低年级与中高年级不同学段的学生合理地安排不同的自评与他评内容。低年段学生对事物做出价值判断时往往偏向于感性判断,因此,该阶段的劳动教育评价我们以他评为主、学生自我评价为辅;高年级阶段,学生的身心发展相对较为成熟,也具备一定的感性思维和理性思维,此时我们会吸纳不同主体积极参与评价,除了自评与互评外,还有家长评价与教师评价。

四、思考与展望

劳动教育是实施素质教育的必然要求,是培育学生核心素养的重要举措,也是培养学生创新精神和实践能力的重要途径。实践证明:劳动教育,尤其是要求中小学生适当参加必要的劳动实践活动,对促进学生的身心全面发展是非常必要的。然而,当今的劳动教育出现了严重的异化,在现实生活中,由于受多种因素的影响,很多人对劳动和劳动教育存在一些狭隘的理解和片面的认识。劳动教育也经常被忽视,劳动教育的内涵、本质和功能还没有得到相应的认可,令人担忧不已。劳动是人类生存、社会发展的基础,教育起源于劳动,怎样在劳动与学生之间架起教育的桥梁,实现完美的引导,这是我们需要深入思考的问题。

为此,我们将继续探索劳动教育实施的途径,尤其是在评价的量化与有效数据的采集上,如何运用大数据等现代科学技术分析学生的学习成效,从而采用更加个性化的评价方式将是我们探索的重点。我们相信,通过系统化的教育,劳动将不仅仅是简单的训练技能,而且还会帮助学生树立正确的劳动观念和劳动意识,从而促进学生的全面发展,为国家培养德、智、体、美、劳全面发展的优秀人才。

【作者简介】

谈莉莉,上海市特级校长,高级教师,上海市"双名工程"名校长培养对象,长三角名校长高级研修班学员,曾获上海市优秀校长、上海市园丁奖。

孙奇,一级教师,曾获"上海市中小学劳动技术学科论文评选活动"一等奖和"上海市中小学劳动技术学科说课活动"二等奖,现为上海市劳技学科中心组成员,宝山区劳技学科中心组及课题组成员。

本文曾发表于《宝山教育》2021年第四期,宝山区教育学院微信公众号将其作为"重点推荐文章"进行推荐。

美术学科提升学生创意实践能力的实践研究

【案例摘要】

作为上海市小学低年段美术学科基于课程标准评价基地校，我校美术教研组在2016年以《基于课程标准的美术分项评价研究》为核心课题，结合学校大拇指文化，制定了校本美术学科分项诊断评价标准及建议。随着2018年学校课题《基于数据分析的课程实施与评价改进研究》的立项，教研组精心设计多种评价量表来观测学生在美术学习过程中的表现。通过学生学习表现性评价量表的统计数据分析，我们发现学生在作品创意制作方面缺乏方法和能力。为此，我们反思课堂教学，积极改进教学行为，总结美术学科创意实践能力培养策略，帮助学生提升能力。

一、问题的提出

2019年，笔者的《小学美术单元学习中表现性评价有效应用的实践研究》入选上海市艺术青年课题。在表现性评价应用于课堂的实践过程中，笔者设计了多种评价量表来观测学生在美术学习过程中的表现。

比如，上教版《美术》第五册第四单元《都市印象》单元中《美丽的路灯》一课教学过程中，通过学生的学习表现性评价量表（表1）的统计数据分析，我们发现学生普遍比较喜欢创意实践课，都乐意动手创意。但从评价表的统计结果中，我们发现有近一半的学生在路灯的造型设计这一评价内容上只得了两颗星，创意一般，这说明学生在作品创意制作方面缺乏方法和能力（见表2）。

美术学科中的创意实践素养是指在美术活动中运用联想、想象等方式，利用传统和现代的材料、工具及方法进行创造和实践，在过程中形成的创新意识、创意思维和创造方法。反思课堂教学，美术核心素养中创意实践一直是教学中比较难把握的。教师虽然在课堂上经常进行创意实践指导，但缺乏指导学生创意的方法和语言激励的丰富。提升学生的创意实践能力,应先从改进教师的教学行为开始。

表1

《美丽的路灯》学习评价表		
评价内容	评价标准	评价结果
动手制作实践	乐于动手制作	☆ ☆ ☆ ☆
材料选择合适	材料运用恰当	☆ ☆ ☆ ☆
组合稳定牢固	插接稳定牢固	☆ ☆ ☆ ☆
路灯造型设计	造型设计美观、有创意	☆ ☆ ☆ ☆

表2

评价观测点	乐于动手制作	造型设计美观、有创意
数据分析	3星,2% 2星,2% 4星,96%	4星,25% 2星,42% 3星,33%

二、实践行动

(一)制订研究计划

本案例以上教版《美术》第五册第四单元《都市印象》单元为例,教师根据单元教学目标、课时教学目标和学情,设计学习活动激发学生的学习兴趣,并从创设问题情境、加强创意方法的指导等几个方面改变教师教学行为。根据小学美术课程标准设计评价量表,以评价量表的数据为支持,对学生的创意实践能力的是否增值进行分析。

(二)创意实践能力培养策略

1. 转变教学观念,培养学生创意实践能力

《义务教育美术课程标准》中提到:"使学生在积极的情感体验中发展观察能力、想象能力和创造能力,提高审美品位和审美能力。"因此,培养创意实践素养,首先要转变教学观念,围绕教学目标,关注培养学生创意实践能力,通过各种教学方法激发学生的学习兴趣和创造潜力。

《都市印象》是人文性主题下的教材单元,共有三节课:第一节课《步行街》,涉及建筑的结构等相关知识;第二节课《美丽的路灯》,学习内容是根据路灯的结构组合综合材料;第三节课《城市雕塑》,学习雕塑的基本要素和设计方法。看似每节课的学习内容没什么关联,通过仔细分析和总结,我们知道,本单元的教学内容就是学习运用综合材料造型并进行装饰,创意制作各种城市公共设施。

(1)设计单元教学目标

知识与技能:知道常见步行街景观的结构和不同样式,进一步熟练纸工制作的基本技能;能利用综合材料设计并制作立体造型。

过程与方法:了解步行街景观的组成要素;在观察、分析、设计与制作的过程中,构思创作对象的样式,用接、插、贴的方法组合综合材料,制作立体步行街景观模型;用折、卷、拼、贴等方法并对比、重复、渐变等形式原理表现具有美感的立体造型。

情感、态度和价值观:对设计与制作感兴趣,认同设计改变生活品质的理念,激发用设计表达创想的意愿;感受城市的文化和精神面貌。

(2)设计意图

义务教育阶段美术教育的目的不是要培养艺术家,而是让普通人在生活中发现美、欣赏美。教师要转变美术课重技能的教学观念。

2. 创设问题情境,在解决问题中培养创意实践能力

通过设置问题情境,引导学生自主、合作、探究的学习方式,不仅在解决问题的过程中将知识、技能转化为能力,而且在获得知识、技能和创作的过程中,激发灵感,发现美的价值和作用。

(1)过程描述

师:你们觉得这个雕塑像什么?

生：浪花。

师：浪花飞腾的感觉（手比画卷的动作），现在老师请一位同学用彩纸来试着做做其中的一朵浪花，谁愿意呀？

师：其他的小朋友仔细看好哦，他用的是什么方法？（见图1）

师：大家一起说，这是什么方法？

生：卷。

师：谁来形容一下这朵浪花？

生：小小的、卷卷的浪花。

师：那想要表现波涛汹涌，你会怎么卷？接下来请每个小朋友来尝试用卷的方法做一朵浪花（见图2）。

图1　学生用彩纸制作的浪花造型（拍摄者：杨丽莉）

图2　学生用彩纸制作的浪花造型（拍摄者：杨丽莉）

师：有的小朋友卷的浪花像大浪淘沙，有的小朋友卷的浪花波光粼粼，还有的小朋友卷的浪花力挽狂澜。通过刚才的学习，我们发现同样用卷的方法，但是卷的大小、弧度、方向不同，就会出现不一样的浪花。

（2）设计意图

问题的启发性是学生创意思维的金钥匙。在单个造型的制作过程中，先让学生观察图片，再用手做一做浪花飞舞的动作。教师创设了一系列启发性的问题，接着由一名同学来尝试制作浪花，再由小组每一个学生尝试用卷彩纸的方法制作浪花，大家相互观察、欣赏。通过卷这一个方法，用卷的大小、弧度就可以表现出各种各样的浪花，这让他们信心大增。

3. 丰富联想想象，加强创意方法的指导

艺术创作中最重要的想象力的培养。创作前可以通过提问和自问自答的方式进行联想、想象,学生的思维会被激活,产生各种具有童趣的想法。创作前还可以通过观察教师作品示范,在此过程中要注意引导学生判断、归纳、综合的创意方法和点对点的交流指导。

(1)过程描述

师:同学们,除了剪、卷的方法外,你还能想到什么方法来设计灯罩呢?

生:我还想到了折的方法。剪一剪、折一折,还能产生大小、疏密的变化呢!

师:我们可以用剪、卷、折相结合的方法,组合起来设计灯罩吗?

生:是的。这样灯罩的造型就更富有变化了。

师:除了剪、折、卷这些方法以外,你们还能想到什么方法吗?

生:我们还可以用各种材料,拼贴组合设计制作灯罩呢!老师,是不是非常有创意呢?

(2)设计意图

通过老师的示范,进行一步步的引导、一层层的提问,学生会发现,原来用剪、卷、折这些简单的方法可以组合变化出这么丰富、有趣的造型。这时,他们的创意灵感会随着老师的提问一点一点地被激发出来。

4.教学结合生活,寻找生活中的创意点

为全面提高学生的创意实践能力,就要将教学与学生的生活紧密地结合起来,让学生发现生活中的美,并在生活中实践美、创造美。只有贴近生活的教与学实践,使学生愉悦、自由、有创意地表达,才能达到提高学生创意实践素养的目的。

(1)过程描述

师:我们来欣赏一些步行街上的建筑,找一找灵感。步行街集购物、休闲、娱乐,多种功能于一体,坐落着很多服装店、食品店、百货店呢!

师:商店的橱窗最吸引人啦!你们看,蛋糕店的橱窗内,摆放着各式各样的美味蛋糕,吸引着来来往往的人群。店铺的门面上,挂着大大的招牌,醒目的店名,让人印象深刻。再看这家服装店,落地的橱窗内,摆放着漂亮的服饰,让人目不转睛。仔细看,店铺除了在门面上挂着招牌,还在侧面墙上也悬挂了招牌呢!这可以让来自不同方向的行人,都能看到它(见图3)。

(2)设计意图

艺术来源于生活。在美术课中教师要有意识地引导学生学会观察身边

图3 位于南京路步行街上的各种商店（拍摄者：杨丽莉）

的方方面面，只有形成视觉形象思维，才能表现生活、美化生活。本单元第一课《步行街》的学习内容是用纸盒制作步行街上的建筑。学生去步行街的目的是购物、休闲，很少有同学去仔细地观察橱窗、招牌这些细节。本课教学设计中，教师引导学生观察步行街上的商店的橱窗、招牌等，这些都非常有设计感。

5. 整合教学资源，拓宽学生创意思路

充分利用多种教学资源拓宽学生思路，让学生从不同维度、不同方面去发现和探究，从而有效促进学生创意实践能力的发展。

（1）过程描述

活动目标	运用对比、对称、渐变的组合方法设计制作城市雕塑。
活动任务	1. 观察教师示范，知道雕塑中高低、大小的对比组合方法。 2. 欣赏雕塑图片，聆听音乐，探究对称、渐变的组合方法。 3. 两人合作，根据作业要求设计制作一个城市雕塑模型。
关键问题	你还能找到哪些组合方法？这些方法给你怎样的感受？

续 表

活动资源	课件、教具
活动要求	1. 仔细观察教师的示范。 2. 根据作业内容和要求,完成雕塑模型的设计制作。

（2）设计意图

如何让学生在课堂有限的时间内理解对比、对称、渐变等美术专业术语,并能运用这些组合方法创意设计制作城市雕塑模型? 为此,教师运用了多种教学资源,方法一:艺术是相通的,教师请学生聆听一段音阶的音乐,音符在五线谱上从低到高有规律地变高,就像美术中渐变的组合方法,用音乐激发学生美术作品创作时的想象力;方法二:多媒体欣赏雕塑图片,观察雕塑对称、渐变、对比的组合方法;方法三:教师示范用基本形状组合雕塑作品,通过观察教师示范激发学生创意;方法四:教师组织学生一起玩一玩对对碰小游戏,从几张雕塑图片中让一个学生找一找组合方法,然后再让全班一起用手势表示找到的组合方法,从点到面,让每个学生参与到愉快的学习中,探究发现雕塑中的不同组合方法,并运用到雕塑作品中。

6. 改变评价方式,激发学生的创作欲望

传统课堂过于重视教师评价,而忽略学生的自评和互评。为激发学生的创作欲望、培养学生的创意实践能力,宜采用师评、自评、互评三种方式相结合的评价,使之更加客观、多元(见表3)。学生在自评、互评的过程中,思维能得到拓展,能够更加积极地进行学习。另外,评价的激励、反馈功能可以促使学生进行具有个人特色的艺术表达。

（1）过程描述

表3 《都市印象》单元学习评价表

班级: 　　　　姓名:

一、实践调查活动	自评	互评	师评
我是通过哪些途径获取步行街、路灯、城市雕塑的相关知识的? □ 互联网　　□ 图书馆 □ 实地考察　□ 向他人请教 □ 其他	🐙🐙🐙	🐙🐙🐙	🐙🐙🐙

续　表

一、实践调查活动	自评	互评	师评
这次自主学习活动,我的学习态度是 □ 积极　□ 一般　□ 不积极	😊😊😊	😊😊😊	😊😊😊
二、步行街	**自评**	**互评**	**师评**
我能尝试用剪、挖等技能添加建筑的门窗吗? □ 是　□ 否	😊😊😊	😊😊😊	😊😊😊
在制作过程中,我感到有困难的地方是?	😊😊😊	😊😊😊	😊😊😊
我设计的橱窗、招牌最有创意的地方是?	😊😊😊	😊😊😊	😊😊😊
三、美丽的路灯	**自评**	**互评**	**师评**
我是否积极主动地寻找材料? □ 积极　□ 一般　□ 不积极	😊😊😊	😊😊😊	😊😊😊
路灯插接是否牢固、稳定? □ 是　□ 否	😊😊😊	😊😊😊	😊😊😊
我尝试用哪些方法美化灯罩?	😊😊😊	😊😊😊	😊😊😊
我设计的路灯特别之处:	😊😊😊	😊😊😊	😊😊😊
四、城市雕塑	**自评**	**互评**	**师评**
我用哪些方法设计单个造型? □ 剪　□ 折　□ 卷　□ 贴 □ 推　□ 拉	😊😊😊	😊😊😊	😊😊😊
我们的作品有哪些造型变化? □ 高低　□ 大小	😊😊😊	😊😊😊	😊😊😊

续　表

四、城市雕塑	自评	互评	师评
我们的作品中运用的组合方法是 □ 对比　□ 对称　□ 渐变	🐙 🐙 🐙	🐙 🐙 🐙	🐙 🐙 🐙
我的雕塑作品非常有创意	🐙 🐙 🐙	🐙 🐙 🐙	🐙 🐙 🐙

（2）设计意图

本案例主要针对学生创意实践能力进行评价,教师需要通过课时内容设计相应的学习活动,通过活动的开展,有针对性地观测学生的行为表现,并持续地将评价贯穿整个单元学习中。

本单元根据教学目标和学生年龄特点,在每一课时中根据课时教学目标设计教学活动,并根据每个活动内容设计学生创意实践能力观测点。本单元是设计制作课,学生创意实践能力的评价观测主要从观察、制作和创意三个维度进行。

评价表中多项观测点和评价内容重复,恰恰可以从中看出学生在每一课时、每一活动中同一维度能力的提升。根据学生在整个单元活动中的行为表现和反应能力的变化,教师可以从评价表的数据分析教学行为设计的合理性以及学生的创意实践意识和能力的变化。

三、成效分析

在基于数据分析改进教学行为提升美术学科创意实践能力的实践研究过程中,我们做了哪些? 第一,是通过评价方式的改变把更多的焦点集中到培养学生创意实践能力的过程上。第二,是教学行为的改进更注重学生创意实践能力的培养。

在三年级《都市印象》单元教学研究过程中,通过教师教学行为的改变、语言的引导,从学生的美术作品中和单元学习评价表的数据分析中,我们看到,创意制作获得三个大拇指的学生数量在逐步增多,反映出他们在逐步形成创意的意识和创意实践能力的逐步提升。

四、结论与建议

在上教版三年级《美术》第五册《都市印象》单元的教学实践研究之后,

我们梳理出一条基于数据分析而改变教学行为的操作路径：从基于课程标准明确学习目标，依据学习目标进行评价设计，汇总评价量表进行数据采集，统计分析数据发现教学问题，依据评价结果改进教学行为。

我们还总结了美术学科创意实践能力培养策略，并尝试将此操作路径运用到美术学科的其他单元模块中。教师通过评价量表的数据分析，能比较精准地找到学生在学习中的弱项，从而改变自己的教学行为，帮助学生提升能力。

《都市印象》单元评价量表数据分析

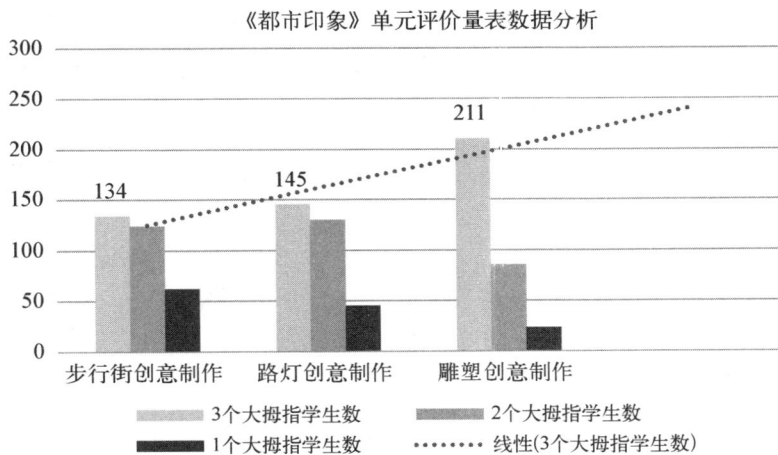

在研究过程中，我们也遇到了一些疑惑，需要进一步研究与实践：第一，学生美术学科的核心素养与评价量表的观测点需要进一步明确，评价策略有待进一步优化；第二，基于数据分析改进教师行为，如何由外部驱动走向学生内力生成还须进一步研究。

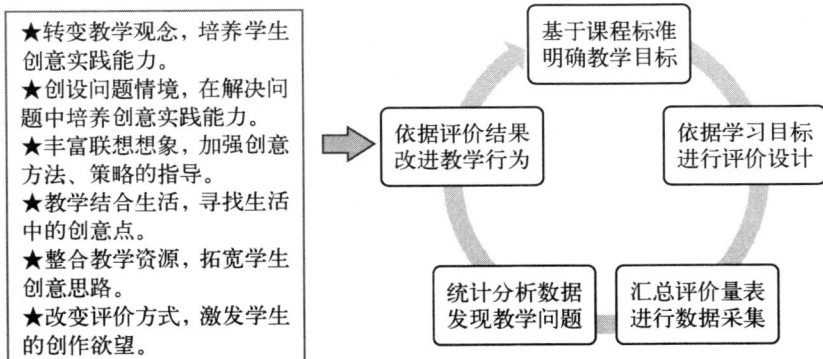

【作者简介】

杨丽莉,教龄18年,高级教师,宝山区教学能手。曾获上海市园丁奖,上海市中小学中青年教师教学评选活动二等奖,第四届上海基础教育青年教师教学竞赛二等奖,参与录制上海市"空中课堂"小学美术学科三年级《都市印象》单元。

基于数据分析的小学数学高年段
"几何直观"能力提升的行动研究

"知行合一"是指认识事物的道理与在现实中运用此道理，是密不可分的。陶行知先生认为：行是知之始，即认识来源于实践，实践是认识的基础。本研究正是紧紧围绕"知行合一"理念，以《基于数据分析的小学数学高年段"几何直观"能力提升的行动研究》为题，采用测试法、问卷法、行动研究等多种方法结合，紧密联系教学实际，开展研究。

一、问题的提出

几何直观主要是指利用图形描述和分析问题。借助几何直观可以把复杂的数学问题变得简明、形象，有助于探索解决问题的思路，预测结果。几何直观可以帮助学生直观地理解问题，在整个数学学习过程中发挥着重要作用。

我校某次期末检测呈现出部分学生没有几何直观的意识。以下是某次期末检测中有关"图形与几何"知识选择题的数据分析情况：

（一）五年级全体选择题第六题得分情况见表1

表1　五年级选择题第六题得分情况表

总人数	实考人数	选择题第六题应得分	选择题第六题实得分	年级平均得分率
327	327	327	213	65.12%

原题：用一根30 cm铁丝围成一个梯形，梯形的上底8 cm、下底10 cm，这个梯形的面积是（　　　）。

（二）五年级各班选择题第六题得分情况分析如下

五年级9个班级中有7个班级选择题第六题的得分率不到70%，大部分学生的几何直观能力都比较薄弱,说明这一能力的培养在平时教学中普遍比较缺失。其中五(1)班和五(2)的得分率差异最大。由此,抽取这两个班级继续进行分析。

(三)五(1)班、五(2)班选择题第六题得分情况见表2

表2　五(1)班和五(2)班选择题第六题错误情况统计表

	错题人数	正确率	大于54 cm^2	无法确定
年级总人数(327人)	115	64.8%		
五(1)班(34人)	9	73.5%	5	4
五(2)班(36人)	15	58.3%	9	6

从统计的数据来看,约14%的学生没有几何直观意识,无法将文字抽象理解为图形进行解题。约20%的学生能进行抽象理解,但不能正确抽象理解出图形,从而导致解题出错。

鉴于以上数据分析,我进行了"基于数据分析的小学数学高年段'几何直观'能力提升的行动研究"。在高年段,有策略地培养学生几何直观能力,促进对复杂的数学问题的理解,从而提高解决实际问题的能力;培养良好的思维习惯和方法,为后续数学学习和终生发展打下良好基础。同时,也能促进教师教学能力和研究能力的发展,提高教学水平。

二、原因分析及策略

(一)原因分析

1. 从教师的教学方面进行分析

(1)教师缺乏几何直观教学的方法和技巧

在观摩数学课时,发现多数老师知道要教几何直观,但不知道如何去培养能力,即教师缺乏几何直观观念。

(2)教师对于几何直观教学理解得不透彻

有的老师对于几何直观的理解较粗浅。在教学与几何直观有关的知识点时,将几何直观的能力变成了一种知识点进行教学。

2. 从学生的学习方面进行分析

根据观察课堂教学情况及测评后的数据分析来看,学生在解决问题时,只是将所学到的知识和方法进行模仿运用,但若长时间不接触这类知识,则会慢慢淡忘。

（二）行动研究策略

1. 重视自我探究,在操作中培养几何直观的意识

"教学做合一"思想中指出,教法和学法都来源于做法、统一于做法。因此,教师在教学中要进行"知行合一",那么学生在学习中也应"知行合一"。在教学中应多设计自主探究的环节,鼓励学生利用画图等方法进行学习。

2. 运用"数形结合"思想,培养学生几何直观的能力

充分运用数与形的结合,可以"以形辅数",也可以"以数辅形"各展其长、优势互补。在教学中,将"形"运用得越充分,直观的效果越明显,学生的直观表现意识就越强烈,从而提高几何直观能力。

三、研究计划的制订

针对上述小学数学教学中存在的几何直观教学方面的问题与不足,为了更好地在小学高年段数学教学中培养学生的几何直观能力,从而达到提升学生数学核心素养的目的,本研究采用了行动研究法,对学生进行几何直观能力培养,并就存在的问题进行及时反思与改进。

研究对象:研究的班级共有38人,男女学生数量相对均衡,且数学测评等第在年级组居中,因此,所选班级具有一定的代表性、典型性,比较适合进行行动研究。

行动研究内容设计:本次行动研究严格按照计划→行动→反馈→反思的步骤开展,共设计两轮。在第一轮结束后,根据反思结果,针对不足进行及时改进,旨在第二轮行动研究展开时避免再次出现类似疏漏,优化其效果。

第一轮行动研究的教学内容:沪教版小学数学五年级第一学期《平行四边形的认识》。第二轮行动研究的教学内容:沪教版小学数学五年级第一学期《平行四边形的面积》。在教学内容方面,难度逐步提升,注重培养学生的学习兴趣。

四、改进行动的设计逻辑

（一）第一轮行动研究

1. 计划

根据上学年某次期末检测的数据分析,

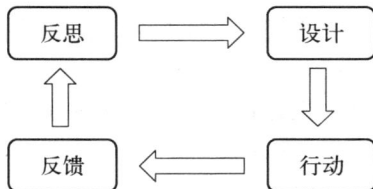

图1 行动研究的步骤

本轮行动研究进行如下设计：

第一轮行动研究的教学设计

教学内容：沪教版五年级第一学期《平行四边形的认识》

核心素养：几何直观、推理能力、归纳总结能力、数形结合思想

教学准备：课件、平行四边形纸片、长正方形纸片、色带等

教学过程：

（1）通过交叠色带的活动，知道交叠后的图形是平行四边形。

（2）观察交叠后的图形，总结平行四边形的概念。

（3）通过剪、拼平行四边形等操作活动，直观了解平行四边形的特征。

（4）整理平行四边形、长方形、正方体的特征，理清它们之间的关系。

（5）通过找一找、画一画，认识平行四边形的高，并初步掌握画高的方法。

2. 行动

（1）重视自我探究，在操作中培养几何直观意识

在以往的教学中，往往"教"多于"学"，"学"多于"究"。本次行动研究中，把"究"放在首位，在动手操作中探究知识点，把平行四边形本质的内容挖掘出来，提升几何直观能力。例如：在第一课时中，不给学生任何提示，让他们自主探究平行四边形特征，学生通过观察、推测，最后再验证其特点。这迫使学生借助图形帮助学习，从而提高几何直观的意识。

（2）运用"数形结合"思想，培养学生几何直观的能力

数形结合思想和几何直观能力有共同的功能和表现。数形结合思想更注重"数使形更入微"，而几何直观更注重几何本身。在教学过程中，充分运用数形结合思想，不仅可以贯通知识、技能的理解，还能体现直观的好处，从而达到几何直观的意义。例如：学生自主探究平行四边形对边相等的特点时，会借助尺等工具进行测量、比较。用"数"证明了"形"的特点，帮助理解平行四边形的特点，从而提升分析、归纳和几何直观能力。

3. 反馈

通过3课时的教学，完成了第一轮行动研究。除了与同年级的数学教师讨论本轮行动研究的特点，并请教本轮行动研究的不足与改进策略之外，还对学生进行了一次问卷调查，作为反思本轮行动研究与改进下一轮行动研究的重要依据。

根据问卷数据，了解到：86%的学生喜欢这种上课方式，5%的学生不喜欢这种上课方式，9%觉得一般；91%的学生觉得这种上课方式与以往的

数学课相比有变化,其余学生说不清楚;82%的学生觉得自己非常专注于课堂学习,其余学生觉得不清楚;58%的学生觉得此次上课周围的同学特别认真听讲,其他同学觉得有同学做小动作,比如一直把玩色带、纸片等学具;大多数学生觉得这种方式对做题有帮助,但是还有部分学生觉得没什么帮助。

4.反思

根据第一轮的课堂表现情况及学生的问卷情况来看,本轮行动相对比较成功,在学生当中得到了一定认可,起到了提高学生学习兴趣的作用。但是,也有一些不足之处:本轮活动设计是以学生个人探究或者小组探究的形式,在探究的过程中,存在部分学生不认真探究的现象。因此,在问卷调查中,也有不少学生反映有人随意动学具等。可见,在操作环节还存在很多需要改进的地方。

针对以上情况,提出以下改进策略:

(1)在设计教学环节时,应更多考虑课堂实践的效果,从而达到课堂教学的目标,而非课堂形式的多样化来吸引眼球。

(2)在设计活动的时候,要注重每一个孩子的体验效果,可以从视觉上体验,也可以亲身经历。

(3)可以将几何直观和空间观念有效结合。因为空间观念的建立对于几何直观有直接的作用。

(二)第二轮行动研究

1.计划

经过多次反思与修改,我进行第二轮行动研究。第二轮行动研究的内容为:沪教版小学数学五年级第一学期《平行四边形的面积》,设计了利用割、补、拼等方法探索平行四边形的面积计算公式,利用平行四边形解决生活实际问题等活动。这一轮研究呈现出内容难度更大的特点。由此,第二轮教学设计如下:

第二轮行动研究的教学设计

教学内容:沪教版五年级第一学期《平行四边形的面积》

核心素养:几何直观、推理能力、归纳总结能力、数形结合思想、转化思想

教学准备:几何画板、平行四边形纸片、平行四边形框架等

教学过程:

(1)通过剪、拼、移等方法,自主探究平行四边形面积的计算公式。

（2）利用几何画板，直观感受将平行四边形转化为已经学过的三角形、长方形等图形进行研究。

（3）利用平行四边形框架，进一步体会平行四边形的面积是底×高，感受高的重要性。

2. 行动

基于第一轮行动研究的反思，第二轮行动增加以下几点：

（1）加强空间观念，培养几何直观能力

几何直观与空间观念是互为因果、相辅相成的。例如：在动手操作前，让学生想一想、说一说：你准备怎么做？有了方向后，再进行操作活动。加强空间观念，提高课堂效率，有目的地进行操作，培养几何直观能力。

（2）借助信息技术，提高听课效率，培养几何直观能力

信息技术是目前最流行时尚的话题，但它并没有广泛地应用于教育教学中。教师可能觉得学习新技术麻烦，或者提前准备的东西更多等。而实际情况是，信息技术在教学的过程中能高效地帮助教师开展教学活动，帮助学生理解知识内容。例如：以前，我们利用学具来教学平行四边形的面积，演示后便无法使用第二次了；而现在，运用几何画板来演示后，还能恢复成原来的样子，这样反复地进行操作，不同学生的几何直观能力都能得到发展。

（3）避免过多无用活动，设计必要的操作活动

第一轮课堂实践中，注重学生的自主探究和操作活动，但没有考虑活动是否合适、是否有必要。第二轮课堂实践中，选择合适的操作活动，避免一些简单的可通过空间观念来完成的活动。例如：在探究平行四边形面积计算公式时，让学生先想象，思考怎么操作，再进行操作，从而节省了时间。

3. 反馈

研究过程中，对学生的作业进行统计分析后发现，越来越多的学生能运用几何直观来解决问题。在作业中和练习中，学生能根据题目的意思画出图形帮助解答。

4. 反思

本轮行动研究设计较上一轮更加成熟，教学效果也更加明显。学生在课堂中能保持较高的专注力和学习兴趣，而且课堂互动的氛围也比较浓郁。但在与听课老师沟通后发现，本次研究中仍有一些不足之处：

（1）课堂时间有限，无法给学生提供更多的自主探究的内容。

（2）课程内容的局限,很难设计题目对学生进行检测几何直观能力水平。

（3）研究提升几何直观能力行动的时间可以拉长,学生应经过一个较长时间的培训,才更能体现几何直观培养的效果。

五、成效分析

（一）小学数学高年段"几何直观"能力教学改进策略

1. 重视自我探究,设计必要的操作活动,避免过多无用活动。例如:在教学中,可以设计画、剪、拼等操作活动,自主探究新知,在操作中培养几何直观的意识。

2. 鼓励学生用图形来阐述和解释数学问题的方法,运用"数形结合"思想培养学生几何直观的意识。

3. 多给学生想象的时间,在提升空间观念的同时培养几何直观能力。

4. 借助信息技术,提升几何直观能力。例如:利用几何画板、希沃白板等信息技术来帮助学生理解概念、解决问题、分析问题。

（二）本次行动研究在学生中的成效

1. 课堂中,学生愿意主动利用图形进行思考。

《平行四边形的认识》课堂实录片段1

观察思考:刚才你们交叠的时候,我还要求你们观察交叠出的四边形,现在说说看有什么发现?

生:一组对边互相平行,另一组对边也互相平行。

追问:你说平行就平行啦?

生:因为色带是长方形,长方形一组对边互相平行,这个四边形的一组对边正好在这一组对边上,这个四边形的这组对边平行。另一组对边同理可得(学生手指着希沃白板进行讲解和演示)。

师:听懂他的想法了吗?他借助什么来证明的?谁再来说一说?(媒体演示)

小结:原来对边平行,我们借助这两张长方形色带就能看出来了。

《平行四边形的面积》课堂实录片段2

师:这是一个平行四边形,你能求出这个平行四边形的面积吗?

师:请你先想一想。谁能说说你准备怎么做?

生:我把这个平行四边形的纸片剪一剪,拼成一个长方形,再进行计算。

2. 作业中,学生会经常利用画图的方法进行思考。

本次行动研究对提升小学数学高年段几何直观能力做了一些初步的探究。未来我将继续秉持"知行合一"的思想理念,开展行动研究。

【作者简介】

程殷芳,校数学高年段教研组组长,年级组长,宝山区数学骨干教坛新秀。曾获得宝山区中青年教师教学比赛三等奖,宝山区、上海市"优秀少先队辅导员"称号。

本文发表于《宝山教育》2020年行动研究专刊,获得宝山区2020年小学段"知行合一理念下教师行动研究报告"评选活动一等奖。

培养小小"福尔摩斯"

　　《福尔摩斯探案集》是一本很受儿童欢迎的书籍,主人公福尔摩斯更是凭借其敏锐的推断力成为了小朋友们最喜爱的人物之一。这不禁让我产生了这样的思考,在平时的语文教学中,该如何培养学生的推断能力? 于是我从阅读和写作的教学中入手,进行了一系列语文阅读推断情节发展的研究行动。

一、问题的提出

　　在三年级上册中,第四单元是一个预测单元,即通过相关信息对后文故事发展进行预测,这个单元中共有3篇课文+1篇习作,分别是《总也倒不了的老屋》《胡萝卜先生的长胡子》《小狗学叫》《习作: 续写故事》,在正式学习前我想要了解学生当下的推断能力,以便更好地制订教学计划,所以进行了一个前测,请学生根据《总也倒不了的老屋》一文中"小猫请求老屋再站一晚上"这个情节进行预测:老屋之后会倒下吗,为什么? 前测的具体数据如右:

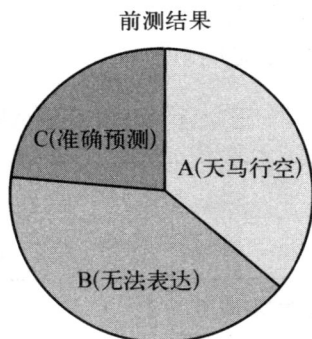

前测结果

C(准确预测) A(天马行空)

B(无法表达)

　　通过对数据的分析我发现,在还未学习预测方法前,一部分学生对于情节的预测是完全摸不着头脑的,大部分学生有预测情节的意识,但是大多是没有依据或者难以表达的,只有少部分能力比较强的学生能够对情节进行准确预测并且能够说清推断的依据。这样的数据呈现也比较符合我们对于这次前测的预估。

二、原因分析

(一)学生角度

　　现在的孩子普遍对于阅读都有着比较浓厚的兴趣,但是大部分孩子在阅读时仅仅跟随文字,并不具备紧密联系上下文和抓关键词这样的方法来有逻辑、有依据地进行预测,也难以从文字或者其他提示中找到线索,在阅读意识这一方面是不够的。

于是我对这三类学生进行了访谈,有了以下发现:第一类学生能够抓住部分文字作为依据,但是主要还是通过自己的主观想象来进行预测;第二类学生则完全按照自己的想法来推断;第三类学生有一点阅读感觉,但是推测理由经不起深思。其中第一、第二类学生有一个共同点,就是只关注到部分文章内容,没有全面地进行思考,说明在平时的阅读过程中,他们的习惯是比较随意的,思考也是比较片面化的,还没有养成严谨的逻辑思维。

（二）教师角度

这样的前测结果也让我开始思考在教学过程中的一些问题。我发现在平时的教学中,自己比较强调对于文本内容的理解、字词句段的分析、情感的体会,而对文章结构和逻辑方面的重视程度不够,在平时阅读的过程中也没有着重于对文本结构进行综合思考,所以对于推测这项技能的指导还是有一定不足的。

三、行动研究计划的制订

行动研究计划的制订		
	第一轮	第二轮
计划周期	3天	7天
计划进展	初步学习	深入学习
计划目标	当故事情节出现反复时,能够对接下来的情节进行合理预测,并且说清理由。	能够从已有的线索中进行选择并且合理想象,关注人物的表现、环境的烘托,切合文章的主题,选择符合人物性格的情节。
行动方案	利用文本《总也倒不了的老屋》中反复出现的"有小动物来请求老屋帮忙,老屋再站一晚"这一情节训练学生关注文本中的相似情节,体会情节之间的巧妙联系,对类似故事进行合理地推断。	在第一轮的类似情节推断后,进一步丰富推断手段,运用本单元之后的教材内容《胡萝卜先生的长胡子》《小狗学叫》,训练学生抓住文本信息,如:课题、插图、人物性格及表现、环境描写等故事情节,从而做出推断,完善推断技能。

四、实施行动研究计划

（一）第一轮实施

我针对文章中相似情节对学生进行推断训练,在《总也倒不了的老屋》这篇课文中反复出现了相似的情节,如:当老屋准备倒下时,小猫请老屋帮忙再站一晚上;老屋再一次准备倒下时,母鸡请求老屋再站一晚上;又过了一晚上老屋准备倒下时,小蜘蛛再一次请求老屋帮忙,于是老屋又没有倒下。在这篇文章中学生发现有一个情节反复出现:每当老屋准备倒下时,都会有小动物出现,请求老屋帮忙,于是老屋就会再站一晚。通过这个例子的学习,学生能够有意识地抓住反复出现的情节对后面的情节进行预测,明白了重复的情节可以成为我们对后文预测的重要依据。于是在本次学习之后,我针对此类故事再一次进行了小检测,检测结果如下:

相似情节推断

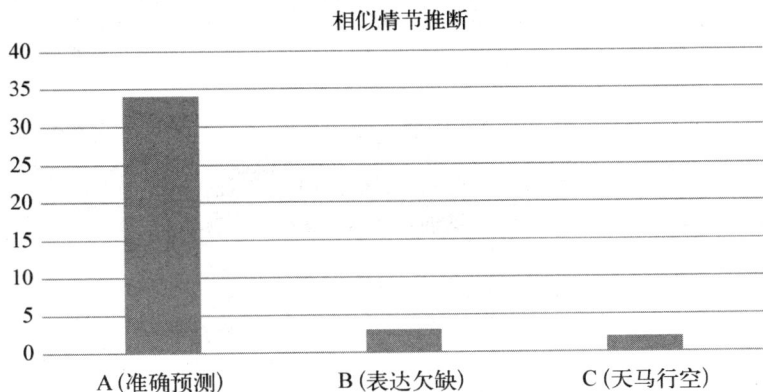

从第一轮的检测结果中我发现,通过有针对性的学习,学生对于有相似情节的推断已经掌握得比较好了,绝大多数学生都能够按照方法进行合理预测。除了重复情节这一类型文章之外,我还想知道学生对于其他类型的情节推断方法是否也得到了一些启发,于是我又进行了第二轮的研究。

（二）第二轮实施

第二轮:在学习《小狗学叫》一文时,了解小狗分别向小公鸡、杜鹃学叫,书后给了三种结局(如下图)。

第一种结局

狗跑啊,跑啊,它跑到了一片草地上,一头小母牛正在那里安详地吃草,

"你去哪儿啊?"

"我不知道。"

"那你就别走了,这里的青草特别鲜嫩。"

"唉,青草不能医治我的病……"

"你病啦?"

"可不是!我不会叫。"

"可是,这是世界上最容易的事!你听我叫:哞……哞……哞……还有比这更好听的叫声吗?"

……

第二种结局

狗跑啊,跑啊,它碰上了一个农民。

……

第三种结局

狗跑啊,跑啊,突然停住了,它听见一种奇怪的叫声:"汪^{wāng}汪,汪汪……"

这叫声像在对我说什么,狗想,尽管我搞^{gǎo}不清这是什么动物在叫。

"汪,汪……"

……

请学生预测《小狗学叫》的结局,以下是本次调查的结果:

《小狗学叫》结局预测

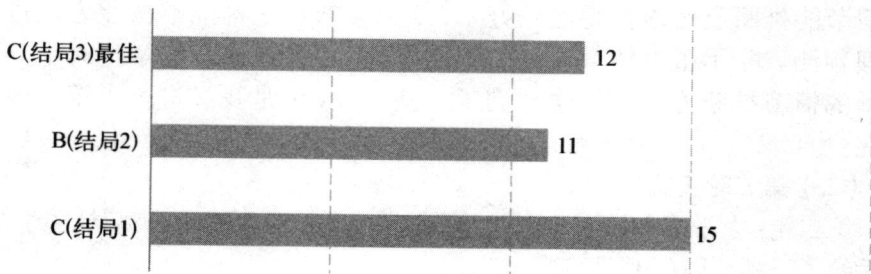

从本次检测结果中我们可以看到，相当一部分学生依然还沉浸在反复情节的思维逻辑里，觉得小狗前面两次都向其他小动物学叫，第三次依然会继续这样的情节。而另外一部分学生为小狗选择了一个圆满的结局，但是脱离了文章的主题，也不符合人物的性格特点。剩下的学生选择了既符合主题又符合人物特点的结局，对于故事结构的把握很准确，思维逻辑很严谨。依据这份数据，在进行推断教学时，我继续推进，通过文本学习，总结了推断方法：

1. 重点注意反复情节的出现（如《总也倒不了的老屋》）。

2. 除了注意相似情节，还要关注人物的表现、环境的烘托。

3. 切合文章的主题，选择符合人物性格的情节。

有不少学生还能够举一反三，通过课题、插图等信息进行情节推断，在推断策略的教学后，我利用本单元的习作（续写故事）检验了推断教学成果，续写故事内容如下：在同学们讨论如何快乐地过生日时，李晓明却因为自己的父母在外地，无法陪伴他而黯然神伤，同学们见状悄悄地讨论起来……

习作完成后，我再一次根据学生所写的内容进行分析，结果如右图：

从结果可以看到，经过推断单元的学习后，绝大多数的学生能够从已有的线索中进行选择并且合理想象，对于文本结构也有了更清楚的认识，这是本阶段推断学习中最大的成功之处。于是，我找出其中

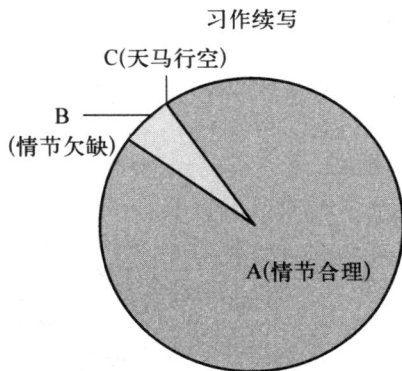

的两位学生进行访谈,以下是本次访谈的具体内容:

访谈一:

教师:小L同学,在这一次续写故事的习作中,你是如何推断接下来发生的情节的呢?

小L:老师,我是这样想的,既然李晓明同学的父母都在外地,他心里很难过,同学们偷偷讨论的问题一定是如何帮助小李同学过一个开心、愉快的生日,我想如果父母能陪在身边,那一定是最好的了,所以我编写的内容是联系李晓明的父母,让他们赶回来陪小李同学过生日。

教师:老师也认为爸爸妈妈陪小李同学过生日这个想法不错,不过他们在外地都有自己的工作,几位小朋友想要联系到他们难度可不小,你觉得这个情节合理吗?

小L:老师我明白了,我觉得写同学们商量着给李晓明同学一起过生日更加合理。

访谈二:

教师:小F同学,在这次的续写故事的习作中,你是怎么想的?

小F:我觉得同学们偷偷讨论的一定是怎么给李晓明过生日,所以我编写的内容是同学们各自分工,把教室布置得很漂亮,准备好蛋糕,给李晓明同学一个惊喜。

教师:你的想法非常合理,老师为你竖大拇指。

从这两位同学的访谈中,我们可以发现,学生基本都能掌握故事情节的大方向,即同学们商量着给李晓明同学过生日,不过大家在过生日的方法上各不相同:有的同学选择的方法不是特别合理,操作起来的难度比较大;大部分学生都能选择较为合理的情节,说明大家对于推断故事情节的方法掌握得很不错。

五、研究反思与改进策略

(一)反思

通过这次研究我发现,学生在平时阅读和写作的过程中对于推断这项能力并不是十分重视,对于文字更侧重于理解,而在结构布局方面比较欠缺。这种欠缺在习作上突出得尤为明显,很多学生的作文意思都能够写到,但是层次却比较混乱。在阅读理解中,特别是主观理解题,时常会发生"牛头不对马嘴"的情况,这是对于文章情节把握不准的一种体现;在进行了一个阶段的推断方法学习后,大家有了不小的进步。我也意识到了在平时的教学中,对于推断这项能力的训练要不断加强,首先从课文入手,引导孩子抓住一些关键的情节,深入分析情节的作用,帮助学生体会故事情节发展。

(二)改进策略

在这次研究后,我让学生试着根据文本进行仿写故事,将阅读和习作结合在一起,帮助学生巩固推断的方法。我也通过这次的研究制定了以下策略:

1. 有针对性、目的性地阅读文章。阅读文章时对某一些情节提出疑问,寻找情节上的共性从而准确推断故事情节。例如:在《胡萝卜先生的长胡子》一文中,在阅读之初,我便提出问题:胡萝卜先生的长胡子分别变成了哪些东西,这些东西有什么共同点吗?学生能够准确找出胡萝卜先生的长胡子变成了风筝线、晾衣绳、眼镜绳,并且能够发现这些东西又长又细,很符合长胡子的特点。故事还未结束,有了这样的深度思考之后,学生对于接下来的情节便有了自己的想法。他们认为长胡子还会变成钓鱼线、秋千绳等,使得推断更加合理。

2. 在阅读文章时,关注反复出现的情节。如《总也倒不了的老屋》中,反复出现"老屋要倒下时,总会有小动物出现请求老屋帮忙"这一情节,给了我们预测的思路。

3. 将故事情节和生活经验结合在一起。在学习《那一定会很好》时,故事由一粒小种子展开,慢慢变成了一棵树、一辆手推车、一把椅子。在阅读时,学生抓住反复情节并且结合自己的生活实际,预测它接下来还会变成什么,如木制的桌子、平铺的地板等,对故事情节的推断起到了很大的作用。

推断故事情节发展是学生重要的阅读技能,不仅能够使学生在读的时候紧扣文章内容,抓住关键线索,而且对于自身写作的布局也有很大的帮助。通过这一次的研究,我会将总结出的推断策略实施于平时的教学中,并且不断总结、更新经验,促进学生更好地掌握这项阅读技能,提升自己的阅读水平和写作技能,逐渐养成严谨而敏锐的推断能力,培养出更多的小小"福尔摩斯"。

【作者简介】

康馨怡,教龄3年,二级教师。作为一名青年教师,在教育教学道路上不断探索。

以数据为抓手，助力学生推断能力的提升

一、研究背景

（一）阅读推理能力的重要性

如今，越来越多的人认同，阅读不仅仅是理解文章，得出中心思想，更重要的是强调阅读者自身对文本的建构，综合运用预测、思考、推理等阅读技能，形成自己的思考。而推理则贯穿于整个阅读过程，如推断字词句的含义，推测人物的心理和文本的主旨中心等，它的发展水平直接制约着学生的阅读能力水平。

从三年级开始，部编版小学语文教材中的语文要素也提出了相关的要求，具体内容见表1。

表1　3—5年级推断相关教学单元的语文要素

教学单元	语　文　要　素
三上第四单元	1. 一边读一边预测，顺着故事情节去猜想。 2. 学习预测的一些方法。
三上第八单元	学习带着问题默读，理解课文的意思。
四上第六单元	通过人物的动作、语言、神态，体会人物的心情。
四下第七单元	从人物的语言、动作等描写中感受人物的品质。
五上第六单元	注意体会作者描写的场景、细节中蕴含的感情。
五下第三单元	通过课文中动作、语言、神态的描写，体会人物的内心。

（二）学生推理能力的欠缺

从上表可以看出，教材对学生的推理能力提出了要求，但在实际教学活

动中，这些内容又是学生学习的难点，不论是上课回答相应的问题，还是完成推断类的练习，不少孩子都存在困难，他们知道要根据已知信息进行推断，但不知道具体要怎么做，可以说学生对此类题目的回答缺少方法和策略，推理能力较为欠缺。

二、研究过程

纵观小学阶段的课文，不论是童话、寓言、神话，还是一般的记叙文，都离不开人物，而文章中对事情发展的经过，或是对人物的外貌、神态、动作、语言一般都会进行较为细致的描写，而人物内心的活动、情感等，往往需要学生自己体会。而学生借助文章内容进行的人物心理活动推断往往偏离文章中心或是词不达意，因此，笔者决定以此为切入点开展行动研究，尝试通过数次教学实践，帮助学生提高推断人物心理活动的能力。

通过对学生完成练习的分析，我发现有部分学生有整体关联意识，能关注到段与段、句与句之间的关系，但部分学生只关注到语句，无法联系上下文和自己的生活经验理解词句的深层含义，还有学生不顾题目要求，脱离了文本，凭借自己的主观想法进行猜测，或是干脆放弃思考。这也导致学生对此类推理人物心理活动的题目畏难情绪较重。

在教学中，我经常针对课文中的空白提问学生，联系上下文说一说，人物是怎样想的。但这一类问题，更多的是让学生理解课文内容，没有从根本上培养学生解决这一类问题的方法和策略，导致学生可能理解了这篇课文的内容，但换了文本，就无法做到举一反三。究其原因，还是在于除了提出问题外，没有进行推理策略的教学，学生没有形成一定的技能，没有使用技能策略的意识和方法。要想解决这一问题，自己要从文本解读的阅读教学中走出来，更多地关注学生阅读推理能力的提升，关注推理策略的掌握，才能更好地提高他们的推理能力及素养的培养。

基于以上认识，我决定从收集、整理文献入手，明确行动研究的目标以及可以使用的推理策略，通过课堂实践进行落实，利用一定的评价检验实践的结果，并根据结果进行再思考和再改进。

（一）第一次改进

学生在阅读的过程中经常需要调动背景知识来进行推理，通过文献的整理，我发现提问策略可以用来帮助学生激活背景知识。以四上第六单元《一只窝囊的大老虎》为例。当学习到"只听到台下一阵哄堂大笑，笑得我脸上一阵发热。我已经明白,我笨拙的表演,把全场的老师同学都逗乐了,他们从没见过这样窝囊的老虎"这句话时,我提醒学生关注作者此时的神情,并提出问题"当你遇到什么样的情况,你的脸也会红",以此让学生调动背景知识,联系生活经验,根据语境推断人物的心理活动,了解作者此刻的心情是紧张的以及产生紧张心情的原因。

在此基础上,继续让学生阅读文章,寻找其他表明作者紧张心情的语句。学生通过联系上下文,可以发现后文中"到底怎么演完的,我一点儿也记不起来,只记得耳边的笑声一阵阵接连不断。等到幕布拉下,我站起来脱下头罩,满头满脸都是汗珠"这些语句也是作者紧张心情的体现。读到这些语句时,我又问学生:"这些是不是作者紧张的体现呢?你有没有类似的经历?你在什么时候也会脑子空白、冷汗直冒?"学生根据问题,调动起自己的背景知识,结合自己的经验,知道当一个人高度紧张时,脑子里会一片空白,不记得发生的事情,而且经常是冷汗直冒。对比文中的描述和自己生活体验,学生可以知道通过这些语句推断作者的紧张心情是正确的。

之后我经过多次示范,引导学生在阅读其他文章时,也尝试着使用类似的提问策略进行自我提问,在推断人物心理活动时调动起自己的背景知识。为了更好地了解学生在进行了一段时间的实践后,对阅读推理策略的运用及存在的困难等情况,我采用了问卷的方式进行了调查。具体内容和统计结果见图1和图2:

关于学生阅读推理情况的调查

1. 你喜欢阅读吗?(　　　)
   A. 很喜欢　　　　　　B. 一般　　　　　　　C. 不喜欢　　　　　　D. 不确定

2. 你在阅读过程中会有意识地对人物的心理活动进行推理吗?(　　　)
   A. 经常会　　　　　　B. 有时会　　　　　　C. 不会　　　　　　　D. 不确定

3. 你在阅读文本时会有意识地联系前后文信息进行推理吗?(　　　)
   A. 经常会　　　　　　B. 有时会　　　　　　C. 不会　　　　　　　D. 不确定

4. 你在阅读推理过程中会积极调用自己的已有背景知识吗?(　　　)
   A. 经常会　　　　　　B. 有时会　　　　　　C. 不会　　　　　　　D. 不确定

5. 你认为本学期学过的推理策略对自己的推理有帮助吗?(　　　)
   A. 有很大帮助　　　　B. 有一点帮助　　　　C. 没有帮助　　　　　D. 不确定

6. 你认为自己在推理人物心理活动时最大的困难在于(　　　)

A. 不能联系上下文   B.不能调动自己的背景知识

C. 不能用自己的语言进行表达   D. 看不懂文章内容

E. 其他：_____

图1　关于学生阅读情况的调查问卷

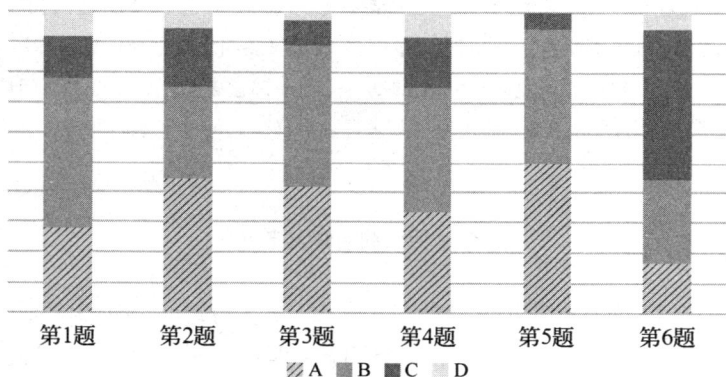

图2　学生问卷统计结果

从结果来看，经过一段时间的实践，学生能有意识地对人物心理活动进行推断，而且大部分的学生能够联系上下文和调动自己的背景知识；但也有很多同学表示遇到了困难，他们心里明白人物可能会想什么，就是无法用完整、通顺的语言表达出来。究其原因，还是由于没有养成一定的推理思维、表达习惯，因此，我将下一阶段的实践重点放在了培养推理的思维习惯和流利的表达上。

（二）第二次改进

这时，有声思维的方法进入了我的视线。有声思维，顾名思义，就是大声把自己思维的过程说出来。为了降低学生思维表达的难度，实践最初由我先进行示范，提出推理问题，给出答案，并说明理由。之后再鼓励学生自己提出问题，从文本内容和自己的已有经验寻找依据，组织讨论，并尝试口头解释自己的推理过程。

以四上第八单元《西门豹治邺》为例。这篇课文讲述了西门豹治理邺县的三件事，第一件事是调查民情，西门豹了解到邺县田地荒芜、人烟稀少的原因是因为巫婆和官绅勾结，害人性命、骗人钱财，再加上这里年年干旱，其中人祸是最主要的原因。第二件事是西门豹用巫婆和官绅为河神娶媳妇的方式惩治了他们。他以新娘不漂亮为由让巫婆去告诉河神，直接把巫婆投进了漳河，然后又让官绅头子去催巫婆回来，把官绅头子也投进了漳河。这部分的课文内容见图3：

> 　　西门豹面对着漳河站了很久。那些官绅都提心吊胆，大气也不敢出，西门豹回过头来，看着他们说："怎么还不回来，请你们去催催吧！"说着又要叫卫士把他们扔下漳河去。
> 　　官绅一个个吓得面如土色，跪下来磕头求饶，把头都磕破了，直淌血。西门豹说："好吧，再等一会儿。"过了一会儿，他才说："起来吧。看样子是河神把他们留下了。你们都回去吧。"

图3　《西门豹治邺》(节选)

　　课文中在描写这件事时，对西门豹的言行描写较多，但他的想法几乎没有体现，面对这一空白，我提出了一个问题：西门豹面对漳河站了很久，他在想什么？多数学生联系上下文，容易简单地得出这样的回答：西门豹在想，到底要不要把官绅们投进漳河呢？于是，我提出不同的想法，西门豹可能在想：我要利用这个时间，震慑官绅，教育群众，让老百姓们真的相信，哪有什么河神，这是巫婆勾结官绅搞迷信，以此搜刮民财的手段！

　　给出答案后，我口头解释自己的思考过程，说明我是如何从以往经验和文本中提取信息的，推理过程可以这样进行：根据以往经验，我们知道要想解决一个问题，首先要了解情况，再寻找解决问题的方法。联系前文，我们知道西门豹首先做的事情就是调查民情。通过老大爷的话，西门豹已经知道巫婆和官绅是骗钱害人的。再联系西门豹说他也要去送新娘，以及西门豹看到新娘后，就命人将巫婆扔进漳河的行为，我们可以推断西门豹已经想好了惩治巫婆和官绅的计策。值得注意的是，将巫婆扔下河后，西门豹也"等了一会儿"，再让官绅头子去催巫婆。这两处相似的行为，都是在告诉我们，西门豹不可能还是在考虑要不要把官绅扔进河里，而是要以同样的方式，让百姓们自己明白并相信并没有河神，一切都是巫婆和官绅在捣鬼，这是以其人之道还治其人之身。结合这些信息，我可以回答，西门豹面对漳河站了好久，他可能会想：我要利用这段时间震慑官绅、教育百姓。

　　通过示范，学生慢慢熟悉了有声思维阐释推理过程的方式，结合之前学习过的推理策略，继续从文本中获取信息，并调动背景知识，进行推理得出答案。这不仅要求学生能根据文本提出问题，给出答案，更重要的是将自己推理的过程阐释清楚。这样的方式，能够帮助学生培养推理的意识，并不断提高自己的推理能力。

经过一段时间实践后，我进行了一次随堂练习，完成一篇阅读《换伞》，其中最后一题涉及推断，要求学生写出此时"我"的心理活动。

换　伞

早晨，天下着雨，街边的一家点心店门前挤满了人，我也撑着伞，排在买早点的行列中。

好容易轮到我买了。我收下雨伞，靠在柜台边，买了点心，匆忙间顺手抓起柜台边的一把雨伞抽身退了出来，撑开伞，扎进了雨帘。

我正在匆匆赶路，忽然听到有人在喊："等一等！"雨声夹喊声，是喊我吗？回头一看，一把黑布伞穿过透明的雨丝，向我急速地移动着。

雨伞移到我身边便停住了，伞一斜，露出一张秀气的脸。"大哥哥，你把伞拿错了，这把才是你的。"我这才发觉自己的伞在她的手里——那是前不久才买的。

"大哥哥，我的伞面已经打补丁了，给。"甜甜的声音有点醉人。

我撑着自己的伞继续赶路，一滴雨点落在我的唇边。哟，甜滋滋的，像蜜一样甜，一直甜到我心里。

图4　阅读文章《换伞》

这道题要求学生联系上文小姑娘的语言、神情，读懂最后一段话的含义，为什么雨点落在我的唇边会觉得像蜜一样甜，从而写出此时我的心理：小姑娘宁愿换回自己的旧伞，也不贪图别人的新伞，她换伞的行为和替他人着想、不贪图便宜的品质令人感动。

学生的答题情况按照以下标准可分为A、B、C、D四类水平层次：A类水平为优秀，学生能从小姑娘的语言和神情推断出"我"的心理活动，能点明小姑娘主动来找我换伞的行为，感受到替他人着想的品质，表达准确，无错别字；B类水平为良好，学生能说出小姑娘主动换伞的行为，品

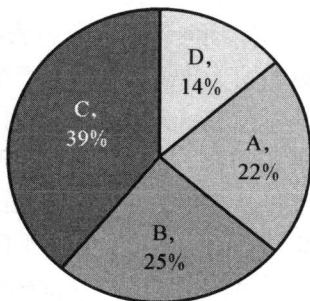

图5　某次语文阅读练习题的班级学生水平分布

质体会不够准确,但总体语言通顺,无错别字;C类水平为合格,学生错误理解雨水甜的原因,推断人物的心理活动不够准确,语言不够通顺,有错别字;D类水平为未达到基本要求,学生推断不正确。

从图中可以发现,获得A、B等级的学生占比将近50%,获得D等级的学生数量最少,但C等级的学生数量比较多,这说明使用推断策略对提升学生推断能力有一定作用,但还需要进一步分析学生错误的原因,并加以改进。

三、反思

经过这两轮的研究,我发现要想提高学生阅读推理人物心理活动的能力,可以从以下几个方面入手:

(一)发现问题,明确目标

从实际问题出发,通过分析,了解学生推理能力较欠缺的问题所在,从而确定之后阅读教学的一个小目标,从推理人物心理活动入手,在教学中有意识地教授一定的推理策略,并培养学生主动选择、运用推理策略的意识,并在阅读过程中不断运用,提升自己的推理能力。

(二)联系文章,提取信息

人物心理有时无法从文章中直接获取,需要学生透过文字的表面信息,寻找到隐藏在背后的含义。教师可以引导学生关注人物的动作、神态、语言等,联系上下文,提取多方面的信息,帮助学生深入文本,寻找依据,理解词句在语境中的含义,发现文本之间的因果关系,对文本信息进行合理预测或解释等,从而全面、准确地概括出人物形象、揣摩人物心理。

(三)调动经验,清晰表达

要想合理地推断出人物的心理活动,除了从文本内容中获取推理的依据外,学生的个人生活经验等背景知识也非常重要。教学中,教师还要多多提供机会,引导学生从自己的已有经验和常识出发,依据文本提出一些问题,激活学生在面对类似情况时的心理感受,把阅读时的新信息与已有的背景知识进行结合,充实对人物的理解,使得推测人物心理活动更加全面、形象。同时,经过一定的思考后,将自己的推理过程一步步地、详细地表达出来,形成推理思路,从而使学生能真正依据文本,进行更加合理的推断。

推理能力是人类思维发展的重要内容,推断人物心理活动是学生阅读推断能力的一个部分,对学生未来的发展有着不容忽视的作用。在语文教学中,教师要引导学生有意识地对人物心理进行推断,使用联系上下文、调动背景知识等多种方法,使学生真正掌握这些策略,在自主阅读中熟练运用,并用规范的语言表达出来,真正提高推理能力。

【作者简介】

郑月,教龄5年,一级教师,撰写论文多次在区级论文评比中获奖,成功立项市级和区级课题。

优化教学设计，让学生"爱上"说明文

一、案例背景

说明文是一种以说明为主要表达方式的文章体裁，在小学阶段的语文学习中，说明文主要分布在小学中高段。随着小学生年龄的增长，他们能够根据逻辑推理、归纳或演绎的方式来解决问题，具有一定的概括能力，学习说明文能够帮助学生锻炼逻辑思维，衔接小学和中学的学习。但是，在当下的说明文教学中，我们不难发现存在以下几个问题：（一）只传授语用知识，忽视科学现象的趣味性；（二）强调说明方法，忽视体验语言表达之精妙；（三）教学设计传统，实际运用新知的难度较大。通过对老师进行问卷访谈，了解当下教师的意识形态，集体教研，改变教学设计的思路，再通过课堂实践，不断完善，给广大一线教师提供一些参考，是我们研究此案例的背景与目的。

访谈内容如下：

问题一，你对说明文教学目标熟悉吗？

师1：很熟悉（拿出课标，翻开课标中说明文的具体要求的页面给笔者看）。你看，这就是说明文的教学目标。

师2：熟悉，课标对说明文的要求并不高。

师3：熟悉，课标对说明文的目标不高，仅是阅读说明文，并且了解它的说明方法就可以。

问题二，和记叙文相比，你更喜欢教说明文还是记叙文？

师1：记叙文，小学阶段的选文还是以记叙文为主，说明文的数量很少。而且记叙文有丰富的情节，内容能够吸引学生。

师2：记叙文，记叙文语言生动活泼，别说孩子喜欢，我也喜欢，读起来很有意思。

师3：我最讨厌教说明文了，内容枯燥，文章结构层次清晰，让学生掌握说明方法就行了，没什么可教的。

问题三,你在说明文教学中采用了哪些教学方法?

师1:和平时差不多。

师2:会播放多媒体课件,学生特别喜欢看视频、图片,每次播放多媒体时,他们就特别认真地看。

师3:会让学生提前收集资料,在课上留时间展示,小组合作交流学习。

从上可以看出,老师对说明文的教学目标都很熟悉,老师对问题二和问题三的回答较为一致,都不喜欢教说明文,因为说明文本身语言平实、没有情节,相对显得枯燥。老师本身对说明文的不喜欢,很难用心去设计好说明文的教学方法;教师一致认为说明文的教学内容是掌握说明方法,甚至还有老师认为"说明文除了说明方法的掌握,其他没有什么可教的",所以老师的意识与教学设计至关重要。

由于教师的教学设计,学生对于说明文的喜好程度偏差也较大,本人抽取了上海市宝山区两所小学的学生进行了以"你最喜欢的阅读文本"为主题的问卷调查,得出了以下研究结果:

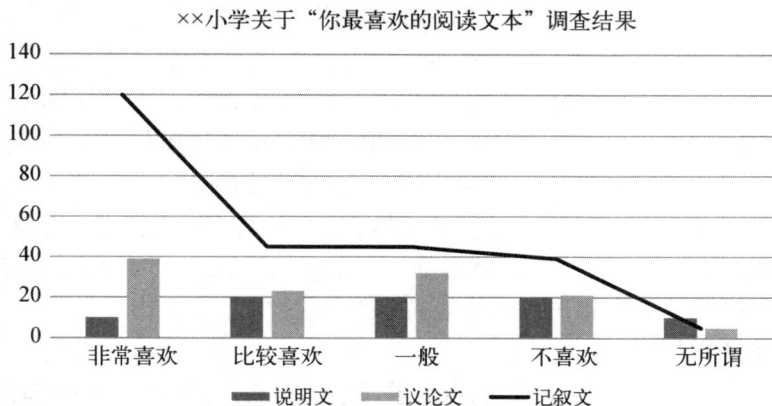

××小学关于"你最喜欢的阅读文本"调查结果

从以上图示中不难发现:小学生在阅读文本的喜好度上存在相似性,说明文教学和其他文体相比受学生欢迎的程度相差甚远。一是说明类文章往往故事性和趣味性较弱,抽象性和逻辑性较强,对于小学生来说有一定的阅读难度,不易产生阅读兴趣;二是说明文教学长期陷于"说明顺序、说明方法、说明语言"三要素的窠臼,教学内容碎片化和教学模式程式化,不易引起学习兴趣。

结合对教师的访谈结果,以及对学生的问卷调查情况,我们决定在实践中由教学实践作为突破口,努力改变教学现状。

二、案例呈现

本校作为数字教材实验学校,在数据与平台的配合之下,有助于我们开展相关的实践与研究,我们团队中的黄老师就四年级上学期的《蟋蟀的住宅》一课,进行了课堂实践,具体过程如下:

(一)教学任务分析

1. 教材分析

本单元课文主要是围绕"处处留心,连续观察"这个主题进行编排的,目的是使学生学会观察的方法,体会文章准确、生动的表达方法。

《蟋蟀的住宅》是一篇说明性的科学小品文,介绍了蟋蟀住宅的特点以及住宅是怎样建成的等知识,赞扬了蟋蟀吃苦耐劳、不肯随遇而安的精神。语言精练、传神,字里行间透露着作者对蟋蟀的喜爱之情。课文生动而富有儿童情趣,引导学生感悟科学的奇妙,体会作者表达的思想感情,学习课文不同的表达方法,并能把这些方法运用到习作实践中去。

《蟋蟀的住宅》这篇课文根据法布尔的观察顺序而写,先写发现住宅,再观察住宅特点,最后写它的修建过程。教学中,首先让学生理清整篇文章的思路,弄清作者的写作顺序和观察顺序。随后,发挥小组合作学习的优势来学习课文的重点部分,调动学生的主观能动性,深入理解蟋蟀的住宅有什么特点。在学习了蟋蟀的住宅特点之后,尊重学生的独特体验,让学生谈谈感受,同时,让学生代表蟋蟀去参加住宅博览会,介绍住宅的特点。在这个过程中,把蟋蟀的选址、建造、内部结构都一一呈现出来,进一步理解了课文,也培养了学生的概括能力和语言表达能力。

2. 学情分析

四年级的学生具备了一定的自主学习字词的能力,掌握了不少理解词语的方法,并能较为熟练地运用。学生在学习课文中,能通过找出关键词语来理解文章的意思,并通过这些词语感悟文章想要表达的情感。此外,在进入本课的学习之前,学生已学过《爬山虎的脚》。通过预习时的视频、教学时的图片比较,以及小组合作讨论等方式,了解了爬山虎的脚的样子和爬山虎是怎样使用脚进行爬墙的,体会了自然界植物的神奇,更是知道了观察事物需要耐心和细心。

3. 技术应用分析

数字教材和其他应用技术的"技术融合",为课堂赋予了无限的能量。如:

插入交互式电子白板的课件、视频、音频等,减少了传统课堂学生在课件和书本间的切换阻碍,达到更加直观的视觉效果,优化了教学方式和教学内容。

本节课中将使用插入资源——音频、图片、交互式电子白板课件和互动课堂的截图功能,以及高亮、画笔等功能,可以帮助学生更加集中于当下的教学,提高课堂的质效。

（二）设计思路

第一部分,从复习观察的方法入手,为本节课的学习做好铺垫。揭题之后直接引入课文的第一自然段,引发思考:法布尔为什么要向我们介绍蟋蟀的住宅? 由此激发学生的学习兴趣。

第二部分,这一环节让学生通过边读边思考课文哪几个自然段直接介绍住宅特点? 2～4自然段和7～9自然段主要写了什么? 每个部分内容之间有着怎样的联系? 由此把握课文主要内容和结构。

第三部分,在学习蟋蟀选址这部分内容时,由"蟋蟀是怎样选择住址的"这一问题引出下文的学习。引导学生抓住主要词句体会蟋蟀选址的特点,并通过多种形式的朗读,进一步感受蟋蟀选址的特点,使学生养成良好的阅读习惯。

而在学习蟋蟀住宅的特点这部分内容时,我们将教学分成了两部分进行:

1. 抓住关键信息,了解特点

出示《学习任务单》,引导学生边读边思考:蟋蟀的住宅有什么特点? 学生通过圈画,找到了直接描写住宅特点的语句,也有一些是需要联系上下文,在具体的语言环境中加以理解和概括的语句。学生能主动参与到学习中去,积极地用心体验、思考、归纳,并通过汇报交流、师生评价,培养了思维能力。

2. 品语言特色,突出重点

文中许多词语和句子都写得别具特色,如"最多九寸深、一指宽"这句话,我要求学生反复阅读,运用互相比照的方法加深理解法布尔是如何进行细致的观察,体会作者准确、生动的表达。"半掩"一词则让我们仿佛看到法布尔趴在草丛里仔细观察的样子。就这样,让学生在"字字珠玑"中品味语言的精妙,感受蟋蟀的聪明才智。

3. 自主感悟,全班交流

通过以上环节的学习和交流,激发了学生对蟋蟀的喜爱和赞扬之情,由此自然地进入复述这一板块。学生把自己转换成了蟋蟀这个角色,汇报介绍"我的住宅"。这一环节充分调动了学生学习的积极性,也更好地巩固了所学的知识。

　　第四部分是课堂小结,再次巩固作者所用的观察方法和表达方法。

　　第五部分是指导书写和布置作业,关注难写字"卧"的第六笔的书写。在作业布置中则加入了语言表达训练,再次巩固课堂学习内容。

　　(三)教学过程

教学环节	活　动　过　程	设计意图
一、揭示课题,明确内容	1. 回顾观察方法。 2. 出示课题:《11. 蟋蟀的住宅》,齐读课题。 3. 学习第1自然段。	插入交互式电子白板的课件,播放音频,引导学生进入文本,激发学习兴趣。
二、整体感知,梳理存疑	1. 默读第2～第9自然段,找到直接介绍蟋蟀住宅特点的两个自然段。 随机交流。【板贴:住宅特点第5～第6自然段】 2. 了解并梳理课文第2～第4自然段和第7～第9自然段的主要内容。 随机交流。【板贴:选择住址第2～第4自然段】【板贴:修建过程第7～第9自然段】 3. 结合课题与各个自然段的主要内容,启发学生思考。	通读课文,整体感知,把握课文的主要内容和结构。
三、精读课文,体悟表达	过渡:蟋蟀是如何选择住址的呢? (一)学习第2自然段,了解选址特点 1. 指名读正确。 2. 随机交流。 (1)蟋蟀慎重地选择住址 ①正音"慎";理解"慎重"。【板贴:慎重】 ②读第2自然段相关句子,找到蟋蟀选择住址的要求。 ③交流。【板贴:排水优良、温和的阳光】 ④结合"一定、并且"这两个关键词语,理解两个条件缺一不可。 ⑤指导朗读。 (2)不利用现成的洞穴 3. 理解"随遇而安"的意思。 4. 齐读第2自然段。	1.通过自由画笔的画线功能,标注相关语句,并通过高亮功能,圈画理解,帮助学生读懂文本内容。

教学环节	活　动　过　程	设计意图
三、精读课文，体悟表达	（二）学习第5～第6自然段，了解住宅特点 过渡：住址选好了，那蟋蟀的住宅是什么样子的？ 1. 出示《学习任务单》。 （1）默读课文第5自然段，思考蟋蟀的住宅有哪些特点？圈画出相关语句。 （2）小组讨论，再根据关键信息在小组的平板上画一画蟋蟀的住宅。 2. 小组交流，画一画蟋蟀的住宅，教师巡视。 3. 随机小组交流，教师相机指导： （1）出示句子：在朝着阳光的堤岸上，青草丛中隐藏着一条倾斜的隧道，即使有骤雨，这里也立刻就会干的。隧道顺着地势弯弯曲曲，最多九寸深，一指宽，这便是蟋蟀的住宅。 ① 读懂句子，知道蟋蟀的住宅是一条隧道。 ② 结合圈画的信息，评价同伴的画，说清楚隧道的特点。 ③ 有感情地朗读。 （2）出示句子：出口的地方总有一丛草半掩着，就像一座门。蟋蟀出来吃周围的嫩草，绝不去碰这一丛草。那微斜的门口，经过仔细耙扫，收拾得很平坦。这就是蟋蟀的平台。当四周很安静的时候，蟋蟀就在这平台上弹琴。 ① 请同学交流自己这么画出口的原因。 ② 其他同学点评，老师进行修改。 ③ 交流"门"的作用、"平台"的作用。 ④ 结合"平坦""微斜"体会准确的表达，感受作者细致的观察。 ⑤ 有感情地朗读。 （3）感受法布尔细致、连续的观察。 4. 默读第6自然段，边读边想：蟋蟀住宅的内部有什么特点？ 交流、预设： （1）屋子的内部十分光滑。 （2）简朴、清洁、干燥、卫生。 5. 朗读第5～第6自然段。 6. 复述蟋蟀住宅的样子。	2. 数字教材和互动课堂的交互式使用，在白板上出示《学习任务单》。 3. 借助互动课堂功能，学生将收到老师的板书，结合文本在自己的平板上画出蟋蟀住宅的样子，巩固认知，加深理解。 4. 教师及时地反馈交流，借助互动课堂的作业对比功能，让学生自己评价、分析蟋蟀住宅的内部特点，进一步感受法布尔的细致观察。 5. 通过朗读，体会课文内涵，升华情感。

续　表

教学环节	活　动　过　程	设计意图
四、课堂小结	教师总结：通过今天的学习，我们体会到法布尔通过用眼睛看、用耳朵听、用心想，以及用手探测、触摸，甚至还借助工具进行测量等手段，对蟋蟀的住宅进行了细致的观察，再运用准确、生动的语言，让我们有如亲眼所见、亲耳所闻，产生身临其境之感。那么，法布尔为什么还要写蟋蟀是如何修建住宅的呢？下节课我们继续学习。	总结观察方法，引导学生从课文准确、生动的表达中，感受作者连续细致的观察，体会观察的乐趣。
五、指导书写、布置作业	1. 指导书写"卧"字。 2. 布置作业： （1）抄写课后词语。 （2）完成《语文练习部分》第一题、第二题和第四题。 （3）结合板书，介绍蟋蟀的住宅，上传介绍音频。	
板书设计	11.蟋蟀的住宅 边观察边思考　慎重选址　　　　排水优良　温和的阳光 多角度观察　　（2-4）　　　　　┌隧道 弯弯曲曲 倾斜 最多 持续、细致观察　住宅特点　　　　九寸深，一指宽 　　　　　　　　（5-6）　外部┤出口 洞口隐蔽 　　　　　　　　　　　　　　　└平台 平坦 　　　　　　　　　　内部 简朴、清洁、干燥、卫生 　　　　　　　　修建过程 　　　　　　　　（7-9）	

三、案例成效

此次教学实践经过了多次尝试，每一次尝试下来，学生的反馈都较之前有了很大进步，总结起来，有以下几个方面：

（一）培养自主合作的探究能力

教学实录：

师：你们小组绘图的依据是什么呢？

生：文中提到了"倾斜的隧道"，所以我们画的是弯弯曲曲的；出口的地

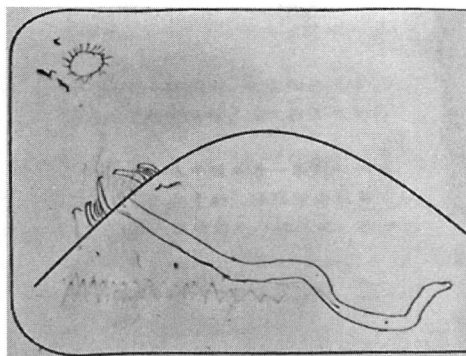

第一组

第二组

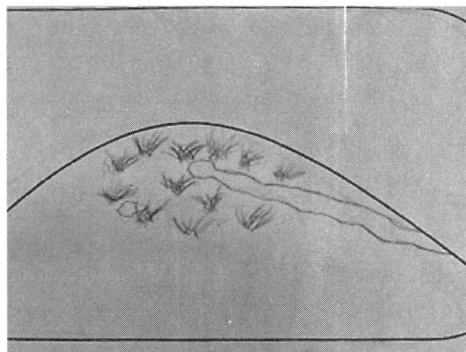

第三组

方有一丛草半掩着,所以我们画了一丛草。另外,课文还提到了朝着阳光,所以出口那边应该是有太阳的。

师:那为什么倾斜的方向是往下的呢?

生:因为文中提到了很快就会干的。

师:向下会很快干吗? 如果下雨那不是很快就……来看看这组的图片。你们认同哪一组?

师:再看看另外一组小朋友的作品,你们发现有什么不同吗?

生:他们的更粗一些。

师:你们更同意哪一组呢? 说说原因。

生:第一组,因为文中提到了九寸深、一指宽。

师:原来法布尔观察得如此仔细,用词也非常准确,所以我们才能准确地画出来。

 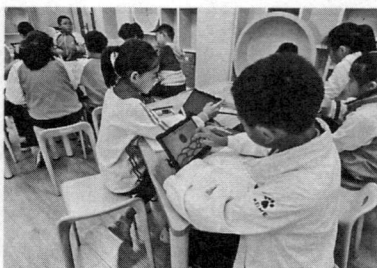

课堂实景1　　　　　　　　　　课堂实景2

在学习课文《爬山虎的脚》时，学生在探究爬山虎的脚的特征时，以小组合作的方式完成了对爬山虎的脚的合作探究，并共同完成爬山虎的脚的简笔画。学生自主阅读，并且将资料进行汇总与组合，进而在小组内探究商议后，合作完成了课堂的任务单，这一环节的实践活动，能多角度地提升学生的自主合作探究能力。在《蟋蟀的住宅》一课教学中，学生在交流与学习的过程中逐步明确蟋蟀住宅的特征，通过平板小组合作完成住宅示意图，再进行交流，在介绍自己制图原理时，品读课文中的语言，不知不觉中，说明文语言的准确性与严谨性的特征便深深地刻在孩子脑海中。

（二）提升学习兴趣，提高学习效果

以前的教学平台较为单一，以教师的演示型为主，在很多功能上我们无法做到有效切换，而新型的软件和平台解决了很多问题。如我们在数字化的基础上，融入了希沃、互动课堂等，实现了互动讨论、手写批注、课堂翻转等多种学习方式，提升了学生的课堂参与度，让师生、生生实现有效互动，学生的积极性得到有效的提升，学习的效果也随之提升。

说明文并不是什么洪水猛兽，只要精心设计，恰当运用各种教学资源，便能让老师减少顾虑，学生提升兴趣。如今，在综合技术的使用下，我们的老师不再愁眉苦脸，学生也不再抓耳挠腮，取而代之的是一堂堂别有趣味的课堂，希望在未来我们能够继续集思广益，设计出更多优秀的课例。

【作者简介】

邓慧玲，教龄3年，曾获得"二中心杯"青年教师课堂教学评比一等奖，宝山区优质媒体资源征集比赛二等奖，宝山区数字化教学优秀案例评比二等奖。2020年，参加宝山区小学优秀作业、试卷案例评比，获得一等奖。2020学年第一学期执教区公开课《灰雀》，同年成功立项区级青年课题，多次在区级研讨活动中展示发言。

第二章　基于数据分析的教学实施改进

教学的实践过程是教学的核心过程，体现了教师对于课堂和教学的整体理解、把握和实施，也决定了教学目标的实现和教学质量的提升。从实践的维度看，信息技术融入教育教学的过程不可逆转地促成了教学方式的变革和创新。传统的教学方式以教师为中心，所遵循的知识传播过程主要是从教师到学生的单向传输过程，学生所特有的学习风格、兴趣、能力以及创新思维等个性差异都在很大程度上被忽略掉了。信息技术的不断发展以及与教育的深度融合，为改变过去单一灌输式的传统教学方式提供了极好的契机。融入信息技术的新型教学方式，有利于激发学生的学习兴趣和认知主体作用的发挥，有利于培养学生主动探究的创新精神，为以教师为主导的差异化教学和以学生为中心的个性化学习提供了有力支撑。对于学校而言，信息技术与教育的融合，最重要、最核心的体现就是丰富教学的手段，提升教学的效能，重塑教学的样态。本章中的13篇文章，着眼于信息技术支撑的课堂教学改进问题，或呈现一种有效的教学整体设计，或展示基于数据分析的课堂教学问题归因及解决路径，或表达作业设计、字词教学等具体维度的基于数据分析的教学实践和改进，系统地体现了教师围绕教学目标，充分运用信息技术有针对性地实现教学实施改进的思考与行动。

基于数据　融合资源　改进教学

——基于数据分析改进小学自然实验教学

课程标准（2022版）强调，自然课的学习要以探究为核心，让学生经历探究活动和解决问题的过程，体验科学的本质和过程，培养探究精神，发展"学会学习"的能力，为终身的学习和生活打好基础。因此，改进学生的学习方式，使亲身经历探究活动成为小学生学习科学的主要途径。无疑，实验是自然课学习最有效的手段，实验教学是小学自然课的重要组成部分，是传授科学知识的重要环节。实验教学不仅能提供认识事物的感性材料，而且能逐步培养学生的观察能力、分析综合能力、想象力和实验动手能力。上好实验课，可充分激发学生的学习兴趣，提高教学质量。但随着小学自然课程改革的推进，课堂教学发生巨变的今天，我们在教学实践中仍存在一些不足，一些问题也随之出现，如教师的实验演示不规范、演示环境不佳等。

2020年，因新冠肺炎疫情防控需要，在线教学、"空中课堂"应运而生，小学自然"空中课堂"的课程充分发挥其媒体优势，给我们提供了丰富多彩的多媒体教学素材和多样化的教学途径，执教教师更是凭借其出色的个人专业素质、优秀的教学能力，将教学内容和教学方法化为生动的、高质量的同步课堂。因此，如何运用"空中课堂"的优质资源，发挥教师的主导作用，让课堂教学更高效、更优质值得我们探索与实践。

自然科学的内容是广泛的、丰富的。作为小学自然教学的基础——实验本身的内容和形式也是非常广泛、非常丰富的。从实验的形式上来讲，自然实验的基本类型主要有以下三种：

一、演示实验

演示实验是以教师操作为主，用以配合讲解、建立科学概念、总结规律为目的的实验。限于小学生水平能力的不足，教师的演示实验课是小学实验教学最为常见的教学形式,通过教师规范地陈设各种实验材料,有条不紊地推进整个实验活动,帮助学生养成良好、规范、正确的实验操作习惯。但是在实际的操作中,由于班级人数多、演示环境不佳等原因,有相当数量的学生看不清楚实验现象。在教学科教版五年级第一学期第一单元《物质的变化》第三课时《变化与复原》后,我就能否看清老师的演示实验为题,对五(1)班的38位学生进行了调查问卷,之后又在五(3)班用"空中课堂"剪辑下来的视频进行教学并问卷,实验班与对照班的对比统计如下:

教师演示实验 五(1)班

教师演示与视频演示对比

通过调查分析,我们可以发现,教师演示的实验方式,学生表示完全能看清实验现象的只有12人,占比21%;大致看清的为18人,占比47%;表示看不清的有21%。观看视频实验后,学生表示能看清的为26人,基本看清的为13人。从访谈中分析,能看清实验现象的主要是坐在前排、离讲台近的学生,大致看清、看不清的原因主要有被遮挡、离讲台远。

《变化与复原》这课是通过设计两组对比实验,探究物质发生变化后,有些可以复原,有些无法复原。第一组对比实验是用不锈钢勺装上碾碎的冰糖放在酒精灯上加热,等糖熔化后,一种是自然冷却,一种是继续加热。实验后可以发现,熔化的糖如果继续加热会碳化变黑,如果自然冷却会重新变成固体。这组对比实验基于学生的年龄特点,一般都是由教师来进行演示实验,而且在实验操作、实验观察的过程中为了安全起见,要求与学生保持适当的距离,这样也相应地增加了观察的难度,使得更多的学生不容易看清实验过程与现象。但是,我们把"空中课堂"中的教师演示视频剪辑下来进行播放,就能保证每个学生都能观察到其加热与冷却的变化现象。

第二组对比实验是研究黏土和石膏。比较用同样的方法制作黏土和石膏模型，然后干燥敲碎，发现黏土可以恢复原来的性质，而石膏粉加水后会改变原来的性质，干燥敲碎后不能恢复。由于模型的干燥过程比较费时，所以短短的35分钟课堂上不能完整地呈现整个过程，也很难用学生制作的模型来进行对比；而教师如果用事先准备好的模型，学生往往会普遍缺少兴趣。通过与空中课堂融合，将视频完整地展现在学生面前，就解决了实验时间长、短短的一节课难以呈现完整过程的弊端，有效地突破重点，解决难点。

二、学生实验

学生实验是以学生动手操作为主，在教师指导下自己完成的实验，是以锻炼实验技能、学习研究方法、培养实验素质为目的的探索方法。我对任教的五年级三个班的106个学生做了一个《最喜欢怎样的实验课》的问卷调查，统计结果显示，小组分组实验是最受学生欢迎的自然课学习方式之一。

最喜欢怎样的自然课

通过小组合作实验，可以培养学生亲自动手、自主探究和实践的能力，提高学生积极参与的热情，增强自主探究的兴趣。教师的演示实验不能替代学生的自主探究，因此，我们借鉴"空中课堂"中关于实验的步骤、实验的要点、实验的评价等方法，引导学生猜测、设计实验，让学生亲身经历探究的过程，培养探究的精神。以三年级"黄豆、芸豆的解剖"实验为例，先通过观看视频演示,了解解剖的材料、解剖的步骤以及解剖过程中的注意事项,从而规范操作手法、操作要领等,然后以小组为单位进行解剖与观察记录活动,了解种子的结构。学生一个个兴致盎然,兴趣得到激发,探究精神得到培养,更重要的是实验的规范得到培养。

三、课外实验

课外实验主要以扩展知识面、发展创造力为目的,以学生独立活动为特点的实验形式。课堂上的实验,远远不能满足学生的好奇心和求知欲。因此,让学生走出课堂,亲手制作自然、科技模型及标本,在活动的过程中培养观察、分析能力,可以起到事半功倍的效果。但是《标本的制作》一课,涉及"蝴蝶的干制标本""蚕包埋标本""植物标本"3个内容,对于我们这些非专业,甚至是半路出家的老师来说一直是个难题。为此,我们可充分运用"空中课堂"中的资源,把"蝴蝶干制标本、蚕的包埋标本以及植物标本的制作"过程下载下来,演示给学生。在观看视频以后,再组织学生交流标本制作的主要步骤、制作要点及注意的地方,从而让学生较好地掌握标本的正确制作方法,保证了学生标本制作的规范性、科学性。

总之,我们在利用小学自然"空中课堂"进行教学时,应根据"空中课堂"资源的特点,注意技巧性、增强趣味性,因地制宜地设计学生感兴趣的活动,充分发挥教师主导作用和学生主体作用,使学生的主观能动性得到充分的发挥,让学生在玩中学、在乐中学,让每个孩子在掌握知识技能的同时感受无穷的乐趣,让"空中课堂"的优质资源赋能传统的线下教学,从而提升教学质量。

【作者简介】

耿春林,教龄35年,一级教师。从事小学自然教学10余年,宝山区小学自然中心组成员,获得2021年上海市小学自然(科学与技术)教师实验能力大赛二等奖,2021年宝山区中小学单元整体教学设计三等奖;获得2020学年宝山区见习教师规范化培训(小学组)优秀指导教师等荣誉称号。

运用音乐减少小学生跳短绳
出现中断的实践研究

一、案例的背景

跳绳这个简单的运动项目，能有效地提高学生的身体活动能力和基本运动技能，对于小学生的体能开发有着重要的意义，深受教师和学生的喜爱。

但是笔者多年的教学经验发现，小学低年龄段的孩子，尽管喜欢跳绳，但却常常不能坚持。课堂中经常有这样的场景：有的孩子因为总是断绳而有些失落，有的孩子因为断绳太多而有放弃跳绳的想法，还有的孩子更是为此跺脚扔绳。

二、问题与音乐的选择

喜欢需要支撑，那么我们可以借助什么来支撑孩子们对跳绳的喜欢，并把这份喜欢坚持下去呢？如何让孩子对运动的喜欢持续的时间长一点儿，并为孩子将来对运动的热爱打下坚实的基础呢？

我们发现，音乐能够担负起这样的支撑角色。音乐和节奏有很强的感染力，加入音乐元素之后，原本枯燥、单调的跳绳教学变得有生气了，有效地提高了学生的兴趣度，还能缓解疲劳，寓教于乐。

在教学活动准备期，教师运用交流访谈、网上收集等方法筛选出一些学生喜欢的歌曲，尤其是四四拍、一拍一个字的歌曲；同时，引导学生试着听一听、唱一唱这些歌曲。在学生熟悉音乐的过程中，无形中就记住和适应了这些节奏。例如《小跳蛙》《加油鸭》这些欢快的歌曲，学生就很喜欢。我们把这些歌曲剪辑成1分钟的音乐，在体育教学中把这些内容不同但节奏相同的音乐进行交替播放，让学生在不断更替的音乐声中缓解疲劳，完善节奏，减少中断。

三、策略与改进

1. 策略尝试：听音乐、找节奏

策略实施前，我们为一（4）班40名不同水平的学生设立了不同的预期目标，具体见（表1）：

表1　预期目标

实 验 班	优秀组	良好组	达标组	不及格组
实验前中断	2～3次	4～5次	6～8次	8～10次
实验前成绩	99～107个	87～92个	17～73个	2～14个
实验前人数占比	5%	25%	55%	15%
预期中断目标	0～1次	2～3次	4～5次	5～7次
预期成绩	99～117个	87～100个	40～89个	12～20个

（注：表中成绩是以1分钟跳绳为例，组别的划分是根据上海市期末体育成绩测试和上海市体质健康标准进行划分的。）

首先，我们把歌曲剪辑成1分钟的音乐，在体育教学中把这些内容不同但节奏相同的音乐进行交替播放，让学生在不断更替的音乐声中缓解疲劳、完善节奏，从而减少中断。

实录：

教师："小朋友们，《小跳蛙》跳绳活动开始啦！先做热身运动，然后布置任务：请你们边听边跳，如果中间你断绳了，请你说出是到哪个字的时候断绳的，跳完之后把绳子放在自己的身边，断一次以下的把绳围成圈，两次的对折，三次的再对折；以此类推，让组长来做记录。"

学生："好嘞！我来当组长……"

学生在轻松、愉悦的《小跳蛙》音乐中进行跳绳，有的边唱边跳，有的默默地在心里数着，还有的似乎没有办法跟上节奏，有点吃力。我们发现好的音乐是富有魔力的，音乐不停，跃动不止，有效地调动了孩子们的内在驱动力，所以尽管断绳了，他们还是集中精力继续进行。

初步观察，开展20秒后，大约有三分之一的学生表现出难以跟上节奏；30秒以后，有三分之二左右的孩子开始跟不上节奏，感觉跳得很凌乱，断绳、踩绳的现象越来越多；40秒以后，不少同学已经表现出想放弃的意思，而完全能适应这个节奏的只有个别同学。具体记录如下（见表2）：

表2 预期目标与实验目标统计对比

实 验 班	优秀组	良好组	达标组	不及格组
实验前中断	2～3次	4～6次	6～8次	8～10次
预期中断目标	0～2次	2～3次	4～5次	8～10次
实施结果1	1～2次	3～4次	9～10次	11次

通过现有成绩和实施结果的对比发现，在音乐介入后，除优秀组和良好组中断略有减少，达标组和不及格组中断次数反而增加了。从现场孩子们的反应来看，学生是喜欢运用音乐节奏进行跳绳的，那么是什么原因导致学生在跳绳过程中的中断次数反而提升了呢？我们发现，良好组的同学在《小跳蛙》歌曲声中前20秒可以踏准点跳，但保持的时间不长；优秀组基本可以跟上节奏跳，表现最理想，甚至意犹未尽；但是达标组和不及格组的学生就艰难了，全程力不从心。

由此可以推断，音乐有效，但跳到某个时间段后，能力强的孩子基本能跟上，能力弱的孩子则力不从心，能够适合不同组别的练习时间才是最好的练习。那么，选多长的时间段，既能让优秀、良好组的学生进一步提升自己，又能让达标组及不合格组较好地适应这个节奏呢？教师是教学活动的引导者，有责任和义务为学生搭建适宜的发展平台，应对策略进行及时地调整与跟进。

2. 策略调整：节奏不变、缩短时间（25秒跳）

在第一个策略实施一周之后，我们尝试缩短练习的时间至25秒。练习过程中为了让学生有一个身体适应过程，我们采用"先少后增加、增加后保持"的策略，例如：第一次练习时间20秒、第二次25秒、第三次25秒、第四次25秒。每节课练习的次数在4～5次，通过反复地练习，促进学生在运用某种节奏跳绳时可以保持更长时间。

全面深化《体育与健身》课程改革要求中明确指出,小学体育兴趣化,简单地说是以趣促技。因此,我们把学生分成两组,一组跳绳、另一组做裁判,小裁判根据每次跳绳练习的时间内断绳情况,告知同伴是否成功(和自己原有的断绳情况比,有进步就算成功)。满两次或两次以上成功获"跳绳小达人"称号,课后并可兑换"大拇指"1枚。激励策略可以激发学生运动的内在动力,促进学生对跳绳的喜爱。

音乐响起,孩子们又开始努力地跳了起来。通过反复观察,我们发现不合格组的孩子可以两三拍一跳了,合格跳比以前轻松,一拍一跳,脚下的节奏感变好了;优秀组和良好组,有几个孩子甚至能够在某些音乐的节拍里一拍两跳,前期练习基础好的甚至可以坚持较长的时段,这些秀技行为,看得合格组的孩子们也跃跃欲试。

持续的提升来自每次的展示分享。我们除了借助体育活动课让学生展示,还利用每节教学的分享环节让学生展示自己。例如我们用一根长绳在教学场地上分割出"跳绳小达人"展示平台。展示环节,首先选择种子选手进行展示表演,当下面响起阵阵掌声时,教师趁热打铁,邀请其他同学上台表演。于是,同学们争先恐后,跃跃欲试;教师继续引导:"只要愿意展示自己的请上台来。"在热情的氛围中、在兴趣的驱动下、在"跳绳小达人"称号的肯定下,学生都自愿上台愉悦地跳起来了。不用说,教师的心里也是喜滋滋的。

通过两三周的实践,测试中断情况如下(见表3):

表3　测试中断情况

实 验 班	优秀组	良好组	达标组	不及格组
实验前中断	2～3次	4～5次	6～8次	8～10次
预期中断目标	0～2次	2～3次	4～5次	5～7次
实施结果1	2次	4次	9～10次	11次
实施结果2	1次	3次	6次	8次

此策略实施两周,一周一次,方法相同。通过预期目标和实施结果的对比不难发现,在实施音乐介入、策略跟进后,不但优秀组和良好组中断略有减

少,达标组和不及格组中断次数也有所减少,但离预设目标还有一段距离,策略继续跟进。

由此可以推断,音乐介入有效,适当地延长每次练习的时间也有效。但从课题实施三周后学生的表现可以看出,一拍一跳已经不能给所有孩子提供帮助了,不同能力的组别需要不同的音乐节奏来带,只有合适的音乐节奏才是最好的。

3.策略跟进:节奏不变,改变跳法,减少断绳次数

方法一:寻找节奏快慢不同的音乐,分层施教。优点是分层可以因人而异,适应不同能力阶段的同学;缺点是一堂课时间紧,分开练习则效率低下,而且,小学低龄段,学生尚显稚嫩,再加上教师人手不足,不利于分组。

方法二:继续运用《小跳蛙》这首音乐,但需要做出调整。其一,这一年龄段的学生熟悉的音乐并不是很多,同时此年龄段的孩子对自己熟悉的音乐会表现出更多的喜欢。其二,能力强的学生可以一拍一跳,也可以两拍一跳;能力弱的同学可以改为两拍一跳,能力增长了则可以尝试一拍一跳。

四四拍音乐的四分音符鼓点最典型的就是"咚次嗒次",流行音乐里经常用到。四二拍的节奏则是"咚哒咚哒",一强一弱,节奏跳跃欢快,经常在儿歌里听到。四三拍的节奏感最突出,咚嗒嗒咚嗒嗒,把鼓点完整地打出来,显得特别欢快、轻松。《小跳蛙》就是节奏欢快跃动的儿童歌曲,特别适合小朋友们练习跳绳,能让学生很容易听准节奏跳起来。不论是哪一种跳法,教师都应给予建议和鼓励,鼓励学生根据自己的运动能力自由切换,目标是尽量找到属于自己的节奏并保持,以有助于形成一定的肌肉记忆为要点。

实录:

老师:跳绳练习开始了,请仔细听要求:你可以一拍一跳,也可两拍一跳,还可以一拍跳两下,只要不断绳就可以。记住哦,音乐一结束,如果你断过绳,请你想办法用绳子来做记录。等会儿看谁的成绩比上一次的好,游戏开始。

学生A:陈老师,我一拍一跳,觉得正好。(良好组)

学生B:陈老师,你看我一拍跳两下,也觉得很轻松的。(优秀组)

学生C:老师,我两拍一跳,很轻松呀……(及格组)

活动开始20秒后……

老师:孩子们,如果能坚持你目前这个节奏的话,就继续加油哦;如果需要调整的话,也可以调整一下。

学生B：陈老师，我觉得一拍跳两下要不行了，我要换了，一拍一个也许正好……（优秀组）

学生C：我觉得，两拍一跳还可以，不用换。（及格组）

学生D：我原来没有跟着音乐跳，觉得跳绳好难呀！现在有这首歌，好像容易了好多嘛……（不及格组）

老师：加油，你会成功的！

活动开始30秒后……

老师：加油，保持住，相信你们一定行的！

学生B：陈老师，我一直没断过，真带劲。（优秀组）

老师：现在的节奏你觉得合适吗？能保持住吗？

学生A：换过两个节奏，我觉得我现在的节奏正合适，我只坏了一个，老师。（良好组）

哨声响，统计，学生迅速用绳子写字法记录自己的中断情况。

通过四周不断地探索、改进、再实施，对实验班学生1分钟跳短绳测试的中断情况汇总如下（见表4）：

表4　1分钟跳短绳测试的中断情况

实 验 班	优秀组	良好组	达标组	不及格组
实验前中断	2～3次	4～5次	6～8次	8～10次
预期中断目标	0～2次	2～3次	4～5次	5～7次
策略实施1	2次	4次	9次	11次
策略实施2	1次	3次	6次	8次
策略实施3	0～1次	1～2次	3～4次	5～6次
实验后成绩	108～120个	95～115个	60～100个	20～64个

从表4中可以看出，刚开始的预期目标只在小部分人身上实现了，通过策略调整和策略加固，组织形式不断突破，多样的激励评价运用后，学生跳绳的节奏感增强了，节奏也变快了。在研究和实践的过程中，发现一首好的音乐很重要，让不同程度的学生都能找到适合自己的节奏，通过纵向和横向的比

较,以及略有竞争性的策略,绝大部分的同学都能在较短的时间段内获得较为显著的提升。

此外,教师开展策略需要注意的几点:

1. 根据《体育与健康》小学兴趣化的教育目标,在做这项实验时,教师可以把学生获得成功的标准数值降低至1个起。

2. 让学生在自己的最近发展区域内挑战自己。

3. 每次教学活动后对学生的成绩进行记录并展示,便于下次教学前让学生了解自己的进步。

四、成效分析

表5　策略实施后成绩变化

实 验 班	优秀组	良好组	达标组	不及格组
实验前成绩	99～107个	87～92个	17～73个	2～14个
实验前人数占比	5%	25%	55%	15%
实验后成绩	99～120个	87～95个	17～80个	2～14个
实验后人数占比	10%	50%	30%	10%

(注:策略完成后,笔者统计实验后的成绩并和实验前对比,本表重新根据上海市期末体育成绩测试和上海市体质健康标准进行划分。)

经过一个月的实践后,不论哪个组,他们的成绩都在自己原有的水平上有所提升,每个组别中都有学生晋级的现象。

达标组成绩上升最明显的是,有一大部分学生的成绩从合格变成了良好;达标组的学生踏节奏跳时,他们的脚步不慌不忙,手甩绳与脚离地面的时间配合得更协调了,跳绳时身体更轻松了。优秀组和良好组的孩子们多数选择一拍一跳,也有一拍两跳和来回切换的,孩子们又有了新的挑战,兴致很高,优秀组的队伍也扩大了很多。优秀组中有的学生1分钟跳绳的个数突破了107个,突破了上海市体质健康标准优秀组标准的上限,令我十分惊喜。

总体来说,通过这些策略的实施,孩子们在跳绳时出现首个断点的时间在延后,两个断点之间的间隔在加大,中断的次数在减少,成绩在稳步上升。

值得一提的是最后25秒，变化尤其明显，以往每个组都中断频发，现在无论是优秀组、良好组、达标组，还是不及格组，中断的发生都减少了，无论是成绩还是拼劲都有显著进步。这不仅为孩子们今后的跳绳学习开了个好头，而且还为后续升级版花样跳绳节奏练习、棉绳速率练习都打下了良好的基础。

【作者简介】

陈忠珍，教龄16年，一级教师，喜欢记录教学心得，撰写论文《指导小班幼儿家长矫正幼儿攻击性行为的策略研究》获得上海市家教类论文二等奖。新冠肺炎疫情初起之时拍摄的居家亲子运动在宝山电视台、上海电视台等播出，颇受好评。

"四聚一评"——激发课堂活力

作为一名青年教师，初出茅庐的我怀着一腔热诚，踏上了三尺讲台，一路走来，有泪水和汗水，但是更多的是收获了成长。在专业化成长道路上，有一件事情让我记忆犹新，通过这件事，不仅提升了我的教学能力，而且激发了课堂活力。

一、溯源：一节实践课的调查研究

开展这次校本行动研究主要源于我所执教的四年级第一学期的一节组内实践课——《大数的认识》，课后对全班36位学生进行了后测（如下图所示）。

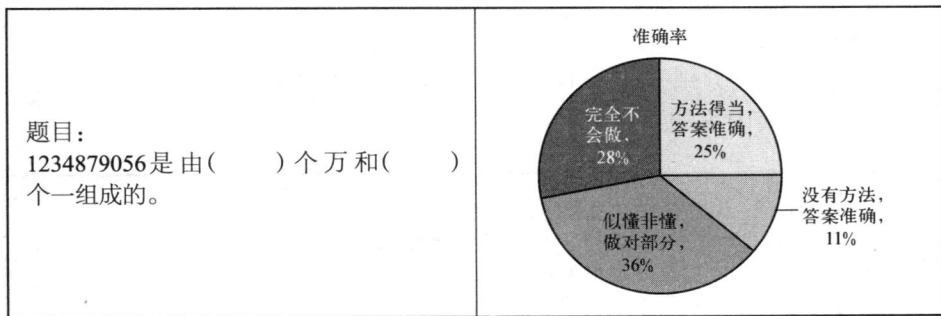

题目：
1234879056 是 由（　　）个 万 和（　　）个一组成的。

准确率

完全不会做，28%

方法得当，答案准确，25%

没有方法，答案准确，11%

似懂非懂，做对部分，36%

通过数据分析，我发现全班只有25%的学生能够准确运用课堂中的方法解决问题；11%的学生没有运用课堂中传授的方法，估计是运用课外预习过的方法做对了这道题；剩下的学生完全没有掌握方法，对于解决问题存在困难。

看到这组数据，我很震惊。回想在课堂上，我层层递进，精心设计了每一个教学环节，每道题目都有反馈和互动，自我感觉学生的掌握度应该是不错的。我开始陷入了反思，一定是我的课堂组织形式在策略上出现了问题。基于这样的思考，我决定继续以这节课为例，开展行动研究，从而提升教学组织策略，改善课堂教学。

二、调查与归因

为了更好地开展本次校本研究活动,也为了能更加清楚地了解学生参与课堂活动的真实想法,我对所执教的四(7)班和四(3)班共74位学生进行了问卷调查和访谈。

(一)问卷调查以及访谈结果

【教学实录片段】

PPT出示题目:全国人口:1370536875人,1370536875有( )个亿、( )个万和( )个一(生独立完成后反馈)。

师:这道题,谁来说说看,你是怎么想的?小辉同学,你来说。

小辉:我四个数画一条竖杠,再四个数画一条竖杠,这样就可以直接看出来了,答案是13个亿、7 053个万、6 875个一。

师:小辉同学说的真是一个好方法,有了分级线就能帮助我们清楚地看出数的组成了!你们都做对了吗?不对的同学改正一下。

过渡一下:那这个方法,其他同学都学会了吗?下面还有一道题目,大家尝试着做一做。开始吧!

【课后访谈结果】

基于后测,我分别采访了3组学生,分别是中上、中等和中下三类孩子,共9位同学。访谈内容如下:

中上等学生	问:你觉得这节课有什么感想和收获吗? 3位学生的回答类似:我认识了大数,知道了大数的组成。不过这些知识,我在暑假里面也都预习过了。 问:那除了这些,你还有什么额外的收获吗? 生1:没有了吧。 生2:就那个画分级线,我觉得蛮好的,这样做题目更快了。 问:那你们这节课都听懂了吗?学会了吗? 生:挺简单的,没啥问题,都会了。
中等学生	问:你觉得这节课有什么感想和收获吗? 3位学生基本类似:我知道了数位和对应的计数单位,还知道了亿级、万级、个级…… 问:那课堂上的每道题目,你都听懂了吗?

续　表

中等学生	生1：不好意思说。 生2：基本都听懂了吧。 问：那最后那道题目做出来了吗？ 学生面露尴尬。 问：那之前同学分析类似的题目，你们理解了吗？ 生：没怎么听清楚。但是结合着答案，好像明白了。
中下等学生	问：你觉得这节课你有什么感想和收获吗？ 3位学生基本类似：我知道了数位和对应的计数单位，还知道了亿级、万级、个级…… 问：那课堂上的每道题目，你都听懂了吗？ 学生都低着头，沉默不语。 问：没关系，你们可以表达真实的想法。那同学的讲解对你们有帮助吗？ 生1：前面还是有点地方听不明白。 生2：忙着改正，抄答案，没来得及听。

　　通过和学生的对话，明显地感觉到，这节课教育并没有真正地发生。优秀的学生提前预习过了，学习起来本就没有困难，而且他们能够捕捉并且善于总结关键有用的学习方法；而中等学生虽然大部分能够听懂，但是还存在着一知半解的情况；中下等的学生，可能根本就没明白，得过且过了。从中不难发现，大部分学生追求的就是一个结果，并没有真正消化理解。

　　我陷入了沉思，这样的情况可能不仅仅存在于一节课，那平时的课堂会不会也有这样的情况呢？我设计了调查问卷，并根据问卷进行了第二次访谈。

【调查问卷】

在完成数学练习时，你有自主的书写过程、圈画关键字等习惯吗？（　　） A. 一直有　　　　　B. 经常有 C. 偶尔有　　　　　D. 没有	没有，18% 一直有，13% 经常有，34% 偶尔有，35%

续　表

课堂上，在讲解习题时，老师通常采取的组织形式是（　　）？ A. 核对答案，老师一个人讲解 B. 一个同学回答，老师进行表扬或者重新讲解 C. 同学互相补充，讲解分析	同学互相补充，讲解分析，19%　核对答案，老师一人讲解，20%　一个同学回答，老师进行表扬或者重新讲解，61%
在课堂上，当你没有听懂或者有不同意见时，你会主动提出吗？（　　） A. 肯定会　　　　　B. 经常会 C. 偶尔会　　　　　D. 从不会	从不会，22.15%　肯定会，20.23%　经常会，24.32%　偶尔会，33.30%
你觉得自己的课堂参与度是（　　）？ A. 90%以上　　　　B. 80%—90% C. 60%—80%　　　D. 小于60%	小于60%，2%　90%以上，28%　60%—80%，40%　80%—90%，30%

　　结合调查问卷，我对不同选项的孩子都进行了访谈。我在访谈中发现，课堂组织形式通常被我垄断，缺乏互动和交流。课堂参与度高的孩子，往往都敢于质疑，勤学善思，同时也养成了圈画关键字、数形结合等良好的学习习惯，他们不是很喜欢这样单一的一问一答式；课堂参与度中等的孩子习惯性地听老师的答案和分析，偶尔会提出自己的困惑，做题习惯比较按部就班，老师说了才会写，缺乏自主性；课堂参与度低的孩子比较随心所欲，听不懂的题目也不会问，不喜欢举手和思考。

　　（二）归因

　　1. 课堂的互动模式单一

　　在我的课堂上，大部分的教学互动模式都是一问一答。这样单一的教学模式很难激发学生的主动性。在反馈交流的时候，往往只有中上等的孩子参与教学，而剩下的孩子都乐于充当听众，更有甚者，只会走神、发呆。因此，部分孩子就错过了一次又一次思考的时间和思维的空间，长此以往，他们就会一直处于较低的思维水平和认知水平。

2. 课堂中，缺乏及时有效的评价

（1）在面对学生优秀的回答的时候，缺乏有效的评价语。往往当我觉得这个同学回答得很精彩的时候，用的都是"好，你真棒""真不错"这样的语言，没有过多对于他具体好在哪里的表扬。通过访谈来看，这样的表扬无关痛痒，回答优秀的孩子没觉得很自豪，其他孩子也无所谓，没有从别人的回答当中取长补短。因此，错过了很多课堂中生成的学习资源。

（2）在面对学生走神、开小差的时候，缺乏及时的评价语。我通常会直接批评或者拍拍走神的学生的课桌，让他认真听讲。这样的做法开始会有点效果，但是久而久之，学生对此也麻木了，不仅起不到效果，还会让学生对学习数学缺乏兴趣。

（3）在面对学生习惯的培养方面，缺乏指向性的评价语。我一直强调做题目的时候要圈画关键字，要写过程、打草稿，要认真审题等。但是结果往往不尽如人意，大部分孩子还是我行我素，时常会因为随心所欲的做题习惯而导致准确率下降，我们所提倡的好的学习习惯、做题习惯并没有在平时的学习和生活中一点一滴养成。

（三）行动研究的实施与改进

基于上述问题，经过教研组的研讨，我确定了改进方案：

1. 改变组织形式。不再是一问一答的方式，而是运用不断地追问，例如课堂中通过提问"你们谁听到她刚刚的想法了""谁再来说说看"等，将所有学生的注意力都吸引到这个核心问题上，再利用小组讨论的形式组织孩子进行深度的研讨，能对问题有进一步的理解，最后对知识进行梳理，通过小结来突破本节课的重难点。

2. 增加激励性的评价语。根据基于标准的数学学科的评价来看，老师不仅要教会学生知识，更要引起学生学习的兴趣，培养学生的学习态度和习惯，要用评价语言去引导学生、鼓励学生。

【第三次教学实践】

确定好改进方案以后，我对教学设计进行了修改，并且在同年级组的四（2）班进行了试教。

1. 教学实录片段

PPT出示：全国人口：1370536875人，1370536875由（   ）个亿、（   ）个万和（   ）个一组成的。

问：这道题目，谁来说说看，你是怎么解决的？可以同桌两人讨论一下。好了吗？哪一组愿意来分享一下。

亭亭：从右起开始，每4个数字，然后画一条虚线；就这样画出了两条虚线，就能够很容易看出来是由13个亿、7 053个万、6 875个一组成的。

评价：你的数学眼光很敏锐，一下子抓住了问题的关键，让我们恍然大悟。

追问：嗯，你们谁听到他是怎么说的？（语速缓慢）能不能上来边演边说。

（同学们大部分都积极踊跃举手）

小孙：亭亭说，从右边这里开始，数4个数字，就画一条虚线，再数4个数字，再画一条虚线（生边说边演绎），然后答案一下子就出来了，是由13个亿、7 053个万和6 875个一组成的。

评价：你不仅听得很认真，还能用自己的语言表达给大家听、演示给大家看。善于倾听别人的回答也是一种很好的学习习惯。给你一个大大的赞。

问：你们听懂了吗？你们觉得这个方法好不好？（全班纷纷点头说好）好在哪里？四人小组讨论一下。

小陈：刚刚我们已经知道了，四位一级，这个其实就是按照数级来分的，从右边起，每4个数字分一级，就能看到个级、万级、亿级，这样的话，我们一眼就能看出有13个亿、7 053个万和6 875个一。

评价：哇，你太厉害了，不仅善于倾听别人的回答，还能结合今天所学知识说出别人回答中的精彩之处！你真是一个会学习的小朋友，掌声送给他！

小结：是啊，从右起每4个数是一级，个级上的数，就表示几个一，万级上的数就表示几个万，亿级上的数就表示几个亿。通过这样的好方法帮助我们轻松地解决了问题。你们觉得这个方法好吗？

过渡：这样的好方法你们都学会了吗？（纷纷露出自信的笑容）那么就让我们用亭亭这样的好方法来解决下一道题。

2. 教学后测

题目： 1234879056是由(　　)个万和(　　)个一组成的。	

通过上表可以看出,这次的准确率达到了95%,全班基本上所有的孩子都能掌握知识点,从而解决问题。只有两位孩子缺乏思维,没办法解决变式题。

3. 课后访谈

问　　题	学　生　回　答
这节课和以往的课堂,有什么改变吗?你喜欢这样的上课模式吗?	1. 我很喜欢,我觉得讨论环节很好,可以互相学习。 2. 我觉得很好啊,老师表扬我们,让我越来越有兴趣,使我们更加会倾听和学习。
你在这节课当中有什么收获吗?	1. 今天学到了很好的方法,画分级线。 2. 今天上课的知识点我都学会了,上课还举了三次手呢。
那你还想提什么建议吗?	1. 希望老师以后都能这样给我们上课。 2. 希望老师再多多表扬、鼓励我们。

从课后访谈可以看出,通过评价语的表扬、引导,孩子们的注意力集中了,积极地参与课堂、表达想法,不仅对学习数学的兴趣和积极性提高了,而且思维也在不断地拓展。

(四)成效分析

1. 教师方面

通过三次课堂实践结果来看,一问一答式的对话方式在逐步减少,评价语引导和鼓励学生的次数在不断增加,小组讨论、生生互动的方式都明显增

	一问一答	评价语	小组讨论	生生互动

(柱状图数据：一问一答 10、6、2；评价语 1、3、7；小组讨论 0、1、3；生生互动 0、2、5)

■ 第一次实践　■ 第二次实践　□ 第三次实践

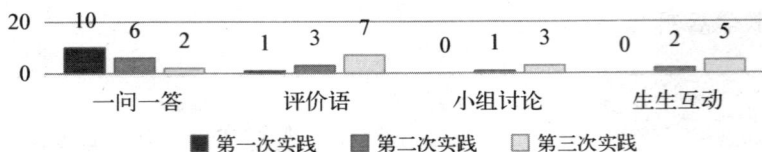

多。由此可见，教师的教学意识和理念在发生变化，课堂组织形式策略也逐步多样化。教学的改变不能仅仅停留在一节课，在接下去的每一节课中都将落实下去。

2. 学生方面

（1）教学后测结果对比图

通过对比发现，准确率在逐步上升，越来越多的孩子能够掌握好的学习方法，来帮助自己有策略地解决问题。

（2）学生课堂行为

学生行为	评　价　结　果			
		80%～100%	60%～80%	小于60%
1. 学生听课的参与度和注意力集中程度（积极举手、认真听讲）。	第一次	58%	40%	2%
	第二次	80%	18%	2%
	第三次	95%	5%	0%

续 表

学生行为	评 价 结 果			
2. 在课堂反馈中,倾听同伴的回答,边听边思考,取长补短。		认真倾听,还能够有思考的表达。	能够倾听,但表达有困难。	没有认真倾听别人的回答。
	第一次	40%	45%	15%
	第二次	75%	15%	10%
	第三次	93%	4%	3%
3. 在小组讨论中,能够表达自己的想法,并听取他人的想法,完善自己的观点。		积极参与	被动参与	不参与
	第一次	30%	60%	10%
	第二次	67%	25%	8%
	第三次	90%	7%	3%
4. 在做题时,能够圈画关键字,记录过程。		主动记录	被动记录	没有习惯记录
	第一次	25%	70%	5%
	第二次	59%	38%	3%
	第三次	85%	14%	1%

从学生课堂行为观察量表来看,三次教学实践,不论是每一次学生的注意力和课堂参与度,小组合作度、倾听同伴的回答,还是及时记录的习惯都有了提高和进步。

三、结论与启示

四聚一评——以改促教,提升教学组织策略,提高学生的核心素养和综合能力。

聚集:这里的聚集指的就是表象上的聚集,将所有学生的注意力都吸引过来,聚集到今天要突破的知识点的重难点上。

聚焦:聚焦指的是将孩子们聚焦在核心知识的理解和建构。

聚齐：聚齐指的是将全班同学的思维都调动起来，组织孩子进行深度的研讨，能对问题有进一步的理解。

凝聚：凝聚指的是把整个知识进行系统的梳理，可以是老师的小结语，也可以是同学完整的总结。

评价语：教师课堂评价语是指教师在课堂中对学生的问题回答、操作演示、课堂纪律、学习兴趣等表现做出的评价性语言。恰当合理的课堂评价语可以使课堂衔接顺利，精致巧妙的课堂评价语能使课堂精彩纷呈。教师运用语言对学生在课堂上的学习态度、方法、过程、效果等方面进行即兴点评的过程，它主要起反馈、激励、调控和导向作用，帮助学生进行发展性学习。

古人云"博观而约取，厚积而薄发"。在大数据的支撑下，通过这次行动研究，我改变了教学组织策略，从而提升了教学能力。从最初的一问一答的形式，如今改变成"四聚一评"的教学模式，将课堂还给学生，让学生成为课堂的主人，把独立解决问题的能力归还给学生，化被动听课为主动参与。同时，利用评价语的激励和引导作用，激发学生学习的兴趣，培养学生听、说、读、写的能力，提升核心素养。这样养成的好的学习习惯、思维方式学生将一直受用。

【作者简介】

顾佳运，教龄5年，一级教师。曾多次担任区级公开课展示活动，两次为"空中课堂"资源建设作出贡献，作业设计评比多次荣获区级奖项。

基于数据分析提升低年级学生
问题解决能力的行动研究

一、问题的提出

2019学年一开始，我们就全员卷入式地开展了"基于数据分析的教学改进方案设计"，本次行动研究，是源于一年级的一道题目：

	第一小题错题人数	正确率	第二小题错题人数	正确率	第三小题错题人数	正确率	总正确率
年级总人数（299人）	16	94.6%	68	77.3%	66	81.3%	77.9%
4班（44人）	0	100%	9	79.55%	6	86.36%	80.14%

从三个小题的情况来看，第一题的正确率还算可以，说明学生能够看明白题目的意思，并选择了合适的物品进行购买，但是第二、第三题的正确率明显下降，错例如下：

1. $20 - 9 - 4 = 7$（元）

2. $9 - 4 = 5$（元）或 $20 - 9 = 11$（元）

为什么一道看似不难的题目，学生的正确率却不尽如人意呢？为什么平时做过了，还是容易错呢？

二、调查与归因

低年级学生可能只是看到了文字、数字的表面，而没有去理解信息之间的关系。特别是对加减法的概念、意义，部分学生还是有些混淆不清，甚至片面地以一些字眼来判断用什么方法。例如：看到"多"字，用加法；看到"少"字，就用减法。

一次课又引发了我的思考：

教学片段：

出示教学两位数加减两位数的应用的一道选择题：

幼儿园买苹果50个，买梨子多少个？可以选择（　　　）

① 分给小朋友12个；② 梨比苹果少12个；③ 梨比苹果多12个。

师：请选择2的小朋友说一说怎么想的？

生1：根据2，我就能用 $50 - 12 = 38$，这样就算出梨的个数了。

师：说得真好，那么选3可以吗？

生2：也可以用加法算出梨的个数。

师：你也非常棒。所以这一题有两个答案都可以哦。

下课后，我和执教老师就这一题进行了讨论——在解决这个问题的时候，怎样发挥这道题的最大作用？会的小朋友只是在说选了这个结果，怎么算出梨的个数，并没有说他为什么想到选2或3。

如果我们引导孩子去思考：知道了条件是苹果的数量，要求梨的数量，那么我们需要知道什么就能解决这个问题了呢？然后再出一道题，给出一个信息和一个问题，再让学生自己尝试补充信息，这样举一反三，是不是能够提升学生解决问题的能力？

课堂是为学生服务的，学生又是怎么想的呢？

【学生访谈】

问　　题	学　生　回　答
你喜欢数学课吗？	1. 喜欢。 因为老师比较好，课堂上比较好玩因为很多我都会了，所以不怕了。 2. 还可以。 因为有时候没什么意思，简单了。因为有的时候我没听懂。
你喜欢举手回答问题吗？	1. 喜欢。 因为我会的。 因为老师、家长喜欢举手回答的小朋友。 2. 不太喜欢。 我举手，老师经常不叫我，就不举了。怕说错了，同学们笑话我。 不敢，好像不太会。
（出示上述题目）你喜欢做这样的题目吗？	1. 喜欢。 因为又有图片还有字，很有意思。 因为我会做的。 3. 不太喜欢。 看起来就很多，我有点找不过来了。 不知道选什么，有点多，就不想做了。
遇到不会的题目，你喜欢先和小朋友讨论还是直接听老师或同学讲解？	1. 喜欢和小朋友讨论，因为这样我可能自己就搞明白了。（83%） 2. 还是听老师讲吧。（10%） 3. 都可以。（7%）
遇到不懂的题目你会举手问吗？	1. 不会。（72%） 因为老师知道我们不会的话，应该会讲的。 不想问。 2. 会。（28%） 老师和家长说不懂就要问。

通过访谈，我了解了孩子们的真实想法：

1. 学生对于解决新问题的兴趣还不浓厚，勇于提出问题的自信心还不足。

2. 学生对于非常规问题，还没有寻找到方法，也缺乏主动思考的习惯。

3. 教师给予学生相互学习、交流的时间不多，所以每一个学生被关注度不够。

4. 教师的课堂教学观念更应关注学生的思考过程,而不是只知道结果。

5. 教师要舍得在提升学生思维能力方面多花些时间。

三、行动研究的实施与过程

1. 重视学生现实起点,让学习变得更贴切

不少教师认为学生的学习起点就是知识技能掌握程度,因而他们主要关注学生的外在表现行为,认为学生能直接说出某些结论性话语或会做某些题目,就表明学生具备了相应的知识技能,而忽略了这些静态知识所包含的动态思维过程和解决问题的方法,以及学生在这些过程中所能获取的数学情感体验和基本的数学经验。在实际教学中发现,学生中还存在着知其然不知其所以然的一种状态,特别是低年级的学生,因此,前测成为教学重要的一环。

【案例链接】进位加法前测

口算:

口算题全对比例

题　　　目	班　　　级	全对比例	全校全对比例
5 + 8 = 7 + 6 = 9 + 2 = 4 + 7 =	(1)班	90.2%	91.40%
	(2)班	88.1%	
	(3)班	95.5%	
	(4)班	92.3%	
	(5)班	95.2%	
	(6)班	90.0%	
	(7)班	87.5%	
	(8)班	92.9%	
	(9)班	90.5%	

看到这个结果,就能认为学生都会吗?他们又是怎么想的呢?继续第二轮,写一写或画一画自己的想法:

9+5计算过程笔试结果

能表达(21人)	理解性表达	能够清晰地用算式表达计算过程。		7人
	浅显性表达	用数射线数一数,用讲讲算算的图来画一画。		14人
难表达(19人)	略有思路	知道"凑十"形式,表达不清。		4人
	思路不清	不知道如何用书面形式去表达自己的想法。		15人

写或画想法:

调查结果显示,约一半的学生不能清晰表达出自己的思考过程。是不是部分学生不会书面表达呢?第三轮测试便应运而生……

访谈:

9+5计算过程访谈结果

能清晰表达想法(24人)	凑十法	18人
	10+5-1	2人
	往后数	4人
未能清晰表达想法(16人)	14可以分成9和5	4人
	无言,给3分钟独立思考还是无言	12人

通过三轮的检测数据,我们发现,其实并不是我们认为学生会算了,就是真的会了!如果用这样一种稍有"偏颇"的理念去教学,那么,学生的每一节课都差那么一点点"火候",长此以往,能力的缺口越来越大。

2. 小组学习，让"小听众"变身"小问号"

创新始于问题，问题往往产生于质疑，质疑是探索知识、发现问题、解决问题的开始。一年级学生有着一定的好奇心，但大部分孩子还是不会思维，有的是懒于思维，喜欢做"小听众"，知道结果就好了。通过前面的访谈，我们也发现不少学生不敢说、不愿说。那么，怎样才能让学生敢于说出自己的困惑、敢于提出自己的问题呢？

【案例链接】进位加法教学片段

问题：9+3=？先在学习单上写一写或画一画计算过程，然后再小组学习和讨论。

两组学生的交流：生1（不能表达过程）问生2：你为什么要把3分成1和2呢？还没等生2回答，生3恍然大悟地说：我知道了，这样就能把1借给9，就变成了10，10＋2就是12。生2点点头。生4马上接上来说，我还有一种方法，我是把9分成了7和2，7借给3也是10，10＋2＝12，生1若有所悟地点点头说，嗯嗯，我明白你的意思，但是你那个借得太多了。我忍不住笑了，对着生4说，能接受生1的说法吗？他挠挠头，说：好像是的。不过我还是表扬了他，还让组内思考这两种方法有没有相同的地方……其他组的讨论也都非常投入，有的学生展示在数射线上数下去的方式时，也有同学提出，还可以有更快的方法，然后绘声绘色地介绍起来……

看到这样"热闹"的学习场面，我想长期进行相互交流学习的方式，就能避免孩子担心自己不会说、说不好……小组学习和讨论，可以让每一个孩子都有发言权，让每一个孩子都被关注。他们的主动性被调动起来了，情感被激发起来了，思维也就更活跃了，对学生解决问题的能力也有一个促进和提升。而且，让更多的"小听众"变身成"小问号""小达人"，这样的一种状态不正是我们追求的吗？

3. 举一反三，归纳总结，让"小朋友"变身"小博士"

对学生而言，平时学习中多问几个为什么，课堂能质疑和表达，如果再能够把学到的本领联系到实际，并能灵活运用，做到举一反三，那么在"问题解决"的新情境下，学生也就能够从容面对了。数学题目是千变万化的，但抓住知识的本质，让学生去理解、去感悟，提升问题解决的能力就指日可待了。

【案例链接】合并加法教学片段

例如，在学习合并加法的时候，先出示如下情景：

　　以往是一幅一幅地出示各种不同的情景，不同的数据，都用加法来表示。这一次，尝试把不同情景，相同数据同时出现在一幅图中。让学生去找哪些图是用加法计算的？为什么都用 4＋2 呢？再抛出问题：4＋2 除了可以表示图中的情景，还可以表示什么情景呢？你脑海中有了吗？和大家分享一下。

　　这样的一种教学方式，不仅仅让学生学会去提取信息，更是抽象出加法的本质，从情景—抽象（算式）—发散（情景），让学生真正领悟到"加"的意义。每一节课，都能关注知识本质，抓住学生的模糊点进行设计教与学，关注知识习得的过程，这样在问题解决的时候，学生就能抓住本质，排除其他干扰。

　　一学期结束，我又用了同样的这道问题解决题目，班级得分如下：

	第一小题错题人数	正确率	第二小题错题人数	正确率	第三小题错题人数	正确率	总正确率
3班(44人)	0	100%	3	93.18%	4	90.91%	92.05%

　　数据表明，学生在同一个模块的能力有所提高。更值得高兴的是，这样的一种提高不是题海战术刷出来的，而是发自学生内心的懂得，他们愿意，更有自己的一些方法去挑战新的问题。

四、结论与启示

综上所述：初步形成了提升学生问题解决能力的教学流程：

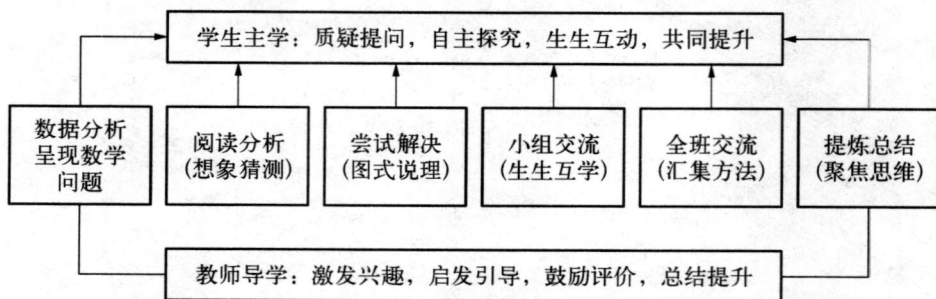

```
┌─────────────────────────────────────────────────────────────────┐
│ 学生主学：质疑提问，自主探究，生生互动，共同提升                          │
└─────────────────────────────────────────────────────────────────┘
┌────────┐ ┌────────┐ ┌────────┐ ┌────────┐ ┌────────┐ ┌────────┐
│数据分析 │ │阅读分析 │ │尝试解决 │ │小组交流 │ │全班交流 │ │提炼总结 │
│呈现数学 │ │(想象猜测)│ │(图式说理)│ │(生生互学)│ │(汇集方法)│ │(聚焦思维)│
│问题    │ │        │ │        │ │        │ │        │ │        │
└────────┘ └────────┘ └────────┘ └────────┘ └────────┘ └────────┘
┌─────────────────────────────────────────────────────────────────┐
│ 教师导学：激发兴趣，启发引导，鼓励评价，总结提升                          │
└─────────────────────────────────────────────────────────────────┘
```

1. 用数据指导教学，让学更真实

本次行动研究，充分运用现代技术的支持，提取我们需要的数据，这里的数据不仅仅是以分数为标准的，更是有分项评价的数据，小思徽章的数据，也包括教学前测和后测的数据。有时一次数据只能看到一些表面的、浅层次的原因，而行动研究中所做的，则是要挖掘数据背后的真正原因，这样设计出来的学案才是最贴近学生的，学生的学也是最真实的。

2. 用互动充实教学，让学更轻松

小组学习更适应现代的教育，在关注人的思维、能力、个性发展的同时，多一些对社会化素养的关照和实现，未来学生才更有可能成为一个合格的社会人，而不是利己主义者。学生在获得数学知识的同时，还收获了学习的快乐，收获了同学之间的友谊，还有更多看不见的社会化素养正在滋养着他们。

3. 让评价伴随教学，让学更有劲

充分发挥我校的"欣赏教育"，以大拇指评价体系为抓手，探索激活每个学生的潜力、提高每个学生的学习动力，学生每一次的学习和努力都能被看见、都能被记录。正如行动研究中所阐述的，每一次学习后，学生都能获得相应的小思徽章鼓励，把外在的激励化为学生自身的动力，诱发已存在于学生身上的潜能，不断地在"欣赏—唤醒—行动"中养成良好的学习习惯，从而使每个学生成为最好的"自己"。这样做不仅仅是"问题解决"，其他的数学学

习模块也能在这样一种动力十足的状态下,学生学得更有劲。

【作者简介】

朱莉,教龄16年,高级教师。曾获"宝山区教学能手""宝山区园丁奖",担任区见习教师规范化培训基地学校指导老师,多次获得区年度教育工作者嘉奖,撰写的文章和案例多次获得各类论文、案例评比一、二等奖。

数据分析下的小学竖笛
起步阶段教与学的改进

  我校多年来以八孔竖笛为课堂固定音高乐器开展学习活动。实施过程中,由于每个学生的音乐学习基础和接受认知能力不同,如果以统一的教学进度和相同标准开展教学评价,就很容易忽视学生的个体差异对竖笛学习的不同需要,导致有的学生对竖笛学习提不起兴趣,让竖笛成为课堂教学的摆设,造成部分学生竖笛学习的困难。

  针对以上情况,我们依据课程标准和学情分析,积极研究竖笛起步阶段学生学习的需求,通过分析学奏评价数据发现学困问题,提出相应的指导改进建议,促使教师在教与学的指导方法上更科学精准、便于操作,帮助学生理清在竖笛起步阶段所经历的学习过程,发现问题并找到解决问题的方法,形成良好的学习习惯,最终提高学习竖笛的主动性和持久力。

一、基于标准,明确学习任务,制定评价标准

  《上海市中小学音乐课程标准(试行稿)》的三至五年级内容与要求中明确指出,从三年级起学会一件有固定音高的常用乐器的基本演奏方法,并在活动建议中提出,以常用乐器为学具,对学生音乐能力的提高会有很大的作用,应人人会使用。该乐器应具有固定音高、携带方便、易学的特征,如口琴、竖笛、口风琴等。

  根据学生的实际学情,笔者认为小学三年级学生已具备一定的音乐学习经历,手指的协调性、灵敏度发育逐步健全,感知动作的要领比较笼统,容易把相近的动作混淆起来,有意识地加以注意虽有所发展,但还不完善。

  基于音乐课程标准与学生学习特点,我们参考了一些竖笛教材,选择采用八孔竖笛的执笛姿势和F大调do的指法学习,开始竖笛起步阶段基本演奏方法的教学。

  在学习中,评价标准可以引导学生有目的地进行学习,拟定有层次的评

价标准更可以为不同能力的学生提供分层学习目标。因此，笔者在研究中，将竖笛学习的起步阶段划分成了5个学习要点，这些要点是学生完成学习任务的"过程性关键环节"，分别是：1. 执笛正确；2. 指法正确；3. 手指按孔；4. 吐气情况；5. do到mi指法与交替，并为这5个要点设计了相应的学练活动，拟定了分层次的评价标准，采取《任务单》的方式要求学生参与学练活动。《任务单》上呈现了每个任务的学习要领和评价标准，便于学生课后练习时对照标准与要领，并记录练习过程，提高学练效率。

表1　竖笛学练评价任务单

小朋友，在你与小竖笛开始亲密的学习时，你一定想让它吹奏出第一个悦耳的声音，这需要你参照标准完成以下5个学习内容：		
任务与内容	完成情况 （每周练习五次，完成一次请在下面空格中画上★）	
任务1 执笛正确	**分清小手左与右， 左手握上、右手握下**	
评价 标准	❀❀❀能自己正确摆放左右手上下位置 ❀❀在老师口令的提示下能正确摆放左右手位置 ❀在老师、同伴的帮助下摆放正确	√❀（自评）
		❀❀❀
任务2 指法正确	**认识各手指名称**	
评价 标准	❀❀❀能熟念儿歌并正确对应手指动作 ❀❀能一同参与念对儿歌但手指动作不能完全准确对应 ❀在老师、同伴的提示下能念对儿歌	√❀（互评）
		❀❀❀
任务3 手指按孔	**参照图示对应笛孔位置**	
评价 标准	❀同时找到背孔和1—4孔的按孔位置： ❀背(0)孔能按在左手大拇指指腹的中间 ❀1孔能按在左手食指指腹的中间 ❀2孔能按在左手中指指腹的中间 ❀3孔能按在左手无名指指腹的中间 ❀4孔能按在右手食指指腹的中间	√❀（互评）
		❀❀❀ ❀❀❀

续 表

任务与内容		完成情况 （每周练习五次，完成一次请在下面空格中画上★）				
任务 4 吐气情况	风儿轻轻，tu 音缓缓					
评价 标准	❀❀❀ 能用 tu 音平稳连贯地吹奏 ❀❀ tu 音吹得太用力但能积极调整 ❀ tu 音吹得太轻但能积极调整					√❀（互评） ❀❀❀
任务 5 do 到 mi 指法交替	动动手指，竖笛唱歌					
评价 标准	❀❀❀ 能多个手指同时抬指按指指法正确 ❀❀ 指法交替反应速度较慢偶有出错 ❀ 在老师、同伴帮助下勉强完成手指的交替					√❀（师评） ❀❀❀

在《学练评价任务单》的使用中，学生可以根据每个步骤的练习内容逐一完成任务，练习中可将评价标准作为学习的结果期待引导，为学生掌握学习的关键步骤提出努力的目标。

二、分析数据，依据学情实际，开展针对性指导

学习中的结果一定程度上反映了学生的学习兴趣、习惯及客观存在的差异性困难。通过简单的评价工具可以采集到学习情况的真实数据，对数据呈现的情况进行分析，找到学习的问题症结是改进学习的重要依据，为后续设计有针对性的指导提供坚实的保障。

（一）依据标准实施评价，形成分析数据

评价标准在实施中，需要以丰富、合理的评价形式为依托，表1中"√❀"的评价方式采用了灵活、易操作的原则。如：某些简单、易于自我判定的内容可以进行自评；某些需要同伴帮助或认可的内容，可采用互评的方式；较为复杂，具有综合表现的内容，例如"do 到 mi 指法交替"这一要点，可采用教师评价的方式。

经过两周左右的学习，竖笛起步阶段的所有关键环节都已基本完成，从

任务单的评价结果了解到了如下数据（见表2）：

表2 三年级某班45位学生未能达标情况及问题分析

评价要点	未达标 （人数及占比）	问 题 分 析
执笛正确	摘1朵 🏵 7人/15%	左右手的手位摆放顺序错误
指法正确	摘1朵 🏵 17人/38%	指法名称不熟悉 手指与笛孔对应易混淆
手指按孔	摘3朵 🏵 以下29人/64%	大拇指：按背孔时不放松，使原来就不长的手指缩起，导致按孔不严 无名指：此手指的协调性在五指中较弱，较难控制指尖距，造成按孔偏移
吐音情况	摘1朵 🏵 27人/60%	易出现唇、牙过度用力，吐音不放松，吹破音
do到mi指法交替	摘1朵 🏵 25人/55%	手指灵活度不够，协调性不佳 手指敏感度不够，触感不佳

从表2第二列的"未达标"数据了解到学习的基本情况，未能根据评价标准独立完成学练任务的学生人数占一定的数量。需要进一步分析问题，便于找到具有针对性的改进学习的方法。

（二）根据数据分析现象，找准学习问题

分析学习结果形成"现象分析"是更为重要的步骤，这可以对学生实际存在的学习困难做进一步的了解。

如表2呈现，评价要点中"执笛正确""指法正确"这两个内容未达标的人数相对较少，从问题分析具体情况看，这类问题经过一段时间的不间断识记便可改善，在教学中教师只须设计丰富的识记方式帮助学生巩固这些内容，困难便迎刃而解。另外三个评价要点"手指按孔""吐音情况""do到mi指法交替"呈现出的问题较为严重，一方面，未掌握人数较多，均在一半以上；另一方面，问题大多集中在口手协调性方面。针对这样的问题，教师须改进教学方式来解决。

（三）针对学情改进教法，有效指导学法

学生的竖笛学习能力存在客观差异，基于评价标准所获取的结果，不仅仅是甄别学生学习状态的优劣,更重要的是以真实学习状况改进教与学的方法,以更为合理的学习方式帮助学生养成习惯、习得技能,确保学习过程中的有效成长。经过一段时间的实践研究和数据佐证,我们在竖笛学奏评价与指导改进方案中从竖笛起步阶段所要掌握的技术层面和学生学习态度出发,进一步改进教学指导方法和学生自主练习时的学习具体操作方法。

1. 口令、儿歌浓缩精要,养成吹奏习惯

通过口令、儿歌的日常强化运用,帮助学生识记竖笛的正确吹奏习惯,养成良好的坐姿,注意吹奏竖笛时的精、气、神,使竖笛吹奏技法不断巩固。我们设计的口令有:

◆ 执笛姿势:拿起竖笛,左手在上,右手在下。
◆ 吹奏坐姿口令:人坐正,头放平,眼看前方。
◆ 吹奏口型气息口令:轻轻吸,缓缓吐,嘴儿扁,会吐音。

除此之外,我们还在教法、学法上进行了更为细致的互动式体验(见表3)。

表3 "执笛正确""指法正确"教法、学法改进设计

评价要点	教 法 改 进	学 法 指 导
执笛正确	1. "举左手右手"游戏,帮助学生分清左右手。 2. 镜面示范执笛,学生观察模仿学会正确执笛姿势	"课前口令"小练习,辅助记忆正确执笛姿势。例如:每堂音乐课前两分钟预备铃时间,小老师发令一拿起竖笛,其余学生接令一左手在上右手在下,强化手位顺序,也可进行同桌两两互测评估正确与否。
指法正确	"指法儿歌"学生边念唱边对应做出手动作。 左手在上,右手在下;大拇指按背孔,食指按住第一孔,中指按住第二孔,无名指在第三孔,右手食指在第四孔。	"亲子儿歌",每天回家根据记谱小本子上的指法儿歌,和父母一起念一念做一做,以"画正字"的方式记录活动次数,一周后全班反馈"正"字的数量,并给予大拇指奖励。 表格: 正字数量:7个以上 / 5到7个 / 3到4个 奖励"❀":❀❀❀ / ❀❀ / ❀

在以上内容的记忆与练习过程中,笔者围绕学习评价要点,通过口令和儿歌朗朗上口的特点,加强学生对吹奏姿势的记忆和理解。

2. 改进教法，及时评价，抓住技能核心

通过学习问题的分析，笔者发现学生口、手的敏感度、协调性的培养，是吹好竖笛的重要能力，在教学中尽可能改进教法，多给予此方面的引导练习，无论是"敲章游戏"还是"吐气小试验"，都是培养学生感官敏感度的练习，生动、有趣的细微体验让学生在真正吹奏中能更好地拿捏按孔、吐气等方面的轻重。具体内容见表4。

表4　"手指按孔""吐音情况""指法交替"教法、学法改进设计

评价要点	教　法　改　进	学　法　指　导
手指按孔	1. 培养手指触觉敏感度，在眼睛不看竖笛的情况下，能用手指指腹准确感受到笛孔的位置。 2. 笛孔"敲章"游戏，在手指有序地按在笛孔上后，通过手指下压笛孔留下的印章，来自我检测按孔的准确与否。	"学做啄木鸟"活动，根据手指上的孔印判断需要往哪个方向调整手指按孔位置，直到动作正确并固定。 | 错误孔形	上半圆	下半圆	左半圆	右半圆	圆在指尖 | |---|---|---|---|---| | 调整方向 | 手指往下 | 手指往上 | 手指往右 | 手指往左 | 手指前伸 |
吐音情况	1. 吐气小试验，感受轻柔 在正前方捏住一层的餐巾纸条，对着纸条下角用"tu"均匀吹气，比比谁的纸条轻轻飘动的时间长。 2. 灵活运舌，把舌头当作竖笛的发声开关，舌头抵住吹嘴不发声，舌头松开吹"tu"音，气流缓慢多次训练吹长音。	编配吐气口诀：轻含吹嘴不漏气，轻轻吸气缓缓吐，慢慢调整不慌张，放松心情多练习。以"画正字"的方式记录每天回家练习吹do的次数，一周后全班反馈"正"字的数量，并给予大拇指奖励。 	正字数量	7个以上	5到7个	3到4个	 |---|---|---|---| | 吐音正确 | ❀❀❀ | ❀❀ | ❀ |
do到mi指法交替	分步骤练习： 单个手指抬指按指正确→两个手指同时抬指按指→会看竖笛指法图谱自主练习do到mi的指法与交替。 （竖笛指法图谱：孔位0-7，对应do re mi指法）	"计时练习"，在课堂较短的规定时间内各小组长统计小组成员练习难点乐句的遍数，获得奖励。帮助学生短时间内高效地练习吹奏乐曲的难点乐句。 	吹奏遍数	10遍以上	7到10遍	3到6遍	 |---|---|---|---| | 指法交替正确 | ❀❀❀ | ❀❀ | ❀ |

从表4的学法指导中，不难发现笔者注重了过程性评价，在练习中，以具体的学练数量与学练结果相结合，不断引导学生进行明确目标、自我管理式的学习。在这样的学习中，学生能更好地掌握竖笛吹奏要领的同时，形成良好的学习态度和习惯。

表5　改进教法后学习数据情况表

评价要点	评价方式	评　价　数　据				
执笛正确	同桌反馈小组比赛班级竞赛	奖励数	✿✿✿	✿✿	✿	未达标
		人数	31	11	3	0
		比例	69%	24%	7%	0%
指法正确	自我检测小老师制小组比赛	奖励数	✿✿✿	✿✿	✿	未达标
		人数	26	13	6	0
		比例	58%	29%	13%	0%
手指按孔	自我检测同桌反馈教师抽查					
吐气情况	以"小火车"方式逐个检查一乐句吹奏	奖励数	✿✿✿	✿✿	✿	未达标
		人数	31	8	4	2
		比例	69%	18%	9%	4%
do到mi指法交替	小老师制小组比赛班级竞赛	奖励数	✿✿✿	✿✿	✿	未达标
		人数	18	17	5	5
		比例	40%	38%	11%	11%

手指按孔准确情况

表5呈现了经过改进教法与学法两周后的学习情况概要。可以观察到，每个学习关键环节中未达标的人数明显减少，技能习得的结果有很大程度的提高。同时，学习过程中多样化的评价方式，为采集数据、了解学习状况提供了保障。整个学练的过程倡导的是师生评价、集体评价与纠错相结合的方法，使学生懂得乐曲演奏要和谐、动听，才能获得良好的整体听觉效果。而这些与每位成员的表现都息息相关，指法的正确、气息的到位、情感的流露、乐曲的表现等，都在教法改进、及时评价的过程中得以增值提高。

三、建立档案，激发学习兴趣，形成长效增值机制

评价是一项需要在学习中长久、持续关注的重要内容，其可以不断了解学习进程与效率，甚至激发学习兴趣，养成学习习惯。在竖笛学习的过程中，建立学习的档案有助于学生记录、分享学习成果，是持久激发学习兴趣的有效方法。档案建立过程中，以较为完善的教学内容为依托，让学生明白学习的过程是长期的，需要一步步不断积累；同时，用层次丰富、合理有效的记录和评价方式不断引导其学习进程的推进，形成长效的增值机制。

（一）聚焦习惯培养，规划档案记录框架

教学研究中，为激发学生学习竖笛的持久力，规划建立学生竖笛学习成长档案也是一项有效举措，可以作为自我记录学习过程、形成过程性自我评价的重要依据。

首先，需要规划和设计档案袋的记录内容，侧重关注学生学习习惯的养成，在记录中主要包含四个方面（详见表6）。

其次，跟进式的评价反馈，是使用好这一档案袋的关键环节。在表6的附图中，可以了解竖笛档案中的实际记录情况。

表6　竖笛学习档案袋记录内容与意图

记录内容	记　录　意　图
抄写短小曲谱	● 让浅显乐理知识逐步渗透
图章的颁发	● "卡通图案章"鼓励学生抄写乐谱时保持良好的书写态度 ● "字母章"体现学生完成吹奏的顺序

记录内容	记　录　意　图
乐句划分	● 富有童趣的不同的乐句标记帮助理解练习时分句的重要性 ● 图形化吹奏顺序帮助了解乐句重复的顺序
画"正"字	● 学会了解练习进程,克服练习时的急躁情绪
附图:	

我们认为,教师细致教的同时,也要让学生学会学习,而不是沿着教师预设的学习路径被动地接受,使得学习缺乏动力和持久的耐力。有意识地从竖笛起步阶段逐步完善《学生竖笛学习成长档案》,在记录每一首竖笛小曲的过程中,学生可以看到自己在竖笛吹奏方面的成长,为他们养成良好的竖笛学习习惯和主动探究竖笛吹奏技能助力提供了良好的环境,更激发了他们学习竖笛的持久力。

(二)基于校本课程内容,形成评价框架

为了进一步深化推进我校学生竖笛学习的有效性,教研组老师共同完成了《灵动小竖笛》校本化课程的设计、编写。在实施过程中,兼顾了人文与知识技能两条线索,使学生在竖笛学习上开阔了视野,并较为系统地培养了他们音准、节奏等方面的音乐素养。结合校本化竖笛学习内容,还形成了适用于学习需要的评价框架,以促进学生持久的学习热情。

表7呈现了《灵动小竖笛》这一校本课程基本框架及内容要点,编写过程中为解决每周只有两课时的音乐课时时限,竖笛的学习素材与学生熟悉的上音版教材相结合,将器乐更好地渗透于教学并辅助教学。

以上课程内容的学习过程中,每一首乐曲的练习吹奏,除了要关注的知识与技能点,还要经过一些必要的学习经历;根据这些经历,笔者又以评价为切入设计了完成每个练习曲的《竖笛演奏评价表》(见表8)。

表7　《灵动小竖笛》课程框架及内容要点摘选

单 元 序 列	学 习 曲 目	知识点与技能点
第一单元 基本音学习(一)	1. 小宝宝要睡觉	新授123三个音
	2. 玛丽有只小羊羔	新授5
	3. 小雨沙沙	新授6
	4. 闪烁的小星	新授4
第二单元 基本音学习(二)	5. 摇篮	……
	6. 玩具进行曲	
	7. 草原就是我的家	
第三单元 气息与吐音(一)	8. 我们把祖国爱在心窝	……
	9. 猜冬猜	
第四单元 气息与吐音(二)	10. 新疆是个好地方	……
	11. 吹起我的小竹笛	
	12. 愉快的梦	

表8　竖笛演奏评价表

评 价 要 点	评价方式	请为完成的乐句增加一朵❀
1. 能和老师伙伴一同唱乐谱	自评	❀ ❀ ❀ ❀ ❀ ❀ ❀ ❀
2. 能跟着音乐慢速练习各乐句指法	自评	❀ ❀ ❀ ❀ ❀ ❀ ❀ ❀
3. 能用松缓的tu音平稳地吹奏乐句	互评	❀ ❀ ❀ ❀ ❀ ❀ ❀ ❀
4. 能熟练地吹奏练习曲	互评或师评	❀ ❀ ❀ ❀ ❀ ❀ ❀ ❀

评价要点是完成吹奏练习曲的4个必要经历,根据不同的要点达成难易程度设定了自评、互评、师评的评价方式,学生可以在最右侧列以涂色"摘❀"的方式记录学习情况。学生可借助评价反馈根据老师的指导、同伴的互助改进学习,达到目标,帮助其从"被动"走向"主动"地练习。

在研究小学阶段竖笛教与学的征途中,力求在行动中认知,在认知中理解,在理解中实践,在实践中掌握,从而达到学有所依、学有所悟、学有所得、学有所长的学习目标。作为教师,我们愿意积极思考、不断摸索,结合评价相机诱导,在授之以鱼的同时也要授之以渔。

【作者简介】

陆莹莹,教龄22年,高级教师。曾获"宝山区教学能手""宝山区艺术先进个人",区小学音乐学科见习教师规范化培训和小学音乐学科教学双基地主持人,撰写文章多次获得市、区级各类论文和案例评比一、二等奖。

线上互动也精彩

——基于数据分析道德与法治线上互动的改进策略

一、案例背景

2022年3月12日起，因新冠肺炎疫情的影响，上海市中小学全部调整为线上教学。学生可以通过上海微校、有线电视、IPTV等多种平台和终端听课，课后与本校教师进行互动交流。

2020年，已经有线上教学道德与法治课的经验，在每次"空中课堂"结束后，学生进入线上教学平台进行互动和答疑。但是之前在道德与法治互动时发现以下几个问题：学生参与程度不高，不感兴趣，上线率低，甚至出现在道德与法治互动时写主课作业的情况，更有家长坦言线上学习用眼多，像道德与法治这类的副课不用参与互动。

在线上教学的第一周，也出现了2020年的状况，参加道德与法治互动课的学生仅全班人数的三分之一，互动氛围也不活跃，常常冷场。

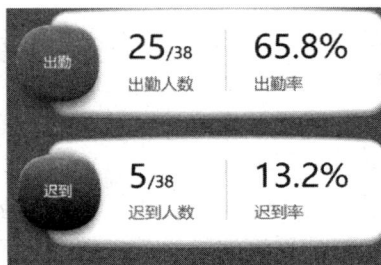

二、案例呈现

（一）活动研讨

基于以上情况，宝山区第二中心小学道德与法治中心组的几位老师在周末进行了线上会议的研讨。

大家分析了线上互动学生参与程度低的原因，主要有以下几点：一是道德与法治互动答疑，学生缺乏一定的提问能力，无所问起，造成冷场；二是道德与法治的课后互动，老师一般会进行知识的讲解，说一些"大道理"，学生觉得乏味无趣,尤其是一些高年级学生,一眼就看穿教学意图,没有新鲜感。

(二)改善措施

面对这样的困境,宝山区第二中心小学道德与法治中心组的几位老师打算采取多种方式增加课堂趣味性,提高上线率。

1. 整合教学资源,采用多媒体教学

会后,我们整理了本校道德与法治教学的资料,利用微课、"小龙助"等多媒体资源进行线上互动教学。通过播放一系列短视频或者采取多媒体吸引学生的注意力,让学生学习到更丰富的内容,也能够促进学生对道德与法治知识的理解。这样一来,静态的知识转为动态的视频,形象生动,能够提升课堂氛围,获得良好的教学效果。

2. 增加生活化教学,增加课堂的趣味性和有效性

生活化教学,顾名思义就是将生活中的元素应用在教学中,让教学和生活紧密相连,教学取材于生活,再用到生活中,能够让学生更好地认知事与物。小学道德与法治课程本就与生活紧密相关,所教学的知识点在生活中随处可见,因此,应用生活化教学非常方便,也更能提高学生在线学习的兴趣。

以四年级下册第三单元《健康看电视》为例,在这一节课学生了解了看电视的好处和弊端,对于四年级的学生而言,几乎每个学生都明白长时间看电视对眼睛的危害,但是真正想要唤醒学生保护眼睛的意识,还是要落实到平时的生活实践中。线上学习长时间看电子产品,更应该在学习之余放松眼部疲劳,于是我们利用Classin中眼保健操板块,让学生做一做眼保健操,放松眼睛,把眼保健操搬上了在线互动的课堂,学生兴趣盎然,通过摄像头,可以看到几乎每位学生都做得很认真。

3. 将居家"抗疫"融入教学中,呈现"融合式"教学新样态

针对疫情防控需要、学生居家学习的特殊时期,我们可以利用居家环境,挖掘"抗疫"资源,将鲜活案例融入课堂教学中,增加课堂的互动性和积极性。

以统编版教材四年级下册第四单元《做聪明的消费者》为例,本单元编排了《买东西的学问》《合理消费》《有多少浪费本可避免》三课,教学目标是让学生看食物包装学会合理消费、产生勤俭节约的意识,结合当前防疫措施,居家期间买菜、囤菜事例,老师进行了如下教学设计:

| 导入：生活直播，激发兴趣 | — | 课前请同学们查看家里的食物，为在线互动时交流反馈作准备 |

↓

| 活动一：查看包装，讨论交流 | — | 查看家中食物包装，了解存储条件和时间；学会识别蔬菜种类，对食物的保鲜期和蔬菜存储时间进行讨论交流 |

↓

| 活动二：制定计划，培养节约意识 | — | 制订合理的饮食计划，做到餐餐不浪费，开展光盘行动 |

↓

| 活动三：融合学校德育活动，童心守"沪" | — | 结合学校德育室活动，利用Classin作业功能，分享家中做菜、居家生活，培养积极、向上的生活心态 |

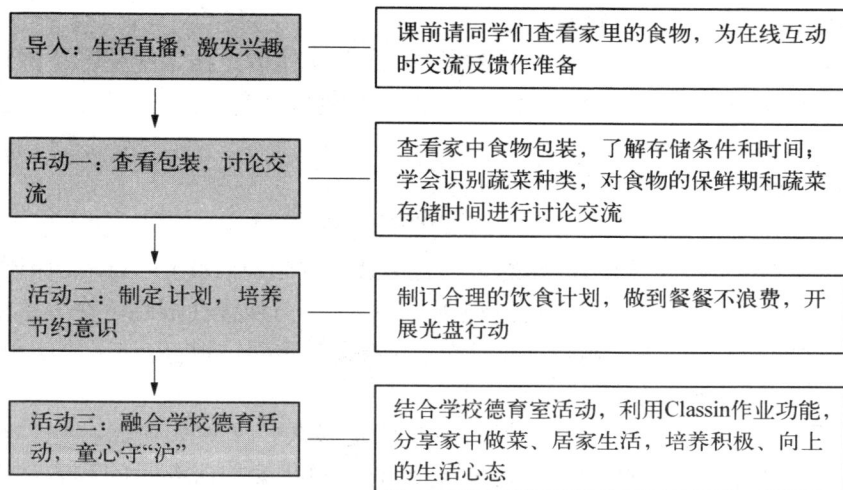

（1）课前调查，巧用数据，增加反馈

让学生学会看食品包装，与其让学生查看教师 PPT 中的图片，不如现场实践，所以，在本课教学之前，老师布置了查看冰箱中和家中其他食物的任务，让学生自己查看食物的包装，并让学生选择5样食物，按照食品保质期的长短进行排序，在Classin作业中拍照上传，制作小表格，引起学生学习兴趣。

我选择的食物	生产日期	保质期	食用方法	存储条件	其他
1.					
2.					
3.					
4.					
5.					

导入环节，教师通过Classin作业功能快速统计学生参与的数据，并就学生选择的食物进行详细了解。经过统计，全班33人参加本次活动，占全班人数的89%，其中，选择牛奶、方便面、薯片、饼干、可乐的学生最多，分别占学生总人数的66%、48%、42%、29%，有两位同学选择了青菜，但是表示未

找到包装。

道德与法治作为活动性较强的学科，加入现代信息技术能使学生在课堂中看到真实的数据，让学生产生兴趣，也方便教师真实掌握学生的情况，进行下一步引导。

（2）课中学习，聚焦节约，制订计划

课中出示数据、图表、学生拍摄的照片等资源，利用Classin的上台功能，随机上台让学生介绍自己选择的食物包装袋上的信息，如生产日期、保质期、食用方法、储存条件等，学生通过镜头的展示，学习积极性很高。在分享交流后，学生已经初步了解新鲜瓜果、蔬菜、牛奶等保质期较短，应该尽快使用，而零食、饮料等比较容易储存。

那么，没有食品包装的蔬菜的保质期是多久？又该如何保存呢？在课上，老师抛出了这样的问题。随后，老师对不同蔬菜的保存时间和方法进行了补充讲解。同时，提醒学生在防控疫情的特殊时期，更应该注重蔬菜的保鲜，避免因为储存不当而造成的浪费。

在第二个活动中，老师和同学一起制订3天饮食计划，按照家中人数、家中存放的食物、食物的保质期限长短进行规划，争取做到餐餐不浪费，光盘行动。

利用居家线上学习的特殊环境，学生在制订计划时可以随时查看家里的食物，甚至有学生家长也一起参与，操作性和趣味性都很强。

（3）课后持续互动，融合学校德育活动，传播正能量

本课的最后，学生通过网络平台积极参与争做光盘行动的践行者，拍照上传自己的"光盘照片"，做到勤俭节约、不浪费。结合学校德育"抗击疫情 共筑关爱"主题活动，分享四年级学生亲子共厨的居家生活，通过视频、照片等方式进行分享。将在线课堂与抗疫防控相结合，落实了对学生居家学习生活的指导。同时，在学生心中养成了勤俭节约的意识，也改善了个别家长认为道德与法治课这类副课不须上线互动的偏见，得到了学生和家长的一致好评。

4. 结合"雨校"平台对学生进行评价

教学评价是构建高效课堂中最为重要的环节，具有极强的导向性、激励性。老师通过"雨校"平台对学生进行评价，并制定评价标准。上线参与互动得一枚章，在线上互动时发言获得一枚章，参与课前和课后活动得3枚章。一周后，通过"雨校"平台数据进行获章情况的统计，评选出本周互动积极星。

三、案例成效

　　宝山区第二中心小学道德与法治中心组经过多方面尝试，利用多媒体教学，引入生活案例，同时，灵活应用居家在线环境，结合抗疫背景，利用Classin平台打破时空的限制，通过表格、照片、视频、数据分析等方式，激发了学生的主体参与性，增加了学生的学习参与度，展现了学生的学习经历和学习成果。

　　经过3周的线上教学，我们又对线上互动情况进行调查。上线人数较第一周明显增多，学生的发言率也显著提升，从上线率不足三分之一到出勤100%。

【作者简介】

　　蒋叶雯，教龄5年，二级教师。曾获道德与法治"2021宝山区中小学单元整体设计案例评选"三等奖，"第三届中华经典诵读"上海赛区小学教师组三等奖。

会合作　慧学习　惠素养

——开展小组合作学习提升英语阅读能力的行动研究

一、问题的提出

在四年级的一次绿色指标测试质量分析会上，数据分析图十分直观地让我看到了四(7)班的学生在阅读上的薄弱之处。这远低于年级水平的阅读板块，让我不禁思考起来：要怎么做，才能尽快地提高孩子们的阅读能力呢？

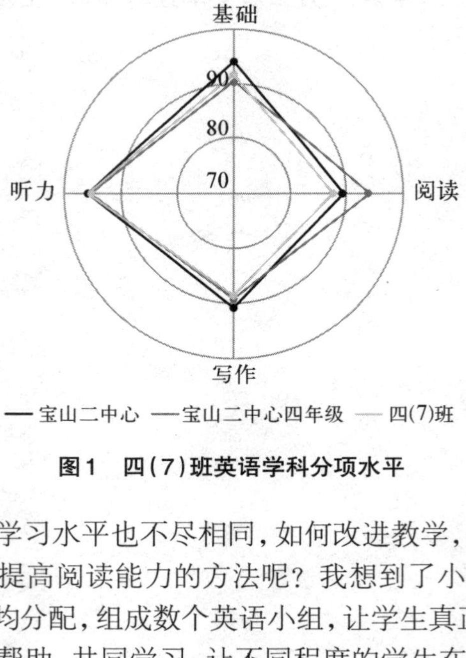

基础

90

80

70

听力　　　　　　　　　　阅读

写作

—— 宝山二中心　—— 宝山二中心四年级　—— 四(7)班

图1　四(7)班英语学科分项水平

班级中学生的学习水平也不尽相同，如何改进教学，找到一种使班级不同程度的学生都能提高阅读能力的方法呢？我想到了小组合作学习——将不同程度的学生平均分配，组成数个英语小组，让学生真正成为学习的主体，在学习过程中相互帮助，共同学习，让不同程度的学生在阅读能力上都能有所提高。

　　由此,我确立了本文以英语阅读教学为例,探索开展小组合作学习提升英语阅读能力的研究。

二、问题调查与归因

(一)问题的调查

1. 阅读课课堂参与情况

　　为了了解所有学生的课堂参与情况,依据本次绿标分析数据,将阅读正确率大于等于90%的学生归为A、正确率在70%～90%的归为B、小于70%的归为C,并从A、B、C三种学习水平的学生中各选一名代表,从上课举手次数、发言次数、笔记记录的维度,就一节课统计他们参与的次数。

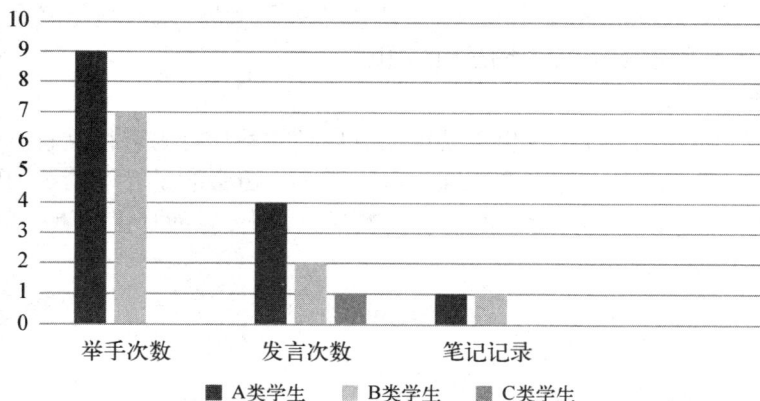

图2　各类学生课堂参与情况

　　从图中可以看出,阅读课中,在阅读中获得A和B等级的学生上课激情较高,且举手次数多,对于课堂十分专注,也能自觉地记录笔记。但对于C类学生来说,缺乏学习动力,除了一次教师点名回答问题之外,并无主动举手,且没有笔记记录的习惯。相对来说,这节课的听课效率就低很多。

2. 集体讨论时的表现

　　在需要集体讨论、小组合作讨论的过程中,也是获得A等级的学生表现更为亮眼,且由于其中大多是班干部的原因,他们在集体讨论时起着主导性的作用,从任务或角色的分配,再到问题的解决,他们是发言最多的;通常B

等级的学生，学习水平居中，但能在班干部的引领下跟着参与学习；C等级的学生往往是旁听者的角色，很少参与集体讨论。

（二）归因

1. 学生方面

四年级的学生对阅读策略还没有熟练掌握，如不能精准抓取文章段落大意和关键词，不懂得词义猜测；只要文章里有新单词，就显得缺乏信心，害怕阅读；不擅长通过上下文联系或是插图来帮助自己理解文章的意思等。

由于缺少系统的阅读指导和训练，学生在平时断断续续的阅读测试与练习中，形成了种种不良的阅读习惯。例如，敷衍式地画关键词，这样的画关键词只是为了应付老师的要求而随便画画，并非是认真阅读理解后找到的关键词。还有流水式地读故事，这类学生看似读得很认真，但一遍读完，根本说不出文章讲了什么，甚至已经忘记了文章内容。另外，使用手机词典的现象十分普遍，学生见到新词，就打开手机，根本不去思考与推敲，或是联系上下文等，这些都是导致阅读正确率低下的原因。

2. 教师方面

在看到数据分析后，我也不断地在对自己的教学行为进行反思。在原先的课程中，阅读课这一课型在授课中占比较少。更多的是在阅读练习中教授阅读策略，缺乏系统的阅读训练课。在教学方式上，以教师讲为主，学生较为被动地在接受知识。

三、实践行动

（一）准备工作

1. 确定分组方式

由于本次研究是基于合作学习的策略来实施的，选择合理的分组方式就变得尤为重要。经过研究，笔者发现在所有的合作学习法中，学生小组成绩分工法（STAD），全称Student Teams Achievement Division，是众多合作学习模式中最为简单、灵活的一种，几乎与任何学科都可以成功地结合在一起。这种方法重视组内个人责任，无论基础好坏，每个成员都要努力学习，同时，每个成员还要向他人提供帮助。本次行动研究的分组方式就是参考了STAD中的分组方法。

STAD通常采用3～5人的异质小组，在分组时，主要以学习水平为分组依据，并适当考虑性别、能力、性格等因素。具体的实施步骤如下：

（1）确定小组规模

我们班级总人数是36人，基于对绿标阅读板块的分析，获得A、B、C等第的学生人数分别为11人、20人和5人。综合STAD分组规律以及我班实际情况，我采取折中的办法，将组员分为6个人一组，共6组，这样只有一组是无C等级的学生，相对公平。

（2）分层

确定好了6个人一小组，接下来就是将获得A、B、C等第的学生平均分配到各个小组去。按照2∶3∶1的比例，即每组分别从A组抽取2人、B组抽取3人、C组抽取1人，最后获得一个相对公平的分组情况。

（3）分配组内角色

为了让合作学习起到最佳的效果，同时，让每位成员都能主动承担任务，制定了以下6个角色：小组长、记录员、报告员、解释员、监督员和纠错员。小组长由教师指定，其余5个角色由组内成员共同商讨决定，小组长在这一过程中起到协调、统领的作用。

2. 制定评价机制

为了便于量化学生的学习程度，制定了形成性评价和终结性评价，分别对学生的学习习惯、兴趣和学习结果进行检测和分析。形成性评价由学生完成，针对每节课学生小组学习活动的表现及小组得分进行评价，而终结性评价由教师完成，评价内容为本学期分项检测阅读部分的质量分析。

表1　小组学习活动的表现

参与小组学习活动的表现	评　价　等　级	
	自　评	同　伴　评
1. 我能听懂每个问题		
2. 我能认真思考每个问题		
3. 我能认真听取同学的观点		

参与小组学习活动的表现	评　价　等　级	
	自　评	同　伴　评
4. 我能在小组中完成自己的任务并协助小组成员		

我的收获：
在本次的小组活动中，我总共可以获得＿＿＿＿个小思徽章。

我的反思：

表2　小组得分表

小　　　组	得　　　分
组1	
组2	
组3	
组4	
组5	
组6	

（二）正式实施

第一轮行动：重点在于"适应小组合作学习"和"阅读前策略培养"

在第一轮行动研究中，以4AM2U1P4《The Mid-autumn Day》的片段为教学内容。在上课前，教师布置了预习作业，学生需要查询本课相关的节日信息。

1. 教学过程

本节课的主题是中秋节，因此在课堂引入部分相关元素，教师依次出示兔子、满月、月饼，引导学生根据图片预测主题。在学生回答出中秋节这一单词后,出示更多节日的图片,加强学生对节日的理解。并引导孩子说一说,中秋节会做些什么、吃些什么呢?在这期间,由记录员记录每位成员的关键词,再由报告员进行综合表述。

2. 教学反思

本轮行动的重点在于提高学生阅读前的话题预测和图片分析能力,任务的难度不大,学生回答问题的正确率还是很高的。

但在教学中我发现,虽然小组内成员都有了自己的角色,但在讨论时整体课堂略显嘈杂,有的小组趁机讲起了悄悄话。通过对评价表的分析,也验证了纪律差这一问题。收集到的36份《小组学习活动的表现表》中,有的同学在"同伴评"这一栏中一个小思徽章都未收获。我对这些同学的同伴进行了访谈,得到的回应是"老师,他上课一直在偷懒,没有参与我们的讨论""老师,他在讨论的时候一直在讲话,谁都控制不住他"。

针对纪律差的问题,我想首先要加强所有学生的合作意识、监督员的监管作用以及教师在上课过程中的巡回监督。于是,利用班会课时间对小组合作的要求进行了强调,并在《小组学习活动的表现表》中增添了第五条:

5. 我能在合作时保持良好的纪律		

第二轮行动:重点在于"组内有序合作"和"阅读中策略培养"

第二轮的研究,以4AM2U3P5《Talking about a story of animal friends》片段作为教学内容。

1. 教学过程

在本轮阅读的策略培养上,使用了目前阅读中常用的story map,以此为工具,让学生开展自主阅读活动。阅读前,出示一张带有信息的故事书封面,和一张待完成的story map。向学生讲解story map的框架结构后,就放手让学生在组内进行讨论。记录员参与讨论,并记录小组讨论情况。讨论期间,教师在班级里巡视,纪律不好的及时提醒,并关注组内各个成员是否有分工合作。15分钟讨论时间结束后,在教师的引领下开始小组间的分享与纠正,并请答对小组的解释员来说明原因。在核对完story map后,选一名阅读能力较弱的学生再来回答一遍,即时检测合作学习结果。完成story map后,教师再针对课文内容问几个具体问题,考验学生的精读能力。最后,引导学生组内朗读课文并尝试复述课文,提醒纠错员注意是否有朗读错误。

2. 教学反思

第二轮研究重点在培养学生阅读中的略读和精读能力,学生借助story map,在组内合作下,都能较好地达到目标。

从学生的评价表来看,这次的小思徽章个数也较第一轮有所增加,大部分同学在25～30枚,说明学生对分工合作已经适应,纪律问题也得到了改善。但我在课堂上发现,分配了报告员似乎会打击其他学生举手回答的积极性。在一些个人问答的环节他们也不举手。因此,我调整了各个角色的职责:记录员负责书面记录组员讨论结果,解释员则记录结果为什么是这个的原因,报告员进行口头汇总,纠错员关注是否有误,而小组长和监督员要确保每个组员都能说出修改后的正确答案。

原先的小组得分表只能呈现小组得分,而无法呈现组员具体的分值情况。为了激励学生积极回答问题,同时,也让教师和组员清楚自己对小组的贡献,于是将小组得分表修改如下:

表3　小组得分表(新)

	组1	组2	组3	组4	组5	组6
组员1						
组员2						
组员3						
组员4						
组员5						
组员6						
小组总分						

第三轮行动:重点在于"自主高效的合作学习"和"阅读后策略培养"

第三轮的研究,以4AM3U1P4《A Visit to Animal School》片段作为教学内容。

1. 教学过程

本次阅读课依旧采用 story map 的学习方式，学生对如何填写已有了一定认识，无需教师过多指导，组内成员能直接开展阅读活动。因此，教师重点在于引导学生讨论对本故事的不同看法，而学生在讨论后也说出了不同的想法。

2. 教学反思

在这一轮研究中，我将学生作为学习主体，给予了学生充分的思考讨论时间。在填写思维导图的过程中，我发现小组内的分工变得更加熟练了，每组都能有序地进行讨论。

在最后询问对故事的理解时，同学们都积极进行了发言，并且有些回答出乎我的意料，极具新意。同时，结合《小组得分表》，可以看出每组的得分较为平均，而组内成员回答问题的积极性也都很高，都在为小组的荣誉努力。

表4　小组得分表

	组1	组2	组3	组4	组5	组6
组员1	1	1	2	3	2	1
组员2	1	1	1	1		2
组员3	2		1		1	
组员4	1	2		1		1
组员5	1	2	1		2	
组员6		1	2	1	1	3
小组总分	6	7	7	6	6	7

四、成效分析

（一）评价分析

1. 过程性评价分析

在三轮研究结束后，我分别对《小组学习活动的表现表》以及《小组得分表》做了分析。第一轮行动研究时，小思徽章的获取率是79%，而到第三轮时,已经增长到了90%。这说明学生在合作学习中逐渐养成了良好的学习习惯,逐步掌握了合作学习的策略。《小组得分表》由于每节课问题数量不一致,无法就答题数量的增长来分析,但纵观各组分数,发现每节课每组的得分相差不多,说明各小组的学习兴趣也较为高涨,能积极回答问题。

2. 终结性评价分析

	9月	11月	12月	1月
优秀率	19%	47%	38%	66%
优良率	53%	83%	69%	83%

图3 4A四次阅读质量分析

结合本学期的阅读质量分析,如上图所示。

学生的进步是稳步增长的,说明我们的小组合作模式对于阅读策略的提升是有一定作用的。

(二)原因分析

由评价分析可以看出,小组合作法对阅读能力的提升确实是有帮助的,我认为主要有以下两点原因:

1. 学习方式的转变

小组合作法的初衷就是把教师的教,变成学生的学,改变填鸭式教学,让学生成为学习的主人公,发挥学生的主观能动性。这样的形式让学生充分体验到在学习中的自主权,提高对学习的兴趣,深入研究自己感兴趣的知识。

2. 学习伙伴的帮助

当学生处于一个集体时,同伴们既能起到监督学习的作用,也能起到鼓励作用。这样学生在学习时,会觉得"我不是一个人在奋斗",这种团队一起学习、拼搏的激情能极大地带动学习热情。正是因为有了团体的力量,以往不敢开口回答问题的学生也有了回答的机会。相对于在教师面前进行回答,在同学之间的压力会少许多。而在组内得到肯定后,这类学生就会有勇气在全班面前举手回答问题。这样一步一步的进步,会让学生的信心骤涨,从而激发学习的动力。

五、反思与设想

（一）本次行动研究的反思

通过本次行动研究，发现小组合作模式对于英语阅读策略的提升是有一定作用的。但是在操作过程中也有一些问题，如学生自评表的真实性，以及组内分工是否固定，都是需要不断考量的问题。

（二）本次行动研究的新设想

1. 关注素质培养，提高自评真实性

经过本轮行动研究，我发现部分学生自评表的真实性有待商榷。经过访谈，我发现有两个原因：一是对自评表要求不理解，无法对自己进行准确判断。这部分学生我可以在课上反复强调，解释自评表，相信他们能学会自评表的使用。二是对自己的评分不诚实，想要多获得小思徽章。这部分学生我会在课上加强思想教育，自评是针对自己真实的评价。

2. 关注能力培养，实施小组内轮岗制度

在小组合作学习中，学生都拥有自己的角色，但我后期也发现固定的角色会对学生有一定的限制。因此，在学生适应合作学习后，组内分工可以实行轮岗制度，例如小组长这一重要角色，每组的小组长为期一个月，这一个月中进步最大的学生可以当下个月的小组长。这样做一是可以用自己的努力为其他同学做榜样；二是可以跟同学分享自己是如何进步的。

在接下来的研究中，我会带着这两点思考继续实践探索。

【作者简介】

白琳，教龄2年。曾获2020学年宝山区见习规范化培训"优秀见习教师"称号，荣获"课堂教学评比一等奖""综合赛一等奖"，2021下半年数字教材教学案例二等奖。

真数据、真体验、真改进

——数据分析支持下的一年级音乐体验性活动的改进研究

一、问题的提出

一年级的学生刚刚步入小学，正处于关键能力培养的起始阶段。而音乐体验性活动，通过引导学生借助听觉聚焦音乐音响中富有特点的表现要素，并运用身体感官对其做出各种形式的反应，促进听觉理解，培养其对音乐的听觉能力与联觉能力。

在教研中，我们经常发现，有的音乐体验性活动中，富有特征的音乐要素并不是学生自主聆听所得出的结论，而是教师替代了学生的听赏主体地位；有的音乐体验性活动环节过多、时间仓促，学生体验不充分，缺少深度实践；还有的音乐体验性活动看似有大量的自主体验，但是效果不佳，缺少合理的过程设计……面对这样的困惑，已经步入信息时代的我们可以用各种科学的统计、分析方法对音乐课堂中所收集的师生活动数据进行汇总和分析，用精准的数据了解课堂所存在的客观问题，并以此为据改进后续教学，从而真正发挥音乐"体验性活动"的作用。

二、行动研究设计

民族打击乐合奏《鸭子拌嘴》选自上海音乐出版社一年级唱游第二学期第二单元《亲又亲》，本课题以该曲的"引子部分"片段欣赏为研究内容开展设计。

1. 准备阶段

首先，查找、研读相关书籍和案例，了解音乐体验性活动的性质、实践特征以及实施要领。然后结合研究课题，确定一年级水平相近的A、B两个班为实验对象。接着基于学情，对标一年级《教学基本要求》，梳理音乐作品中的关键特征，设计关键学法并体现能力侧重点。

表1 作品关键特征分析

教材内容	作品关键特征分析	一年级 教学基本要求标引
《鸭子拌嘴》"引子"部分	【内容特征】 *引子部分为2/4拍,由两个乐句组成,表现了鸭子走路、扑翅等生活情景。 *小钹用比较清亮的音色,表现了灵巧的小鸭子形象。 *水钹用比较低沉的音色,表现了憨厚的大鸭子形象。	**1.1 音乐情感与形象** 1.1.1 ①A 1.1.2 ①②A **1.2 音乐要素** 1.2.1 ③A **2.4 综合性艺术表演** 2.4.1 ②③A

表2 关键学法与能力侧重点

教材内容	关键学法与能力侧重点
《鸭子拌嘴》"引子"部分	● **听觉与联觉反应** ① 在静心聆听和律动体验中,感知音乐2/4拍的节拍韵律,并根据音乐想象和联想鸭子走路、扑翅等生活情景。 ② 音色对比,感知小钹和水钹所表现的小鸭子和大鸭子音乐形象。 ● **乐感与美感表现** ① 在老师的指导下,模仿学会1—2个舞蹈动作,表现可爱的鸭子形象。

2. 实施阶段

基于初步的教材教法分析,本阶段将对设计具体的活动过程开展行动研究。为了更清晰地观测活动情况,每次行动研究将采用计时、计数等方法对课堂中的"师生交流"和"聆听体验"等方面进行数据统计,了解课堂中时间的分配和师生的参与情况。同时,预设《简单核查表》和《简单的等第判断表》,对每次行动研究后学生的学业成果和学习兴趣进行评估和统计。

表3 简单核查表

评价内容	学习结果核查	评价维度
能说出小钹和水钹的音色特点	□ 能 □ 不能	学业成果
能正确分辨音乐中"小鸭子"和"大鸭子"的音乐形象	□ 正确 □ 不正确	

表4　简单的等第判断表

评价内容	等第判断		评价维度
与老师、同伴交流聆听感受的情况	□ 优秀	能主动地交流表达聆听感受	学习兴趣
	□ 良好	能在老师的组织引导下交流表达聆听感受	
	□ 合格	愿意模仿他人进行交流表达聆听感受	
	□ 须努力	暂未达成上述标准	

　　第一轮行动研究结束后，及时对数据进行汇总分析，针对课堂所出现的问题与教研组成员共同拟定改进方法，调整行动方案再进行第二轮行动研究。

　　3. 总结阶段

　　对比分析两轮行动研究的活动数据，反思归纳行动研究中有效体现体验性活动性质和实践特征的实施方法，提炼策略并得出结论。

三、行动研究的实施与改进

（一）第一轮行动研究

　　1. 课堂简述

　　聆听音乐，（问题1）思考音乐中鸭子们像在干什么？接着，（体验1）用肢体动作表现自己的想象，（问题2）数一数音乐中鸭子扑翅膀的声音一共出现了几次？在感知鸭子叫声多次重复的基础上再次提问（问题3）：这些声音都是同一只鸭子发出来的吗？对比前后不同的乐器的声音。最后，认识"小钹"和"水钹"这两种中国民族打击乐器。

　　2. 活动情况观测

　　3. 学生后测情况

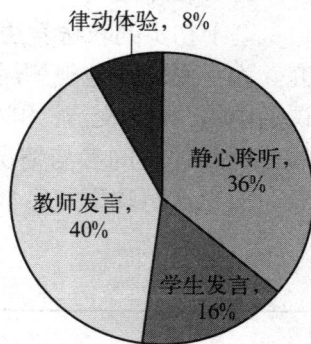

图1　第一轮行动研究课堂时间分配

（律动体验，8%；静心聆听，36%；教师发言，40%；学生发言，16%）

表5 第一轮行动研究（一年级A班）35位学生后测情况

评价维度	评 价 内 容	评价结果
学业成果	能说出小钹和水钹的音色特点	18人（51%）
	能正确分辨音乐中"小鸭子"和"大鸭子"的音乐形象	14人（40%）
学习兴趣	优秀：能主动地交流表达聆听感受	9人（26%）
	良好：能在老师的组织引导下交流表达聆听感受	12人（35%）
	合格：愿意模仿他人进行交流表达聆听感受	14人（40%）
	须努力：暂未达成上述标准	0人（0%）

4. 表现分析

观察本轮行动研究的活动数据,图1中主要呈现了活动过程中"师生交流"和"聆听体验"两个方面的情况。在"师生交流"方面,"教师发言"占40%,明显多于"学生发言"时间;在"聆听体验"方面,学生欣赏音乐时"静心聆听"占36%,律动体验音乐的时间只有8%,占比较少。整个活动过程中,教师为了让学生了解音乐的关键特征,花了大量的时间引导和聆听音乐,但学生的学习方式以"听讲接受"和"静心聆听"为主,缺乏对音乐的深度实践。

从表5的后测情况来看,在"学业成果"方面,两个评价内容回答正确的人数不多,甚至有一半的学生无法正确分辨音乐中的两种鸭子形象;在"学习兴趣"方面,能主动交流聆听感受的只有9人,能在"老师的引导下"以及"模仿他人"进行交流表达的分别为12人和14人。由此可见,大部分学生对音乐的理解不深,学习效果和兴趣有待提升。

5. 改进建议

（1）体现"听觉领先"

小学音乐体验性活动要求课堂中所有的活动都必须从听觉出发,即"听觉领先"。虽然教师前期对本首作品做了大量的分析,基本把握提炼了作品的关键特征。但本次活动片段中,学生所欣赏的音乐片段关键特征不够清晰,并且教师所提的问题也比较宽泛,没有引导学生充分关注音乐本体,学生所有的想象、感受和体验都不是建立在聆听音乐的基础上。因此,在下一轮行动研究中,教师可以精剪需聆听的片段,突出音乐的关键特征,用更清晰的课堂提问引导学生关注"音乐是怎样的"。

（2）加强对音乐的体验

在音乐体验性活动中，学生需要大量的时间对音乐反复体验，从而在不断尝试和重复的过程中，加深对音乐的理解。在课后的"活动情况分析"中，我们能从数据上清晰地看到，本次活动学生对音乐的体验非常少，在下一轮行动研究中需要为学生的实践提供充分的过程和时间。

（3）发挥学生的主体地位

音乐欣赏必须是听赏者的主体反应。在活动过程中，教师不能将自己对音乐的理解替代学生的反应，要为学生的自主聆听和表达留出充足的时间和空间。在下一轮行动研究中，教师可以把想说的变成问题让学生自主思考，把想做的变成活动让学生体验探究，把想要的变成结论让学生交流表达。通过改变教学方式，体现学生的听赏主体地位。

（二）第二轮行动研究

基于改进建议，本轮行动研究改变教学方式，用问题引导学生仔细聆听并对音乐积极思考，鼓励学生用语言、肢体动作等方式交流，表现自己对音乐的理解。

1. 课堂活动片段

师：今天我们就来欣赏一首和鸭子有关的乐曲，（问题1）：音乐中你听到了什么声音？就像鸭子在干什么？（静心聆听"小钹"乐段）

生：走路／嘎嘎叫／游泳……

师：大家的想象力真丰富，让我们跟着音乐用动作把刚才听到的、想到的演一演吧。

（体验1）：跟随"小钹"乐段进行表演。

师：表演得真不错，（问题2）：你们觉得刚才音乐中鸭子的心情怎么样？

生：很开心。

师：是不是就像钱老师表演的这样？（教师示范演奏小钹）

师：它叫小钹，是一种中国的民族打击乐器，刚才的音乐中就有它的身影。来，让我们合作一下，我来演奏，请你用刚才的动作来表演，比一比，谁表演的鸭子最开心。

（体验2）：跟随教师的演奏进行表演。

师：老师感受到了大家高兴的心情！（问题3）：小鸭子这么兴奋，它可能准备出门干什么呀？

生：捉鱼／游泳／玩耍……

师：怪不得这么迫不及待呢。让我们带着这种兴奋、迫切的心情,跟着音乐再来演一演,一边演一边想,(问题4)：<u>音乐中,这是一只怎样的鸭子呢?它的叫声有什么特点?</u>

(体验3)：跟随"小钹"乐段进行表演。

生：这是一只开心、活泼的鸭子,声音亮亮的、高高的……

师：小耳朵真灵!

(问题5)：<u>那接下来,音乐中出现的还是同一只鸭子吗? 仔细听!</u>

(体验4)：聆听"水钹"乐段。

生：不是。

师：你们是怎么听出来的?

生：声音变了。刚才的声音是亮亮的,现在是粗粗的、低低的。

师：大家的感觉很灵敏。音乐中一前一后就像走来了两只鸭子,一只鸭子小小的,声音亮亮的、高高的,是用小钹演奏的;另一只呢,好像要大一<u>些</u>,是用水钹演奏的。

(问题6)：<u>听一听,水钹的声音和小钹有什么不同?</u>

生：小钹的声音是高高的、亮亮的;水钹的声音稍微笨重一点,粗粗的、低低的。

师：(问题7)：<u>小朋友,你能把音乐中的这两只鸭子听出来吗? 请你们选择其中一种角色进行表演。</u>

(体验5)：跟随引子部分,和同伴合作协同表演。

2. 活动情况观测

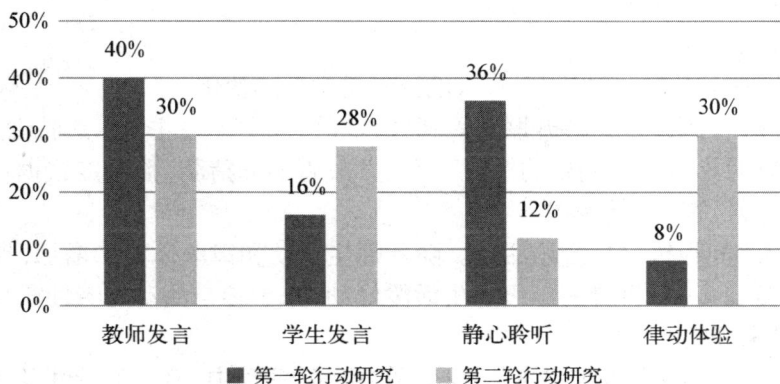

图2 第一、第二轮行动研究活动时间分配对比

3. 学生后测情况

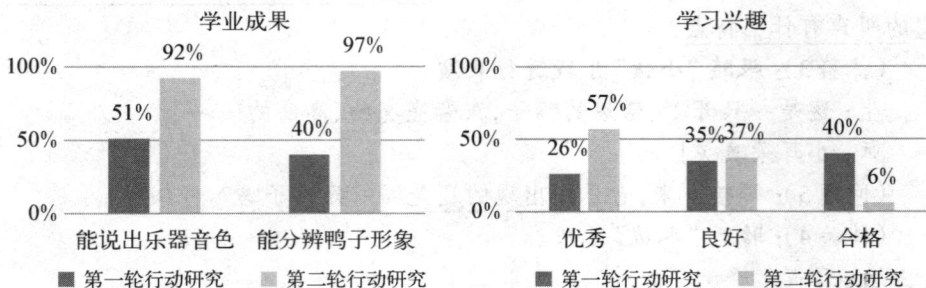

图3　第一、二轮行动研究后测情况对比

4. 表现分析

比较两轮行动研究的活动时间分配,可以发现"教师发言"的占比有所下降,"学生发言"则相应增加,"静心聆听"从36%下降到12%,"律动体验"从8%大幅度提升到30%。在这次活动中,学生有充足的时间分享、表达自己对音乐情感、形象以及两种乐器音色特点的体验感受。

在后测中,在"学业成果"方面,能"说出小钹和水钹的音色特点"的百分比从51%上升到92%,能"正确分辨音乐中小鸭子和大鸭子的音乐形象"从40%变为97%,进步明显。在"学习兴趣"方面,"良好"的人数前后基本持平,"合格"的人数急剧下降,"优秀"的人数相应增加。数据表明,这样用问题引导学生借助听觉自主探究并积极反应的教学活动方式,凸显了听赏者的主体反应,并取得了较好的效果。

5. 总结与反思

对比前后两轮行动研究,最大的感触是学生的变化。

首先,能围绕音乐展开联想。通过合理引导学生关注音乐的特性,他们回答问题时不再只用简单的"是""不是"或者胡乱猜测,而是能根据音乐展开合理想象,答案丰富多样。

其次,能积极参与音乐活动。随着师生互动和律动体验的增加,课堂活动变得多姿多彩,符合一年级学生活泼好动、乐于参与活动的特性。兴趣的提升,带来课堂的变化。

最后,能自主探索听"懂"音乐。在第一轮活动中,音乐的特性及结论都是由教师小结的,而第二轮活动中,学生在教师的循循善诱下一步步深入体验音乐,自主探究得出对音乐的结论。

四、结论与启示

1. 基于听觉,聚焦关键要素

小学音乐体验性活动指向对学生审美感知中"听觉与联觉反应",要求所有对音乐的反应、认知和理解,都必须从听觉出发。为了帮助学生更清晰地感知音乐的特点,音乐活动中教师所选取的音响素材,需要紧紧围绕音乐的关键特征。

表6　音响资源使用情况对比

序号	第一轮行动研究	第二轮行动研究
1	乐曲"引子"部分	"小钹"乐段
2	教师范奏小钹和水钹	教师范奏小钹
3		"水钹"乐段
4		教师范奏水钹
5		乐曲"引子"部分

对比表6中两轮行动研究中音响资源使用情况,第二轮所采用的音乐片段更为短小、精练。通过将乐曲"引子"部分分为"小钹"和"水钹"两个子乐段,用分段欣赏的形式引导学生关注每一个乐段所表现的关键特征。当音乐中富有特点的表现要素能够精准呈现"音乐是怎样"的关键特征,学生的耳朵才有可能进行清晰地捕捉。

图4　第二轮行动研究音乐片段使用情况

2. 深度实践,促进音乐理解

一年级是音乐聆听能力的培养起步阶段,学生需要在反复欣赏的过程中不断积累经验,从而形成有效的审美理解。

表7　情境与任务设计情况对比

序号	第一轮行动研究	第二轮行动研究
1	聆听引子部分,想象鸭子的生活形象	结合音乐中节拍韵律的特点及富有特点的节奏型,想象相应的鸭子生活形态
2	听辨旋律重复的次数,再次感受鸭子的音乐形象	用简单的肢体动作跟随音乐模仿,表现联想到的音乐情景并再次感受音乐欢快的情绪
3	了解小钹与水钹的演奏方式,感知乐器音色特点	初步了解小钹的演奏方式及音色特点
4		用肢体动作和教师合作,表现并交流小钹演奏所表现的"小鸭子"音乐形象
5		对比聆听,感知"大鸭子"音乐形象
6		初步了解水钹的演奏方式,对比感知其音色特点
7		听辨音乐中"小鸭子"和"大鸭子"的音乐形象,并和同伴合作选择角色跟随音乐表演

　　相比第一轮行动研究,第二轮所设计的情境与任务显然更为丰富。在活动中,教师将第一轮的情境与任务进行分解和重组,为缺乏欣赏经验的一年级学生提供充分、有效的实践过程。例如,在根据音乐想象音乐情景时,教师充分结合学生的学情,紧贴就近发展区,用3个小问题进行学习引导,采取不断提问、追问的方式,对音乐进行了3次不同层次的聆听体验:

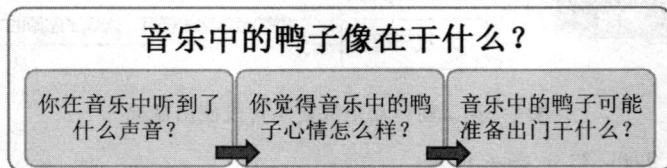

音乐中的鸭子像在干什么?

你在音乐中听到了什么声音?　　你觉得音乐中的鸭子心情怎么样?　　音乐中的鸭子可能准备出门干什么?

图5　第二轮行动研究提问情况

通过引导学生带着思维的状态不断深入学习,教师为学生搭建音乐理解的阶梯,在深度实践中促进其对音乐的审美理解。

3. 转变视角,发挥主体地位

教师要建立"一切为了学生"的价值观念,确立"一切为了学习"的思维方式。在体验性活动中,教师应尽可能地把教授的内容转化为学生自我建构的过程。通过不断的提问,为学生设计相应的情境与任务,再加上资源的有效运用,从而组织出有利于学生自主建构的学习活动。

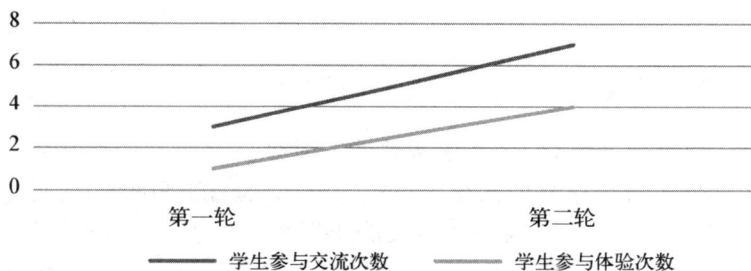

图6 第一、二轮行动研究学生参与活动的情况

在第二轮行动研究中,教师尝试改变教学视角和观念,提升学生的课堂参与程度。在教师的引导下,学生用积极的交流和体态律动对音乐进行客观反应,整个活动过程显得生动而活跃。在最后的"协同合作"环节,学生还能自主选择喜欢的角色对音乐进行表演,用行动证明自己听"懂"了音乐。通过努力把聆听音乐的权力还给学生,把思维的空间还给学生,把表达的机会还给学生,教师充分发挥学生的主体地位,体现音乐体验性活动的价值。

【个人简介】

钱珺,教龄13年,一级教师。曾参与2020年秋季上海市"空中课堂"录制,获宝山区第十二届中青年教师教学评选活动小学音乐学科一等奖,2019年度"一师一优课"教育部优课等。

趣味识字，优化小学低年级语文识字教学效益

——以部编版小学语文二年级第一学期《拍手歌》为例

一、问题的缘起

1. 初次执教二年级语文，教学实效性不理想

识字是低年段学生从口头语言过渡到书面语言的基础环节，是小学语文教学的首要任务。今年是我执教语文的第二年，作为一名青年教师，面对教材从一年级过渡到二年级，我充满期待的同时又有一些不安。部编版小学语文教材提出识字教学应更加讲究科学性，这就要求教师在遵循"认写分流、多认少写"的原则上，通过多种途径提高识字教学实效性，为学生尽快过渡到独立阅读阶段创造条件。

我在日常教学实践中发现，对于同一堂课，相比指导师傅的课堂，我的课堂所花费的时间总是多出很多。尤其在识字环节，学生总是支支吾吾，一句简单的"我来做小老师，请跟我读好这个三拼音节"，需要说上半天，最后依旧没有落在关键点上，不仅课堂效率降低，其他学生也会被不规范的语言表达所引导，最终整堂课的实效性十分不理想。

主动规范表达 （主动举手）	被动规范表达 （被动点名）	帮助后规范表达 （老师同学提醒）	不能规范表达 （不愿意表达）
7—8人	12—13人	9—10人	8—9人
21.6%	32.4%	24.3%	21.7%

2. 通过词语复习巩固，反馈出学生生字掌握不够牢固

通过每一次的默写反馈，我发现班级学生错误率较高。例如：在第二单

元第二课《树之歌》中，全班37位学生，只有9位学生获得等第A+，11位获得等第A，14位获得等第B，3位获得等第B以下。仔细看看，学生出现错误的地方主要有：（1）字音混淆，常见的如前后鼻音、平翘舌音，也有个别学生写错整个拼音；（2）字形写错，如，"柏树"的"柏"写成了"拍"。这些数据说明学生对于基础的识字掌握得不够牢固，出现的问题层出不穷，记忆效果不够理想。

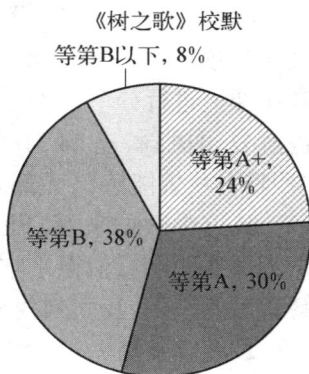

《树之歌》校默

等第B以下，8%

等第A+，24%

等第B，38%

等第A，30%

二、问卷调查与归因

1. 问卷调查

为进一步了解班级学生识字学习的情况，我设计了如下调查问卷：

二（3）班识字学习情况调查问卷分析

问　题	答案1	人数	答案2	人数	答案3	人数
1. 每天课文预习，我都自主把课文后的生字进行归类识记。	完全符合	33人	较符合	4人	不符合	0人
2. 每次学习生字，我都愿意把音序、偏旁、笔画数写在生字旁边。	完全符合	33人	较符合	4人	不符合	0人
3. 在课上学东西，我总是很愿意和大家分享识字方法。	完全符合	28人	较符合	4人	不符合	5人
4. 课后，我会主动地把课上讲的识字方法进行巩固复习。	完全符合	21人	较符合	10人	不符合	6人
5. 放学后，我会主动将课上所学的生字进行复习巩固。	完全符合	18人	较符合	10人	不符合	9人
6. 每天我都会进行自主复习，并且做到熟练识记每个生字。	完全符合	18人	较符合	10人	不符合	9人
7. 每一次校默，我都能发挥出色。	完全符合	10人	较符合	16人	不符合	11人

　　问卷的结果让我一下子陷入了沉思,首先,虽然班上学生100%能保证课文生字预习,但是课上愿意分享的却只有75.7%,甚至存在13.6%的学生不愿意在课上进行分享;其次,从课后的复习情况来看,只有48.6%的学生会认真进行复习巩固,有24.3%的学生几乎不会自觉地进行复习巩固;最后,关于"校默自我效能感",大部分学生觉得自己发挥得不够出色。

　　从这个数据来看,班上关于识字学习的问题比我预想的还要多,我很好奇为什么明明看似很平常的识字学习,背后存在那么多问题。为了进一步了解背后的原因,我立刻找来了一些同学进行访谈。

　　2. 群体访谈

群体访谈内容

问　题	答案1	人数	答案2	人数	答案3	人数
1. 在识字复习巩固上,你会花费约多久时间?	10分钟以内	17人	10分钟—15分钟	11人	15分钟以上	9人
2. 你觉得复习巩固对你的识字学习有帮助吗?	帮助很大	25人	帮助一般	9人	没有帮助	3人

　　通过访谈,我了解到其实大部分学生都认为复习巩固对于他们的识字学习很有帮助,但在关于"在识字复习巩固,你会花费约多久时间",平均每个学生需要花费15分钟左右,这说明复习巩固占回家复习的比例是比较大的。原本应该只需要5分钟的复习巩固,为什么会成为他们的负担呢? 因此,我开始对于其背后的原因进行了思考。

　　3. 反思原因

　　针对这个思路,我开始从自身教学和学生行为上寻找答案。

　　从自身教学上,作为一名语文教师,在课堂识字环节中,我容易重形式轻内涵。虽然,我非常重视识字教学形式与手段的创新,如情境识字、猜字谜识字、故事识字、多媒体课件辅助识字等,但往往只停留在对学生识字兴趣的激发上,由于本身应对学生课堂上随机生成的内容回答得不够有智慧,因此,我只关注学生回答的形式,对于回答是否规范、内容上是否准确,往往容易忽视。长期下去，学生得不到规范的指导，回答得不到反馈，他们的自主识字、主动认字的意愿渐渐下滑，因此，导致他们课上愿意分享的兴趣也随之慢慢减退。

从学生行为来看，首先，由于日常学习生活的快节奏，他们不仅要完成语文、数学、英语等学科复习的任务，回到家，一些家长还给予他们额外的学习任务，导致他们课外时间比较紧张，所以，针对识字复习巩固，学生的内心往往比较浮躁；其次，在识字复习巩固的方法上，多数学生不理解众多字的构"形"原理，还是以机械式识记为主，导致效果不理想，学生内心对识字兴趣不够浓厚。

三、借助校本教研，改进教学行为的实践

充分了解班级情况和自身不足之后，我向指导师傅崔颖老师寻求帮助，与崔老师沟通我之前做的调查结果。崔老师觉得，这些调查结果确实反映了我在日常教学中存在的问题。借助我进行校内语文教研课展示的这个机会，结合自己班级的情况，对班级学生识字学习进行改变，是一次研究讨论的契机。为了改变班级学生目前的识字学习习惯，我在崔颖老师的指导下，开始对班级学生识字的学习习惯进行了改进。

（一）初次尝试，略有收获

1. 运用字理识字，鼓励独立识字

所谓独立识字，就是指学生运用学过的汉字知识和规律去观察、分析、推理、发现，进而认识新的生字，掌握新的知识，形成新的能力。于是，我出示本节课中的一些生字，引导学生去发现这些生字的结构特点。比如：下图中标

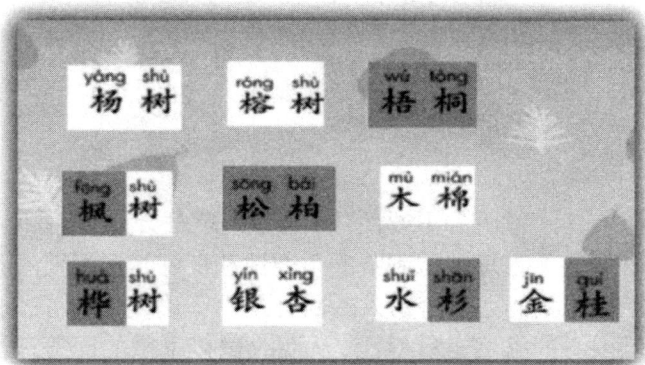

色部分的这些字都是左右结构,都带有木字旁,那么借助之前原有的知识,就可以了解木字旁的字大多和树木有关。接着,再独立让学生去学习剩下来的生字,由小老师示范从而带动全班认识生字。

成效1:学生能够详细地了解偏旁部首含义和一些独体字知识,会主动地用类似的构字方法去认识更多的生字。

成效2:课堂上,学生愿意积极进行识字方法交流,能够了解到每个字都有背后的文化内涵,学习兴趣明显提高。

问题1:课堂中,学生的表达还不够规范,浪费的时间比较多。

问题2:学生回答问题的时候,其他学生没有专心听,无法达到进行训练的目的。

针对这些问题,一方面我会做示范,然后让优异的学生进行小老师指导,比如:"我发现'柏、松、槐'都有木字旁,木字旁的字和树木有关。"然后,在课上进行"听的重要性"教育,让学生意识到其他小朋友回答问题的同时,要仔细地倾听,倾听也是一种学习。

于是,我准备在接下来的课堂中,着重培养他们听的习惯,促进课堂的有效生成。

2. 了解倾听的作用,学习如何倾听

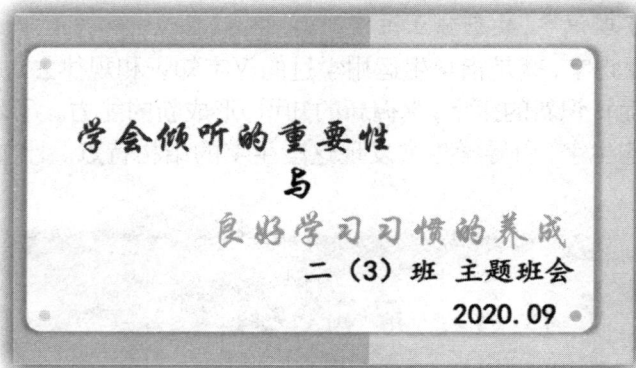

学会倾听的重要性
与
良好学习习惯的养成
二(3)班 主题班会
2020.09

随后,我便针对"倾听的重要性"开展了主题班会,通过呈现"听的作用、怎么去听",让学生清晰地认识到听的重要性和良好学习习惯的养成。首先,良好的倾听能帮助我们去思考别人的回答是否正确;其次,我们也可以借助倾听去与自己内心的答案进行对比,从而改进接下来的回答;最后,借助倾听，我们可以进一步巩固知识，从而达到事半功倍的学习成效。那么应该如何去倾听呢？第一，我们要听其他小朋友的声音是否响亮、表达是否规范；第二，我们要听其他小朋友的回答是否正确；第三，我们要听老师的点评，从而自主地改进自己的答案。

成效1：学生能够在课堂上规范表述，回答得越来越有自信。

成效2：在课堂中，当某个学生回答问题时，其他学生能够仔细地倾听，并且愿意分享他们不同的识字办法，课堂氛围非常融洽。

问题1：学生在课堂上愿意主动参与，但是回到家中的复习巩固依旧是一个问题。

问题2：回家复习的质量依旧不如意，导致学校默写的情况也不乐观。

通过"听的重要性"思想教育，课堂气氛焕然一新，课堂实效也有了很大的提高。通过"认真听"，基础中等或者偏下的学生能主动地进行分享，课堂识字环节成为学生最喜欢的环节，学生自我效能感明显提高。

不过针对回家复习巩固，还是存在一些问题，于是我在"晓黑板"中写了一段话，指导如何进行有效复习巩固，鼓励每个学生都能在默写中表现出色。针对个别问题比较大的，我主动与家长进行沟通，了解孩子在家复习的情况，交流一些经验，减轻了家长的焦虑，并且一起合力去帮助孩子提高。

3. 借助家校合作，增强复习的有效性

和家长的沟通中，我发现其实家长也对孩子识记生字的问题很头痛。在沟通中，我根据家长反映出来的复习巩固出现的问题，进行了相应的指导，比如：可以采取学生喜欢的方式进行复习，如果学生喜欢大声朗读，那就可以相应地通过朗读进行复习；如果学生喜欢通过用眼看进行识记，那么就可以通过反复用眼看进行复习。

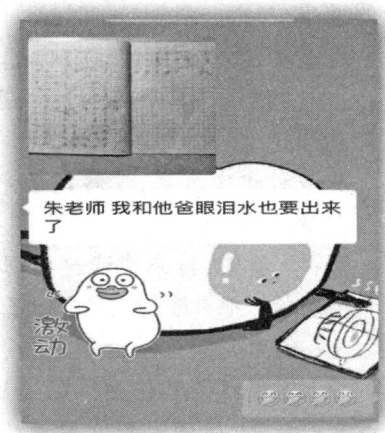

成效1：学生在复习巩固上所花费的时间逐渐控制在10分钟左右，家长的焦虑也减少了。

成效2：学校默写的优秀率有显著提高，学生的成就感越来越强。

通过这一系列的教学行为改变与学生学习习惯的改变，班级学生对于识

字学习逐渐有了自信,变得越来越主动在课外阅读中积累生字。时机成熟了,我开始选择校内教研课的主题,选定第二单元第三课《拍手歌》,基于语文要素的要求,我融合"空中课堂"的教学,进行了如下的设计。

(二)展示交流,收获满满

1.借助自主圈画,激发学习兴趣

课堂片段一:

师:同学们,今天我们学习的这篇课文是与动物有关。请你读读课文,想一想里面描写了哪些动物,试着把它们圈出来。(播放课文音频)

师:谁来试着上台,用白板笔圈出你找到的动物。

生:我圈出了孔雀、锦鸡、雄鹰、雁群、猛虎、黄鹂、熊猫这些动物。

师:你找得可真多呀,真了不起!不过好像还漏了一个动物,谁能上台帮助他?

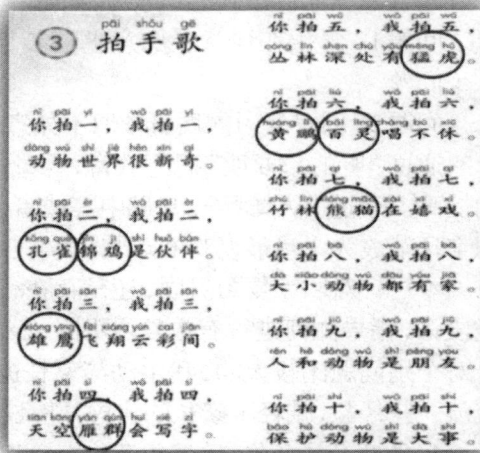

生:老师,我还圈出了百灵。它是一种鸟类,唱歌很好听。

师:你真会读书,了解的知识很广泛。同学们,让我们给这两位小朋友热烈的掌声。

课堂中,我先引出课题,再通过让学生听录音,初步了解课文的内容。然后,让学生借助圈画,自己上台圈一圈,找出文中出现的几种动物,进行整体感知。通过比较简单的任务,让学生收获成就感,激发他们的学习兴趣。

2.多种识字方法,了解词语意思

课堂片段二:

师:看看图,再来读读这些词语。(学生朗读)

师:老师把"雄、群、猛"标了蓝色,你们知道是为什么吗?

生:因为儿歌里写的是老鹰、大雁和老虎这三种动物。

师:你观察得真仔细!那谁知道"雄鹰、雁群和猛虎"是什么意思呢?

生:老师,我通过拆字组词的办法,知道雄鹰的意思就是雄健的老鹰;通

过观察图片,我知道雁群指的是很多大雁;我联系生活中见到动物园的老虎,猛虎应该是非常凶猛的老虎吧。

师:你真了不起,通过不同的识字方法,帮助你了解了这些词语的意思。奖励你,带着大家再读读这些词语。

找出了相关动物,我再凸显"雄鹰、雁群、猛虎",鼓励学生思考词语的意思。在这个过程中,学生通过拆字组词的办法、观察插图以及联系生活实际的办法理解"雄鹰就是雄健勇猛的老鹰;大雁通常都是几千只一起迁徙,所以叫作雁群;凶猛的老虎就是猛虎"。

了解词语的意思后,我再把"锦鸡、雁群"归为一类,"雄鹰、猛虎、孔雀、百灵"归为另一类,激发学生思考背后的原因。这个时候,学生A说:"我发现了左边一类都有前鼻音的生字,而右边一类都有后鼻音的生字。"我立刻给予肯定:"你真是一个善于发现的孩子。同学们,你们都发现了吗?原来我们可以借助前后鼻音把词语分类,这真是一个学习的好办法。"

3. 积累分类办法,助推识字记忆

课堂片段三:

师:我们来看看这两组动物名字,说说每组动物名字的加点字有什么相同之处呢?

生:我发现两组都有相同的一些部件。第一组都有"住房的住多一横",第二组都有鸟字边。

师:你观察得真仔细,第一组都是带有"隹"部,在古代"隹"指的是短尾巴的鸟;第二组都带有鸟字边,在古代,指的是长尾巴的鸟。

紧接着，我再展示一组词语，引导学生发现这一次分类的原因，在课堂中学生很容易发现第二组词语中都有"鸟字边"，联系词语的意思，鸟字边的字大都和鸟类有关；不过第一组词语却难倒了他们，这时我指导学生了解这些词语中都有一个"隹"字，"隹"就是尾巴短小的鸟，进一步了解了识字的办法。

学生在识字环节中慢慢地受到启迪，原来词语的分类可以有这么多，记住生字的办法也丰富多样。整堂课中，学生对于识字环节充满兴趣，课堂气氛十分融洽，赢得了全体语文老师的纷纷点赞。课后，也有不少学生跑上来与我交流课文中的其他词语还可以怎么分，起到了举一反三的效果。

（三）班级学生识字学习初有成效

1. 课堂识字学习交流明显上升

随后的语文课堂中，学生举手交流的频率大幅增加，课堂效率也提高了。在之后的"识字小达人"比赛中，不少同学获得了优异的好成绩，班级学生在识字的过程中，提高了识字能力，感受着学习的乐趣。

主动规范表达 （主动举手）	被动规范表达 （被动点名）	帮助后规范表达 （老师同学提醒）	不能规范表达 （不愿意表达）
17人—18人	11人—12人	6人—7人	3人—4人
45.9%（增长24.3%）	29.7%（减少2.7%）	16.22%（减少8.08%）	8.18%（减少13.52%）

2. 家长对于班级学生的复习巩固表现赞不绝口

复习巩固方面，学生由于自身学习兴趣浓厚和掌握了多种的识字办法，变得更加容易记住生字和词语。因此，他们在家中复习巩固的效率也让家长感到很欣慰，让家长觉得孩子对于识字学习变得更加主动和喜欢了。

3.学生更加愿意去主动进行识字积累

同时，学生对于每个字的理解更加深入，从而丰富了自身的语言。课外阅读中，也常常会主动积累生字的音、形、义，了解汉字的构字办法。主动识字已经成为了学生的自觉行为，内化于心。

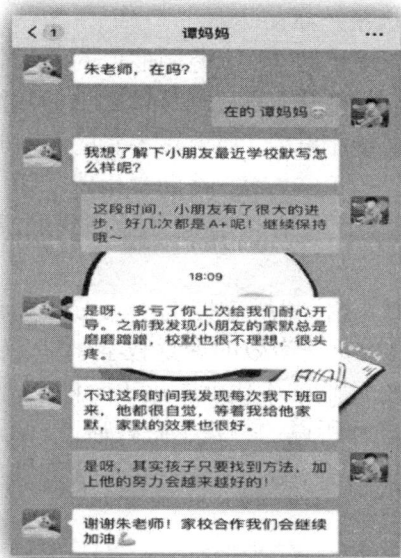

四、总结凝练，不断前行

通过本次校内教研活动，让我受益匪浅。不仅仅让我自身语文教学能力得到进一步的提升，而且也让我体会到了只有充分地了解儿童的认知发展规律，加强自身的汉字学习底蕴，才能更有效地开展实践教学。

1.借助实践展示，提升专业本领，缩短成长年限

首先，作为一名青年教师，通过不断地实践探索，可以促使我们注重观察课堂的细节，同时研究透语文教材，打开我们的思路。正像本次的思考就是来源于学生所呈现的问题，为了改善学生行为，才会去思考背后的原因，做出自己的改变。此外，通过提升自己的专业本领，也可以进一步缩短成长年限，这对于我们来说也是成长的机会，虽然充满着挑战的艰辛，却又有成功之后的喜悦。

2. 基于数据分析，关注日常教学，改变教学行为

其次，通过数据分析，可以让我们把日常教学更好地落在实处。在平时的课堂中呈现出来的问题，我们可以及时地进行数据采集和分析，了解背后的问题所在，结合人文主题和语文要素，设计更符合班级学生特色的教学设计，最终受益的是学生自己，让他们对语文学习变得更加自信、主动和喜爱。

3. 依据识字规律，引导自主学习，激发识字兴趣

最后，培养学生的识字兴趣。只有深入地了解学生，遵循他们的心理特点，才能得到更好的教学效果。我们要将他们的思维方式与具体的情境和活动联系在一起，将识字教学与具体生动的情境相结合、与丰富多彩的游戏相结合、与学生的自主探究相结合。渗透多元的识字方法，帮助学生感受识字规律，最后与文化相通、与思维共生、与阅读表达联结、与学生的生活共融，帮助学生的思维得到发展与提升。

当然，对我来说，语文教学之路才刚刚开始，我所掌握的学习方法和自身对于教材的理解还比较浅薄，对于如何落实行之有效的课堂教学还需要锤炼。但我相信，只要迈出改变的第一步，那么我们的步伐就永远不会停止，而是继续不断地发展。正如人民教育家于漪老师所说："一辈子做教师，一辈子学做教师。"我们在语文教学实践中永远不断探索，给孩子的心灵浇灌知性与德行。

【作者简介】

朱宇煊，教龄3年，二级教师。曾获宝山区见习规范化培训"优秀见习教师"称号，课堂教学评比三等奖，宝山区教育系统"青蓝工程"优秀青年党员志愿者。

线上资源整合　双师课堂初探

　　自突发疫情、开始线上教学以来,我们沿用的传统模式都是前20分钟学生收看"空中课堂",后20分钟老师组织在线答疑。在20分钟的答疑过程中,老师基本会按照"空中课堂"的板块请学生反馈不理解的地方,根据学生的自学情况进行补充或巩固。但是,我们发现取得的效果并不理想,尤其是部分学习能力较弱的学生,一堂课中能掌握的内容就更少了,也提不起学习的兴趣。为此,我们尝试改变教学方式。

一、采集数据,分析学情

(一)调查简述

　　针对20分钟"空中课堂"的学习情况,我们通过问卷调查以及访谈的方式对五年级学生的学情进行了分析研究。

　　调查问卷设置如下:

1. 你认为线上教学的氛围如何?(　　　)

　　A. 融洽、活跃　　　　　　B. 比较死板　　　　　　C. 没什么氛围

2. 你认为老师在线上教学中的指导效果如何?(　　　)

　　A. 效果好　　　　　　　　B. 效果一般　　　　　　C. 效果差

3. 你在线上学习中对教学内容的掌握情况如何?(　　　)

　　A. 能听懂,掌握内容的80%～100%

　　B. 能听懂,掌握内容的60%～80%

　　C. 听懂的内容较少,50%以下

4. 你在线上学习中的感受是什么?(　　　)

　　A. 较愉快,兴趣浓厚　　B. 兴趣一般,有压力　　C. 毫无兴趣,较厌倦

5. 对于线上教学中老师布置的作业,你的完成情况怎样?(　　　)

　　A. 自己独立完成

　　B. 有一定困难,但参考"空中课堂"答案可以完成

C. 大部分无法完成

6. 你觉得线上教学的学习效率如何？（　　　）

A. 效率很高　　　　　　B. 一般　　　　　　C. 效率很低

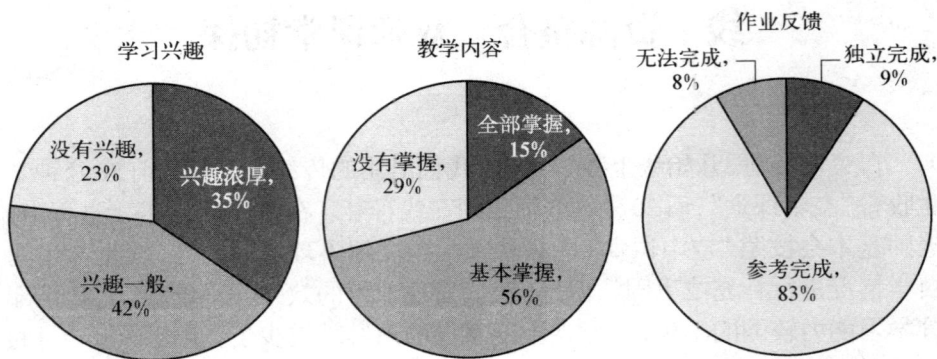

学习兴趣

兴趣浓厚，35%

兴趣一般，42%

没有兴趣，23%

教学内容

全部掌握，15%

基本掌握，56%

没有掌握，29%

作业反馈

独立完成，9%

参考完成，83%

无法完成，8%

通过数据分析，我们发现35%的学生对线上学习的兴趣浓厚，觉得课堂氛围融洽，老师的指导效果也比较好。而余下65%的学生中，有42%选择了线上课堂效果一般，或者是课堂氛围死板，学习兴趣一般，比较有压力；23%的学生选择了学习效率很低，没什么兴趣。

在课堂教学内容的方面，仅有15%的学生选择了能听懂，掌握内容的80%～100%；56%的学生则选择了掌握内容的60%～80%；最后29%的学生选择了听懂的内容较少，在50%以下。

"空中课堂"的设计中，首先，有些环节是大板块，很多同学没有办法快速地回忆以往的学习经验，形成学习路径，明确自己应该怎么做，而这时往往需要老师把环节进行细化，给学生提供学习支架。其次，"空中课堂"时间有限，当老师布置完任务后，学生思考问题的时间比较紧张，往往还没有想清楚，老师就已经给出了答案。

在作业反馈方面，仅有9%的学生选择了独立完成；83%的学生选择了有一定困难，但参考"空中课堂"答案可以完成；余下8%的学生则选择了大部分无法完成。

通过对学生的访谈，我们发现部分学生往往会把"空中课堂"给出的答案认真地记录下来，在反馈的时候就直接进行了复述。可见，这些孩子的听课习惯较好，知道怎么听课、记笔记，但是并没有真正理解"空中课堂"所讲的内容。班级里学习能力比较弱的孩子，在听完"空中课堂"之后，基本没有效果，书本基本是空白的，不知道要记些什么。

（二）学情分析

基于上述数据分析，我们进行了思考，发现几点问题：第一，调查中学习有困难的学生基本没有形成学习路径，"空中课堂"的老师布置好任务后，无从下手；第二，"空中课堂"时间有限，留给学生思考的时间太短，导致学生还没想好，老师已经给出了最终的答案；第三，学生在接受"空中课堂"里的答案时，往往是不假思索地记录下来，没有自己的思考，没有进行知识的内化吸收；第四，线上互动时，通常是老师和学生点对点的交流，学生之间的互动太少，教学形式也比较单一，提不起学生的兴趣。

（三）实践设想

通过前期的学情分析，为了帮助学生提升线上学习的效果，提高学习兴趣，我们决定进行以下尝试：

1. "空中课堂"切片，固化教学环节

在保留原有"空中课堂"环节设计的基础上，将任务进行切片，只保留布置任务的环节。

2. 整合多种资源，细化学习路径

在设计本堂课前，我们参考了"基础教育精品课"以及清华附小的视频教学资源，进行资源的整合，帮助学生细化学习路径。

3. 增加辅助资料，引导学生自学

通过课前学习单的布置，帮助学生梳理课前、课中、课后需要完成的学习任务，引导学生自学，提高学习效率。

4. 运用信息技术，提升教学实效

借助Classin教学平台，实现教学环节的多样性，并通过及时的激励措施，提升老师教学的实效，激发学生的兴趣。

综合上述问题，我们在研讨的过程中考虑将上课的方式进行调整，把"空中课堂"的内容进行切片，由"空中课堂"的老师布置任务，线上的老师负责组织学生进行交流和反馈，将学生的回答进行整理和总结。

二、建构流程，分析资源

（一）建构线上教学流程

基于上述思考，根据我们学校原有的"空中课堂"融合教学流程图，形成了线上教学流程图，如下：

```
┌────────┐     ┌────────┐  ┌─ ┌────────┐
│ 教材解读 │     │ 分析学情 │──┤  │  前测  │                    ┌────────┐
└────────┘     └────────┘  │  └────────┘                    │ 调整目标 │
     │              ⇡      └─ ┌────────┐         ⇨           └────────┘
     │              │         │ 数据分析 │                         │
     ↓              ↓         └────────┘  ┌────────────┐         ↓
┌────────┐     ┌────────┐  ┌─ ┌────────┐  │ 教师：问题链 │    ┌────────┐
│ 目标解读 │     │ 分析资源 │──┤  │  观课  │──┤            │    │ 调整设计 │
└────────┘     └────────┘  │  └────────┘  │ 学生：评价点 │    └────────┘
                           ├─ ┌────────┐  └────────────┘
                           │  │  实录  │
                           │  └────────┘
                           └─ ┌────────┐
                              │ 资源整合 │
                              └────────┘
```

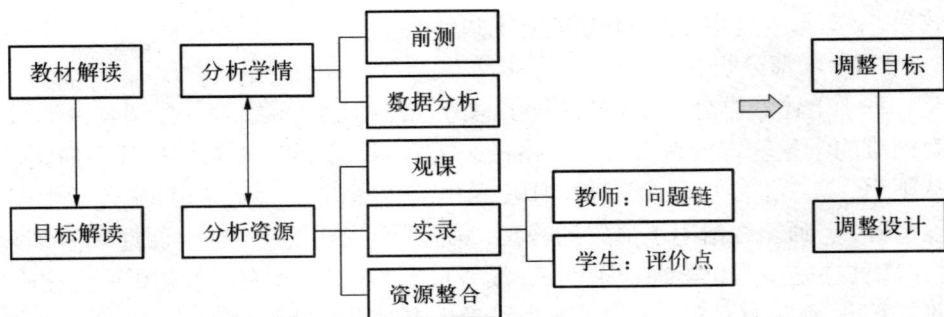

（二）分析"空中课堂"资源

通过对"空中课堂"教学资源的分析，我们梳理了教学问题链，理清主问题和子问题之间的逻辑关系，从而更好地明确与教学目标的关系。

《自相矛盾》课程问题链，如下：

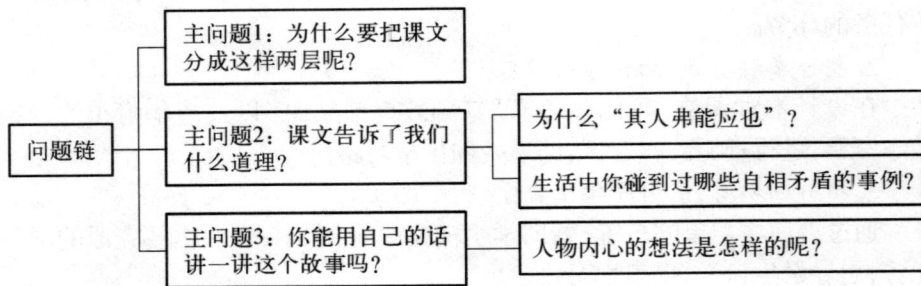

```
              ┌─ ┌──────────────────┐
              │  │ 主问题1：为什么要把课文 │
              │  │ 分成这样两层呢？      │
              │  └──────────────────┘
              │  ┌──────────────────┐  ┌──────────────────┐
┌──────┐     │  │ 主问题2：课文告诉了我们 │──│ 为什么"其人弗能应也"？ │
│ 问题链 │─────┤  │ 什么道理？          │  └──────────────────┘
└──────┘     │  └──────────────────┘  ┌──────────────────────┐
              │                        │ 生活中你碰到过哪些自相矛盾的事例？ │
              │  ┌──────────────────┐  └──────────────────────┘
              └─ │ 主问题3：你能用自己的话 │  ┌──────────────────┐
                 │ 讲一讲这个故事吗？     │──│ 人物内心的想法是怎样的呢？ │
                 └──────────────────┘  └──────────────────┘
```

从学生的角度，我们根据学生的复述情况和老师的评价语，确定了创造性复述的评价要点，如下：

评价要点	
情节完整	★
大胆想象，补充情节	★
语句通顺连贯	★

三、调整设计，实践探索

（一）"空中课堂"切片，固化教学环节

在这次《自相矛盾》的教学实践中，我通过视频切片的形式，将姜老师的任务布置环节截取下来，保留"空中课堂"的原有设计。如：思考课文分为两层原因；根据卖者的语言揣摩他的想法；结合围观的人听到的以及他说的话揣摩内心想法；理解"其人弗能应也"的原因；理解课文的寓意；用自己的话讲一讲这个故事。

为什么要把课文分成这样两层呢？

当时卖者是怎么想的，为什么会说这样的话呢？

能不能抓住围观的人听到的话，揣摩他的想法呢？

我们来讲讲这个故事吧！

（二）整合多种资源，细化学习路径

1. 细化

在创造性复述这一环节中，我先播放了姜老师的视频，布置学习任务，接着通过引导让学生进行思考：怎样才能将故事讲得更加生动、有趣、吸引人？让学生回顾已有的学习经验，并结合上一教学板块——揣摩人物内心的想法，明白在讲故事时需要语句通顺连贯，故事情节完整，还可以通过合理想象，补充情节，增添人物的心理活动、神态和动作等。最后，设计评价表让学生明白讲故事时需要讲到哪些要点。通过教学环节的细化，给学生提供"扶手"，明确学习要求。

2. 新增

《自相矛盾》这一故事的道理并不难，很多同学很早就听过这一故事，也知道故事所揭示的道理。五年级的孩子，更需要能够联系生活实际去感悟，进一步加深自己对这篇故事寓意的理解。因此，在教学环节的设计中，我们参考了"基础教育精品课"中的相关资源，新增了"联系生活实际，谈谈自己见到过的自相矛盾的事例，说一说自己的感受"这一环节。

此外，在课堂的最后，新增了播放清华附小设计的吟诵视频这一环节，伴随着视频中富有韵味的吟诵，让学生感受古文的魅力，增加课堂的趣味。

3. 微调

在《自相矛盾》教学设计的第一板块中,姜老师在提问完"为什么分为两层"之后,直接给出了学生答案。其实,学生并没有足够的思考时间。因此,我们只是截取了姜老师提问的这一部分,在线上课堂中,给学生留出了自己思考的时间,让学生自主发现。

(三)增加辅助资料,引导学生自学

在正式学习本篇课文前,我们预先设计了《导学单》,将学习任务前置,从而使学生在上课前,预先了解学习任务。《导学单》的设计共分为3个板块:预习要求、课前导学和课后作业。

(1)预习要求

布置课前预习任务,帮助学生熟悉课文内容,一些较为简单的知识点可以在预习的时候解决,从而节省线上教学的宝贵时间。

(2)课前导学

将课堂上学习的内容预先告诉学生,帮助学生明确学习重点和学习难点,听课时更有效率。

(3)课后作业

布置课后作业,帮助学生明确课后需要完成的学习任务,巩固所学知识。

宝山区第二中心小学五年级语文组

五年级语文防疫期间在线学习导学单
——第15课《自相矛盾》

一、预习要求

1.朗读第1遍，熟悉古文内容。

2.朗读第2遍，圈出生字，不认识的字注拼音。

3.朗读第3遍，不理解的字意用自己的方法理解。（如借助注释、联系上下文、查字典等）

4.注意："鬻、吾、弗、夫"的读音；结合注释了解"夫"在文中的作用。

5.思考课后习题第二题。

二、课前导学

序号	知识点	导学内容
		五年级语文第15课《自相矛盾》课前导学
1	字音认读	（1）重点认读生字：鬻、吾、弗 （2）读准多音字"夫"。
2	生字书写	（1）易写错笔顺的字：盾、弗 （2）易漏笔画的字：矛 （3）易弄错偏旁的字：誉（言部）
3	课文理解	（1）揣摩人物的内心想法。 （2）理解"其人弗能应也"的原因。 （3）理解故事的寓意。 （4）在理解课文内容的基础上，用自己的话讲一讲这个故事。

三、课后作业

序号	作业内容	反馈形式
	五年级语文第15课《自相矛盾》练习单	
1	背诵《自相矛盾》	class in 上传照片
2	完成语文练习部分第15课	class in 上传照片
3	用自己的话讲一讲《自相矛盾》这个故事	class in 上传语音

备注：作业上传不强制规定，学生自主上传 class in，认真完成的同学会得到雨校徽章奖励。

（四）运用信息技术，提升教学实效

1. 技术运用

本次线上教学我们采用了Classin教学平台，与之前腾讯课堂相比最大的不同在于可以根据自己的需求调整页面布局。此次教学，我们将"空中课堂"放在了右上角，左边放置了PPT课件，右下角是学生的回答区域。这种形式大大方便了老师教学上的操作需求，帮助我们实现了融合"空中课堂"的双师教学。

2. 线上答题

Classin教学平台上还有许多教学上的小工具，我们这次选用了答题器和

计时器的功能,实现了课堂上检测学生学习情况的需求,并且能及时地进行反馈和答疑。

3. 分组讨论

原来的线上课堂中往往只有老师和学生之间交流互动,但学生与学生之间却没有互动交流。这次我们利用Classin平台的分组讨论功能,给同学们创造了互相交流讨论的空间,老师也能够进入小组去聆听学生的发言,并及时地予以指导。这种形式不仅激发了学生的兴趣,还实现了线上的"云教室",给学生提供了良好的学习氛围。为了便于分组讨论,我们固定了每一小组的成员。为了提高课堂效率,每一次线上授课会选择两个小组进行旁听,以此类推;争取在一周的时间里,每个小组都能进去旁听一次。

4. 激励措施

在Classin教学平台上通过颁发奖杯这一功能可以实现对学生的及时激励。在学生回答完问题后,教师只要点击窗口下方的奖杯,学生就可以收到,极大地调动了学生的积极性。在进行课堂检测时,也可以针对回答正确的学生一键发放,方便、快捷地对学生进行激励。

反思:

通过对本次线上课堂形式的初探,我们发现孩子的上课兴趣有了很大的提升,学习效果也有了提高。但是,在分组讨论的环节中,由于时间限制,老师往往只能一节课进入两三个小组进行旁听和指导,无法兼顾到所有学生,而这时有些小组往往会比较安静,或是学生没有融入课堂中来,积极参与讨论;或是学习能力比较薄弱的学生不知道该如何进行表达。这些问题还需要我们进行探索,找到更好的解决方法。

【作者简介】

王琪,教龄4年,二级教师。曾获宝山区见习规范化培训课堂教学评比二等奖,宝山区家庭教育典型案例征集活动一等奖。

在线辅导中基于学情动态调整，
提高学困生的计算能力

一、案例背景

上学年我任教五年级数学学科，班里有一位学习特别困难的学生，他的数学思维能力不仅比一般学生薄弱，而且最基本的数学运算和大多数学生的差距较大。该生学习主观能动性较弱，如果不采取合适的辅导方法和策略，他会在日后的学习中拉开更大的差距。由于该生在思维能力、学习态度、学习习惯上均有些许问题，在辅导过程中我根据不同阶段内学生的学习情况，确立了每阶段最需要解决的重点问题，并做动态调整。

二、案例呈现

（一）辅导开展前的数据分析

在正式辅导前，我先基于前期各项评价平台中的数据分析了该生目前在数学知识、学习习惯上的问题，找到导致计算能力薄弱的原因，并拟定大致的辅导内容和方向。

1. 计算知识点上的弱点分析

通过该生以往关于运算模块的得分率情况（如表1）可以看出，该生基础的计算能力薄弱，基础计算技能没有掌握过关。如果将其中代表基础运算能力的竖式计算这一项进一步分类，常见的错误情况如图1。

表1

测试时间	直接写得数	竖式计算	递等式计算
2018年9月	75%	66%	50%

续 表

测试时间	直接写得数	竖式计算	递等式计算
2018年10月	66%	33%	25%
2019年3月	41%	0%	50%
2019年4月	66%	0%	0%
2019年5月	41%	33%	0%
2019年9月	33%	33%	25%
2019年10月	41%	0%	0%

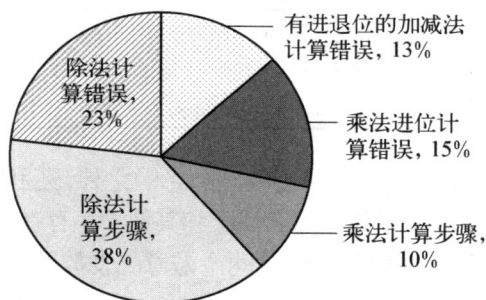

图 1 竖式计算中常见错误类型

根据上面的表和图可以看出,该生在基础整数运算就时常出错,特别表现在乘、除法的计算步骤上。而递等式计算里学生未能充分理解运算的顺序,所以在多步骤(3步或以上)的递等式计算中,也容易出错。

2. 学习习惯分析

在之前的线下教学中,我时常通过学校小思徽章的发放去评价学生的学习习惯。对于认真对待错题、及时巩固知识的我会发放"守时惜时""态度端正"小思徽章;上课积极动脑、善于思考、踊跃发言的,我会发放"课堂精彩表现"小思徽章;如果是在作业上、课堂上能尝试进行推理、归纳、比较分析的,我会发放"知识小问号"小思徽章。以下是从四年级第一学期开始至五年级第一学期结束,3个学期该生与其他学生小思徽章数量发放的差距(见表2)。

表2　以往学期小思徽章发放情况

数学发放的小思徽章种类	2018学年第一学期发放数量		2018学年第二学期发放数量		2019学年第一学期发放数量	
	该生	班级一般水平	该生	班级一般水平	该生	班级一般水平
责任意识	23	38	28	50	22	55
守时惜时	22	47	22	40	26	65
态度端正	18	30	21	38	20	50
课堂精彩表现	6	33	5	33	12	33
知识小问号	8	23	10	32	10	40
作业表现优秀	10	40	15	60	12	75

　　计算能力的薄弱除了受知识掌握程度的影响之外,还和学习习惯相关。从上述数据统计中可看出,该学生学习习惯上和其他学生存在差距,特别明显地体现在"课堂精彩表现""知识小问号"这两个徽章的发放数量上。因为该生在之前的学习中,已经形成了作业不及时、订正不及时、上课走神、字迹不端正、不勤打草稿这些习惯。由此,在整个辅导过程中要始终其关注不良学习习惯的纠正。

　　3. 基于数据,确定辅导内容

　　由于学生基础算理、算法掌握得并不扎实,且该生阅读信息能力较弱,学习态度也比较消极。所以,用发消息的形式进行错题的讲解可能不会有效,且不能获得学生即时性的学习反馈,讲解是否有效难以判断,因此,前期遇到错题,我选择使用互动性较强的在线教学软件(腾讯课堂)和语音电话等渠道进行即时互动,然后在每日辅导后提供同等难度练习来巩固。

　　基于前期计算弱点的数据分析,从2020年3月5日起,我计划给该生布置的每日训练定为小数四则混合运算2道、解方程2道。周一到周四,每日一次。前两周为最基本小数乘、除法计算,解决基础运算的问题;两周以后以考查运算顺序的递等式计算为主;方程的训练从基本的两步方程起步。考虑到学生基本知识和基础能力较弱,题目难度均以书本例题以及配套课后练习册题目的难度为主。

基于前期关于学习习惯上的数据分析,该生在计算时有诸多不良学习习惯。所以,在本次辅导过程中,也要一直关注学生做计算时的各种学习习惯,特别是计算的草稿。

(二)辅导前期端正学习态度

在开始辅导的没多久就出现了点"小状况",学生时不时有练习题迟交、不交的现象发生。原因可能是学生对于计算学习的态度不端正,想着老师不在,就放松了对自己的要求。我首先是与家长取得了联系,交流了目前的辅导计划,家长表示积极配合,并会提醒学生及时提交。但是,学生还是找到了在线辅导时的"小漏洞"来逃避学习:

[片段一]

教师:小吴同学,请把今天的计算练习上传。

该生:好的,老师。

教师:上午到现在已经到约定时间了,请及时上传作业。

该生:好的。(实际并未完成)

直到当天下午,学生还未上传,我随后与家长联系,得知该生与家长说当日并未布置相关训练,并且把相关的聊天通话、消息记录均删除,使得家长并不知晓计算训练的任务。

从这个片段中可以感受到,该生在学习态度上是选择消极应对的,也缺乏自我管理的意识。如果学校和家庭之间缺少沟通,那么该生很容易采取回避的态度对待学习。

于是我觉得与学生、家长的沟通渠道应当要改进。于是,在线辅导过程中,我充分利用微信的群聊功能,将群聊成员设为教师、学生、家长三方,使每日的训练任务、答疑、订正反馈功能一体。这样老师和学生、老师和家长之间沟通信息,另外的一方也会知晓,目的就是为了家庭和学校一起用"他律"帮助学生安排好学习时间,减少可能出现的漏洞。

设立了群之后,该生基本都能做到作业按时提交。偶尔出现有晚交的现象,经过老师在群里的提醒,家长看到进行督促后也能在当天提交。此外,在这样的互动中,教师也能更加了解学生在家练习的情况,对于不良习惯进行纠偏。

[片段二]

教师:今天作业全对! 不过请把计算的草稿发给我。

等了半小时,该生在练习本上临时补出草稿发在群中。

学生:老师。这是我之前的草稿,我找了好久哦。

家长:老师,他是使用计算器的,所以一开始没有草稿。我已经严肃批评过了,督促他重新做题。

教师:好的,我了解了。小吴同学,以后的计算都要上交草稿,否则视为不通过哦!

从片段二的交流中,教师通过家长的回复了解学生在家做计算题的不良习惯,适时调整教学计划的重点;家长也通过老师的回复了解了如何在家关注孩子计算练习时的态度问题。并且,在这一过程中学生自身也体会到老师和家长的相互反馈是及时的、频繁的,那么学生就会脚踏实地、认认真真落实我们提出的要求。

(三)辅导中期克服畏难情绪

在学生能按时提交作业之后,又过了段时间,家长和我反映了新的问题:辅导后布置的练习中有不少题目是家长一步步地提醒下才愿意完成,学生比较抗拒独立完成。于是在这一阶段,我重点思考如何帮助学生克服学习中畏难情绪这一问题。

从知识内容上,目前阶段的辅导内容是小数的四则运算,仍然是基础知识,是学生必须要掌握的。学习内容上我决定不再做调整。

从学习情感上,该生由于知识本身的诸多漏洞,感受不到数学学习的乐趣,从一开始短暂的焦虑、惧怕变成了长期消极的态度,见到数学会产生明显的畏难、依赖、逃避的想法。所以,我决定辅导过程中要注重重新唤起学生的学习信心,要利用欣赏、评价手段引导学生更加积极、主动地学习,尽快摆脱内心的不自信,渐渐形成激情和动力。因此,我在这段时间的辅导过程中,选择两种方式让学生发现自己努力所取得的成效:一种是使用鼓励性评价语肯定优点,另一种是积极使用代币奖励(小思徽章),具体见表3。

表3

评价方式	评价维度	部分评级点(举例)	具体措施(举例)
评价语言	学习态度	态度端正、积极对待训练	你能主动要求进行计算训练,学习态度很端正! 想必今天的练习一定难不倒你,加油!

续　表

评价方式	评价维度	部分评级点（举例）	具体措施（举例）
评价语言	学习习惯	主动把解题（方程）的依据思路写清楚	感动！解方程每一步求解的依据都写了出来，说明每一步都在说理，是个爱思考的孩子，所以这些题目你都做对了！
	学习水平	连续几日的正确率	进步很大，现在的正确率真的很高。你的进步让我看到了一个词"成长"！
		某类题型连续数次的正确率	你知道吗？你已经连续一周的方程都是正确的了！好想拥抱一下你，孩子！你战胜了这类问题。
代币奖励（发放小思徽章）	学习态度	有错误及时订正	发送"责任意识"小思徽章，附上作业照片
		态度端正、积极对待训练	发送"态度端正"小思徽章，附上作业照片
	学习习惯	书写端正	发送"态度端正"小思徽章，附上作业照片
		主动把解题（方程）的依据思路写清楚	发送"知识小问号"小思徽章，附上作业照片
	学习水平	单日正确率	发送"作业表现优秀"小思徽章，附上作业照片

（四）辅导后期梳理方法，提高能力

在辅导后期，解决了基础的数的运算之后，辅导就进入求解多步方程的知识内容。学生对于此内容感到无从下手，更多时候是凭着模糊的印象去求解。

由于方程是属于代数知识的范畴，比数的运算更抽象、计算的步骤也增多了，需要学生能有依据、有条理地分析问题。于是在这一阶段，我重点思考如何帮助学生梳理解方程问题的解决方法，提高分析能力，从而攻克在解方程时遇到的难点。

对于每日的线上辅导，在讲解基本题目时，我减少讲授时间，更注重启发、引导。通过简单的提问，调用学生前期掌握的知识去自己解决问题。并且在每次辅导结束时还会安排总结环节，意在关注方法的梳理。我采取学生先总结然后教师再补充的形式进行，争取将学生被动听讲所获取的零散知识转化为主动形成解决问题的常规思路和方法。

[片段三]

教师：对于方程 $16.2 + 10.8 \div x = 18$，要求 x，需要先求 $10.8 \div x$，你知道 $10.8 \div x$ 是一个什么数吗？

该生：……（沉默）

教师：$10.8 \div x$ 是先算的，对吗？把它看成一个整体，在这个方程是一个什么数？

该生：除数。

教师：将 $10.8 \div x$ 看作一个整体。来，你把 $10.8 \div x$ 框起来，方程就变为 $16.2 + ($　　$) = 18$，再看！现在是个加法方程了！（　　）这个整体是加法里的什么数？

该生：我知道了，（　　）是一个加数。

教师：加数怎么求还记得吗？

该生：$x = 18 - 10.2$

教师：依据能否说一说呢？

该生：加数 = 和 - 另一个加数。

教师：关系式记得很牢！但是你有地方想错了哦！加数指的是刚才说的（　　），也就是 $10.8 \div x$ 这个整体。所以是 $10.8 \div x = 18 - 16.2$。

该生：我明白了。

（后续解法辅导略）

教师：通过今天的练习和讲评，你来说一说，这类步骤多的方程，是怎么解的呢？

该生：就是要把一个地方看成一个整体，先求它，再求 x。

教师：那在求整体或者求 x 的时候，依据是什么呢？

该生：要熟记关系式。

教师：对！要有依据地求解，不能只想着加变减、乘变除，要想清楚它是什么数。

同时，对于每日线上辅导后留有的练习，在订正要求上我也有所调整。因为学困生的知识系统零碎，类推能力也较弱，往往会在同一类问题上反复出错。因此，为了巩固知识的同时，提高学生举一反三的能力，我采取以下措施：

1. 同一类问题重复出现时，再进行一次线上的讲解，并与之前题目做对比、分析，找到同一类问题的解决方法。并要求学生做好相应思路的整理，自己形成笔记。

2. 同一类问题重复出现3次时，教师提醒有问题可以先翻阅前面的笔记，把类似的过程写出，如果还有问题再提出困惑，意在逐渐摆脱依赖心理。

3. 同一问题出现3次以上时，可能是由于在理解环节中有障碍，再次进行线上辅导，结束后教师重新反思教学方法是否适合该学生，并做出相应的调整。

三、所取得的进展和反思

（一）阶段性进展

在本次辅导结束后，该生在数学计算模块取得了阶段性的进步。

1. 知识内容角度

（1）3月19日，小数乘、除法的竖式计算基本过关，进入多步骤递等式的计算训练。

（2）4月6日，递等式计算训练能掌握计算的运算顺序，有顺序地计算，基本能保证正确率。

（3）4月9日，解方程开始主动写出每步求解的依据（关系式），并能正确解出方程。

递等式正确率、解方程准确率折线统计图

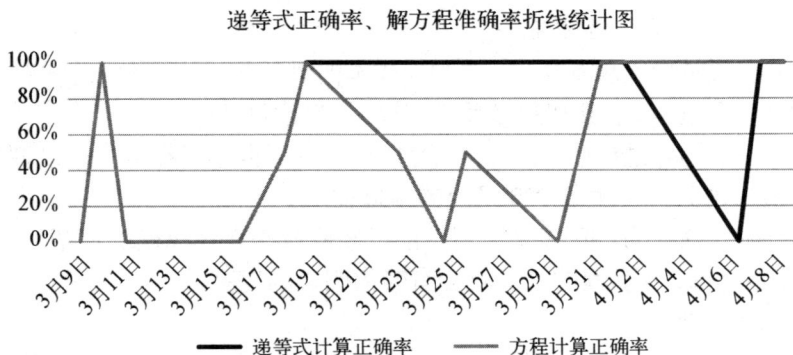

图2

2. 学习习惯角度

该生小思徽章每日发放情况由其学习阶段总共获得的小思徽章数量/天数测算得到。

表4

该生小思徽章每日发放情况		
数学发放的小思徽章种类	在线辅导阶段	2019学年第一学期
责任意识	0.8	0.2
守时惜时	0.8	0.3
态度端正	0.5	0.2
课堂精彩表现	0.4	0.1
知识小问号	0.3	0.1
作业表现优秀	0.4	0.1

（1）作业能主动完成，且没有空题，书写较为端正。

（2）相比辅导前更重视错题，能在当天进行订正，并主动上交。

（3）相比第一学期的学习，主动写出思维过程和依据的频率有所提高。

（4）在辅导的互动中能逐步尝试有条理地分析问题。

（二）总结和反思

1. 感悟在线辅导的优势

（1）在线辅导实现师生、家校沟通成本的最低化，实现教学的零距离，信息沟通频率的提高，能获得更多反馈，从而不断改进教学方式。

（2）在线辅导过程中，学生的练习情况均以数据形式在网上得以留存，便于教师清晰地分析学生各个知识点的掌握情况。

（3）在线辅导的"短""平""快"能以较高效率在计算模块上帮助学困生补缺、补差。每日4道题的计算就会有较为明显的提高。

2. 成功经验

（1）学生在不同阶段、遇到不同问题时产生的困难是多方面的，因此在线辅导要基于学生每个阶段出现的问题进行动态调整。过程中教师要时刻关注学生在学习水平、学习习惯、学习心理上等多方面的变化，并不断基于学情调整辅导计划，从而达到解决学生真实的问题的目的。

（2）计算能力的培养需要定时定量的积累。每日计算训练4题，训练一段时间内会出现成效。这个方法能推广到平时面授的集体学生。

（3）家长、学生在看到明显进步时，会给予更大的支持。能把学习的结果正确归因于努力程度这一主观因素中，知道只要愿意付出努力，就会有所改变，为后续的教学形成了良好的环境支持。

【作者简介】

陈家辉，教龄4年，二级教师。曾获见习教师基本功大赛——教育教学案例评比活动一等奖。2021年，参与宝山区十三五"优秀校本研修课程"《大幅提升教师工作效率信息技术》的课程开发。

一次舞蹈社团"教学意外"的处理策略与反思

一、问题的提出

宝山区第二中心小学的"小机灵"舞蹈社团是校艺术特色社团,历史悠久,多次参与校级、区级活动且表现优异。社团由学校出资请来一名专业舞蹈老师进行教学,两名学校音乐教师负责课后学生练习的评价与反馈,加入的成员都是各班的舞蹈精英,有着较为扎实的基本功和较强的律动感。

2020年9月,我作为职初教师来到舞蹈社团观摩学习,承担学生课后练习情况反馈的任务。在我的设想中,社团学习的机会来之不易,舞蹈又是一门功在平时的艺术,相信每一位小朋友都会在课后积极打卡,认真练习,改进动作。但出乎意料的是,几周后孩子们的打卡积极性便呈阶梯式下滑,从刚开始的全员打卡到后来在周末甚至有超过三分之一的人员没有打卡,到底出了什么问题?

二、问题的调查与归因

(一)调查与访谈

面对这样的意外情况,我对周末缺卡的9位学生就平时的练习情况开展了访谈与调查。通过数据统计,44.4%的学生周末去奶奶(外婆)家住了,老人不会辅导练习和使用微信小程序,所以未上传打卡任务;22.2%的学生周末参与其他兴趣活动,没有时间进行舞蹈练习;22.2%的学生周末与家长外出游玩,故没有打卡练习;11.1%的学生家长想让孩子在周末好好休息,所以没有上传任务。

除此之外,我还与平时常常缺卡的两位小朋友进行了交流,得知一位孩子复习语数英学科时间较长,父母为保证睡眠时间未进行舞蹈练习;另外一位孩子家长较忙,到家时孩子已经睡觉了,故无法上传打卡任务。

（二）调查结论

经过调查与访谈发现，周一到周五孩子们既要开展学业又要兼顾舞蹈练习较为辛苦，没有做到合理地分配时间，而学生自我驱动力也不强，常常需要家长提醒才去练习。周末许多学生的父母不在身边，无法帮助孩子调整动作并上传他们的居家练习情况。

（三）归因

经过对学生的了解和调查后，我认为他们没有上传课后练习打卡任务的主要原因在于：

1. 学生时间规划管理能力较弱

据了解，75%的学生没有固定练习舞蹈的时间，一般都是在课内任务完成以后再开始，有时学得较晚，练习时间便没有保证，匆匆忙忙地做几个动作效果也不佳。

2. 学生较难感受到每日的进步

舞蹈练习是一个漫长的过程，呈螺旋上升的趋势，具有反复性。因为练习情况难以量化，学生和家长无法直观地感受到自己的进步，所以，部分学生面对需要每日坚持的舞蹈练习会产生懈怠的情绪和畏难的心理，出现"三天打鱼两天晒网"的情况。

3. 教师的激励手段较为单一

对于及时打卡的学生，我会发放一枚小思徽章进行奖励。此种线上奖励方式，学生没有亲身接受，难以起到正向激励作用，无法提升学生打卡的自主性和积极性。

三、实践行动

（一）策略设想

策略一：家校合力，转变学习态度

社团活动的开展离不开家庭的配合和支持。我们可以通过线上微信沟通和家长会的方式，让学生家长了解每日练习的目的，家校合力共同进步。舞蹈社团从来不是"就技能教技能"而是"就技能教能力"。学生在舞蹈练习的过程中，能够提升自我改进、自我监督的能力，意识到"坚持"这项品质的可贵。

策略二：改进奖评方式，提高学习积极性

俗话说"兴趣是最好的老师"，原先我们采用一对一点评再发徽章奖励的奖评方式,成效不好。于是打算依托学校大拇指—小思徽章的奖励机制,采用发布任务单—表格化评价的措施,将每一天"看不到的进步"可视化转变为"看得到的进步",从而促进学生练习的积极性。

策略三:利用"同伴效应",形成良好的学习氛围

孩子们容易受到周围同学与朋友的积极影响,我们通过数据采集对每日坚持打卡、练习质量高、进步明显的三类小朋友进行及时表扬,发挥榜样作用,带动其他孩子们一起练习,形成良好的学习氛围,激发学习兴趣。

（二）策略操作实录

为了方便后期的对比观测,我们先将舞蹈社团前几周的打卡人数进行数据统计:

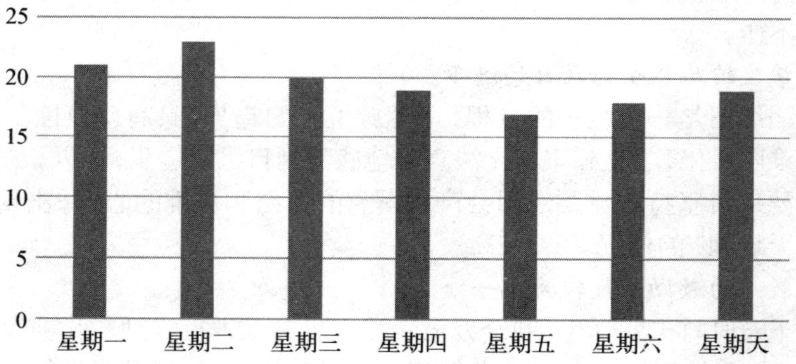

图1　2021年度第一学期小机灵舞蹈社团第三周打卡人数

1. 家校沟通

首先,我们举办了线上家长会,明确舞蹈社团的师资力量、活动目的、教师责任和学生义务,并就学生近几周的打卡练习情况为家长提供了几条解决方案:

（1）固定舞蹈练习时间

由学生和家长共同制定计划表,商量一个固定的舞蹈练习时间,每天按时练习,养成良好的学习习惯。

（2）合理分配时间长短

若因意外情况无法按时打卡,可在前一天或后一天增加练习时长或练习次数,提前或延后完成打卡任务。

（3）准时提交打卡任务

在教师规定的时间前上传打卡任务，防止拖延，小朋友们监督家长及时上传，了解老师的改进意见。

2. 优化评价方式

接着，我们实施新的社团评价方式：发布任务单—学生上传打卡练习—老师数据整理反馈评价表，通过以上路径让孩子们在舞蹈学习打卡中，得到可视化的成长经历和学习训练动力指数的提升。

表1　2020.12.20小机灵舞蹈社团评价任务单

新疆舞四个8拍动作评价要点，做到一个要点打一个钩	
1. 前两个8拍：脚步动作准确，分清出脚顺序，结束回到原点。	
2. 前两个8拍：拍鼓时，手臂向斜上方伸直，后退身体向前微倾。	
3. 第三个8拍：先拍鼓再拍右胯，动作准确，头随手动。	
4. 第四个8拍：手部动作先向左，头随手动，动作与示范一致。	

表2、表3　2020.12.20小机灵舞蹈社团任务单评价反馈情况

班　级	姓　名	新疆舞评价要点完成情况				总评徽章
		1	2	3	4	
一（1）班	陈某涵	√	√	√	√	
一（1）班	郑某琳	√	√	√	√	
一（4）班	周某佟	√		√	√	
一（8）班	陈某清	√	√		√	
一（8）班	龚某巧		√	√	√	
一（8）班	华某熙	√	√	√	√	

续　表

班　级	姓　名	新疆舞评价要点完成情况				总评徽章
		1	2	3	4	
一(9)班	黄某涵	√	√	√	√	徽章
二(1)班	王某仪	√	√	√		徽章
二(1)班	葛某心		√	√	√	徽章
二(2)班	张某语	√	√	√		徽章
二(2)班	冯某萱	√	√	√	√	徽章
二(2)班	金某嘉					
二(2)班	华某蔚	√	√	√	√	徽章

班　级	姓　名	新疆舞评价要点完成情况				总评徽章
		1	2	3	4	
二(3)班	毕某然	√	√	√	√	徽章
二(4)班	林某彦		√	√	√	徽章
二(5)班	张某唯	√	√	√	√	徽章
二(6)班	杜某萱	√	√	√	√	徽章
二(7)班	俞某嫣		√			徽章
二(8)班	吴某辰	√	√			徽章
二(9)班	张某晴	√	√	√	√	徽章
三(3)班	张某可	√	√	√		徽章
三(6)班	金某萱		√	√		徽章

班　级	姓　名	新疆舞评价要点完成情况				总评徽章
		1	2	3	4	
三(6)班	睦某冉	√	√	√	√	
三(9)班	沈某宇		√	√	√	

表1的任务单要点表述一般为可观测的动作,如左右、伸直等,家长在家也能通过对照视频和图片辅助孩子练习。同时,我们将动作的难度层级降低,使学生易于达到在家练习的动作标准,从而提高他们完成任务后的成就感,以此激发学练兴趣。

表2、表3的反馈表中,教师把每位学生的动作要点完成情况进行打钩,并使用不同颜色的小思徽章分层评价,使学生能够直观地了解自己的学练情况,以此改进舞蹈动作,提高自驱力。

3.树立榜样

平时打卡训练中,我开始把动作较为标准的学生视频在微信小程序中置顶并分享到社团群里以供家长参考。在周五课后,为一周坚持打卡的小朋友发放一枚大拇指,以此激励学生坚持学练活动。

四、成效分析

在开始实施三条策略的一个月后,我再次统计了学生一周的每日打卡练习数据:

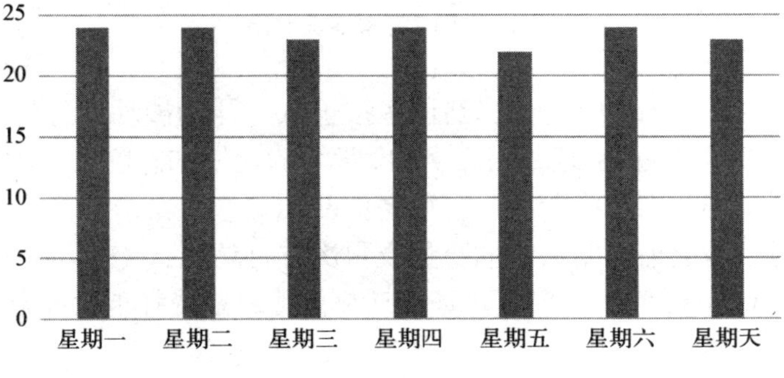

图2　2021年度第一学期小机灵舞蹈社团第7周打卡人数

　　对比两张图,我们可以直观地发现打卡人数出现显著提升,说明以上对于本次教学意外的处理方式卓有成效。

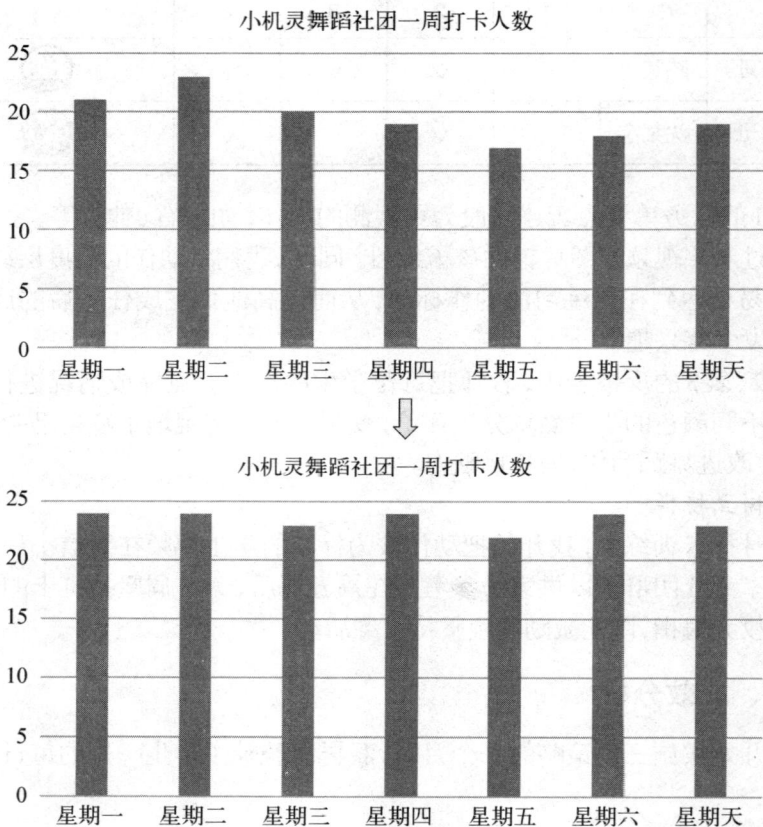

小机灵舞蹈社团一周打卡人数

小机灵舞蹈社团一周打卡人数

图1和图2打卡情况对比

　　在和家长的沟通中,我了解到许多孩子从一开始被动地练习打卡,到后来自己主动要求练习,完成每日任务单,学习的习惯和态度有了明显的改进,并在本次活动中习得了自制、自主、坚持的品质。

　　我也对几位之前时常缺卡的小朋友再次进行访谈:

　　我:小w、小j、小z,你们现在每周五都能得到坚持打卡的大拇指,有什么心得和老师分享?

　　小w:老师,我和妈妈制定了一个时间表,每天放学后先练习舞蹈,然后再吃饭,课内的作业也规定在8点前完成。以前感觉睡觉都没时间,现在时间特别充裕,做完作业有时我会看看老师的舞蹈点评自己再练习一会儿呢!

小j:老师,之前我感觉自己一直跳不好,所以就不太想练。后来有了评价表,我每天都能看到自己是不是进步了,看到没有打钩的要点第二天再改,现在特别喜欢跳舞!

小z:老师,我看到她们都有大拇指,我也想要,虽然妈妈还没回家但我已经学会自己上传视频完成打卡任务了。

五、案例反思

作为一名职初教师,"教学意外"是促使我们进步的助推剂。面对出乎意料的状况,我们不应该产生畏惧、退缩的心理,反而要勇敢地面对它、挑战它。要知道,就算经验再丰富的教师也很难做到事事有把握。

本次舞蹈社团的一次"教学意外",让我们教师团队探索出提升学生回家练习积极性的新路径、新方法,并借助工具表采集数据、分析数据,从数据中发现问题,到数据中解决问题,与时俱进,以更科学的理念管理社团。

对于教学意外,老师正确的策略和调控是处理问题的关键。同时,我们不能忽视学生的主体地位,只要适当地进行引导,学生也能成为"意外"的解决者。教育教学从来不是一言堂,我们应多聆听和思考学生的困惑和意见,师生互助,共同进步。

【作者简介】
倪方慧,教龄2年,曾指导学生获得"2021年宝山区中小学艺术节舞蹈专场小学组一等奖"等荣誉。

基于数据分析，优化单元作业

一、案例背景

2021年7月，中共中央办公厅、国务院办公厅印发《关于进一步减轻义务教育阶段学生作业负担和校外培训负担的意见》（俗称"双减"），并发出通知，要求各地区各部门结合实际认真贯彻落实。"双减"政策的落地及教育部发布的"五项管理"中的"作业管理"都对小学生作业的质量提出了更高的要求。英语作业是英语教学的重要环节之一，它在促进学生知识与技能发展和延伸的同时，也在帮助学生形成习惯和发展能力。而融入高阶思维的单元作业，既可让作业的形式丰富有趣，激发学生的学习兴趣，又在开发思维、巩固所学的基础上更高效率地培养学生的英语实践运用能力。让学生通过对话、实验和调查等方式理解和运用学科知识，在阅读中培养和锻炼创造性思维能力，在文化主题作业中增强文化理解，培养积极的学科情感与态度，从而成为全面发展的人。

二、问题的提出

随着学校市级课程领导力课题的推进，我们聆听数据的声音，在教学过程中积极基于数据分析改进作业设计。我们收集学生两次期末分项检测练习数据，并进行统计，发现阅读板块在以往一直是学生的强项，现在的数据却显示阅读和之前相比出现了较大的落差，情况如图1所示。

经过数据分析我们发现，阅读部分两大题中错误率最高的两小题分别是第一大题的第5小题和第二大题的第4小题，如图2。

再细分析错误原因，第一大题的第5小题（见图3）是需要学生根据短文内容，判断选项中的句子哪一句是正确的。除了A选项能直接根据文中的句子进行判断，B、C选项都需要学生读懂并理解语篇后半部分的内容才能做出正确判断。得分率低说明学生的整体理解能力欠缺。

2018学年第二学期三年级各部分得分率

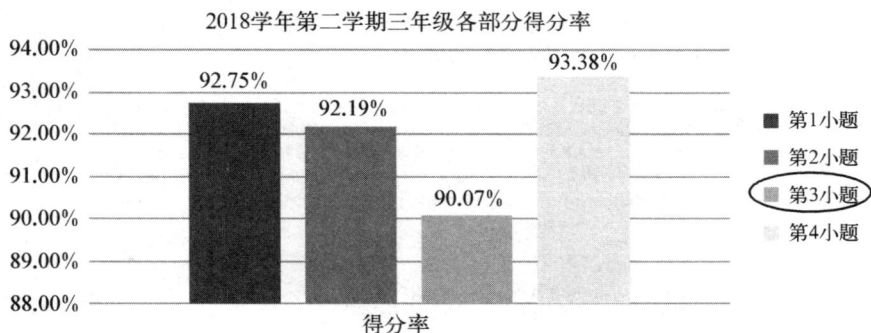

2019学年第一学期四年级各部分得分率

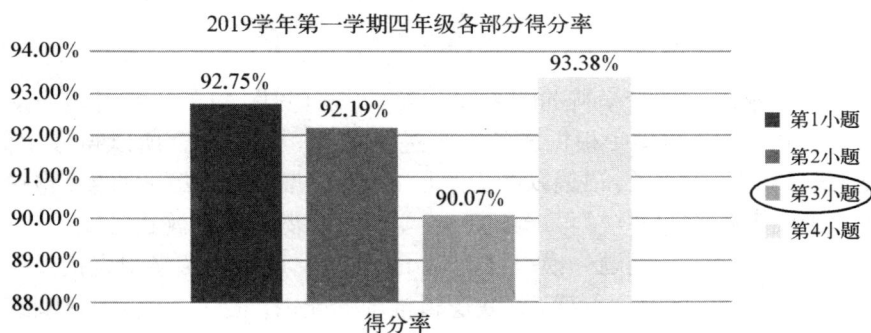

图1

阅读部分各小题得分率

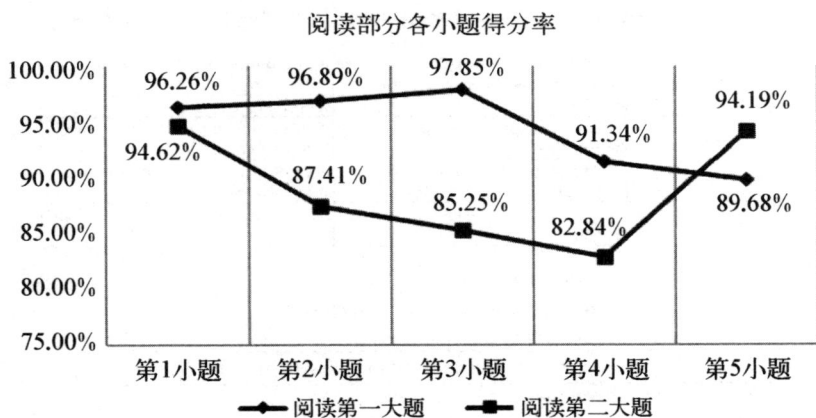

图2

I . Read and choose （阅读并选出合适的答案）

A Man and A Boy

It is raining heavily. A young man on the train is hungry, but he doesn't have an umbrella with him. A boy is holding a big umbrella on the **platform** (站台). The young man says to him, "Hey, little boy! Can you go and get me two hamburgers and I'll give one to you. Here are five dollars." "OK," says the boy. After five minutes, the boy is back. "Where is my hamburger?" asks the young man. "Oh, only one hamburger left, so I am eating mine. Here is your money."

( ) ⑤ Which one is **TRUE**?
A. The young man has a big umbrella.
B. The young man doesn't get any food.
C. The boy has no money left.

图3

第二大题是一道跨学科的图表题。第4小题（见图4）的答案并没有从图表中直接给出，需要学生根据所给内容进行推理。这一题之所以得分率低，首先是题目的形式变了，语篇以图表的形式出现，增加了理解的难度，也说明学生对于图表题的理解较为薄弱；其次，学生平时做的阅读题目都比较直白，能直接从文中找到和问题一模一样的句子，一旦出现不能从文中直接找到答案的题目，学生就会产生疑惑，欠缺逻辑推理的能力；最后，语篇内容围绕维生素的主题展开，涉及了自然科学的跨学科知识，跨学科的内容对于学生也是一种挑战。

II . Read and judge （阅读并判断句子与短文内容是否相符，用T或F表示）

Vitamins (维他命)

Vitamins help our bodies grow strong. Everyone needs vitamins every day. Do you know Vitamin A, C and D? How do we get them?

	What It Does?	Where We Get It?
Vitamin A	Vitamin A is good for our eyes. It helps them stay healthy.	Vitamin A is in carrots, mangoes, milk and eggs.
Vitamin C	Vitamin C is good for our bones and teeth.	We get Vitamin C from oranges and tomatoes.
Vitamin D	Vitamin D helps make strong bones.	Vitamin D is in eggs, fish, milk and the sun too.

( ) ① Only children need vitamins.
( ) ② We can get Vitamin A, C and D from milk.
( ) ③ Vitamin C and D are good for bones.
( ) ④ Eating oranges is good. Because oranges are good for our eyes.
( ) ⑤ Vitamins can make us healthy and strong.

图4

　　以上数据均说明，相较于过去仅仅让学生机械性地从文中照搬答案，现在的练习更注重考查学生的灵活运用能力和高阶思维能力。那么，在新课标理念下，如何在尊重学生思维品质的发展规律基础上，在作业中提高学生应用、分析、创造等高阶思维能力，值得每位英语老师深思。

三、问题调查与归因分析

　　为了深入了解学生在单元作业方面的具体问题，我们以四年级作为样本，通过学生问卷以及教师访谈开展问题调查和归因分析。

（一）问卷调查

1. 调查问题一：老师布置的英语作业内容丰富多彩。（　　　）

　　A. 非常同意

　　B. 同意

　　C. 不确定

　　D. 不同意

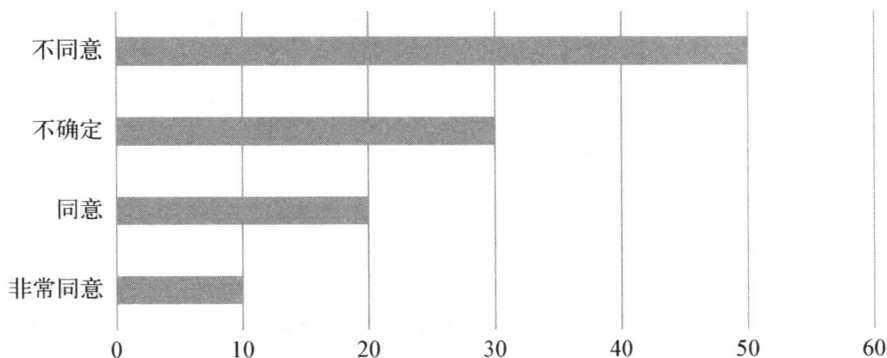

2. 调查问题二：你最喜欢的作业类型是什么？（　　　）

　　A. 机械型（抄写单词、短语、课文）

　　B. 基础型（背诵、听课本录音、朗读等）

　　C. 合作型（课后对话作业）

　　D. 实践型（活动类作业）

　　E. 趣味型（图表、图画、电影、动画等）

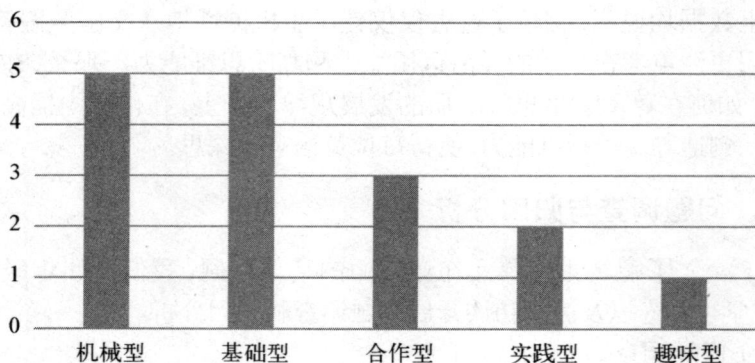

3. 调查问题三：你最不喜欢的作业类型是什么？（　　）
   A. 机械型（抄写单词、短语、课文）
   B. 基础型（背诵、听课本录音、朗读等）
   C. 合作型（课后对话作业）
   D. 实践型（活动类作业）
   E. 趣味型（图表、图画、电影、动画等）

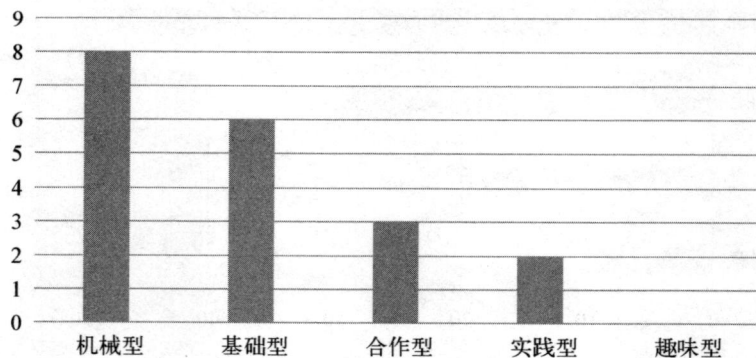

4. 调查问题四：你愿意老师经常布置英语作业吗？（　　）
   A. 愿意
   B. 不确定
   C. 不愿意

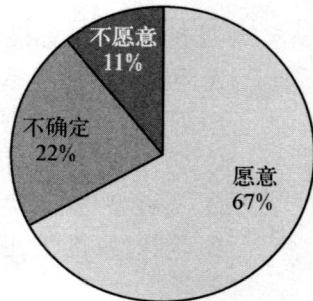

5. 调查问题五：你每天需要花很多时间完成英语作业。（　　）

A. 非常同意　　　B. 同意　　　C. 不确定　　　D. 不同意

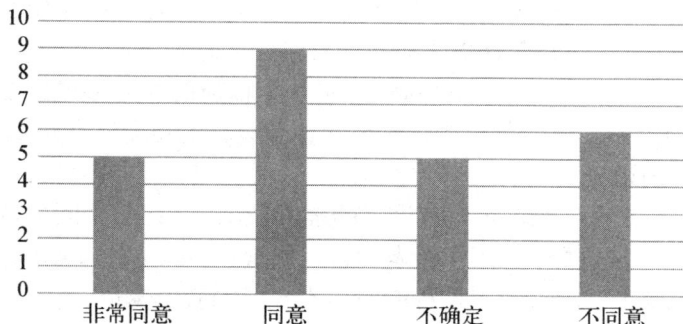

6. 调查问题六：你认为现在的英语单元作业能够激发你的学习兴趣，促进你的学习吗？（　　）

A. 非常同意　　　B. 同意　　　C. 不确定　　　D. 不同意

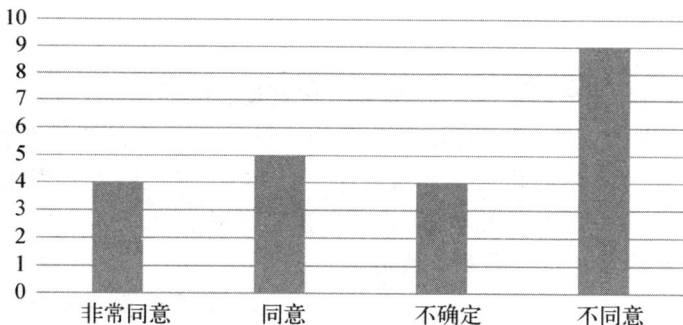

7. 调查问题七：你对现在的英语单元作业设计评价很高。（　　）

A. 非常同意　　　B. 同意　　　C. 不确定　　　D. 不同意

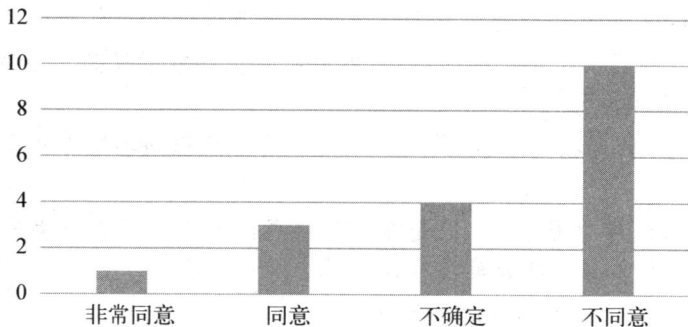

问卷调查显示,绝大部分学生认为目前英语的作业类型不够丰富,普遍不喜欢抄写、背诵等机械或者基础作业,比较喜欢具有实践性和趣味性特点的作业。大部分学生还是愿意老师布置作业,肯定了作业的重要性。但对目前作业的形式和作业时间不是很满意,不认为目前的作业形式能激发学习兴趣、促进学习能力。这些都说明优化单元作业设计的重要性和迫切性。

(二)个别访谈

为了深入了解对于单元作业设计的理解及困惑,在学生问卷调查的基础上,我们又在学校选择3名四年级老师进行访谈:

刘老师,教龄21年,对新课程的改革有自己的教学感悟,有自己教学风格的骨干教师。

许老师,教龄12年,善于用多媒体教学创设教学情境,是立足创新的经验型教师。

施老师,教龄3年,性格活泼、富于创新,是一位深受孩子们喜欢的职初教师。

访谈实录1:

我:刘老师,您觉得有必要优化单元作业设计吗?

刘老师:非常有必要。传统的作业确实缺乏吸引力。设计形式多样,且能融入一定高阶思维的作业能够激发学生的作业积极性,也能帮助老师探索寻找培育学生高阶思维的教学路径,丰富课堂教学。

我:那您觉得有什么需要解决的困难吗?

刘老师:在目前的教学中,我们对于小学英语单元作业设计缺乏系统性的思考和实践,即使有也只是浅尝辄止。

访谈实录2:

我:许老师,你觉得在优化单元作业设计中最难的是什么?

许老师:主要还是缺乏一些行之有效的作业设计方法或者途径供老师去参考学习,老师开阔了自己的眼界,才能教给学生有效的提高学习的方法。

访谈实录3:

我:施老师,你在平时布置作业中,有没有有意识地去培养学生的高阶思维能力?

施老师:还特别想尝试,但是对于高阶思维的概念及如何去实施还不是特别有把握,初步尝试的效果也不好。

我:有反思过效果不好的原因吗?

施老师：我设计的这些作业形式上看起来是丰富多彩的，但具体操作时似乎目标定得又太高了，导致学生根本达不到。

在访谈中，几位老师都表示作业对学生的未来发展有非常重要的作用，通过单元作业可以帮助学生增长知识、开阔视野，形成良好的自主学习的习惯和终生学习能力等，但具体落实在实际操作中还存在着一定的困难。

（三）归因分析

将学生问卷调查以及教师访谈的数据反馈出的信息和老师宝贵的教学经验相结合，我们发现，单元作业设计得不到有效优化的主要原因在于：

1. 教师缺乏系统学习英语单元作业体系设计的流程及要求

高质量的单元作业不仅是课堂的延续，也可以帮助老师反思自己的教学设计。但是在目前的教学中，我们对于单元作业体系设计流程及要求缺乏系统的学习，没有理论基础保障。

2. 学生缺乏一定的解题技巧和良好的作业习惯

由于小学生的学习能力还处于基础认知阶段，对解题的方法和技能掌握得还不够。并且由于年龄特点、学生水平差异等个体因素影响，良好的作业习惯也亟须培养。

3. 教师布置的作业形式过于单一

教师自身缺乏一定的认知，对融入高阶思维的高质量作业设计了解甚少，即使有也大多处于无意识的经验运用状态。作业目标不精准、作业形式的单一，导致学生的学习质量出了问题。

我们希望通过实践研究，帮助老师探索设计融入高阶思维的单元作业路径，提升自身的作业设计能力和形成科学合理的作业设计理念，进而激发学生的学习兴趣，促进学生全面发展。

四、实践行动，解决问题

通过学习《上海市小学英语高质量校本作业体系设计与实施指南（试行）》及《小学英语单元教学设计指南》，明确了单元作业设计的路径和相关要求。我们以牛津教材上海版4BM3U3《Days of the week》这个单元作为个例，进行实践与探究。

（一）基于单元教学目标，设定单元作业目标

本单元的学习主题是一周活动安排，通过对教材结构进行分析，厘清了单元学习的内容与要求，在此基础上确定了单元教学目标。根据单元

教学目标,我们确定了单元作业目标。对比单元教学目标和单元作业目标(如图5),可以明显看到每一项单元作业目标都是基于单元教学目标来设定的。在制定单元作业目标时既要关注作业目标和教学目标相关联,还要在作业目标中体现关于指向高阶思维的目标描述。如目标第五条指向了逻辑思维、目标第六条指向了创新思维,目标第七条指向了批判思维。

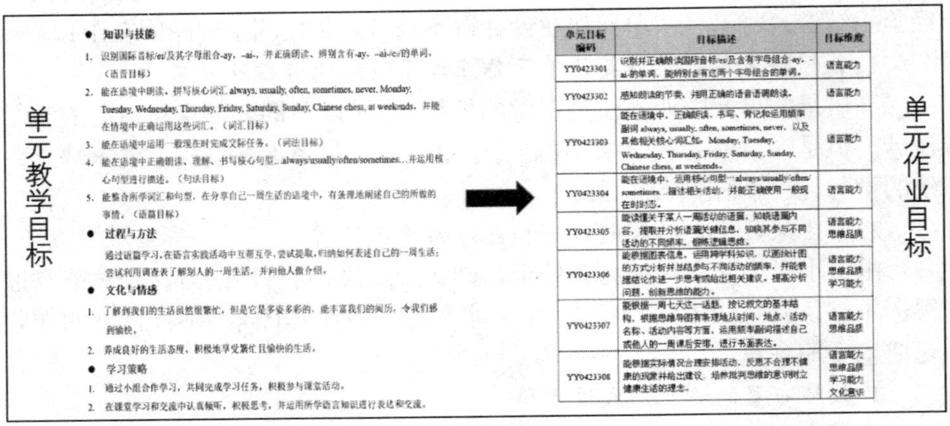

图5 制定单元作业目标

(二)基于单元内容,优化设计路径

依托教研组的集体力量,我们总结了一些具有一定可操作性的指向高阶思维作业设计的路径。可以分为以下三步:第一步是创造情境;第二步为设计冲突;第三步是形成方案。以第四课时作业为例。根据单元内容,我们在作业中创设了学校不同社团招新的情境,学生根据海报信息结合自己的喜好选择一个或者多个社团,并完成一周的课后活动时间表。但在设计社团海报时增加了时间冲突因素,因此,学生在这里的选择不仅仅只是根据自己的喜好,还要考虑到时间安排的合理性,并通过填表的形式对信息进行梳理,制定出符合实际情况的时间表,培养了学生分析与推断的能力(如图6)。最后,按照制定好的时间计划表,综合运用本单元所学语言,引导学生从时间、内容、地点等方面进行思考,以写短文的方式形成课后活动的安排方案,培养学生解决问题和作出结论的能力(如图7)。

第四课时的作业路径设计并不完全适用本单元所有课时的作业设计,通过

Z4002 Read and choose.（这个学期，学校又开设了许多新的社团。请阅读以下社团的招新海报，根据自己的喜好选择一个或多个社团，完成一周的课后活动时间表。我们先来看看Peter是怎么安排自己的课后活动的，然后再试着安排自己的课后活动吧！）

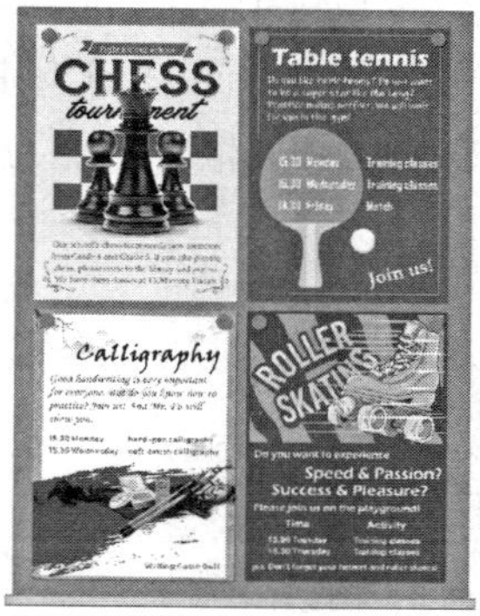

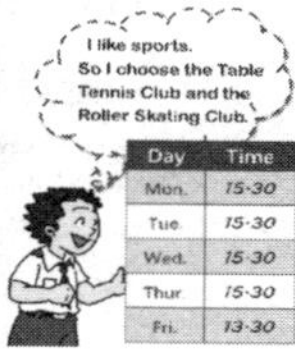

Peter's timetable

Day	Time	Club	Activity	Place
Mon.	15:30	Table Tennis	training classes	gym
Tue.	15:30	Roller Skating	training classes	playground
Wed.	15:30	Table Tennis	training classes	gym
Thur.	15:30	Roller Skating	training classes	playground
Fri.	13:30	Table Tennis	match	gym

My timetable

Day	Time	Club	Activity	Place
Mon.				
Tue.				
Wed.				
Thur.				
Fri.				

图6 4BM3U3第四课时作业

Z4003 Think and write.（请综合以下问题，想一想自己一周的课后活动，然后写一写。）

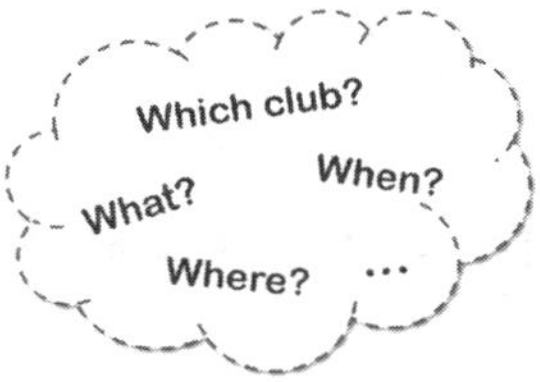

图7 4BM3U3第四课时作业

探讨与研究，我们发现本单元的五个核心词汇always、usually、often、sometimes、never可以和数学中的统计与分析板块进行跨学科知识融合。因此，我们确定了一条新的指向高阶思维作业设计的路径：第一步依旧是创设情境；第二步，融合跨学科进行统计和分析;第三步,得出结论;第四步,提出建议。在第二课时作业设计中,根据这一路径设计了这样连续性的两条作业。首先让学生根据Peter一周活动安排的记录,对哪些活动安排是较好的,哪些活动的内容或者频次是不健康的进行分析与归类,得出good或者bad的结论(如图8)。在此基础上,从bad选框中任选一个活动,以改写活动内容或者频率副词的形式来优化Peter的一周安排(如图9),培养学生归类、分析、辩证等逻辑思维和发散思维能力。

Z2002: **?** Read and classify. (读一读关于 Peter 一周活动安排的记录, Peter 的有些活动安排是较好的, 还有些活动内容或频次是不健康的, 你能将它们归类吗? 请将数字编号填入相应的区域内。)

Peter goes to school from Monday to Friday. Peter likes reading. He ①often goes to the library on Monday afternoon. He ②usually plays basketball with his classmates on Tuesday afternoon. On Wednesday evening, he ③always watches cartoons. On Thursday afternoon, Peter ④often goes to the Chinese Chess Club. On Friday afternoon, Peter always goes home at one thirty. Then he ⑤usually eats ice-cream and drinks Cola. He ⑥never goes to bed early on Friday night. At weekends, Peter's family ⑦sometimes go to Rainbow Park and have a good time there.

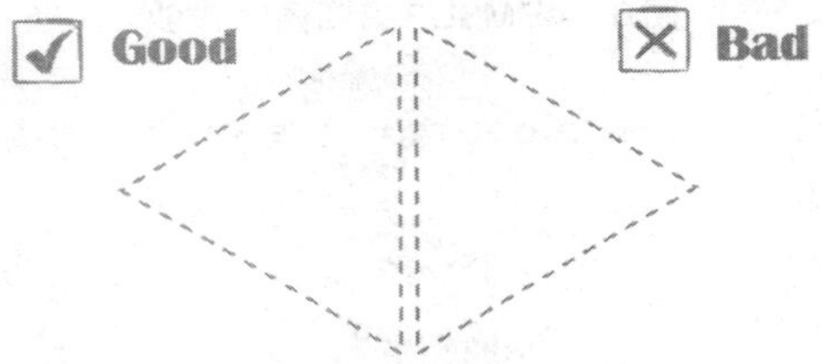

✓ **Good**   ✗ **Bad**

图8　4BM3U3第二课时作业

Z2003: Think and rewrite. (请从上面 Bad 选框中**任选一个**活动安排进行改写。想一想, 是否能够通过改变活动频次或活动内容, 来优化 Peter 的活动安排呢? 请将数字编号及改写的英文词组填入相应的区域内。)

例如:

I choose to rewrite phrase ___3___. (填写数字 1/2/3/4/5/6/7)

I rewrite it as:never watches cartoons.

Now it's good.

I choose to rewrite phrase _____. (填写数字 1/2/3/4/5/6/7)

I rewrite it as: _____.

Now it's good.

图9　4BM3U3第二课时作业

同样根据这样的路径，我们设计出了第三课时作业。以表格的形式呈现Danny九月周末的各项安排，通过不同图标出现的次数，要求学生能够统计、分析匹配恰当的频率副词，并完成表格中信息的填写（如图10）。接着，结合课堂中已学的Alice九月的周末安排，对Danny和Alice的周末生活进行归纳和总结，最后让学生对比并思考更喜欢谁的周末安排，并说明理由（如图11），培养学生分析与推断的逻辑思维能力以及一定的辩证思维能力。

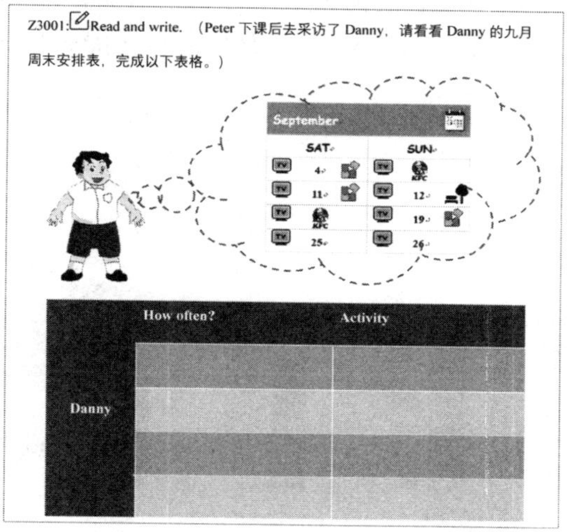

图10　4BM3U3第三课时作业

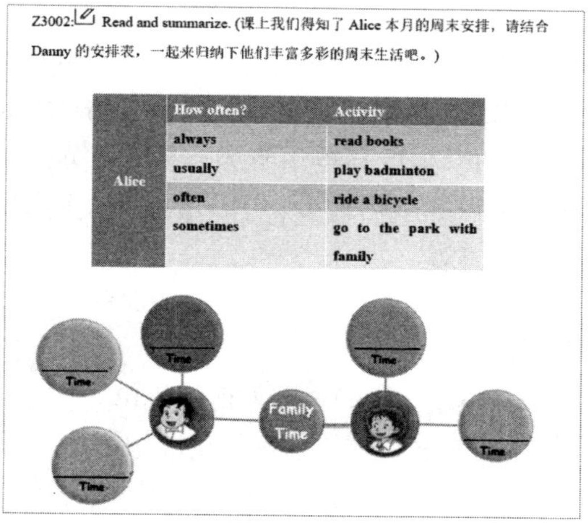

	How often?	Activity
Alice	always	read books
	usually	play badminton
	often	ride a bicycle
	sometimes	go to the park with family

图11　4BM3U3第三课时作业

我们基于单元内容,制定不同的课时作业设计路径,编制了多种形式的作业,学生在模拟真实语境中完成这些作业,内化了语言知识和技能,也提高了自身的思维能力。

(三)基于作业反馈,反思评价作业

此次的单元作业取得了令人满意的反馈。学生参与度高,变被动为主动,完成作业的积极性大大提升。在作业过程中,学生有很强烈的体验感,在教师的引导下,掌握了认读图表的方法,好的作业习惯正在养成。作业结果数据显示,较第一次作业,第二次作业的正确率也明显提高(如图12),学生的英语学习兴趣也大大提升。

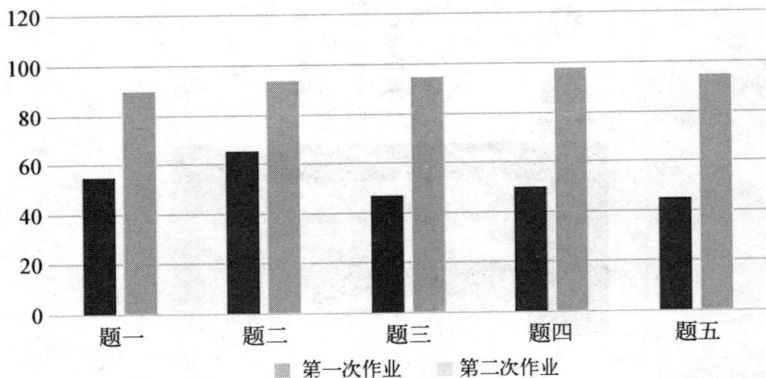

图12　作业正确率数据对比

当然,本单元的作业还有进一步优化的空间。通过分析双向细目表,我们发现题型还不够丰富。从技能维度而言,缺少考查学生听力水平的作业,可以增加适量的题型帮助学生提高英语听力水平;从英语学科核心素养的四个维度而言,指向文化意识的题目较少,可以增加此类题型,帮助学生更好地体验情感,形成正确的价值观。

五、结论与思考

经过这一次的实践和探究,我们对于如何优化单元作业设计有了更深的认识。在设计本次单元作业时,我们注重目标的精准把握,在设计单元作业目标时关注作业的思维性、趣味性和实践性,在作业中体现育人价值。在设计作业内容时融入高阶思维,激发学生强烈的求知欲,提升学生的思维品质。由于学生的英语基础不一,传统的英语作业可能会让基础较薄弱的孩子失去学习兴趣。因此,我们在设计作业种类时,通过运用图表或者思维导图的形式进一步创设语境,能够在保证语言的输入与输出过程中培养语感,让学生在已知的知识上再构建知识、掌握知识,并将所学的知识技能结合自己已知的语言应用到具体实践中,做到学以致用。在做好优化单元作业目标、作业内容和种类设计的基础上,同样需要重视作业的评价,坚持以评促学、以评促优的原则,做到教、学、练、评的一致。这些在接下来的单元作业设计中,还有待我们继续去实践和探索。

【作者简介】

王娟,高级教师,宝山区教学能手。曾获宝山区第十四届学校教育科研优秀成果三等奖,全国中小学优秀论文评比一等奖,上海市中小学优秀作业、试卷案例征集评选活动一等奖,2020年度宝山区小学优秀作业、试卷案例评比一等奖,2021年宝山区中小学单元整体教学设计案例评选活动一等奖,2021年宝山区优质资源采集展评活动教育信息化应用典型案例一等奖等。

教育评价是教育系统变革的重要环节，具有极为深刻的价值和意义。从总体上看，教育评价事关教育发展方向，有什么样的评价指挥棒，就有什么样的办学导向，贯彻教育立德树人的根本任务，必然需要建构科学的教育评价体系。信息技术赋能教育改革发展，教育评价是一个重要的领域，也是一个需要攻关的困难领域。2020年10月，中共中央、国务院印发《深化新时代教育评价改革总体方案》。这是新中国第一个关于教育评价系统改革的文件，也是指导深化新时代教育评价改革的纲领性文件。《方案》特别指出，要充分利用信息技术，提高教育评价的科学性、专业性、客观性。从这个意义出发，探索信息技术与教育评价的融合指导，建构基于信息技术的新时代教育评价体系，已经成为上至国家教育宏观政策制定，下至每一所学校、每一位师生都应该关注的重要问题。本章中展示的10篇文章，主要呈现的是学校教师围绕新时代教育评价改革的基本理念，探索基于数据分析的学生评价、教学评价、课程评价改革中的思考和行动成果。这些成果有的表现为一种增值性校本学生评价模式的建构，有的表现为学生品德、知识、素养、学科能力等维度的评价工具开发，有的表现为通过评价数据分析和应用实现的学生个性化成长指导策略。总体而言，这些探索既体现了信息技术作用于教育评价的便捷性和实效性，也充分融合了新时代教育评价倡导的过程性、增值性、发展性和智能性等理念。

数据分析支持下的小学生英语语音素养
增值性评价的校本行动

自《普通高中英语课程标准(2017版)》颁布以来,英语学科核心素养——语言能力、文化意识、思维品质和学习能力便逐步融入到各年段英语教学中。习近平总书记在2018年全国教育大会上指出:"要深化教育体制改革,健全立德树人落实机制,扭转不科学的教育评价导向,坚决克服唯分数、唯升学、唯文凭、唯论文、唯帽子的顽瘴痼疾,从根本上解决教育评价指挥棒问题。"可见,"育人"和"素养"成为了教育理念的关键词,评价也要随之从根本上进行改变。

增值性评价将学生的进步作为评价的核心,关注学习的过程,强调学生的发展,高效利用数据分析,凸显教育的公平性,提高了学生学习的主观能动性,有利于逐步发展学生的自我学习意识,从多方面增强学生的学科核心素养。

本案例从小学英语语音素养的角度出发,旨在通过分析本校三年级某班第一学期英语期末分项练习中有关语音知识的数据,找出学生在语音素养上的问题所在,再结合我校《听说读写习惯细则》以及我校独有的校园文化——大拇指,制定语音素养的增值性评价表,并对这些学生进行一学期的跟踪和规范,纠正学生语音学习习惯,训练语音思维,感受中英文在语音上的差异,学会自我反省,并在不断地反省和改进中,获得成就感,从而提高语音学习兴趣和能力。

一、数据在说话

英语的语音是英语语言表达的重要声音符号,它既包括元音辅音的发音,也包括声音的音色、音高、音长,还包括表达时节奏和语调。《上海市小学英语学科教学基本要求》中将其列为英语语言学习的第一篇章,可见语音在英语学习中的首要性和重要性。在牛津英语上海教材中,学生从三年级开始学习元音字母a、e、i、o、u的基本发音,每个字母两个基本发音,一共10个,就这仅有的10个语音却是三年级英语初学者的一个难点。

笔者将本校三年级某班第一学期英语期末分项练习的各项数据按照语音、词汇、词法、句法、语篇等五部分进行了整理,结果如下:

三年级第一学期英语期末分项练习

从各部分正确率来看,语音的确是本班级学生的薄弱项,正确率只有84.4%。本张练习卷中语音题一共15道。听力第一大题为听录音,选出听到的单词,一共10小题。笔试第二大题为读句子,判断画线部分读音是否相同,相同的用T表示,不同用F表示,一共5小题。语音所有题目的正确率如下:

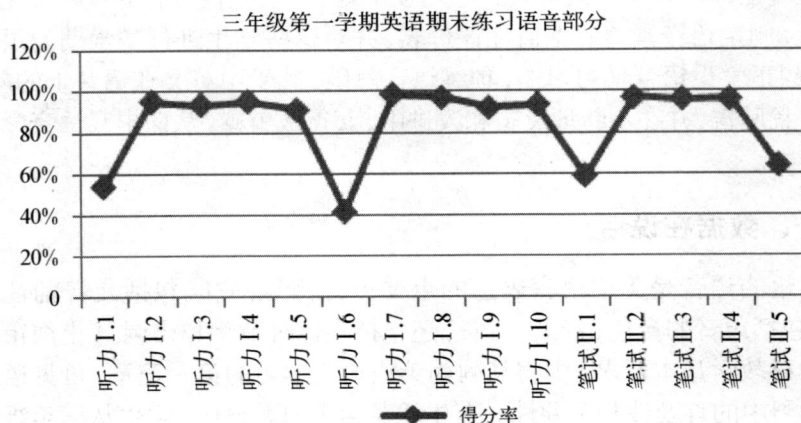

三年级第一学期英语期末练习语音部分

不难看出,15道语音题中,有4题正确率特别低,分别是听力Ⅰ.1和Ⅰ.6,以及笔试Ⅱ.1和Ⅱ.5。这4道题中,听力部分比笔试的正确率还要低,分别是53.9%和41.9%。

这些数据表明,语音是学生的薄弱环节,教师应改进语音教学,提高学生的语音素养。无论是发音口型,还是发音到位情况;也无论是语调、节奏,还是语气、音高,都属于语音学习习惯方面的问题,是语音素养中的重要组成部分。因此,学生的语音素养需要规范。

二、增值性评价的校本建构

(一)增值性评价的依据

1.基于课标的评价

自《普通高中英语课程标准(2017版)》颁布以来,英语学科核心素养——语言能力、文化意识、思维品质和学习能力便逐步融入各年段英语教学中。根据新的课标,教师应注重评价对学生的激励作用,建立形成性评价与终结性评价相结合的课程评价体系。

根据新课标,笔者将语音方面的素养进行了归类,旨在以此为依托,完善在语音方面的教学内容,如图:

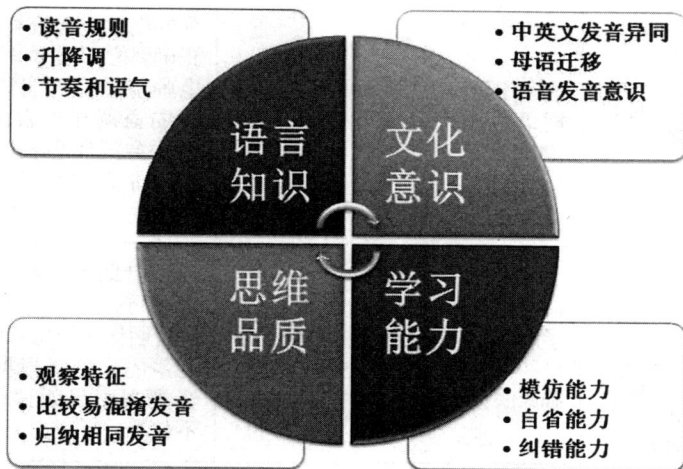

2.基于学校发展的评价

自2015年我校由谈莉莉校长主持的《百枚大拇指在行动——基于学

生基础学习动力指数校本化综合评价的实践研究》开展以来,我校结合"小思徽章"App,构建大拇指评价体系,出台了《宝山区第二中心小学英语学科听说读写评价细则》。与语音素养有莫大关系的朗读习惯评价表,如下表:

宝山区第二中心小学朗读习惯评价表

	观察点示例	评 价 标 准	评 价 用 语
1	按正确的姿势朗读	朗读时坐姿端正,脚放平,左手摁住书本,右手食指点读,能做到口到、眼到、心到;起立朗读时,站姿大方,拿起书本读,保持45度倾斜,注意不要完全遮挡自己的脸,或是注视黑板、屏幕读	你朗读时姿势端正,专心致志,老师喜欢认真专注的你。起立朗读时,你自然大方,老师欣赏你能拿起书本或注视屏幕与黑板边思考边朗读,这样的你真棒!
2	朗读时的声音控制	集体朗读整齐不拖音,个人声音不突兀;个体朗读声音响高	你们集体朗读时声音整齐优美,并且不拖音,这真是一种听觉上的享受。独自朗读时的你声音响亮,真是自信大方的孩子!
3	朗读时的语音语调	能运用正确的语音语调,并能根据语调和重音,连贯流畅地朗读,读出语气和语态	你的朗读连贯流利,语音语调正确到位,真是位朗读小能手。老师能从你的朗读中感受到你的语调和重音的变化,从而体会到你想表达的真实感受。你真出色,老师真为你骄傲!
4	朗读字母、单词、句子、语段的情况	借助图片或其他媒介认读字母,了解字母的读音规则;能根据字母的读音规则进行推测,基本正确地朗读单词	你能借助图片和其他媒介认读字母,了解字母读音规则,这说明你善于思考!聪慧的你能够根据字母的发音规则正确朗读单词,真了不起!
		借助图片或单词卡片认读单词,在朗读过程中读准单词,认清词形,识别词义的变化,把握语义	你能准确认读单词,同时准确把握词的音、形、义,并能灵活应用,是位英语小能手!

续　表

	观察点示例	评 价 标 准	评 价 用 语
4	朗读字母、单词、句子、语段的情况	在朗读句子过程中理解句意，发现句子组成与排列规律，朗读有节奏感，有按意群朗读的意识	在朗读句子的过程中，你对句子的意思也有了一定的理解，你果真是乐于朗读、善于思考的孩子！ 老师喜欢听你朗读句子，那么有节奏感，从你的朗读中老师能体会到你已经逐渐树立了意群朗读的意识，你可真聪明！
		在朗读过程中能读懂语段、语篇，提取相关信息，并做出正确应答，语音准确，语调优美，能按意群正确朗读，断句正确	你在朗读语段语篇的同时能够关注重要信息的提取，继而做出正确的应答，你不仅聪明而且非常认真！ 你朗读语篇时有种魅力，断句正确，能按意群朗读，语音语调准确而且优美，老师非常欣赏这样的你！

依托学校课题，本案例在英语教学中通过增值性评价研究与实践，让动力回归自我教育，学生通过评价，增强自我学习能力和自信心，实现主动自觉的发展。

（二）增值性评价的校本建构

1. 建立增值评价体系雏形

在各级专家的理论指导和调查研究的基础上，我校英语组教师进行了增

英语学科学业发展评价体系框架

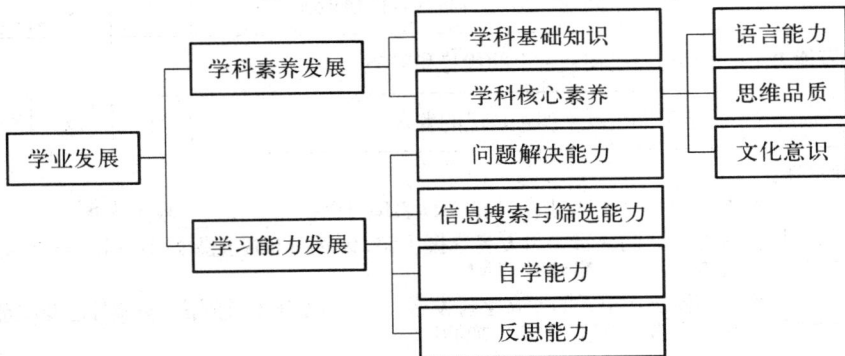

值性评价体系的系统化设计。根据学业发展的概念和内涵,我们将小学生学业发展最终确定为学科素养发展以及学习能力发展,从而构建了我校学生学业发展增值性评价的内容体系。

2. 完善校本化增值评价表

为了解决数据分析中发现的语音问题,根据我校制定的《习惯细则》,结合我校独有的校园文化"百枚大拇指在行动"的活动,以及5枚小思徽章兑换1枚大拇指的规则,笔者制定了基于核心素养的三年级英语语音素养增值性评价表,将二级评价内容按照英语学科核心素养语言知识、文化意识、思维品质和学习能力进行评价,并将评价标准针对三年级的语音学习要求进行细化,最后结合大拇指,按三个等级进行评价,如下表:

基于核心素养的三年级英语语音素养增值性评价表				
评价内容	评　价　标　准	小思徽章(枚)		
语言知识	我能背记元音字母的读音规则	1	2	3
	我知道升降调,以及用法	1	2	3
	我能把握住句子的节奏和语气	1	2	3
文化意识	我能感知中英文发音的不同	1	2	3
思维品质	我能观察字母组合的特征	1	2	3
	我能比较易混淆的发音	1	2	3
	我能归纳相同发音的词	1	2	3
学习能力	我能模仿不同的口型、正确的语音、语调和节奏	1	2	3
	我知道自己在发音上的优势和劣势	1	2	3
	我能借助工具来纠正自己的发音	1	2	3

教师总评:

在本单元的语音学习中,你的总体表现可以得到_____枚大拇指。

☐ 你对本单元的元音字母发音掌握不错,朗读时也能把握好节奏和语气! 你的语音素养各方面都很不错哦!

☐ 你能够模仿本单元的元音字母发音,但是口型还不够到位,朗读时还要注意语气和节奏哦,你能做到的! 加油!

	你对本单元的元音字母发音还需要加强学习哦,平时可以多抽课余时间听听老师发给你的范例,多跟读和模仿哦,老师会一直帮助你的,愿你紧紧跟着老师的步伐,慢慢增强语音方面的信心,你会越来越棒的,相信自己哦!
我的收获:	
家长的话:	

　　这张基于核心素养的增值性评价表不仅关注了三年级英语语音知识的学习,还着重于英语语音思维的训练;不仅引导学生感受中英文在语音上的不同,还指引学生学会自我管理,做到自我反思和会学,让学生在自我省视的过程中,认识自我、建立自信,找到自我的努力方向。

三、增值性评价走进语音教学

　　根据教学实践,以及增值性评价表,笔者从以下四个方面将如何增进学生语音素养落到实处。

(一)借助母语迁移,形成发音意识

　　英语首先是一门语言,它与我们的母语汉语有许多相通的地方,如都有元音与辅音,但是不尽相同。教师在教授的时候,可以采用母语迁移法,帮助学生根据母语的发音来记忆英语的语音和进行发音训练。笔者罗列了以下汉、英相似的发音,如下:

　　b-[b]、p-[p]、m-[m]、n-[n]、f-[f]、d-[d]、t-[t]、s-[s]、z-[z]、g-[g]、k-[k]、h-[h]

　　o-[əʊ]、ao-[aʊ]、ei-[eɪ]、ai-[aɪ]、u-[u]、e-[ə]

　　笔者在教授以上英汉发音较类似的语音时,让学生借助汉语的声母、韵母的发音,来自觉地模仿英语的语音发音,通过对比母语与英语语音发音的异同,他们能将注意力集中在语言形式上,将母语的发音自觉地迁移到英语语音模仿中,从而达到正确地模仿、操练和牢固地记忆。

　　母语迁移法的优势在于其能确保英语初学者在模仿时的正确口型,以及

培养学生通过与母语的比较逐步形成语音发音意识。

（二）通过比较归纳，培养语音思维

比较归纳法是思维训练较常用的方法，用在英语语音学习上，即将不同的词汇，分别加以综合，从而总结出一般结论的方法。

比如，本案例开头提到的三年级第一学期英语期末分项练习中的笔试II（如下图），其中涉及到5个重读开音节 face、five、ice、Peter、nose 的语音辨析。教师在讲解重读开音节的时候，可以先给学生以上这些已知的词汇，让学生朗读，并找出这些单词中的元音字母都发字母本音，然后再得出结论，以"元音字母＋辅音字母（r除外）＋不发音的e"结尾的音节为重读开音节，其中元音字母发字母本音。

II. Read and judge 读句子，判断划线部分发音是否相同，相同用 T 表示，不同用 F 表示

(　　)　1.　Judy likes the story book.
(　　)　2.　Danny's face is round.
(　　)　3.　Five ice creams, please.
(　　)　4.　My nose is not big.
(　　)　5.　Peter has a white toy ship.

这种比较归纳法，是让学生自己通过观察发现规律，再和老师一起总结出规律。因为进行了充分的思考，学生比较容易理解和牢记，是小学语音发音规则教学中的一种不错的方法。

（三）融合教学资源，提升学习能力

英语的语音特点与读、说有关，现在学校班级人数多，仅靠学校的学习时间无法做到一一纠音，这一点长期以来都是英语语音薄弱的重要原因。在"互联网＋"的时代，教育信息化和现代化的加速发展为英语学习带来了更多的教育资源。现在的互联网上有许多优秀的教育软件，教师应该充分融合各种教育资源，为我所用。

笔者在教育实践中用到两种类型的教育软件：一类是提供课文录音，可以听、跟读，并加以解释的，有的甚至还可以提供口语检测，这些都可以用来改善英语的语音；另一类是家校沟通的软件，教师可以布置作业、批改作业，并反馈给家长孩子，让他们及时订正。下图便是笔者在教育实践中，与学生和家长的语音纠音记录：

有了这样便利的软件，学生和老师在家也能做到针对语音作业的"一对一"，除此之外，软件中的录音还可以长期保存，学生可以反复听和模仿。这真真正正地做到了帮助每位学生借助工具认识自我在语音方面的优、劣势，进行自我学习和纠正，逐渐树立自信，促进自我在语音素养上的发展，也能进一步促进学生学习能力的提升。

（四）利用跟进反馈，完善家校合作

针对本案例上文所提到的增值性评价表，此评价表是按单元进行填写，一般情况下，我校英语教学进度是一周一个单元。所以，此表格一周填写一次。先由学生对着评价内容和标准进行自我评价，即为自己选一选能获得几枚小思徽章，也就是自己对于语音的各方面的学习要求能做到几分进行评价；然后再由老师根据个人的情况进行总的评价，包括获得的大拇指总数，以及该生在本单元语音学习的总体情况，分三个档次；最后，这张表格再由学生自己发表收获，也请父母进行反馈，目的是希望家长能及时了解学生在校的学习情况，以便做到及时跟进反馈和改进。

四、增值性评价带来的变化

精准的数据能说明问题，也能证明变化。在本案例研究实施一个学期之后，笔者又将本班学生的期末分项评价的各项数据按照语音、词汇、词法、句法、语篇等五部分进行了整理。最终的数据让笔者惊喜地发现，通过一个学期的增值性评价的实施，尽管语音和语篇仍是学生的薄弱项，但是语音和其他方面的差距在缩小，正确率达到了89.9%。

除此之外，笔者选取了三份代表不同水平的学生反馈表，针对3BM2U3的语音进行的评价，也就是《数据分析支持下的小学生英语语音素养增值性评价的校本行动》实施两个月的成效。

从这三张评价表的学生感言中可以看出，学生在根据评价表的各项评价标准，一一认识和反思自我在语音方面的情况，并做到了及时改进。而

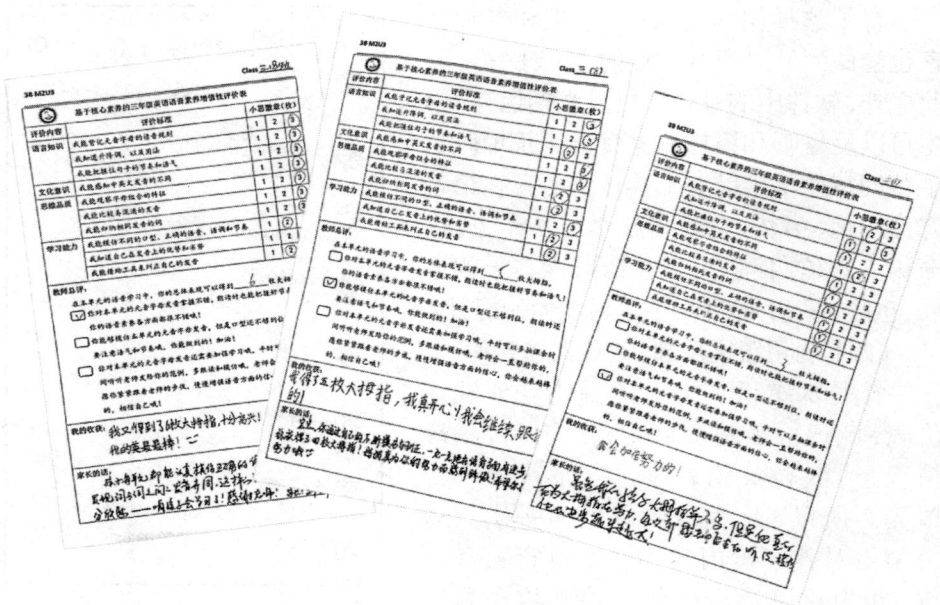

家长十分支持这样的跟进反馈,孩子的语音学习习惯逐渐养成,语音学习兴趣越来越浓厚,学习自信心增强百倍,自主学习语音的能力也得到了提高。

五、结语

本案例研究依据数据分析,找出了学生语音方面的薄弱点,并结合新课标和本校的校园文化"百枚大拇指在行动",以及学校的《听说读写习惯细则》,制定了符合三年级学生特征的增值性评价表。通过一个学期的实施结果来看,利用增值性评价作为评价方法的确能针对学生个性发展,让学生做到自我省视,认清自我在语音方面的优、劣势。结合教师在授课时不仅仅着眼于语音的语言知识教学,更注重语音发音意识的培养、语音思维的训练和语音各方面能力的提高,而课后的跟进反馈以及家长的配合,使得学生不仅在语言知识方面学得更扎实,在语音思维和能力方面更是进步显著。

学习是一个长久的过程,评价的形式也多种多样,本案例能为教育同行提供一个参考。作为教育者,我们将在这条不断变化的路上继续探索、前行。

【作者简介】

龚潇洁,高级教师,任教英语教学10年有余,爱生如爱子,工作兢兢业业,曾获上海市作业设计一等奖、宝山区中青赛一等奖、宝山区线上教学优秀案例评比一等奖等,并多次开设市、区级公开课。

数据支持下运用评价提升羽毛球社团
形成良好运动习惯的行动研究

一、案例背景

学校羽毛球社团这些年所开展的各项活动,得到学生与家长的喜爱。发展羽毛球训练,可以锻炼身体,增加身体各项机能的协调能力——眼和手的反应速度、腿部的快速运动,使得身心都能够积极向上,充满阳光,经常打羽毛球一方面可以锻炼身体,强健体魄,另一方面,培养了学生的意志品质。

2016年9月至今,统计数据显示,每周五的羽毛球社团课程抢课环节都是被秒杀,很多抢课没有成功的孩子都很气馁。然而,在社团课中我们发现许多学生虽然喜爱,但是有许多不良的运动习惯。因此,我们有必要了解学生产生不良运动习惯的主要原因,并在了解、分析后进行调整、优化教学方法。

调查问卷如下:

1. 你目前在哪个年级?(　　　)

　　A. 一年级　　　　　　　　B. 二年级

2. 你对羽毛球运动了解多少?(　　　)

　　A. 非常了解　　　　　　B. 基本了解　　　　　C. 不了解

3. 你对羽毛球的热爱程度?(　　　)

　　A. 非常喜欢　　　　　　B. 较喜欢　　　　　　C. 一般

4. 你参加羽毛球社团的原因?(　　　)

　　A. 强身健体　　　　　　B. 提高运动水平　　　C. 消遣娱乐

选课学生共有19人,三年级15人、二年级4人。通过数据分析,发现学生对羽毛球这项运动还是比较熟悉的,所有的学生对羽毛球热爱程度都选择的是非常喜欢;参加羽毛球社团的原因62%是为了强身健体,38%是为了提高运动水平。

经过一学期的指导和训练，我发现学生的训练水平参差不齐，运动学习的劲头不是很高涨，面对这样的状况，我觉得改善学生的运动习惯可以提高其运动水平。因此，基于数据，运用评价调整帮助学生形成良好的运动习惯。

二、案例呈现

（一）实施阶段

1. 准时到达训练场所的运动习惯

点名是最直观的反馈方式，每天的训练，是学生最期盼的课程，而训练时间又很有限，人数相对较多，而点名册是最直观的观察方法。

A 序号	B 培训点	C 班级	D 姓名	E 学校/班级	F 9/7	G 9/8	H 9/9	I 9/10	J 9/11	K 9/12	L 9/13	M 9/14	N 9/15	O 9/16	P 9/17	Q 9/18
1	二中心南	20/秋季/精训班		一（4）	√	√	√	√	√	√		√	√	⊕	√	√
2	二中心南	20/秋季/精训班		一（4）	√	√	√	√	√	⊕	√	√	√	√	√	√
3	二中心南	20/秋季/精训班		一（7）	√	△	√	√	⊕	√	√	√	√	√	√	△
4	二中心南	20/秋季/精训班		一（6）	√	√	√	√	√	√	△	⊕	√	√	√	√
5	二中心南	20/秋季/精训班		一（4）	⊕	⊕	△	√	√	√	√	√	⊕	√	√	√
6	二中心南	20/秋季/精训班		一（2）	√	√	√	√	√	⊕	√	√	√	△	√	√
7	二中心南	20/秋季/精训班		一（2）	⊕	√	√	⊕	√	√	√	√	√	√	√	√
8	二中心南	20/秋季/精训班		一（4）	√	√	√	√	△	√	√	√	△	√	√	√
9	二中心南	20/秋季/精训班		一（1）	√	√	△	√	√	√	⊕	√	√	△	√	⊕
10	二中心南	20/秋季/精训班		一（8）	√	√	√	√	√	√	√	△	√	√	√	⊕
11	二中心南	20/秋季/精训班		一（9）	△	√	√	⊕	△	√	√	√	⊕	√	√	△
12	二中心南	20/秋季/精训班		一（5）	√	√	√	√	√	√	⊕	√	⊕	√	√	√
13	二中心南	20/秋季/精训班		一（3）	√	√	√	√	√	△	√	√	√	√	△	√
14	二中心南	20/秋季/精训班		一（3）	√	√	√	⊕	√	⊕	√	√	√	√	△	√
15	二中心南	21/秋季/精训班		一（4）	⊕	√	√	√	√	√	√	√	√	√	√	√
16	二中心南	20/秋季/精训班		二（1）	√	△	√	√	⊕	√	√	√	√	√	√	√
17	二中心南	20/秋季/精训班		二（1）	√	√	√	△	√	√	√	√	⊕	√	√	√
18	二中心南	20/秋季/精训班		二（5）	△	√	√	√	√	√	√	√	√	√	√	√
19	二中心南	20/秋季/精训班		二（5）	√	√	√	√	√	√	√	√	⊕	√	√	√

通过一个月对羽毛球社团学生的考勤记录统计，发现几乎每天都有学生迟到或者请假，统计图表如下：

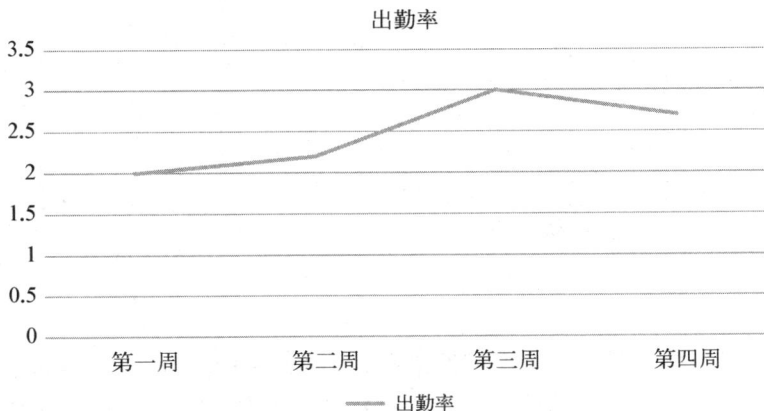

出勤率

对于刚接触羽毛球运动的学生来说，基础对他们尤为重要，良好的训练习惯对今后的运动发展也有很好的帮助。如何帮助他们调整运动习惯呢？我尝试着用评价机制进行调整。我校的"大拇指"文化已深入每位孩子、家长的内心，学生都喜欢与"大拇指"交朋友，"大拇指"给予学生归属感。而更现代化的"shine"分项评价，大拇指徽章平台也能促进学生的学习动力。经过思考，我们准备运用大拇指徽章平台管理好学生的社团活动，因为我们深知，良好的运动习惯培养是学生一生受用的，它比提高羽毛球技术水平更为重要。

交流、探讨、制定评价标准

评　价　内　容	获🐙数	评价记录
1. 每次训练能及时到达羽毛球馆 2. 一周训练不缺勤	完成一项得一枚	点名册

通过记录每个孩子日常训练时间的准点率，给予每个孩子正确的评价，每天训练准时到达羽毛球馆的，可以累积一个"🐙"，及时的表扬鼓励让活动准时开展，保障了训练效果，并帮助学生养成良好的学习习惯，提升训练情绪。

序号	培训点	班级	姓名	学校/班级	10/8	10/9	10/12	10/13	10/14	10/15	10/16	10/19	10/20	10/21	10/22	10/23
1	二中心南	20/秋季/精训班		一(4)	√	√	√	√	√	√	√	√	√	⊕	√	√
2	二中心南	20/秋季/精训班		一(4)	√	√	√	√	√	√	√	√	√	√	√	√
3	二中心南	20/秋季/精训班		一(7)	√	√	√	√	⊕	√	√	√	√	√	√	△
4	二中心南	20/秋季/精训班		一(6)	√	√	√	√	√	√	√	√	√	√	√	√
5	二中心南	20/秋季/精训班		一(4)	√	√	△	√	√	√	√	√	√	√	√	√
6	二中心南	20/秋季/精训班		一(2)	√	√	√	√	√	√	√	√	√	√	√	√
7	二中心南	20/秋季/精训班		一(2)	√	√	√	√	√	√	√	√	√	√	√	√
8	二中心南	20/秋季/精训班		一(4)	√	√	√	√	√	√	√	√	√	√	√	√
9	二中心南	20/秋季/精训班		一(1)	√	√	√	√	√	√	√	√	√	√	√	√
10	二中心南	20/秋季/精训班		一(8)	√	√	√	√	√	√	√	△	√	√	√	√
11	二中心南	20/秋季/精训班		一(9)	√	√	√	√	△	√	√	√	√	√	√	√
12	二中心南	20/秋季/精训班		一(5)	√	⊕	√	√	√	√	⊕	√	√	√	√	√
13	二中心南	20/秋季/精训班		一(3)	√	√	√	√	△	√	√	√	√	√	√	√
14	二中心南	20/秋季/精训班		一(3)	√	√	√	√	√	√	√	√	√	√	√	√
15	二中心南	21/秋季/精训班		一(4)	⊖	√	√	√	√	√	√	√	√	√	√	√
16	二中心南	20/秋季/精训班		二(1)	√	√	√	√	√	√	√	√	√	√	√	√
17	二中心南	20/秋季/精训班		二(1)	√	√	△	√	√	√	√	√	⊕	√	√	√
18	二中心南	20/秋季/精训班		二(5)	△	√	√	√	√	√	√	√	√	√	√	√
19	二中心南	20/秋季/精训班		二(5)	√	√	√	√	√	√	√	√	√	√	√	√

从第二个自然月的点名册情况来看，运用大拇指徽章客观、合理、看得见的评价对于学生准时到达羽毛球馆开展活动是有效的，学生参加活动逐渐准

时,学习兴趣更浓了。羽毛球教练可以准时开展活动,学生学习的内容也相对统一起来,师生之间的互动也有所提高。

2. 积极主动的运动习惯

由于训练的人数比较多,学生又处于低年级阶段,自主学习的韧劲不足,有个别学生表现出不认真的状态。通过观察、设计阶段性家长调查问卷,内容如下:

各位家长,为了更好地帮助学生提高羽毛球运动能力水平,请与孩子共同完成以下问卷。

1. 你是否经常进行羽毛球这项运动(除去社团活动时间)?(　　　)

　　A. 经常　　　　　　　B. 偶尔　　　　　　　C. 从不

2. 你每周进行这项运动的次数(除去社团活动时间)?(　　　)

　　A. 一次　　　　　　　B. 二次　　　　　　　C. 三次　　　　D. 三次以上

3. 你每次花费多长时间进行这项运动(除去社团活动时间)?(　　　)

　　A. 30 分钟　　　　　B. 30—60 分钟　　　　C. 60 分钟以上

4. 你每周都有与家长一起练习羽毛球的亲子时间吗(除去社团活动时间)?(　　　)

　　A. 一次　　　　　　　B. 二次　　　　　　　C. 三次　　　　D. 三次以上

通过家长问卷调查得出数据,75% 的学生除了学校社团课堂的羽毛球练习时间,没有额外的补充练习和较少的亲子互动环节。图表如下:

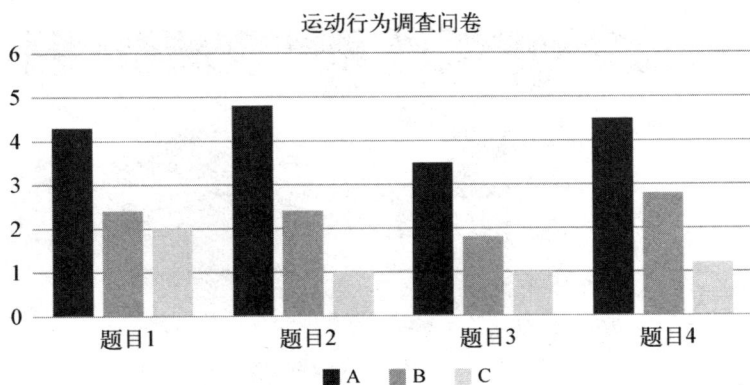

运动行为调查问卷

羽毛球开展活动为每周 3 次,社团活动中学生数量比较多,教练关注度也不能够做到持续的点对点,良好的运动习惯一定是个体形成主动的练习模式。

基于调查问卷数据的统计后,针对结果,我们力求通过设计《评价单表》积极研究学生学习的需求,帮助配合教练更好地管理学生进行活动,最终提高学生参与学习羽毛球运动的主动性,培养坚韧不拔的意志品质。

评价方法

每节课堂中教练会设计一个重点学习内容,在活动中学生进行反复练习,社团课后将本节课的重点视频录制下来,在微信群中与家长、学生再次分享。希望学生在任何时间练习时,运用的都是准确的、科学的方法。有了评价内容,我们就要及时设计评价方式与标准落实行动。

为此,我们决定在微信群里学生反馈的动作练习,教练给予及时评价反馈,教练评价语中有表扬××同学的,及时奖励1枚"👍";教练评价语中有特别表扬、大大的表扬,这位学生就能获得两枚"👍"。

评 价 内 容	获👍数	评价方式
教练新授,布置课后主要内容	根据情况颁发	专业教练微信点评

得到鼓励的学生,获得大拇指奖励与教练员客观的、有指向性的引领,学生自主运动的兴趣提升了,逐步养成了定时定量的"打卡"活动的运动习惯。有的学生在教练反馈后,甚至会再次"打卡",挑战自我。

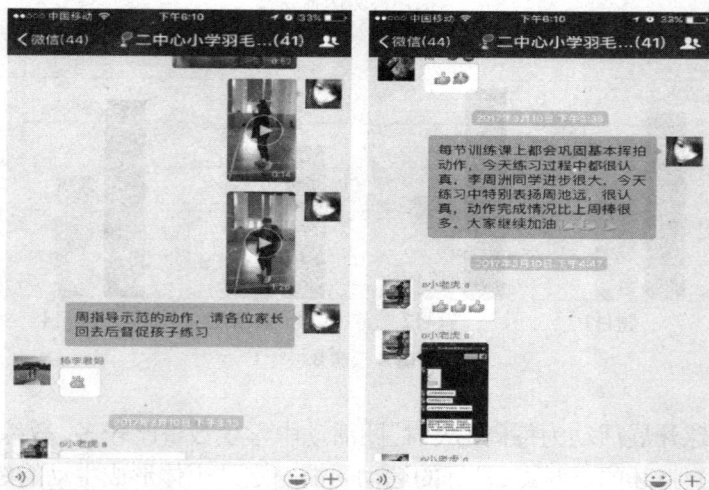

3. 自我管理的运动习惯

羽毛球的训练时间是在每天放学后，训练队的学生每次训练都背着书包来羽毛球馆。每次训练，学生都迫不及待地放下书包，积极参与训练。羽毛球馆内不利于装柜子，四片运动场地已经撑满了整个羽毛球馆。然而，书包和热身后的衣物都放在球馆内，看起来一片狼藉。

基于训练时的现象观察

1. 书包衣物整齐、摆放有序；
2. 交流、探讨，制定评价标准。

评 价 内 容	获 数	评价方式
1. 整理自己的衣物、器材摆放整齐； 2. 保持清洁(无果皮、无纸屑)。	完成一项得一枚	及时评价 师生互评

基于现象观察数据，我们一起交流设计摆放位置，决定给予书包排列整齐的学生获得一枚"🐶"。再给予客观的评价，帮助学生养成好习惯。通过一段时间的奖励与评价，学生每一次训练都能做到按时，并能把自己携带的书包和衣物整齐地放置在羽毛球场馆内。

【案例实施的反思】

一、评价实施，家长反馈

自从有了客观的、充实的、具体的评价内容与评价形式，我发现开展羽毛球活动时，学生更主动了，他们知道自己该如何进行规范活动，对于每个参与的学生都有一个明确的指向性。

每次活动开展之前学生都

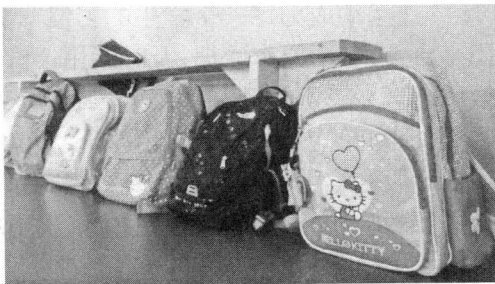

会抓紧时间完成手头上的事情，当天的作业完成后，第一时间赶到羽毛球馆，家长反馈给我的意见说，孩子们最近责任心很强，完成作业的情况也好转了。

小李妈妈：老师，看到你们这么为孩子们设定目标、计划，真的非常感谢！儿子现在越来越喜欢羽毛球了，不仅认真完成教练布置的课后练习，利用一些课余时间，有机会和大人们打羽毛球的时候他也会要求我发视频短片到群里，希望得到教练的评价。

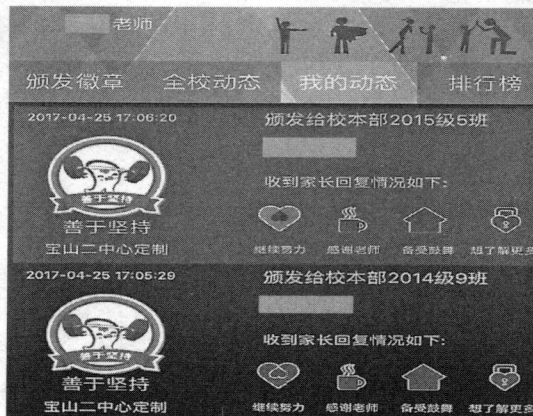

小沈妈妈：悦悦是一个大大咧咧的女孩，各种的不拘小节。她的羽毛球基础不错，但训练的时候对自己的要求不是很高，衣物、书包也是随处、随手一放。自从老师开展了整理好衣物与书包就可以获得大拇指徽章这一奖励举措，她渐渐地改掉了自己的坏习惯，在家中也会抽空收拾、整理衣物了。

二、基于数据，因材施教

"让运动成为每一个学生的习惯"，是终身体育的目标，而在这样一个社团平台上，基于原有数据，及时运用评价，能帮助学生认识自我，进行科学、有效的管理。管理自我是最难的，特别是对于小学生来说，一个好的运动习惯需要长时间的巩固，需要运用评价、摸索一些更合理、更行而有效的方法。对于低龄段的学生，发展运动兴趣，提高训练积极性，培养良好的行为习惯是目前需要教师和教练关注的。如果仅仅用单一的运动技能呈现来进行评价，相对来说不是很合理，也不科学。

学生的学习能力是有差异的,教师可以基于不同的评价标准来评价每一名学生通过一段时间学习自身的进步发展,而不是搞一刀切和标准化,确保学习的真实、有效和成长。经过一段时间的梳理,我们继续思考如何帮助教练管理好社团活动,培养学生良好的运动习惯,提高学生的运动能力。

【作者简介】

谭懿,教龄18年,高级教师。宝山区体育学科教学能手,区中心组成员。屡次担任宝山区体育各级各类赛事的评委、裁判员,以及在宝山区小学体育学科教研中进行各类专题讲座。曾获得上海市中青年教学大奖赛一等奖,2018年被评为第四期上海市普教系统"双名"培养工程"种子计划"人选。

基于数据分析的小学英语语音教学中
评价改进的行动研究

一、问题的提出

近年来，语音教学开始受到关注，成为教学改革的一个重要方面。小学英语语音教学是整个英语教学的起点，影响学生正确掌握语音的关键时期就在学习英语的初期阶段。

随着学生年段的升高，我在日常教学中发现小学生的英语语音能力却不容乐观。在 2020 年四年级第一学期期末质量监控的数据中发现，我执教的 8 班在听录音，选出听到的内容、判断画线部分的发音是否一致和阅读部分中判断对错的得分率是各项内容中较低的，如图 1 所示：

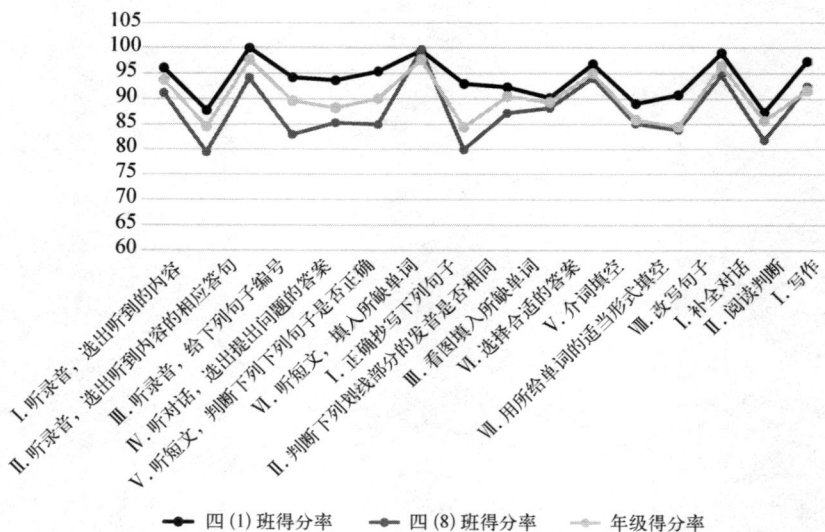

图1　四(8)班年级大题得分率

从基础部分每大题的得分率中也可以发现,辨音这一大题低于基础知识中其他大题的得分率。语音题成了目前最大的失分点。反思平时的教学,语音部分也是弱项,没有得到足够的重视,Learn the sounds 板块在日常教学中有所忽视,仅在考前进行语音专项练习是远远不够的,学生缺乏系统的语音学习。因此,本文以数据为基础,对小学英语语音教学的评价改进进行行动研究。

二、小学英语语音问题的调查

本研究从学生和老师两个层面,对小学英语语音教学的评价和小学生对英语语音学习的需求进行调查。此次调查对象为上海市宝山区第二中心小学2016届(1)班和(8)班的学生,共74人,现在读五年级,以及宝山区第二中心小学任教高年级的英语教师,共13名教师,平均教龄为6年。

(一)关于学生语音学习需求的调查数据与结果分析

新课标提出以学生为主体,所以学生的学习需求是最需要被重视的,对小学生的语音学习需求的调查结果如下:

表1 对学生语音需求的调查

题 目	选 项	百 分 比
1. 你喜欢英语语音的学习吗?	A. 非常喜欢 B. 喜欢 C. 不喜欢	35.42% 51.26% 13.32%
2. 你为什么不喜欢英语语音的学习?	A. 内容枯燥 B. 发音难模仿 C. 记不住音标	37.35% 19% 43.65%

从表1我们可以发现,大多数学生对于英语语音学习还是感兴趣的,这是令人欣喜的地方。在语音学习的问题上,37.35%的学生表示因为学习内容枯燥,所以对语音学习不感兴趣;19%的学生表示因为发音难模仿而不喜欢语音学习,这表明这部分学生对语音的学习没有内驱力和毅力;有43.65%学生表示记不住音标,从小学生的认知发展和心理特征来看,这部分学生的学习兴趣不高,可能是由于处在小学高年级,学生成绩容易出现两极分化,学困生

会觉得音标太难,出现排斥心理,所以对于学生语音的学习需要教师正确的引导。既然如此,教师在语音教学中又是如何进行评价的呢?

(二)关于教师语音教学评价的调查数据与结果分析

1. 教师语音教学评价的方式

教学评价是研究学生学得如何的过程,所以教师要采取多样化、正确的方式对学生进行评价。那么在实际教学中,教师采取评价方式的情况如何呢?

课堂上的即时评价	78.32%
课内外作业反馈	61.76%
评测	56.67%
课后师生交谈	24.48%

0.00% 10.00% 20.00% 30.00% 40.00% 50.00% 60.00% 70.00% 80.00% 90.00%

图2 对教师语音评价方式的调查

从图2中我们发现,多数教师选择在课堂上对学生做出即时评价。通过课堂上的即时评价,学生能够收到及时的反馈。因为即时评价有及时性、激励性等特点,所以教师常用这种评价方式。有61.76%的教师选择课内外作业的反馈,56.67%的教师选择评测来评价学生,这种方式对考查学生语音知识的掌握程度比较有效,但不适合对口语表达能力的考察。只有少部分教师选择在课后与学生交流语音学习的情况,这也从侧面反映出教师语音教学评价方式的单一。

2. 语音教学的评价主体

那么在实际的语言教学实践中,参与评价最多的是谁呢?

从图3中可以看出,有41%的教师仍把自己作为评价的主体,因为教师认为学生的语音能力还不足以对自身进行评价;有53%的教师认为学生应该积极参与评价,如此可以增加学生学习语音的积极性;还有极少数教师选择了家长评价,也许因为并

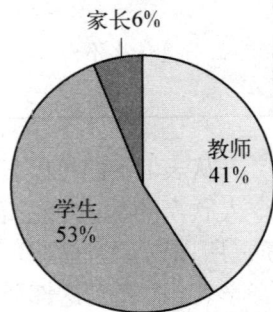

图3 对语音教学评价主体的调查

不是所有的家长都具备一定的英语基础,可以对学生的语音学习起到帮助。

3. 教师在语音评价中的纠错情况

教师在课堂中及时指出学生的错误,有助于学生及时发现错误并改正。学生的学习效果与教师的纠错情况相关,所以对教师在课堂上的纠错情况做了如下的调查:

表2 对教师语音纠错情况的调查

题 目	选 项	百 分 比
当学生出现语音错误时,您会进行纠正吗?	总是 经常 有时 从不	64.7% 37.65% 17.65% 0%

从表2中发现,当学生出现语音错误时,大多数教师总是、经常对学生进行纠错,只有17.65%的老师有时会对学生的发音进行纠错,说明教师对于学生出现的语音错误都会及时纠正,这是值得肯定的地方。但在实际的课堂中,教师频频纠错可能会造成学生的心理压力,有时还会打消其学习的积极性。

三、语音教学中教师评价存在的问题及归因

《英语课程标准》指出,教学评价具有一定的诊断、调节、激励作用。科学的评价体系有助于教学目标的实现。在上述调查结果中,我发现了以下问题:

第一,在评价主体方面,大多数教师仍把自己看作评价的主体,并没有把以学生为主体落到实处。在教学评价中应该更多地呈现评价主体多元化。教师、同学、家长、学生自己都可以担任评价的主体,学生自评有利于提高自我思维,学生互评可以建立一种伙伴激励机制,家长参与教学评价有利于家校教育合力的形成。

第二,在教师的评价方法中,大多数教师主要是在课堂发言中对学生进行即时评价,但是很少有教师采取小组活动、家庭听读等方法来进行评价。由此可见,教师的评价方法比较单一。

第三,在教学评价的内容方面,教师对学生进行评价时更关注语音知识的掌握,而轻视语言的交流、运用能力,主要表现在忽视语音、语调、重音、节

奏等方面的评价,应全面考查学生听、说、读、写的综合能力。这也反映了教师语音评价内容的片面性,不能实现全面有效的评价。

由于小学英语语音教学的评价机制不够健全,因此,小学英语语音教学一直不受重视。另外,在实际教学中,教师也将分数作为评价标准之一,导致学生产生错误认识,认为完成试卷上的几道辨音题就是完成语音学习的目标。因此,教师要树立正确的语音评价观念。

四、语音教学评价改进的实践行动

1. 拟定解决问题的措施

第一,评价主体多元化。新课标指出:"学生是学习的主体,也是评价的主体。在各类评价活动中,学生都应该是积极的参与者和主动的合作者。"所以,评价不再完全是教师的事情,同学、家长也可以参与评价,使评价更加全面、有效。

第二,评价方式丰富化。科学的评价体系能够促进教学目标的完成。课堂观察中可以发现,教师更多的是采取即时口头评价的这种方式。这种单一的评价方式并不能很好地激发学生的学习热情,因此,教师要学会丰富语音评价方式。

第三,评价内容多样化。在实际教学中,教师更多的是注重语音知识的考查,而缺少对语言运用和拓展能力进行评价。比如,从学生的口语表达中,教师可以从口型、音量、音色、语音、语调等各方面评价学生的语音是否纯正、流利,并且及时给予评价,这样有利于调动学生参与活动的积极性。

2. 评价活动的开展

结合上述的措施和学校的习惯评价表,以及小思徽章的奖励制度,设计了如下的语音评价表(见表3),便于教师能够更科学地开展语音评价活动。

表3 语音学习习惯评价表

	评价内容	思考点	自评	他评	师评
倾听	倾听老师示范的发音	老师在示范发音时,是否认真地倾听,并仔细地观察口型,正确地模仿老师的发音?			

续 表

	评价内容	思考点	自评	他评	师评
倾听	倾听出不同的语音语调及重音	是否能认真地听老师朗读句子时的语音和语调,识别出重音的位置,模仿得正确吗?			
	辨别、指认、听选单词和音标	可以根据老师和同伴说出的发音,准确地辨别和指认出正确的音标和单词,并准确听写吗?			
朗读	朗读时的音量	发音时,声音响亮,周围的人都能听得清楚吗?			
	朗读时的语音和语调	能用正确的语音和语调,并能根据语调和重音,连贯流畅地进行朗读吗?			
	朗读字母、单词、句子、语段的情况	朗读单词时,能根据字母的读音规则进行推测,并基本正确地朗读吗?			

续　表

	评价内容	思考点	自评	他评	师评
朗读	朗读字母、单词、句子、语段的情况	朗读句子时,有节奏感吗?有按意群朗读的意识吗?			

教师总评:
在本周的语音学习活动中,你的总体表现可以获得_____个小思徽章。

☐ 你在倾听老师说的时候非常认真,仔细地观察老师的口型、语音和语调,并能正确模仿。发言时,声音响亮,回答自信。朗读时,能非常准确地重复出老师说的话,并且还注意了语音语调和重音,太棒了!

☐ 你在倾听老师的示范发音时比较认真,但还要多多注意老师发音时的口型,这样能够更准确地发音。发言时,身边的同学勉强能听清你的回答。朗读时,正确地读出大部分的重读、停顿、连读,语音和语调也比较自然,如果再认真、自信一点,会更好哦!

☐ 你在老师示范发音时,没有太关注老师的口型、语音和语调,有时模仿得不够正确。发言时,周围的同学听不清你的回答。朗读时,语调比较单一,不能正确分别重读,语音和语调还有待加强。你还需要多磨炼哦,加油!

我的收获:

在实际教学中,往往以教师评价为主,学生参与评价的机会很少。因此,这里设计了课堂评价表,让学生自己能参与到评价中。同时,在小组活动中也要发挥学生评价主体的作用,在小组学生朗读或表演结束时,让小组成员进行组内评价,这样能使班级每个人都成为"小老师",充分调动了班级每位学生的积极性。例如:在语音教学设计中,可以引导学生完成表4。表格中评价以"笑脸"为优秀,"微笑"为良好,"无表情"为一般,尽量不出现过于负面的评价。每次评价的结果可以结合具体内容,以档案的形式进行保存,便于之后的阶段性评价。

表4 课 堂 评 价 表

时间	学习内容	自我评价	他 人 评 价				教师评价
		☺	成员1	成员2	成员3	成员4	☺
			☺	☺	☺	☺	

此外，我还在"晓黑板"中发布周末朗读训练。学生周一到周五进行跟读、朗读和背诵练习，周末在"晓黑板"上集中上传作品与评价。这样既减轻了家长和老师的工作量，也增加了全班同学的互动，打破了小组内的评价。学生上传的录音权限设为人人可看，家长和学生对他人的作品选择性地进行点亮和打星。学生在更公开透明的平台上，展示口语水平，有利于提高学生说英语的兴趣。评价标准细则如下（见表5）：

表5 口语朗读群评价表

评分项目	A(3星)	B(2星)	C(1星)
准确	不加词、少词，语音准确	错误1~2处，语音基本准确	多处加词、少词，多处读音不准
声音	声音洪亮	声音能听得见	听不清楚
语速	语速适中	语速稍快/稍慢	语速过快/过慢
流畅	表达流畅	有2~3处停顿	不流畅，一直停顿
语调	语调优美	语调自然	语调单一
语音	能正确读出重读、停顿、连读和爆破	大部分能正确读出重读、停顿、连读和爆破	不能正确读出重读、停顿、连读和爆破
情感	能根据文中角色不同，读出正确的情感	基本能根据文中角色不同，读出正确的情感	不能根据文中角色不同，读出正确的情感
得分			

3. 行动研究的小结与反思

此轮研究我改进了语音评价活动，细化了评价标准，一方面提高了语音活动的有效性和学生参与度；另一方面，培养了学生的语言综合运用能力，这也是《义务教育英语课程标准》(2011年版)要求学生达到的目标。学生的口语能力和交际能力有了较大幅度的提高。有些同学也注意到了语音、语调等语音知识，在不断地改进中。在评价过程中，学生体验到了进步和成功的快乐。在此轮行动研究后，学生学习语音的兴趣和积极性有所提高，关于语音知识的学习能力有所进步，行动研究取得初步的进展。

五、实践行动的结果与分析

（一）优势

2021年本学期五年级期末的分项评价，如图4所示：

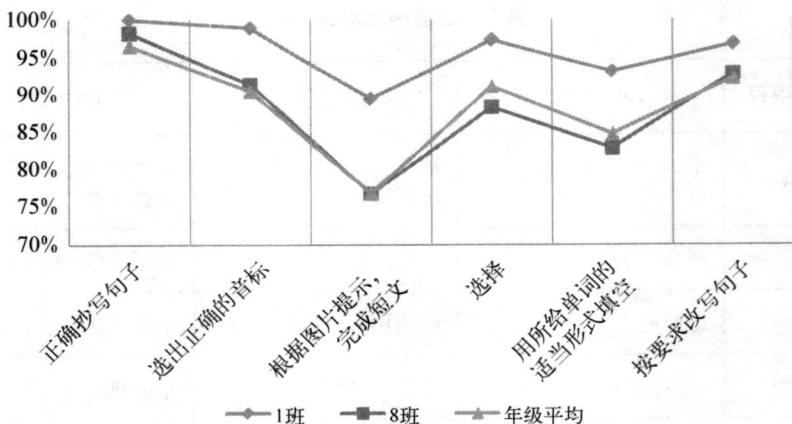

图4 五年级英语期末分项评价基础部分得分率

从基础部分每大题的得分率中发现，语音题已不是得分率最低的板块了。本行动研究从丰富语音教学的评价主体和方式入手，在一定程度上促进了学生的语音学习，提高了学生的口语能力。小学英语语音教学评价应以激励学生的学习兴趣和自信心为主要目的，使学生在学习过程中获得成就感，让学生了解学习是一个渐进发生的过程。

（二）反思与不足

本研究的不足之处在于,对于如何改进语音教学方法没有过多地涉及,如何系统地安排各项语音知识的学习还需要进一步思考。在本次行动研究中,本班有个别基础和能力薄弱的学生仍然觉得语音学习有困难,进步不明显,后期考虑分层教学,制定不一样的语音评价标准。

小学生英语学习中存在的语音问题会直接影响其后续的英语学习,因此,语音教学需要引起教师的足够重视。本文在行动研究中,改进语音教学的评价活动以此促进学生的语音学习,归纳出一些措施,如下图:

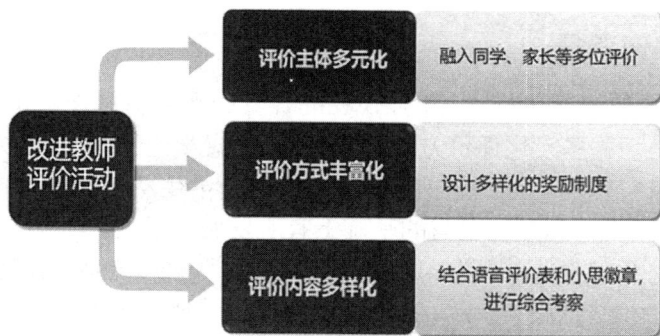

图5　改进教师语音评价活动的措施

将集体评价与个别评价相结合,将评价语音基础知识与语言运用能力相结合,多重评价方式综合运用。然而影响语音教学的因素是多样的,我们对于语音教学的实施路径还需要不断地探究。我们应该相信,语音教学绝非英语课堂中的"灰色地带",语音教学是作为提高学生的语言交际能力的有力一步,而作为从事英语语音教学的我则更应感到任重而道远。

【作者简介】

徐健,教龄5年,二级教师。曾获宝山区见习教师教学基本功大赛之课堂教学评比一等奖,庙行镇教学评比一等奖,曾多次担任市级、区级教研说课。

增值性评价在小学数学教学中的实践与探索

——以《周长的认识》一课为例

一、案例背景

　　和传统的单一评价模式相比,现在的课堂中我们更重视学生的"增值性评价"。它是一种多元化评价方式,能够充分考虑学生的知识、智力、情感、能力、实践以及所处情境等因素的不同;关注的是学生从学校教育中要获得发展,有所成长;强调的是在已有的基础上有所发展和成长。

　　增值性评价的主要表现为:1.评价主体多元:强调多方参与和互动、自我评价和他人评价相结合:2.重视综合评价:关注个体差异,实现评价内容的多元化。

　　笔者就以《周长》一课为例,谈一谈将增值性评价运用在小学数学课堂中的实践与探索。

二、案例分析

　　在本次数学课堂实践中切实有效地实施增值性评价,应从以下方面展开:

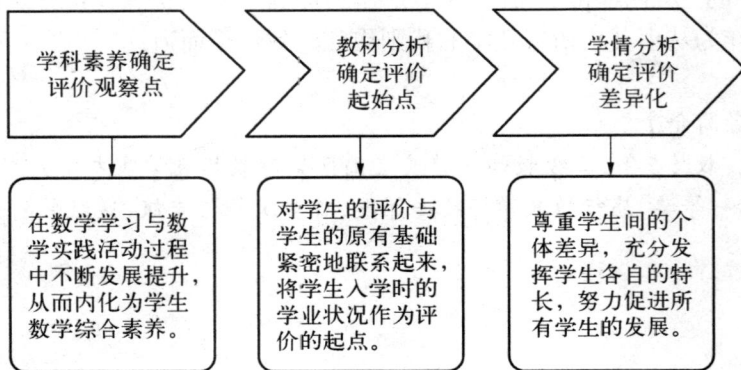

学科素养确定评价观察点	教材分析确定评价起始点	学情分析确定评价差异化
在数学学习与数学实践活动过程中不断发展提升,从而内化为学生数学综合素养。	对学生的评价与学生的原有基础紧密地联系起来,将学生入学时的学业状况作为评价的起点。	尊重学生间的个体差异,充分发挥学生各自的特长,努力促进所有学生的发展。

（一）学科素养确定评价观察点

上海市特级教师曹培英老师曾说过："学科核心素养不是复述泛学科的共同核心素养，不是学科名称加素养名称的组合，而是本学科独有的、对形成共同核心素养具有不可替代贡献的素养。"

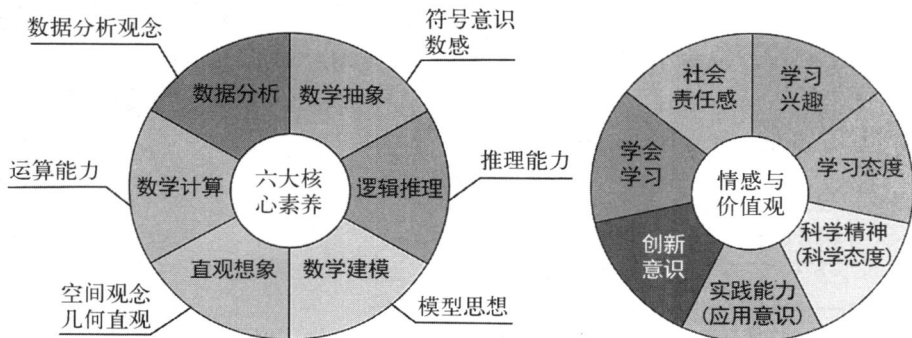

图1 数学核心素养与几个核心词

笔者认为，在课堂教学中，学科素养不是独立的、单一的，它们应该始终贯穿于整堂课，潜移默化地影响学生。通过增值性评价，使之切实地融入进课堂教学中，就能通过理论知识，把情感价值与数学核心素养变成教师可教的、学生可学的。

当数学有了独有的学科素养，我们就能建立起我们的评价观测点，以6大核心素养、7个情感价值观为观测点，和教学环节紧紧相扣，渗透下去。

以《周长》为例，我们建立以下观察点：

1. 核心素养：以直观想象中的空间观念为主。

2. 情感态度：包括学生的学习兴趣、学习态度、科学精神以及创新意识。

（二）教材分析确定评价起始点

《周长》是"空间与图形"这一知识领域的重要内容之一，在生活中的应用也非常广泛。根据《上海市小学数学学科教学基本要求》（以下简称《基本要求》）中《图形与几何》板块中，与"周长"有关的教学目标如下：

1. 知识与技能

（1）会计算长方形、正方形的周长；

（2）会运用长方形、正方形周长的计算解决实际问题；

（3）*理解长方形周长相等时，长、宽的变化与面积最大值的关系。

2.过程与方法

（1）能探索长方形、正方形周长的计算方法；

（2）*尝试探索周长相等的长方形何时面积最大。

3.情感与态度

（1）能在周长、面积计算方法的探索过程中获得成功体验；

（2）初步形成观察图形、动手操作（包括画图）等良好习惯。

另外，从一年级到五年级梳理整个小学阶段有关"周长"的知识内容，可以理出这样的一条知识脉络线条：

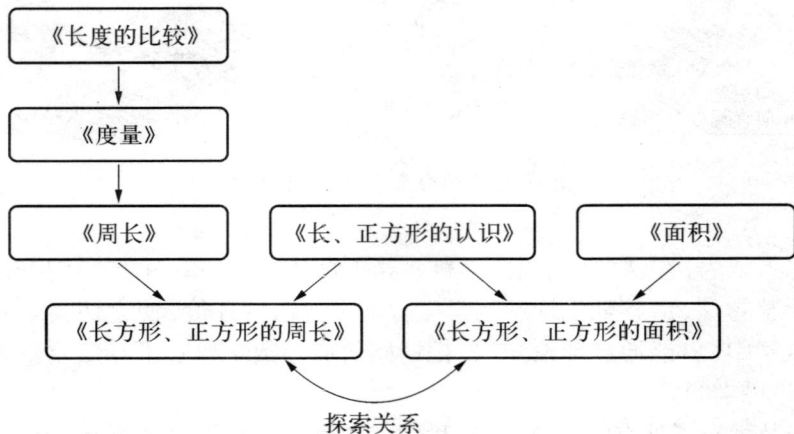

图2 《周长》的知识脉络图

结合教材与《基本要求》，我们知道了学生的已有经验是什么，也知道在"周长"内容学习中，要注重学生在学习过程中的探究能力和观察能力，这样我们就可以设置增值性评价的起点，也就是对学生的评价与学生的原有基础紧密地联系起来，将学生已有的学习经验作为评价的起点。

（三）学情分析确定评价差异性

增值性评价除了关注评价起点，也尊重学生间的个体差异，充分发挥学生各自的特长，努力促进所有学生的发展。因此，在确定教学目标，设计教学环节之前，笔者针对《周长》一课做了如下前测内容：

1.问题（1）：你有没有听过"周长"？

三（3）班（共38人参与）		三（6）班（共46人参与）		总计（共84人参与）	
听过	没听过	听过	没听过	听过	没听过
35 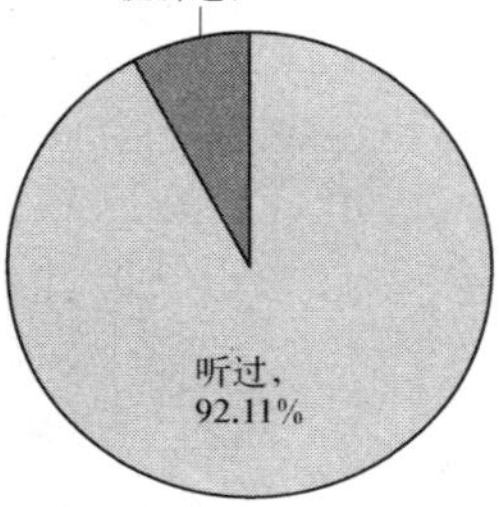	3	44 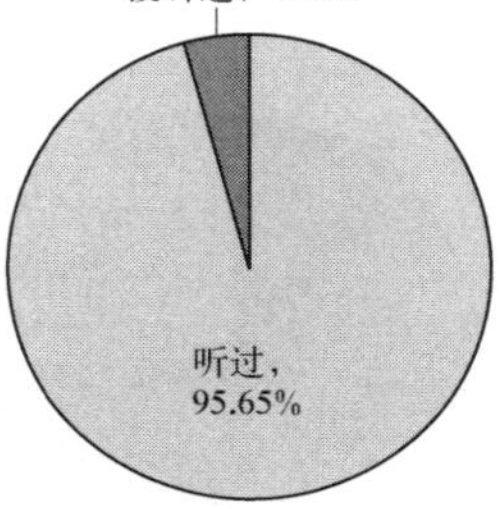	2	79 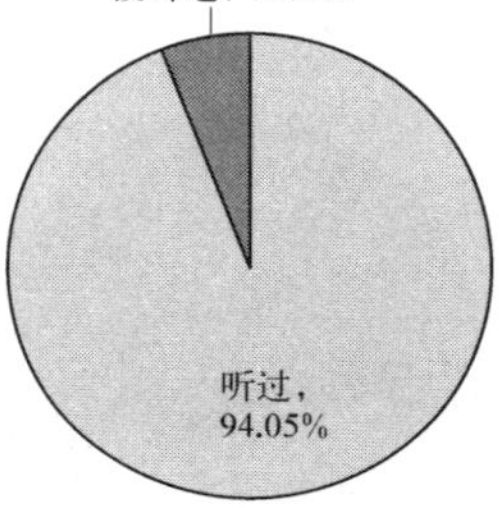	5

从表中可以看出，绝大多数孩子对"周长"的概念并不陌生，或多或少都在家里或者课外机构接触过，个别学生完全没有接触过，这部分孩子一般也是班级里学习能力比较弱的孩子。

2. 问题（2）：你能用你自己的语言说说什么是"周长"吗？

A档：能够包含"封闭"以及"一周的长度"两类特征；

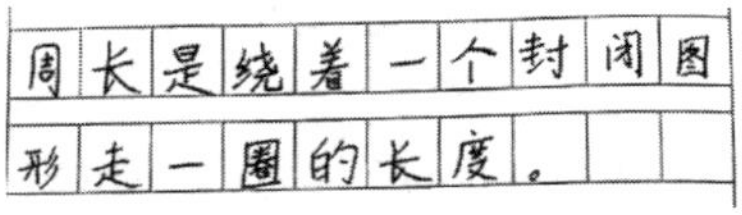

图3 学生A档答案举例

B档：能够包含"封闭"以及"一周的长度"中的其中一类特征；

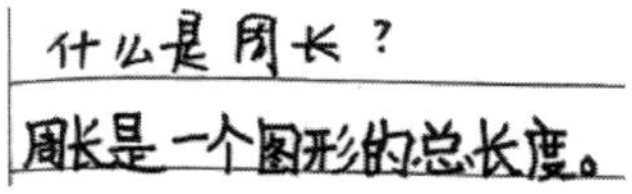

图4 学生B档答案举例

C档：无法描述出周长的特征，但是对周长有自己的经验和认识；

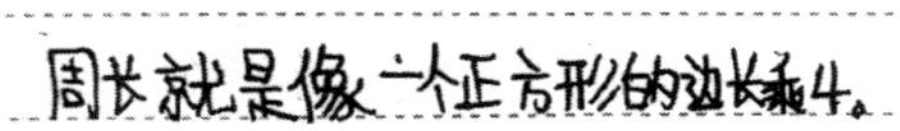

图5 学生C档答案举例

D 档: 完全描述不出来。

三(3)班(共38人参与)				三(6)班(共46人参与)				总计(共84人参与)			
A	B	C	D	A	B	C	D	A	B	C	D
5	17	12	4	12	21	7	6	17	38	19	10

从上表反映出不同层次的孩子语言表达能力是不一样的,有的孩子即使接触过周长也无法用自己的语言概括出来,或者说在认识周长的时候对这个概念的印象非常模糊;20%左右的孩子是死记硬背外面所学习过的长正方形的周长公式(这里还包括公式背错的学生);另外还有约10%的学生一片空白,完全不能描述。这里值得注意的是,这10%的学生,包括了前面"听说过"周长的学生。

3. 问题(3):下面这个图形是否有周长(侧重对"封闭"的理解)?

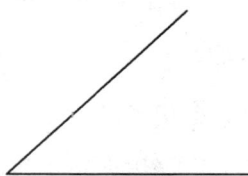

三(3)班(共38人参与)		三(6)班(共46人参与)		总计(共84人参与)	
没有	有	没有	有	没有	有
38	0	46	0	84	0

续 表

三(3)班(共38人参与)	三(6)班(共46人参与)	总计(共84人参与)
没有, 100%	没有, 100%	没有, 100%

我觉得没有，因为有周长的图形都是被线包住的，而这个图形有缺口，所以没有。

图6 学生答案举例

上图中，学生呈现的数据非常有意思，尽管有近6%的学生没有听说过"周长"，但是在判断这一题的时候，依然能够靠直觉判断正确。也就是说，大多数学生对于"封闭"这个前提条件潜意识是知道的，但是在定义表达中无法用语言准确地表达出来。

4. 问题（4）：6个边长为1 cm的小正方形拼成了一个长方形（如图），求长方形的周长（侧重对"一周"的理解）。

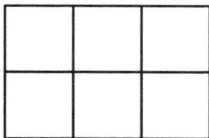

三(3)班(共38人参与)		三(6)班(共46人参与)		总计(共84人参与)	
正确	错误	正确	错误	正确	错误
25	13	34	12	59	25

续 表

三（3）班（共38人参与）	三（6）班（共46人参与）	总计（共84人参与）

备注：这里只要方法正确，即使计算错误，也视作正确。

在共计25人错误的答案中，16个人的答案为6 cm（与面积知识混淆），占64%；9个人的答案为24 cm（不能与"一周"联系），占36%。

综上分析，可以看出在还没有教过《周长》一课内容时，大多数学生能凭自己的数学经验和直觉进行一定的判断。也有部分孩子会背出长、正方形周长的公式，但不能用精准的数学语言进行表述。

三、案例呈现

结合分析中的三点——学科素养、教材分析、学情分析，并基于之前设置的几个观察点设计了《周长》一课，在教学设计中考虑到学生已有的知识经验以及可能出现的困难点，通过不同的问题情境让每一个孩子都参与到课堂中，不同层次的孩子都能得到发展，让数学教育真正发生，为学生的终生发展奠定基础。

教学内容：周长的认识
教学目标：1. 掌握周长的概念，并能在实际生活中体验周长；
　　　　　　2. 通过对比、想象、计算、操作，进一步认识周长的本质；
　　　　　　3. 在质疑和思考中提升逻辑思维、学会学习、热爱学习。
教学重点：理解什么是周长
教学难点：理解什么是周长

续　表

观测点	问题情境	教师行为	学生反应
核心素养	果园的周长是什么?	将该问题情境放置在第一个,先引导每一位孩子在脑中想象一下,再对着屏幕比画一下,并让后进生上台示范指一指。	由于这个问题情境的难度并不高,即使没有学过周长,凭借直觉他们也都能指对,因此,借此激发学困生的学习兴趣,并在这个组合图形中,正确找到果园的周长。
	找一找它的周长	让学生在脑中想象一下,再自己先试着比画一下,教师寻找错误的示范上台演示,学生之间展开争辩,最后由老师引导。	果园的周长学生几乎没有异议,而太极图的周长有不少人认为里面的线条都是周长的一部分,通过学生的自主探究,认识到周长是图形外围一圈的长度。
	比一比:葡萄园的周长和石榴园的周长哪个长?	只给出两个选项:①葡萄园　②石榴园在选项本身就有错误的情况下,学生更容易将周长与面积的概念混淆起来。但是教师此时不易发表意见,而是静等学生自己慢慢发现错误,并验证自己的想法。	绝大多数学生非常快地就选择了葡萄园的周长更长。在静等的过程中,有学生发现了问题所在,举手示意有问题,随着时间的推移,越来越多的学生都发现了问题,并能清楚地分析之前错误的原因以及正确思考的方法。
学习兴趣	练习纸上描一描:橘子园的周长和葡萄园的周长。	用课前自己准备好的水彩笔在练习纸上分别指出两个果园的周长。	三年级的学生对彩笔做题还是非常感兴趣的,课前选彩笔的时候就纠结了很久,一定要选他们觉得最好看的颜色,因此,在课堂上他们画得也是非常用心,大多数学生还选择了两种颜色的彩笔来勾勒周长。

续　表

观测点	问题情境	教师行为	学生反应
学习兴趣	指一指：老师手上的橘子有没有周长？在哪里？	拿出橘子实物让学生辩论一下有无周长，在最后得出结论只有平面图形有周长的时候，让学生想办法将这个橘子变成一个有周长的图形。最后，教师将橘子果肉分给勇于发表想法的几个孩子（不管对错）。	学生对于突如其来的橘子兴趣很大，纷纷举手提出自己的想法，之后更有学生直接将橘子皮剥下，压在黑板上勾勒出周长。在得到了教师奖励的橘子以后，班级学生学习气氛十分热烈，学习兴趣浓厚。
科学精神	说一说，什么是周长？	让每一位孩子在自己的练习本上写一下周长的定义。	孩子在写的时候，时刻关注到之前课堂学习的内容，并将几个特征写进定义里，再反复修改语句，尽量精简字数。
	计算周长（1） 3米　石榴 6米 10米　8米 3米　苹果　6米 5米	让学生一题举手口答，一题练习纸上列式计算。让部分学生勇于分享自己的困难在哪里，通过周长的定义自行改进。	部分学困生对于石榴园的周长有困难，通过自己阐述周长的定义后恍然大悟，能及时修改自己的问题，并得到来自同伴和教师的表扬。
	计算周长（2）（单位：cm） 8　5 5	让学生快速口答，直接报出答案。并让意见不同的学生之间自己展开辩论。	由于数据设置得非常简单，大多数学生脱口而出18，但是他们也很快能自己发现问题，仅有个别孩子不能将这题和周长的定义联系起来，需要同伴们的提醒和帮助。

续　表

观测点	问题情境	教师行为	学生反应
创新意识	经过这两点,还可以怎么画,使周长相等? 石榴 葡萄	让学生在练习纸上动动笔,说说为什么大家画的周长都相等。	不少学生在纸上画了不止一条公共边,还有学生会画特别夸张的线条来考考同伴。不仅如此,学生还能总结出哪些公共边不仅让两个果园周长相等,面积也是相等的。
	如何能计算周长? 8　5 5	脑中想象,用语言进行描述。	每个学生想象出的图形都是不一样的,有直线的、折线的、曲线的……并再次感悟只有封闭图形才有周长。

　　笔者在这里需要指出两点:首先,学习习惯并不能通过问题情境凸显出来,它时时刻刻渗透在学生的听、说、读、写、做中,教师应通过课堂中的"四聚一评",在关注思维的同时也关注到学生的学习习惯。其次,观测点并不是一个个独立的个体,它们之间是互相关联、互相影响、互相依赖的。问题情境的设置并不能将其中一项独立出来。

四、案例后测

　　笔者抽出2020学年第二学期的期末分项练习中有关"周长"内容的练习,针对任教的两个班级的练习情况做了数据统计表:
　　题目1

3班(38人)		6班(46人)		年级正确率 (358人)
正确人数	正确率	正确人数	正确率	
34	89.47%	40	88.14%	87.32%

续 表

选择：下列图形中，周长最长的是（　　　　）。

A　　　　　　B　　　　　　C　　　　　　D

题目2

3班（38人）		6班（46人）		年级正确率（358人）
正确人数	正确率	正确人数	正确率	
12	31.57%	20	43.47%	32.64%

选择：一个长方形的长是10 cm，宽是6 cm，把这个长方形分成两个完全相同的小长方形，每个小长方形的周长是（　　　）。
A. 16 cm　　　　　　B. 26 cm　　　　　　C. 22 cm　　　　　　D. 26 cm或22 cm

题目3

3班（38人）		6班（46人）		年级正确率（358人）
正确人数	正确率	正确人数	正确率	
36	94.51%	46	100%	93.12%

判断：一个边长是4 cm的正方形，面积和周长是相等的。

通过后测，我们了解到：学生的空间想象能力相比以往还是有所提升的，在遇到难题能够通过量一量或者画图的形式来解决问题，并将做题痕迹留在纸上。大部分孩子考虑问题不够全面，只能做常规形式的题目，说明学生创新意识的培养还需要教师在后期的教学实践中有所改进。

五、案例反思

（一）增值性评价应着眼于学生的长期发展

增值性评价更关注的是学生非智力性因素，但是数学学科是以学生先天智力发展为基础的，因此，在日常教学过程中，我们评价的目的往往会关注学生的"知识与技能"方面（如何解题、如何提高正确率等），而忽略了评价的目的是将学生当前的学习状况与过去的学习状况进行比较，应该基于学生个体的进步进行评价，从而最大程度地关注学生个体的进步和成长。因此，我们的评价应该多从情感价值观着手，并注重学生的个体差异化，让评价的"增值性"得到充分的发挥。

（二）增值性评价应依托大数据作为分析基础

在教育领域，大数据分析是随着在线教学的日益普及而发展的，在教与学过程中，由学习管理系统和各类移动设备所记录下来的各类海量数据，可以成为分析教学过程的重要来源。这些数据包括记录学习过程的行为数据、记录学习结果的评价数据，以及学习形成的社会网络关系数据等。

在日常的教学中，我们的数据来源非常单一，往往以学业水平的数据为主来预判学生的学习行为，而这也就更容易让我们的评价走向传统模式的"成绩说"，即接受一定时间的教育之后学生学业成绩增进的幅度。而如今基于数据下的教学行为分析更关注的是学生的全面发展，即接受一定阶段教育以后，学生智力、情感和社会实践能力等方面全面发展、进步的幅度。

（三）学生应成为增值性评价的评价主体之一

我们常认为增值性评价的评价主体应该是教师，但事实上，我们的评价主体不仅包括老师和家长，更应该让学生介入到学业评价中，使每个学生成为自己学业评价的主人，这样就实现了评价由过去的被动向主动的转变。针对《周长》一课，笔者设计了自我评价单，让每一位学生都参与到对自我的评价中，并带回去让家长共同探讨，通过教师、家长、自我的评价，让学生看到自己的进步之处，也为他们日后的努力和改进指明了方向。

【作者简介】

孙尘晚，小学数学一级教师。曾在区里展示《周长的认识》和《千以内数的认识》，《乘法分配律》获得国家级一等奖。

过程性评价促进小学低年段学生
英语语音能力的行动研究

一、提出问题

小学阶段是学生语言学习的敏感期,语言系统发展趋于成熟,模仿能力强,是培养英语语音和语感的最佳时期。对于小学低年级学生来说,正是建立发音习惯的好时机,因此,更加需要引起老师的重视。

但在日常教学中,学生对于新授读音知识的掌握程度却无法达到预想中的效果。为切实了解学生语音学习兴趣、学习习惯与学习情况,教师通过发放班级调查问卷的形式,对其执教的二年级两个班共74名学生进行问卷调查,问卷内容如下:

表1

问　　　题	选　　　项	调查结果
1. 你知道什么是英语语音吗?	A. 我知道 B. 大概知道 C. 不知道	A. 13.5%（10人） B. 55.4%（41人） C. 27%（20人）
2. 你喜欢朗读单词和课文吗?	A. 喜欢 B. 一般般 C. 不喜欢	A. 51.35%（38人） B. 32.43%（24人） C. 16.21%（12人）
3. 在朗读单词与课文之前,你会先听老师或录音的发音吗?	A. 会,我会认认真真听清楚每个单词 B. 会,我会听个大概 C. 不会	A. 55.4%（41人） B. 37.83%（28人） C. 6.8%（5人）

续　表

问　　　题	选　　项	调查结果
4. 朗读课文时,你有特别注意去模仿老师或录音的发音和语音语调吗?	A. 有,而且模仿到位 B. 有,但模仿得不像 C. 没有特意模仿	A. 75.7%(56人) B. 13.5%(10人) C. 89.19%(8人)
5. 你喜欢模仿老师或录音的发音和语音语调吗?	A. 喜欢 B. 一般般 C. 不喜欢	A. 82.4%(61人) B. 14.86%(11人) C. 16%(11人)

从问卷结果来看,可以发现低年级大部分学生对语音没有清晰的概念,仅有13.5%的学生自认知晓什么是英语语音(问题1),仅半数学生喜欢朗读课文(问题2),但有八成的学生对模仿发音有兴趣(问题5)。从表格中不难推出,低年级学生其实对模仿发音有较大的兴趣,但学生不喜欢枯燥、机械的重复,这很符合这个年龄段孩子的特点。从表格中我们也可以看到,五成学生朗读之前有倾听的意识(问题3),七成学生读课文时有刻意去模仿朗读的习惯(问题4),在学习语音时,多数学生有模仿发音的意识与习惯。

学生对语音学习有较强的兴趣,那实际学习效果又如何呢? 我依托学校特色大拇指评价体系结合年级组"英语小达人"的活动,又对74名学生分别进行了师生一对一单词发音的评价。评价由教师对学生进行等第划分,评价表格如下:

表2

	评价维度	评价标准	评价等第	评价结果
语音能力	1. 26个字母认读	字母发音错误	/	4%(3人)
		字母发音基本准确,没有混淆,但口型不够到位	👍	27%(20人)
		字母发音准确,字母没有混淆,口型饱满到位	👍👍	69%(51人)
	2. 单词拼读	单词拼读错误	/	5.4%(4人)
		单词发音基本准确,口型基本饱满	👍	33.78%(25人)

续　表

	评价维度	评价标准	评价等第	评价结果
语音能力	2. 单词拼读	单词发音准确,口型饱满到位,不拖音、吞音	👍👍	60.8%(45人)
	3. 词句朗读	朗读完整	👍	10.8%(8人)
		朗读完整,语调变化和重音基本正确	👍👍	31.1%(23人)
		朗读完整,语调变化和重音把握到位,节奏准确,有感情	👍👍👍	60.8%(45人)

(表2,表中"/"即没有大拇指奖励,👍为一个大拇指奖励,以此类推。)

从数据上来看,二年级学生字母掌握情况较好,但仍有个别学生对易混淆字母掌握得不牢固,字母发音上大部分学生能够朗读准确,但部分学生咬字不够清晰;单词拼读上,六成学生读音准确不吞音、拖音,口型饱满,三成学生读音基本准确;词句朗读方面,能够完全把握语调、节奏的学生仅为六成,部分学生会出现非重读音节拉长等情况。

以上两部分调查数据,反映出低龄段学生爱模仿的特点,且对于语音学习有较强烈的兴趣,但从学习成果上来看,仍存在咬字不清晰,吞音、拖音等问题。

二、原因分析

（一）客观因素

1. 母语口音负迁移

学生的母语口音对学生英语学习产生了负迁移。学生的母语口音对第二语言进行了负迁移,如以辅音字母t、d、k、g等结尾的单词,学生在朗读时会读出单词本身不包含的元音发音,例如:单词 and 会被拖音读/ændə/, cat会被读成/kætə/等。学生以母语的发音规则去朗读英文单词,导致英文语音发音不准确。

2. 生理因素

主观上学生认知到发音不正确,由于舌头发育不完全导致客观上无法做到准确发音。如,学生在发 /g/ 音时会发成 /d/ 音等。

（二）学段特点

1.低年段学生语音意识较弱

语音意识通常被定义为有意识地探查和操纵口语语音单位的能力。低年级学生爱说、爱演、爱模仿,一堂课也许"热热闹闹",学生全程在动嘴朗读,但由于缺乏准确的模仿能力和对自己发音准确与否的判断能力,导致学到的发音并非完全准确。

2.低年龄段学生的特点是好动,良好的倾听模仿习惯尚未养成

低年段学生鉴于年龄特点,注意力容易被各种好玩、有趣的事情吸引,教师通过精心设计教学活动可以吸引他们的注意力,但这也导致部分学生的注意力容易被其他与课堂无关的事物吸引,低年级教师需要时常通过各种各样的方式吸引学生的注意力,去帮助学生养成倾听模仿的习惯和意识。

3.低年段学生更偏向直观认识,对抽象规则理解有困难

例如,在教授一般疑问句 "Is it a pencil?" 时,学生能说出句子朗读的语调规则:一般疑问句读升调,但实际朗读时规则运用得不是很顺畅。对于低年级学生来说,判断一句问句是否为一般疑问句已经是一个过程了,再加上语调朗读的规则,综合起来一不小心就产生了错误。因此,教师要在教学顺序和方法上进行改变。对于低年段的学生来说,先将句子语调读准确,脑海中有感性的认识后,再逐步构建知识体系。

（三）结合教学实际

1.教师教学方法单一,未能充分调动起学生兴趣

教师课堂语音部分的教学活动常常是进行机械重复、模仿,缺乏趣味性,一堂课中机械重复的活动多了,学生难免产生"审美疲劳"。

2.教师未能充分引导学生观察、倾听并模仿

低年段学生在模仿时常常是和周围同学一起照葫芦画瓢,只有声音记忆,没有文字和画面记忆。老师如果不能引导学生观察老师的口型,只听不看,语音学习的效果也会大打折扣。

三、行动研究的设计与实施

宝山区第二中心小学《数据支持下的"教学五流程"3.0版本》中指出,上课有四个改进,即改进学习方式、改进思维方式、改进记忆方式、改进交流方式。针对上述存在的问题,结合学校教学流程,我初步制定了行动方针。

（一）初步设想

1. 改进语音教学活动

改听音模仿为看听。教师通过手势、口令、眼神等细节动作将学生的注意力引到自己身上，教师充分调动学生的耳朵和眼睛，引导学生充分感受标准发音，并让学生仔细观察教师示范的口型，做好语音模仿前的预备工作。

改机械化操练为趣味游戏。根据小学生的年龄特点，组织开展各种有趣的游戏，激发学生的学习兴趣，让学生在游戏中更有效地提高单词朗读能力。

改一对"一"为一对N。前一个一即教师，后一个"一"则为班级这一个整体。将整体拆分成N组，每组设置优等生帮助后进生，以小组为单位进行活动和评价，老师进行班级整体把控。

2. 改进单一的评价方式，转终结性评价为过程性评价，关注学生多维度进步"增量"

借助以下综合评价量表，多维度进行评价。

表3

	评价内容	评 价 标 准		自评	小组互评	师评
倾听与表达	课堂兴趣	能在老师点名下发言。	能积极主动举手发言。			
	倾听习惯	能在老师示范时，认真、仔细地倾听，仔细观察口型。	能在老师示范时，认真、仔细地倾听，仔细观察口型，并能正确地模仿发音。			
	表达习惯	发言时声音响亮，发音基本准确。	声音响亮，发音准确，语音流畅。			

评价表中关注课堂兴趣、倾听习惯和表达习惯三个维度，关注学生学习语音的习惯与意识。每节课后学生进行自评，小组成员互评，最后教师进行

评定。教师利用小思徽章平台进行及时反馈和数据统计。

（二）实践研究，完善改进

第一轮行动：游戏教学激发学习兴趣，利用量表养成良好习惯

1. 课堂活动实录1

以2BM1U2《Touch and feel》这一课为例，在教授核心单词rough的发音时，教师引导全体学生眼睛看向老师的口型。确认所有学生都看向教师之后，玩一个"听五遍不出声"的小游戏，引导学生先仔细听。此时班级集体精神高度集中。在这样一种教学方式下，噤声与大声模仿的对比显得学生朗读变得又清脆又响亮。完成活动后，表达全班善于观察和善于倾听的认可"You all have golden eyes！""You listened very carefully！"并及时给予全班善于观察和善于倾听的学生小思徽章奖励。若在游戏过程中有学生因注意力不集中，抢先发出声音，则扣除相应小思徽章。

本次行动添加了小小的游戏环节，并且教师在评价上更注重学生行为习惯的表现，是否仔细观察、是否认真倾听、是否尽力模仿等。课后根据评价表进行自评，让学生对自己课堂行为有所思考。

2. 反思改进

低年级学生对于游戏的兴趣非常大，经过此次课堂实践后，根据学生自评表格可以发现，学生的课堂参与率大幅度提升了，几乎每一位同学的注意力都在关注老师的嘴型，而朗读模仿时都能够做到大声响亮，全班同学整齐划一。学生有了明显的观察、倾听和模仿的语音学习意识。教师再通过及时跟进的激励性评价表扬学生正确的行为，鼓励学生养成良好的学习习惯。但是，游戏以班级为单位进行，无法对个别学生进行针对性检验。另外，教学缺乏梯度，未将单词带入词组、句型，学生兴趣虽高，但学习深度不够。

第二轮行动：丰富教学形式，自评互评相结合

1. 课堂活动实录2

在同一单元中，教授smooth这个单词时，th发音虽然是旧知但依旧是难点。教师首先唤起旧知，类比家庭成员单词father、mother等的发音，挖空th，让学生猜一猜smooth中的th发什么音。继续引导学生观察老师的口型，牙齿咬住舌尖，并伸出手摸一摸喉咙感受振动，调动不同感官。然后，借助"开小火车"、读给同桌听等常规形式巩固加深。创编儿歌，"Smooth, smooth, The apple is smooth. Smooth, smooth, It is smooth."在学生模仿数次后，总结th作为浊辅音发音的方式和特点，帮助学生从感性认识上升到理性认识。接着再将单词带入到语境中的核心句型里，进行男女、小组操练对话。在这样一系列教学流程过后，进行小组之间的竞赛。每位朗读又快又流利的小组成员可以得一分，得分最高的小组获得大拇指奖励。竞赛的加入大大提升了班级的学习效率，竞赛过程中小组为了能够获胜，学生本身会努力把音读标准，教师再引导学生去听一听其他小组发音是否准确。这样学生的听和读又进一步得到巩固。

本次行动选取更有难度的单词进行研究。教师在引导学生模仿时，通过看一看、听一听、摸一摸的方式刺激学生的记忆。教学环节设计难度逐层增加，从简单的单词到儿歌再到核心句型，让核心单词反复出现，学生能够在不同的语言环境中运用所学单词。此外，增加小组竞赛的活动，进一步调动起学生的学习兴趣。教师引导学生"You can listen to him carefully"。这样的过程性评价，激励没有回答问题的学生也能够仔细倾听。

2. AI 课后自测

当日课后作业是利用"晓黑板"AI 自测功能进行朗读。朗读情况如下图：

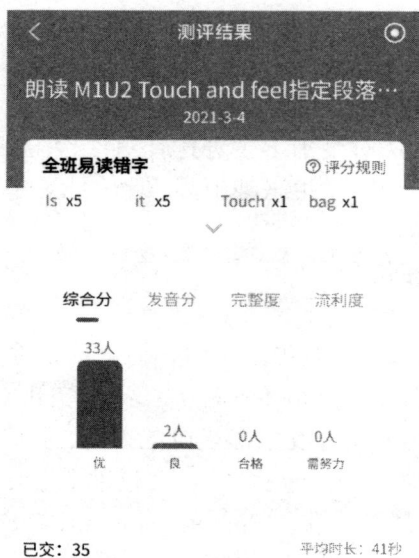
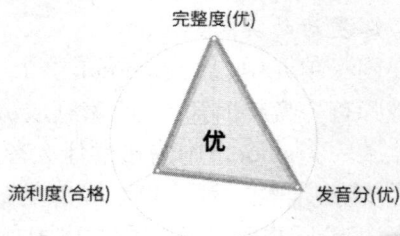

有33名学生得了优,仅2位学生得了良。初学句型在流利度上需要加强,但是所有学生都有较高的朗读完整度。

从AI测评中,教师能够清晰地看出哪些单词是学生容易发不准确的,从而为接下去的重难点攻克做好准备。学生也能够通过AI自测,自主发现自身发音不足之处,并不断改进以取得一个较高的评价分数,在这个过程中学生学会自我评价、自我反思和自我审视,提升自主学习的能力。

3. 反思与改进

第二轮行动通过丰富的活动形式,积极正面引导,让学生持续保持学习兴趣。课后填写表格,学生积极参与到自评与互评的活动中。课堂参与度和学生课堂体验大幅度增加。但对于那些过分在意比赛输赢和奖励的学生来说,教师课后应该给予思想上的引导。新增添的AI自测有一定局限性,但是能对课堂教学起到一个辅助的作用。

四、成效已初见

通过两轮行动研究改进,经过一个月的时间,课堂语音学习及时反馈明显提升。下图为教师在学生干部的帮助下,对课堂单词发音进行及时等第评价的统计。其中,深色为行动前、淡色为行动后。

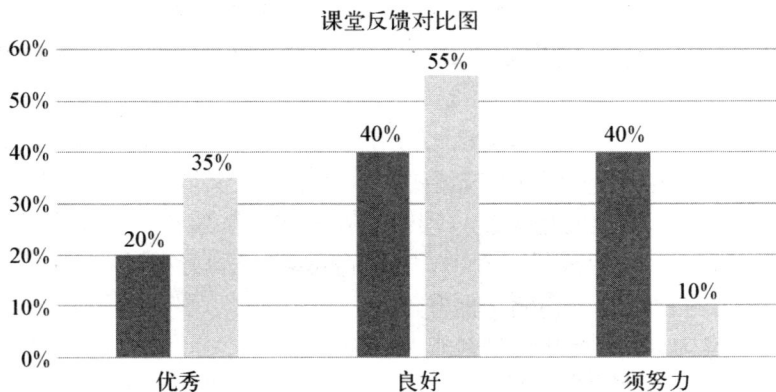

课堂反馈对比图

	优秀	良好	须努力
行动前	20%	40%	40%
行动后	35%	55%	10%

我们可以发现,学生课堂及时反馈优良率有所提升,须努力的同学明显下降。说明教学行为与教学评价的改进起到了一定作用,学生的语音及时吸收率有了长足的进步。

AI自测中学生综合发音分数为百分之百的优,也得到了一定提升。

五、改进策略提炼

经由数据发现问题、分析问题,并产生行动,借助行动再收集数据,形成一种良性循环,为教学策略改进的提炼提供了事实依据。现将本次校本行动的研究进行以下策略提炼:

1. 遵循认知规律,改机械模仿为有机教学

教师应当做的是改变自身陈旧的教学观念,科学结合小学生学习的认知规律,精心设计教学环节,教师要从小学生的身心特点和兴趣爱好出发,活化语音教学形式,构建多样化的教学情境,激发学生的参与热情。学生语音能力的训练要经历不断感知(听音)—模仿—操练—运用的过程,教师在设计教学环节时要注意到这一点,循序渐进。此外,教师通过游戏、"开小火车"、分组竞赛等形式,学生在轻松、愉悦的氛围中游戏,提升了课堂体验,使学生对英语语音学习产生兴趣,从而强化语音的训练。

2. 形成规则框架,改无意义记忆为有意义记忆

在语音学习中,引导学生感知模仿,体会音、形、义的关联是根本,观察积累、搭建读音规则框架则是关键。读音规则框架的搭建让本身无意义的字母发音产生了联系,长期教学过程中,规则的大量总结归纳能让学生认读能力逐步提高,学习积极性也会随之提升。

3. 增强学习动力,改终结性评价为过程性评价

教师在教学中要善于观察,对小学生发音上的错误要及时指导和纠正,多给予小学生耐心和细致的正面诱导,使学生有针对性地改正错误。教师要做好语音评价工作,既要点评英语语音教学的成果,也要对小学生的学习过程进行总结。教师要不断关注学生观察、倾听、模仿的语音学习习惯,通过教师口头激励评价,自评、互评、师评等形式增强学生养成语音学习的习惯和意

识。再借助评价量表，充分发挥自评、互评、师评的效用。

【作者简介】

王宇瀛，教龄3年，二级教师。2021年宝山区中小学单元整体教学设计案例评选活动一等奖组成员，曾在区教研活动中承担说课任务。

把握单元要素,优化学习过程,提升概括能力

——关于"学习把握长文章的主要内容"的行动研究

一、研究背景

小学中年段重在培养学生的概括能力,这一能力的提升并非一朝一夕就能立竿见影,是需要经过长期的训练才能逐步形成。所以,教材在每个年段都有每个年段重点的概括训练内容(《上海市小学基于课程标准的评价指南》p5～6)。

第一学段(1～2年级):结合上下文和生活实际了解课文中词句的意思。

第二学段(3～4年级):能初步把握文章的主要内容。

第三学段(5～6年级):阅读叙事性作品,了解事件梗概。

从上可知,第一学段的学生要能读懂句意,它是第二学段"初步把握文章的主要内容"的衔接。而"阅读叙事性作品,了解事件梗概"作为第三学段的目标,则是对"初步把握文章的主要内容"的延续。基于此,可对中年段"能初步把握文章的主要内容"这一目标的子目标进行如下分配,找准自己的定位以及与前后的关系(《上海市小学基于课程标准的评价指南》p13)。

课程目标	子目标	目标分配
能初步把握文章的主要内容	能概括句子的主要意思	1～2年级
	能判断自然段中句子的主次	3年级
	能概括自然段的主要意思	3年级
	能概括段落大意	4年级
	能归纳课文的主要内容	5年级

因此，把握文章主要内容这一阅读要素在年段与年段之间是不断丰富发展、螺旋上升的。再来看基于这一能力点，在四下第六单元的单元要素——"用列小标题，把握叙事性长文章的主要内容"，这一目标一下子从概括段落大意上升到借助每部分的小标题来把握长文章的主要内容，对于学生来说难以把握。想通过一个单元的几篇课文来达到训练的效果，这是天方夜谭。所以，除了单元中分解在每篇课文后面的能力训练题外，还要增加相类似内容的拓展训练，达到举一反三、逐步提升、熟练掌握的效果。

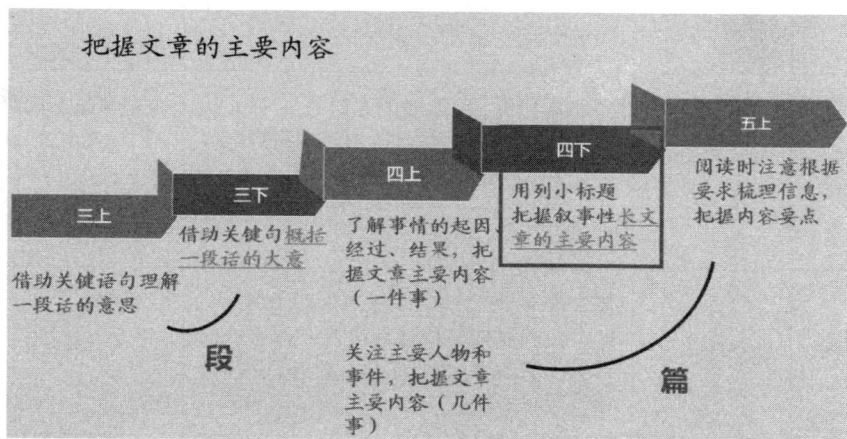

二、研究内容

（一）第六单元教材内容

板块	内 容	课 后 练 习 及 提 示	泡 泡
课文	小英雄雨来	* 为什么说雨来是小英雄？带着这个问题尝试用较快的速度默读课文 * 照样子给其他五个部分列出小标题，再说说课文的主要内容。 ◎ 游泳本领高　　◎ _____ ◎ _____　　◎ _____ * 课文中多次写到还乡河的景色，找出来读一读，再说说这样写有什么作用？	读完这部分后，我要停下来想一想，这部分主要讲的是什么？ 李大叔是谁？前面好像提到过，我再看看前面的内容。

续 表

板块	内 容	课 后 练 习 及 提 示	泡 泡
课文	*我们家的男子汉	尝试用较快的速度默读课文。结合课文中的小标题,说说为什么称这个孩子为"男子汉",作者对他有着怎样的情感?还可以给每个部分换个小标题。	
	*芦花鞋	默读课文,为每个部分列出小标题,再和同学交流印象最深的内容。	
口语交际	朋友相处的秘诀	和朋友相处,最重要的是什么? 有人认为,是彼此信任;有人认为,是愿意分享,不自私……你的看法是什么呢?分小组讨论,至少提出三条大家认为最重要的意见。	先记录每个同学的想法,再把相近的整合在一起,然后标记出大多数同学认同的想法。
习作	我学会了	我们正慢慢长大,学会了做很多事情。你学会的哪件事情让你最有成就感?把它填在横线上,再把学做这件事的经历、体会和同学分享。	
语文园地	交流平台	长文章的形式特点;归纳主要内容的方法;阅读方法。	
	词句段运用	修改;体会表达的情感。	
	日积月累	说说诗句大意。	

主要针对三篇长文章的阅读,训练学生借助小标题,把握长文章的主要内容。

（二）单元目标制定及课文教学定位

针对导语中提到的语文要素,以及教材所提供的教学内容,我制定了单元整体以及各部分的目标,从中梳理出整体目标中的核心目标、每篇课文目标,以及彼此之间的内在关系,能力的丰富、发展等。

类别	目　　标	内　在　关　联
单元整体	1. 认识33个生字，读准5个多音字，会写"巧"等生字，会写13个词语。 2. 用较快的速度默读课文，了解本单元长文章的特点，学习用列小标题的方法把握长文章的主要内容，感受人物的美好品质。 3. 能根据讨论的目的，记录重要的信息，分类整理小组意见，做到有条理地汇报。 4. 能按学习的顺序把自己学做事情的过程写清楚，在学习过程中遇到困难或有趣经历，要把心情变化写下来。 5. 体会不同比喻句表达的不同感情色彩，并仿写；能用学过的修改符号修改一段话。 6. 朗读、背诵古诗《独坐敬亭山》。	通过三篇课文的学习，学生能借助小标题，把握文章的主要内容，体会人物的美好品质。
课文	《小英雄雨来》 1. 自主学习字词，认识"晋、絮"等13个生字，读准"吧、塞、哇"3个多音字，会写"晋、炕"等18个生字，会写"芦花、发愣"等12个词语。 2. 练习用较快的速度默读课文，结合书后所给列小标题的样子学习为其余五部分列小标题，把握长文章的主要内容了解雨来被称为"小英雄"的原因。 3. 读读文中描写还乡河景色的语句，体会它的作用。 4. 了解雨来为掩护革命干部和日寇英勇斗争的故事，学习他热爱祖国、勇敢机智的品质。	从"主要人物的主要事件"提炼小标题，把握文章主要内容，体会人物品质。
	《*我们家的男子汉》 1. 自主识字，认读"徽　谜"等13个生字，读准多音字"强、吭"。 2. 能用较快的速度默读课文，结合文中的小标题把握课文的主要内容，并能尝试给每个部分换个小标题。 3. 知道课文从三个不同角度刻画一个逐步成长的小"男子汉"形象，体会作者对他的情感。	从人物的具体表现提炼"人物品质"的角度丰富提炼小标题的方法，把握文章主要内容，体会人物性格特点。
	《*芦花鞋》 1. 认识"搓、葵"等7个生字，理解"祈求、遗憾"等词语。 2. 能用较快的速度默读课文，了解用空行标示长文章各部分的方法，并尝试独立从两条线索为每部分列小标题来把握课文的主要内容。 3. 运用边读边想、瞻前顾后的阅读方法，关注故事情节和人物形象，和同学交流印象深刻的内容，体会主人公青铜执着坚定、善良淳朴的性格和品质。	综合前两次"主要人物的主要事件""人物品质"提炼小标题的方法，独立拟小标题，把握文章主要内容，体会人物品质。

续　表

类别	目　　　　标	内　在　关　联
口语交际	1. 能根据讨论的目的，记录重要的信息。 2. 能分类整理小组的意见，做到有条理地汇报。	用列小标题的方式抓住要点记录意见。
习作	1. 能按学习的顺序把自己学做事情的过程写清楚。 2. 能写出学习过程中遇到的困难或有趣的经历，把心情变化写下来。	贴近学生的生活，契合本单元"成长"主题。
语文园地	1. 了解本单元长文章的特点，交流把握长文章主要内容的方法。 2. 能用学过的修改符号修改一段话。 3. 体会不同比喻句表达的不同感情色彩，并仿写。 4. 朗读、背诵古诗《独坐敬亭山》。	整理用列小标题的方法把握文章主要内容并用修改符号修改作文。

以下是单元语文要素在3篇课文中的梯度序列：

单元语文要素在课文中的梯度序列

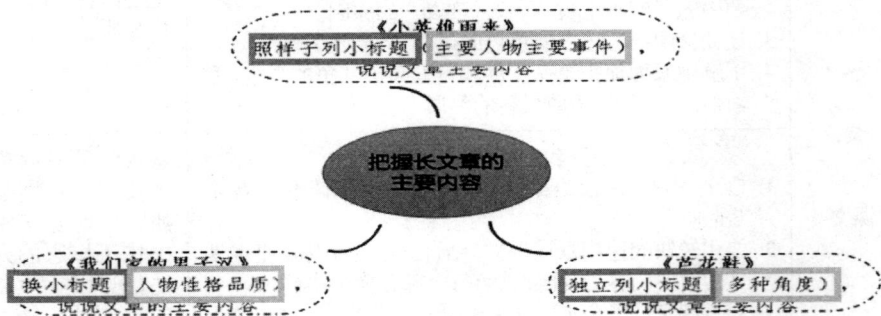

《小英雄雨来》以序号的形式作为每部分的分隔，从第一部分抓住主要人物主要事件提炼小标题的样子，由学生模仿着为二至六部分列小标题，把握文章主要内容。

《我们家的男子汉》*从文中三部分所提供的小标题关注人物性格品质提炼的方式来换小标题，从而丰富小标题提炼的方法，把握文章主要内容。

《芦花鞋》*以空行的形式作为每部分的分隔，综合运用前两课习得的方法，从多角度独立列小标题，把握文章主要内容。

（三）系统的课后作业设计

在本单元3篇课文短短4课时的学习中，尽管老师的设计很精巧，学生的发言也很精彩，但听课学生在快速听记的过程中只是被动接受，很难消化大容量的信息，形成"用列小标题，把握长文章的主要内容"的能力。所以，有必要聚焦于这一能力发展的课后练习设计，使学生得到较为充分的运用性训练，以促进这一能力的形成与发展。

1. 配置练习目标

基于这一点，我们就单元的阅读要素——把握长文章的主要内容，制定配置练习目标。

拓展内容	练 习 目 标	水平层次
前测《班级开心国》	1. 根据各部分内容提炼小标题。 2. 借助已有小标题，写出文章的主要内容。	运用
《把鬼子领进地雷阵》	1. 阅读《把鬼子领进地雷阵》，能根据已有的小标题，列出其他部分的小标题。 2. 借助小标题，写出文章的主要内容。	理解 尝试运用
《我们家的男子汉》	1. 阅读《我们家的男子汉》节选的内容，提炼小标题。 2. 借助小标题，写出文章的主要内容。	理解 尝试运用
《老槐树》	1. 用较快的速度阅读《老槐树》，在思考每一部分主要内容的基础上写出小标题。 2. 借助小标题，写出文章的主要内容。	进一步 尝试运用
后测《妈妈哭泣的那一天》	1. 能根据已有的小标题，列出其他部分的小标题。 2. 借助小标题，写出文章的主要内容。	运用

2. 配置相关练习

我们来看一下上面这张表格。

前测《班级开心国》：这是进行研究之前所做的一个简单测试，旨在了解学生通过前期线上课文内容的学习，课后练习的巩固，对于"用列小标题的方法，把握长文章的主要内容"的掌握程度。

《把鬼子领进地雷阵》：通过提供与第19课《小英雄雨来》相应的拓展内

容,练习尝试运用"用列小标题把握叙事性长文章的主要内容"这一方法,达到巩固概括能力的目的。

《我们家的男子汉》节选:《我们家的男子汉》节选中"他对父亲的崇拜"是课内的拓展阅读,旨在促使学生尝试迁移、运用。这一材料的选用最为恰当,是课内向课外自然的延续。

《老槐树》:本文是第21课《芦花鞋》之前的内容,它们呈现的方式一样,没有任何小标题,只是在每个部分空行,让学生在空行处结合了解的主要内容提炼小标题,将学到的方法进一步在新的情境中尝试运用,能力得到巩固强化。

后测《妈妈哭泣的那一天》:经过三轮的练习,最后的综合测试设计了两个与本单元语文要素相关的练习。一个是用较快的速度读这篇长文章,想想围绕"妈妈哭泣的那一天"发生的事情,根据已有的小标题(第一部分),列出其他部分(第二、第三、第四部分)的小标题。这里需要关注第一部分所提供小标题的特点,在列第二、第三、第四部分小标题时结构要相对一致。另一个是借助已有的小标题,写出这部分的主要内容。

通过这样一个系统的练习目标制定以及相应的配套练习设计,促使学生能力在尝试运用中不断地巩固、发展与提升。

三、研究过程与方法

(一)时间安排

四下第六单元练习跟进时间安排

时　　间	内　　容
6月3日(周三)	《班级开心国》前测及分析
6月4日(周四)	《把鬼子领进地雷阵》练习跟进
6月5日(周五)	反馈指导
6月8日(周一)	《我们家的男子汉》节选练习跟进
6月9日(周二)	反馈指导
6月10日(周三)	《老槐树》练习跟进
6月11日(周四)	反馈指导
6月12日(周五)	《妈妈哭泣的那一天》后测及分析

（二）实施过程

1. 前测

（1）内容：《班级开心国》

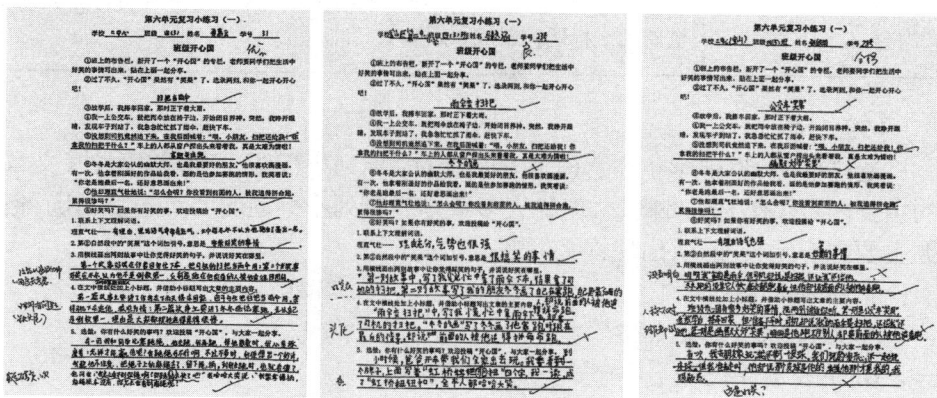

（2）数据

《班级开心国》分析单

学校	宝山区第二中心小学		班级	四（3）	人数	38
概括小标题	全对	5	对一个	21	全错	12
	优秀答案	雨伞"变"扫帚/第一反"被追"；雨伞"变"扫把/最后一名的证明				
	典型错例	放学回家/冬冬的作品；拿错了东西/幽默的东东；难为情/不服气				
归纳短文主要内容	要点不明	15	缺少部分	25	语言啰唆	12	不够连贯	10
	优秀学生	5	不足学生		10		
	优秀答案	作者将《开心国》里的两则故事告诉读者：有一次作者下公交车时，将司机的扫把当作了雨伞；冬冬画的画上，自己在比赛中是最后一名，还理直气壮地说是自己追着前面的人。 　　老师让同学们把生活中的趣事贴在《开心国》专栏上，选录两则。一、有一次我在乘公交车时把雨伞放在了椅子边，下车时却不小心把司机的扫把拿走了。二、幽默的冬冬反驳"我"说他跑步慢，说前面的人被他追得拼命跑，累得很惨。				

归纳短文主要内容	典型错例	冬冬把雨伞拿成扫把。东东画的漫画。(直接将小标题合并) 第一篇文章写的是难为情，因为拿成别人的扫把。第二篇写的是不服气，因为作者的朋友不相信自己就跑得慢。(直接将人物情感的小标题扩展成原因)

（3）分析

通过前测，发现学生在之前学习时已对"用列小标题，把握叙事性长文章的主要内容"有了初步概念，但绝大多数学生对列小标题的要点不够明确，把握主要内容比较随意，出现许多问题。比如：

① 列小标题

A. 没能抓住主要人物；

B. 主要事件把握不住；

C. 内容不完整；

D. 结构不一致；

E. 语言不简练。

② 把握文章主要内容

A. 没能抓住主要人物的主要事件；

B. 内容不完整；

C. 语言啰唆，不够简洁；

D. 语句前后不连贯。

针对这些情况，我在恢复线下教学时对自己班级的学生进行了几轮跟进式专项能力训练，以达到学生牢固掌握"用列小标题，把握叙事性长文章的主要内容"的能力。

2. 第一轮研究

（1）内容：《把鬼子领进地雷阵》

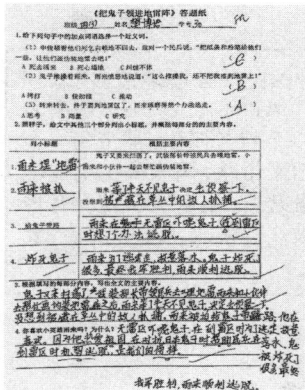

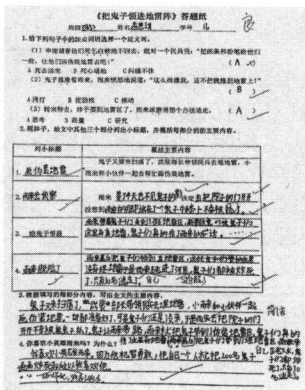

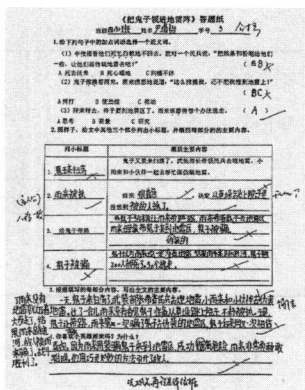

（2）数据

《把鬼子领进地雷阵》分析单

学校	宝山区第二中心小学		班级	四（3）	人数	38
概括小标题	全对	6	对1个	10	全错	8
			对2个	14		
	优秀答案	画伪装地雷；侦察被抓；意外被抓；领进地雷阵				
	典型错例	和小伙伴埋地雷（做的事情不明确）；战斗胜利（没有从主要人物主要事件的角度）；部长埋地雷、鬼子上当了（要抓住主人公）；以为没人了（抓要点）				
归纳短文主要内容	要点不明	8	缺少部分	14	语言啰唆	8	连贯不够	8
	优秀学生	6		不足学生		10	
	优秀答案	鬼子又来扫荡了，武装部部长带领民兵去埋地雷，雨来和小伙伴去帮忙画伪装地雷。之后雨来等了半天不见鬼子，决定去侦察一下。没想到被藏在草丛中的敌人抓捕。雨来被迫给鬼子带路，他在无雷区吓唬鬼子，到了雷区时为了逃走故意落水，鬼子被炸死很多，最终我军胜利，雨来顺利逃脱。 鬼子来扫荡了，雨来和小伙伴帮民兵画伪装地雷。画好后，雨来决定前去侦察鬼子的行踪，却被特务抓住。鬼子让雨来带路，雨来将计就计，把鬼子带到地雷阵，自己跳河脱身了。					

续　表

归纳短文主要内容	典型错例	鬼子又来扫荡了,武装部部长带领民兵去埋地雷,雨来和小伙伴一起画伪装地雷。可是等了许久也不见鬼子来,雨来着了急,决定到院子里看看,没想到被一个特务抓住,被带到一个日本军官那儿。这个日本军官强迫雨来带路,雨来决定引鬼子到地雷区。到了地雷区附近,雨来骗鬼子,让鬼子以为没有地雷。鬼子相信了,大踏步走进去,被炸得大败。(不够简洁,要抓住要点)

（3）调整

结合之前的问题——主要人物和主要事件不明确、不完整,进行有针对性的讲解。

① 教学要点

1）列小标题

学生对于主要人物主要事件的把握不够准确。

如:部长埋地雷、鬼子上当了、以为没人了、和小伙伴埋地雷、战斗胜利……文章中的主人公是雨来,所以提炼时对象要明确。另外,主人公所做的事容易眉毛胡子一把抓,看到信息没有好好思考就拿来为我所用。

2）主要内容

主要事件不明确,不完整,语言啰唆。

在概括时往往主要人物的主要事件不够凸显,或是必要的情节内容的提炼缺失,要么因说不清而啰里啰唆说了一大段。

② 小结

1）抓住主要人物的主要事件(谁干什么、在什么情况下、结果如何等);

2）按事情的起因、经过、结果说清楚。

可以先根据事情的起因、经过、结果说说主要内容,再从中提取内容列小标题。也可以先根据主要人物的主要事件来提炼小标题,再结合小标题,按事情的起因、经过、结果说说主要内容。

3. 第二轮研究

（1）内容:《我们家的男子汉》

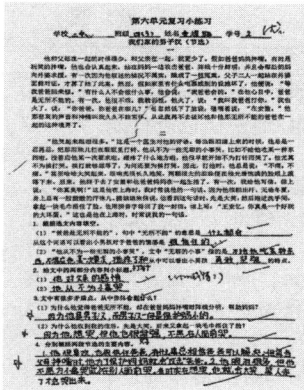

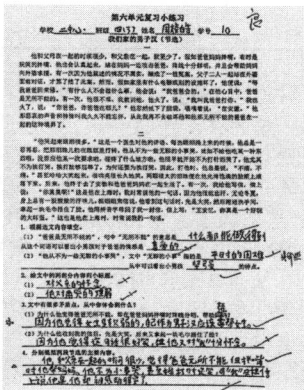

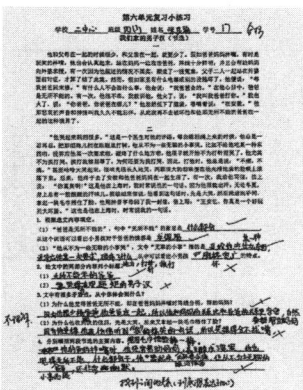

（2）数据

《我们家的男子汉》分析单

学校	宝山区第二中心小学		班级	四（3）	人数	38
概括小标题	全对	10	错1个	21	全错	7
	优秀答案	他对爸爸的敬佩；他敬佩爸爸；佩服父亲； 不为小事哭；爱掩饰自己哭的他；性格刚强的他。				
	典型错例	我爸爸无所不能；他对父亲的感情；帮助妈妈；他和爸爸； 哭起来眼泪很多；他的眼泪；互相写信；关于他哭的事。				
归纳短文主要内容	要点不明	7	缺少部分	11	语言啰唆	7	连贯不够	7
	优秀学生	10		不足学生	7	
	优秀答案	虽然很崇拜无所不能的爸爸，可在拌嘴时会帮助能力比爸爸弱的妈妈。 　在挨打时他总是用笑声来掩盖他的哭声。当他去安徽后收到了我的信，他激动地流下了眼泪，但不愿被我发现。 　他很喜欢也很信任爸爸，有什么事总相信爸爸可以解决。但每当父母拌嘴时，他为了保护妈妈就会"攻击"爸爸。 　他眼泪很多，但他不愿为小事哭或在别人面前哭。有时实在想哭，他就会大笑，等人走了才会哭出来。				

归纳短文主要内容	典型错例	有时爸爸妈妈开玩笑拌嘴,站在妈妈这边攻击爸爸。有一次还起了一桩冤案。还有一次,我教训他,他说让爸爸打我,我问他爸爸在哪儿,他伤心了,我没有再去破坏他们的感情。他从不为一些小事哭,挨打时还笑,说不痛,却落泪了。我给他写信,说他臭,他先笑,然后哭了。他给我回信说我是一个很好玩的大坏蛋,这是他在上海经常说的话。(没有抓要点) 　　他和父亲相处的时间少,爸爸妈妈拌嘴时,因为和妈妈更亲所以帮着妈妈,实际上在他心里相信爸爸是无所不能的,和别人也是这么说。(表述观点不清) 　　他眼泪很多,但他总是一忍再忍,他看到我的信去洗手间拿起一块毛巾捂住脸,他回了我的信。(说明什么呢)

（3）调整

学生基本能抓住主要人物和主要事件,但对于做这一事情作者到底想要凸显主人公什么,学生没有从这一点上去深入思考,以至于没有达到精准的效果。

① 教学要点

抓住主人公品质确定小标题,如:小标题"阵线分明""无所不能"。

"阵线分明"指向主人公——男子汉,"无所不能"指向——爸爸,那与妈妈有什么关系? 关联词:虽然……但是……(从"然而"一词看出两部分内容的关系)归根到底站在妈妈一边——保护妈妈,体现男子汉保护弱小的特点。

② 结合文章主题确定主要内容

1）不为小事哭——罗列的小事（面）；

2）后来——具体的一件事（点）。

结合表达的主题确立自己叙述的要点。

③ 小结

围绕主人公品质及文章表达的主题进行提炼,并抓住要点加以有选择地叙述。

4. 第三轮研究

（1）内容:《老槐树》

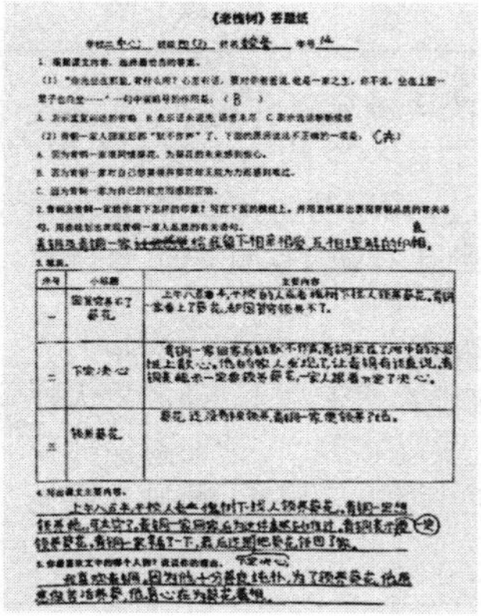

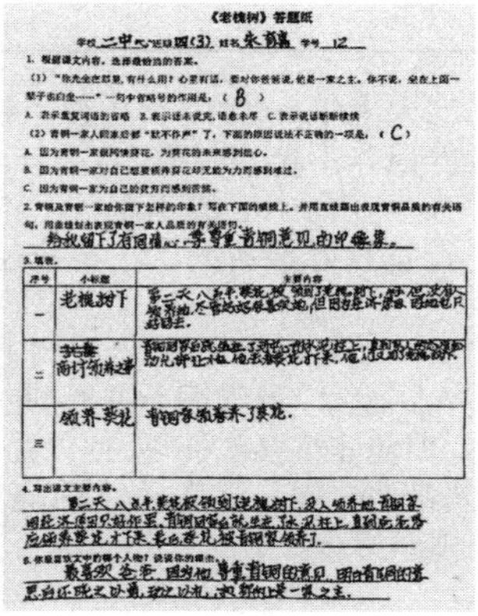

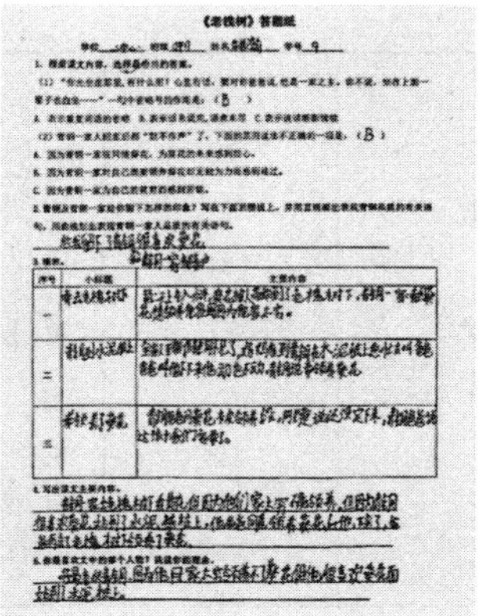

（2）数据

《老槐树》分析单

<table>
<tr><td>学校</td><td colspan="2">宝山区第二中心小学</td><td colspan="2">班级</td><td colspan="2">四(3)</td><td colspan="2">人数</td><td>38</td></tr>
<tr><td rowspan="4">概括小标题</td><td rowspan="2">全对</td><td rowspan="2">12</td><td colspan="2">对1个</td><td colspan="2">11</td><td rowspan="2" colspan="2">全错</td><td rowspan="2">5</td></tr>
<tr><td colspan="2">对2个</td><td colspan="2">10</td></tr>
<tr><td>优秀答案</td><td colspan="8">因贫困没领葵花、想领养但无能为力/说服家人领养葵花、请求领养/决定领养葵花</td></tr>
<tr><td>典型错例</td><td colspan="8">来到老槐树下/下定决心/商讨领养之事</td></tr>
<tr><td rowspan="3">归纳短文主要内容</td><td>要点不明</td><td>6</td><td>缺少部分</td><td>8</td><td>语言啰唆</td><td>8</td><td>连贯不够</td><td>9</td><td></td></tr>
<tr><td>优秀学生</td><td colspan="3">8</td><td>不足学生</td><td colspan="4">9</td></tr>
<tr><td>优秀答案</td><td colspan="8">青铜一家本来想领养葵花，可因家境贫穷最后没有领养。回家后，青铜为了让家人领养葵花，坚持坐在水泥柱上试着说服家人。青铜一家最终领养了葵花。
葵花被人带到了老槐树下，没有一家人收养她，青铜一家也无能为力。回去后，一家人默不作声。经过奶奶的劝说，青铜把想收养葵花的想法告诉了爸爸。青铜一家重新回到了老槐树下决定收养葵花。</td></tr>
</table>

归纳短文主要内容	典型错例	第二天上午8点半,葵花被干校的人领到老槐树下,许多人都想领养但养不起,青铜家也一样。青铜一家回到家都不作声,青铜一人坐在河中心的水泥柱上难过,用手势告诉爸爸要领养葵花。爸爸只好跟着去了。葵花还坐在石碾上,青铜的爸爸要领养。 第二天上午8点半,在老槐树下青铜一家十分喜欢葵花。青铜一家人回到家,但青铜不见了,原来他在水泥柱上,他的家人让他下来,但他非常喜欢葵花,他只要把葵花接到家,他愿意做任何事,奶奶带他去领养葵花,妈妈和爸爸也默默答应了,最后青铜爸爸出面领养葵花。

（3）调整

① 教学要点

学生在把握全文主要内容时,虽然各部分基本能结合小标题,抓主要人物、主要事件加以扩展,但在合并时衔接比较牵强,语句的通顺连贯上还是有欠缺。

1）可以按时间顺序,如:早上、中午、晚上;可以按空间顺序,如:屋前、门前、屋后;也可以两者兼顾,如:本文中提到的上午8点半……回到家……老槐树下……

2）有时没有清晰的时间和空间顺序的短语,可以按一定的逻辑关系,运用关联词加以连接。比如:虽然……可……当……却……于是……这样连起来说一说就比较通顺连贯,且能找到彼此间的逻辑关系。

② 小结

将各部分内容合并起来时注意抓住主要的,删除次要的,相同的合并。衔接各部分内容时可按一定的时间或空间顺序,亦或是一定的逻辑关系运用关联词加以自然连接。

5. 后测

（1）内容:《妈妈哭泣的那一天》

（2）数据

《妈妈哭泣的那一天》分析单

学校	宝山区第二中心小学		班级	四（3）	人数	38
概括小标题	全对	10	对1个	11	全错	5
			对2个	12		
	优秀答案	无所不能；刻苦学习；成就事业				
	典型错例	放学回家/冬冬的作品；拿错了东西/幽默的东东；难为情/不服气				
归纳短文主要内容	要点不明	8	缺少部分	8	语言啰唆	5	连贯不够	6
	优秀学生	8		不足学生	9		
	优秀答案	很久以前,母亲脸埋在沙发里哭泣,因为她失业了。但我相信母亲是无所不能的,因为她开过幼儿园、购置过小旅馆,还在自学打字。时隔8天,她又找了一个工作,但她还在练习,最后,我们都成功了。						
	典型错例	很久以前的一个昏暗冬日,我一回到家,看见妈妈在哭,因为她失去了工作。我相信妈妈无所不能,因为她开过幼儿园、购置过小旅馆,还为了去电台练习打字。经过几次失败后,她终于把持不住自己,头靠在我的肩上,开始哭了起来。过了8天,她成为了一个纺织品售货员,但是她还在练习打字。两年后,我跨进大学,母亲已经又找了一个工作。过了几年,我做了报社记者,我和母亲都学到了一些东西。在我的心里,母亲永远是又软弱又坚强的。						

四、结论与思考

（一）结论

通过前一阶段几轮的训练，以及呈现的具体数据，我们不难看出，学生对于"用列小标题，把握叙事性长文章的主要内容"的方法有了进一步的把握。

1. 提炼小标题

（1）抓住主要人物；（2）明确主要事件；（3）结构基本一致；（4）语言简明扼要。

2. 借助小标题，把握主要内容

（1）抓住要点；（2）内容完整；（3）语言简练；（4）叙述连贯。

抓住主要人物主要事件（谁干什么、在什么情况下、结果如何），按事情的起因、经过、结果说清楚——围绕主人公品质及文章表达的主题进行提炼，并抓住要点加以有选择地叙述——将各部分内容合并起来时注意抓住主要的，删除次要的，相同的合并——衔接各部分内容时可按一定的时间或空间顺序，抑或是一定的逻辑关系运用关联词加以自然连接。

（二）模式

有了这一套关于四下第六单元"用列小标题，把握叙事性长文章的主要内容"的能力梯度作业设计、评测与讲析，以及具体的实施方法、路径和策略，相信除了本单元"把握文章主要内容"这一语文要素外，对于其他一些单元语文核心要素能力的训练也能借此模式从中得以借鉴。

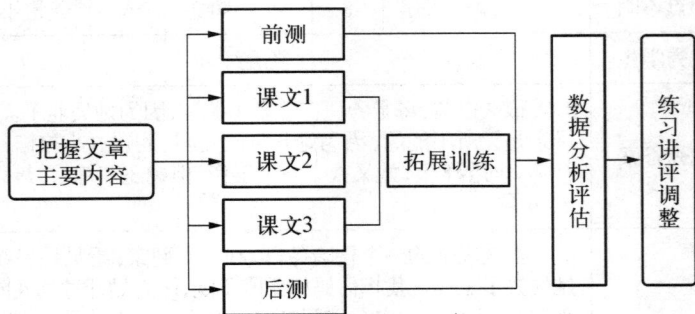

（三）思考

通过近两个星期聚焦于"用列小标题，把握叙事性长文章的主要内容"这一能力发展的练习，学生得到了较为充分的运用性训练，促进了这一能力的形成与发展。

尽管在这一过程中，学生巩固、丰富、发展、提升了这一能力，但由于篇章难易度不同，学生在把握上还是会出现各种各样的情况，需要实验者能从更多的角度（包括文章内容的生疏度、篇幅的长短、文本结构的形式、语言的特色等），考虑学生的认知度，这样的实践可能会更科学。虽然文本变了，难易度变了，形式也不同了，学生一直都在碰到新问题，不停地在调整，效果不够明显，但老师和学生一定在不同的文本中摸索到"用列小标题，把握叙事性长文章的主要内容"的方法，从中获取规律，提升概括的能力。

我想，我们的研究一定是在不断地发现问题——解决问题——再出现问题——再调整解决的过程中更趋完善。

【作者简介】

陈丽琴，教龄33年，高级教师。曾多次荣获宝山区嘉奖，撰写论文多次获得上海市小学语文教学优秀论文评比活动一等奖。

过程性评价应用于提升小学数学几何直观能力的行动研究

一、问题的提出

在下半年的某次分项评价中,本人对任教班级及年级再次进行了数据分析(见图1、图2):

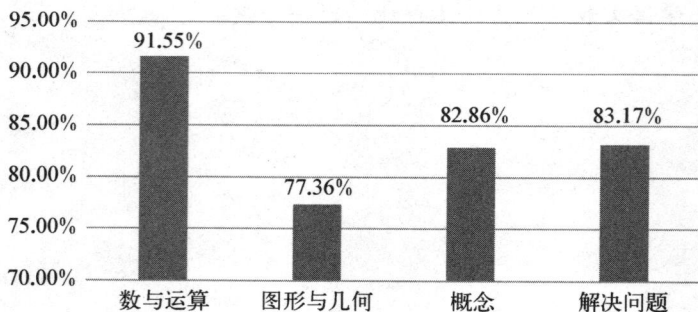

图1　四(8)班某次数学分项评价各知识模块正确率

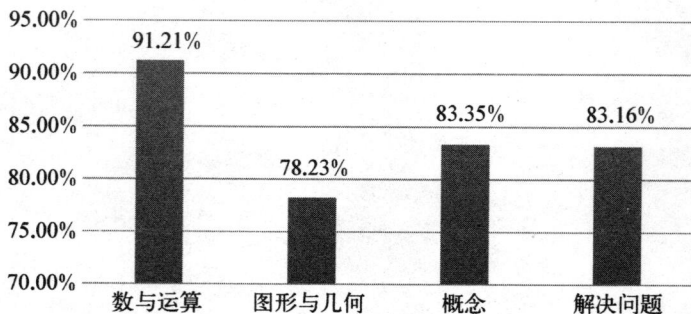

图2　四年级某次数学分项评价各知识模块正确率

从以上条形统计图中可以看出,我班的图形与几何知识模块的得分率依然是最低的,相比得分率处于中游的概念和解决问题模块还低了5%～6%。纵观整个年级,四年级在这次数学分项调研中,图形几何知识模块的正确率也是最低,我班在该模块的得分率低于年级平均水平。从试卷中能看出,学生的几何直观能力非常薄弱。

试卷中错误率最高的题目如下:

用四个长5 cm、宽2 cm的小长方形拼成一个大长方形(不能重叠),可以有( )种拼法。请在方格图中画出其中周长最短的一种情况,并算出它的周长。

具体分析我任教班级的错例,情况统计如下:

表1　错误情况统计表

	错题人数	正确率	没图	有图没思路	有图有思路
年级总人数(327人)	201	38.53%			
四(8)班(37人)	27	27.02%	4	6	17
四(5)班(34人)	28	17.65%	3	5	10

从数据及学生卷面情况来看,大部分学生对于此类图形与几何的题目,能想到用画图等方法解决,但是画图能力薄弱,将文字抽象成图形的能力不强,也就是几何直观能力虽然相比较之前有提升,但依旧属于薄弱。

因此,还须加强对学生多方面的关注,借助评价关注学生的学业成果,更要关注学生的能力、兴趣、习惯。只有对学生进行持续性的关注后,才能使学生几何直观能力得以提升。鉴于以上原因,本人开展了"过程性评价应用于小学数学'几何直观'能力提升的行动研究"。

二、原因分析及策略

(一)原因分析

1. 教师对学生的评价方式单一。

2. 课堂学习评价多以教师评价为主。

3. 教师对学生的评价注重结果轻过程。

（二）行动研究策略

1. 根据《上海市小学基于课程标准的评价指南》,确定提升小学生数学几何直观能力的评价目标。

2. 结合我校大拇指评价体系,设计提升小学生数学几何直观能力的评价标准。

3. 把评价落实到数学课堂中,落实到学生的活动中,通过不同的评价方式给每个学生获得成功的机会。

4. 基于学生学习习惯、学习态度、学业成果的数据分析,不断优化、完善评价的内容及体系。

三、研究计划的制订

针对上述小学数学教学中存在的几何直观教学方面的问题与不足,为了更好地在小学高年段数学教学中培养学生的几何直观能力,从而达到提升学生数学核心素养的目的,本研究采用了行动研究法,对学生进行几何直观能力培养,并就存在的问题进行及时反思与改进。

研究对象:研究的班级共37人,男女学生数量相对均衡,且数学测评等第在年级组居中,因此,所选班级具有一定的代表性、典型性,比较适合进行行动研究。

行动研究内容设计:本次行动研究严格按照计划→行动→反馈→反思的步骤开展,共设计两轮。在第一轮结束后,根据反思结果,针对不足进行及时改进,旨在第二轮行动研究展开时避免再次出现类似疏漏,优化其效果。

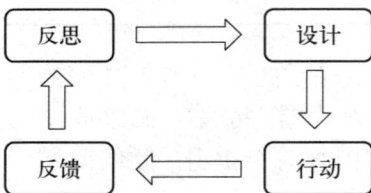

图3　行动研究的步骤

第一轮行动研究的教学内容:沪教版小学数学四年级第一学期《圆的初步认识》。第二轮行动研究的教学内容:沪教版小学数学四年级第一学期《平行》。在教学内容之间,难度逐步提升,注重培养学生的学习兴趣。

四、行动研究的实施与改进

本次行动研究以小学数学高年段"图形与几何"知识模块的学习为例。

（一）第一轮行动研究

1. 计划

（1）实施课例:四年级第一学期数学《圆的初步认识》

（2）实施对象:四(8)班全体学生

（3）实施策略：通过课堂前测、课堂学习、课堂后测，让学生在课前、课中、课后，对"圆"有不同程度的认识，提升他们的几何直观的能力。再根据本节课的学习目标，对学生的不同活动表现、学生的学习习惯及学习兴趣进行观察，并及时评价。课后，对课堂表现积极且敢于发表想法的同学奖励"课堂表现精彩""数学小达人"等小思徽章。

2.行动

（1）课前测试

四年级数学第一学期第五单元有一课为《圆的初步认识》。在学习这节课之前，我进行了前测：画一个圆。前测情况如下：

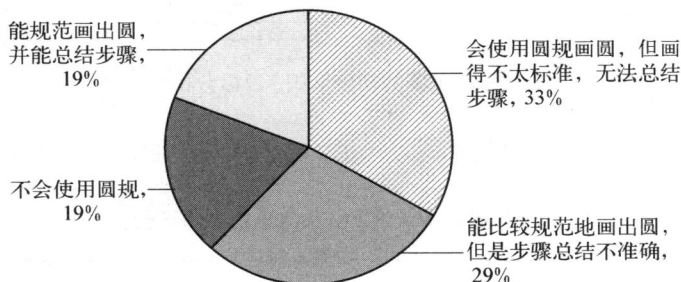

图4　《圆的初步认识》前测数据

（2）活动设计

通过前测分析，在教学《圆的初步认识》这节课的时候，注重学生已有的生活经验，将视野从课堂拓宽到生活空间，引导他们观察生活，在现实世界中直观地积累"圆"的经验。我将本课内容从知识维度、学习水平维度和学习结果的视角进行分析，如下图：

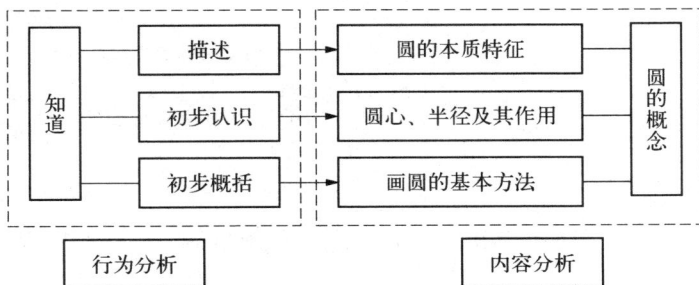

图5　《圆的初步认识》内容分析

由此制定了学生的学习目标：

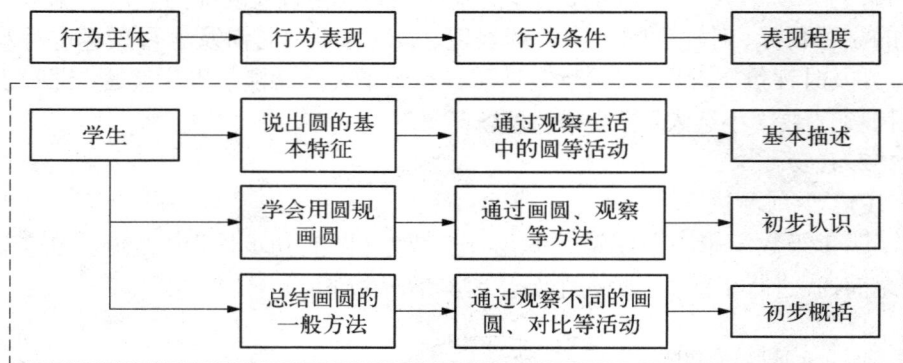

图6 《圆的初步认识》目标分析

根据本节课的活动设计,本人设计了关于几何直观能力的评价标准,如下表:

表2 《圆的初步认识》中几何直观能力评价标准

评价能力	评价指标	评价观察点	评 价 标 准	说 明
几何直观	感知	（1）说出圆的基本特征。	能说出圆的基本特征。	这一项活动基本都能完成。
	理解	（2）经过想象、操作，画成一个圆。	A. 能借助其他事物固定圆心和半径来画圆； B. 能徒手画出一个封闭的比较光滑的圆； C. 其他。	学生尝试借助身边的工具画一个圆。
	概括	（3）借助圆规画成一个圆。	A. 能用圆规画出一个标准的圆； B. 画的过程中圆心不会移动，或画的过程中圆规两脚间的距离不会发生变化； C. 其他。	掌握画圆的基本要点。
	实践	（4）借助粉笔在黑板上画出一个圆。	A. 能在黑板上固定圆心和半径画圆； B. 其他。	利用找到的画圆的方法进行实际操作。

（3）教学实施

片段1：

教师让画圆失败的学生解释原因，随后教师评价："大家都情不自禁地给你掌声。虽然第一次画错了，但是你能找到自己为什么会画错，还敢于说出自己的问题，真的很棒哦！你愿意再画一个吗？"该生后来成功地画了一个圆。

片段2：

学生A为体育老师出谋划策"如何在操场上画一个很大的圆"，学生B能够想象并阐述学生A的方法，教师评价："你们很会思考，找到了圆规画圆和体育老师在操场上画圆的共同点，真厉害！"

片段3：

学生A和B在黑板上合作画圆，合作的过程中，多次交流、讨论，最终画出了一个圆。教师评价："在画的过程中，他们互相交流画圆的步骤和要点，虽然画的过程很坎坷，圆的边缘没有像用圆规画的时候那么光滑，但是确实画成了，真的很不容易。"

3. 数据反馈

（1）学生学习情况反馈

本节课时长35分钟，针对教师过程性评价以及学生课堂表现，进行了数据分析，并与以前的"图形与几何"模块教学时的课堂实录进行对比，情况如下：

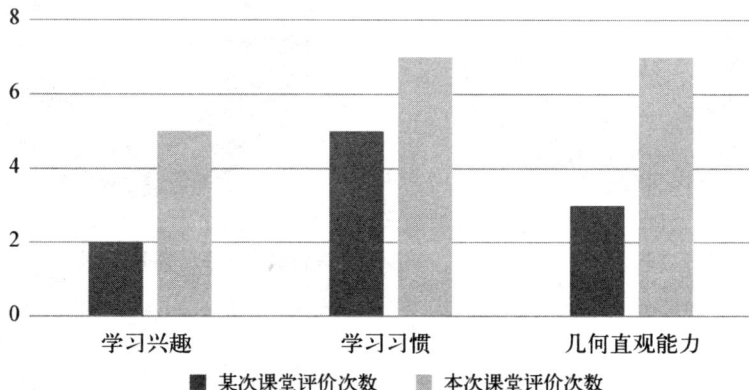

■ 某次课堂评价次数　■ 本次课堂评价次数

图7 本节课与某次课课堂评价次数对比

　　根据以上数据对比可以看出，教师此前比较注重学生学习习惯的培养，但缺少对学习兴趣及几何直观能力的评价引导。从本次的评价次数来看，有明显提升，说明教师对于学习兴趣及几何直观能力方面的关注更多了。

（2）小思徽章数据反馈

　　每节课后，本人对于学生及时进行小思徽章的评价，评价数据如下：

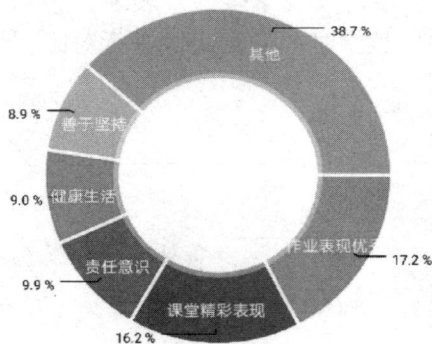

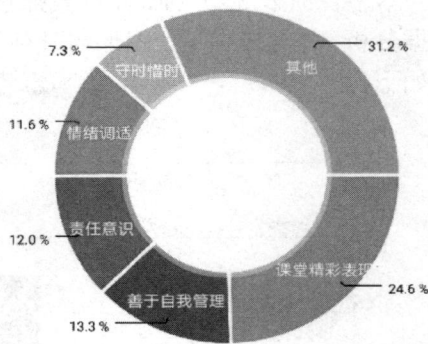

图8　行动前的小思徽章评价数据　　**图9　行动开始后的小思徽章评价数据**

从数据来看,评价对象从原本的80名学生增长到106名学生,说明过程性评价的范围更广了,而非只是关注优秀学生。此外,课堂评价的百分比有明显提升,从学习最根本的课堂出发,有利于学生能力的发展。

(3)学生作业反馈

四(8)班在学习完本节课后,布置了后测任务:画一个半径为3厘米的圆。

(4)对比年级学习成果反馈

将四(8)班与同年级平均学习成果进行对比,对比情况如下:

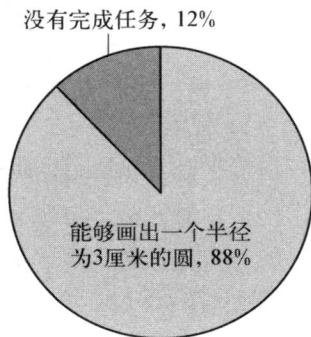

图10 《圆的初步认识》后测数据

表3 课前课后学习情况反馈表

	观察点	年级学习情况	四(8)班学习情况
前测	画出一个标准的圆。	29%的学生	31%的学生
后测	画出一个半径为3厘米的圆。	79%的学生	88%的学生
	没有画出半径为3厘米的圆。	21%的学生	12%的学生

从数据来看,我班的学习情况高于年级平均水平,而且,从前测到后测提高的百分比来看,也比年级平均水平高,本次行动研究对学生几何直观能力的培养有一定效果。

4.反思

根据第一轮的数据分析来看,本轮行动相对比较成功,教师能够关注到大多数学生,学生也有较为浓郁的学习兴趣,且学习效果比较显著。但是也有一些不足之处:本轮活动设计是以教师口头评价形式为主,学生属于评价的接受者,而主动评价他人的机会较少。此外,本轮行动研究以课堂教学为主,时间较短。

针对以上情况,提出以下改进策略:

(1)采用多样评价,提升评价效能。通过自评增强信心,生生互评相互激励。

（2）每月增加一次综合评价，将课堂评价和每月评价融合，对学生起到评价跟踪的作用，更加客观地进行评价。

（二）第二轮行动研究

1. 计划

（1）实施课例：四年级第二学期数学《平行》

（2）实施对象：四（8）班全体学生

（3）实施策略：基于第一轮行动研究，本轮行动研究增加了纸质评价表以及每月综合评价。

2. 行动

（1）设计过程性评价表

本人对整个知识模块的内容进行总体设计。并且，在学生学习几何知识后，进行评价追踪及反馈。

表4　"图形与几何"知识模块每月评价追踪表

评价跟踪表（　　月）			
指标体系	评　价　内　容	自评	互评
学习兴趣	对图形与几何方面的知识感兴趣。	☆ ☆ ☆	☆ ☆ ☆
	乐于思考图形与几何方面的内容。	☆ ☆ ☆	☆ ☆ ☆
	对图形与几何知识方面的内容有好奇心和探究欲。	☆ ☆ ☆	☆ ☆ ☆
学习习惯	能积极解决图形与几何方面的问题。	☆ ☆ ☆	☆ ☆ ☆
	课堂中认真听讲，注意力集中，围绕课堂内容展开思考。	☆ ☆ ☆	☆ ☆ ☆
	能通过阅读、动手操作、独立思考等方式，促进自己对图形与几何知识的认识与理解。	☆ ☆ ☆	☆ ☆ ☆
	能倾听，努力听懂同伴发言，并能请教他人不理解的地方，能与人商讨不同意见。	☆ ☆ ☆	☆ ☆ ☆
	乐于交流分享，说出自己的感受和想法，在交流中简明、清晰地表达自己的想法。	☆ ☆ ☆	☆ ☆ ☆

续　表

指标体系	评　价　内　容	自评	互评
几何直观	能获取图形、图示中所揭示的数据信息及数学事实。	☆ ☆ ☆	☆ ☆ ☆
	能用数学语言概括一般规律。	☆ ☆ ☆	☆ ☆ ☆
	能将复杂的问题简化,退回到最简单的形式进行思考,从而解决问题。	☆ ☆ ☆	☆ ☆ ☆
学生留言:			
综合评价:			

（2）课前测试

四年级数学第二学期第四单元有一课为《平行》。在学习这节课之前,四(8)班学生进行前测:① 你知道什么是平行线吗? ② 画已知直线的平行线。

学生所完成的作业情况如下:95%的学生知道平行的意思,其中20%的学生能比较规范地说出平行的概念;全班14%的学生会用比较规范的方法画出平行线,也大概能说出画图的步骤;81%的同学凭直觉画了一条直线,并不知道怎么画平行线。

（3）活动设计

本课内容从知识维度、学习水平维度及学习结果的视角进行分析,具体如下:

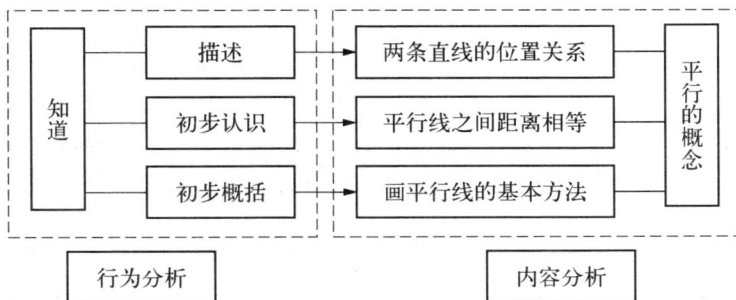

图11 《平行》内容分析

由此制定了学生的学习目标：

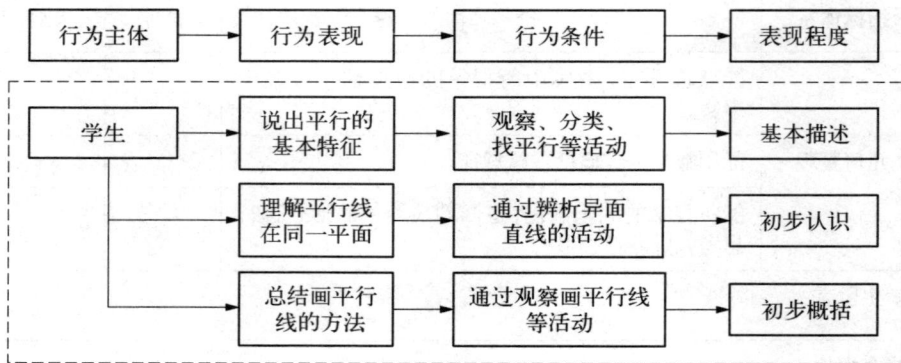

图12 《平行》目标分析

根据本节课的活动设计，本人设计了关于几何直观能力的评价标准如下：

表5 《平行》中几何直观能力评价标准

评价能力	评价指标	评价观察点	评价标准	说　明
几何直观	感知	说出平行的基本特征。	能说出平行的基本特征。	这一项活动基本都能完成。
	理解	理解平行线在同一平面。	A. 能通过观察，发现异面直线不是平行线，理解平行线在同一平面； B. 能通过同学、老师的描述理解平行线在同一平面内； C. 其他。	学生通过观察、倾听等方式理解平行线在同一平面。
	概括	总结画平行线的方法。	A. 能通过观察，总结画平行线的方法； B. 能通过观察，理解画平行线的方法，但不能总结归纳； C. 其他。	理解、总结画平行线的方法。
	实践	借助三角尺画已知直线的平行线。	A. 能借助三角尺画一条直线的平行线； B. 其他。	利用找到的画平行线的方法进行实际操作。

3. 教学实施

片段1：

学生解释两条马路垂直的理由时，利用已经学过的知识解释得非常清楚。教师评价：说得真完整，看来你以前学得非常扎实。

片段2：

学生在画"已知直线a的平行线"的过程中，教师善用评价引导学生先思考，比如，"我看到有的小朋友还在非常认真地审题，并没有着急动笔呢""你不仅把题目读清楚了，还读懂题目背后的意思"等。在学生反馈自己想法的时候，教师不断鼓励学生发表自己不同的想法。

4. 数据反馈

（1）本节课评价数据反馈

第一轮与本轮的教师过程性评价以及学生课堂表现的数据对比分析如下：

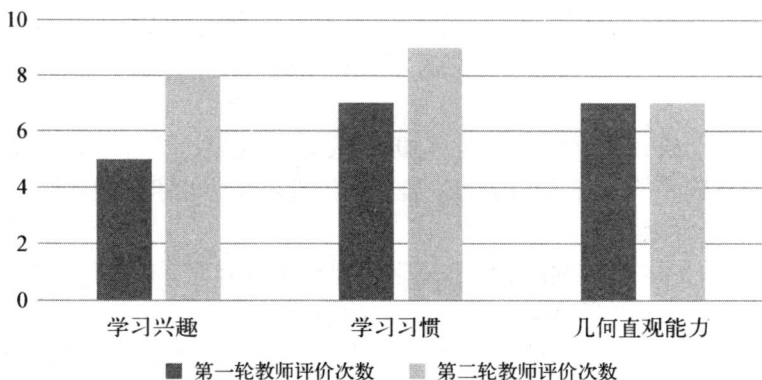

图13　第一轮与第二轮教师评价次数对比

从两次数据的变化来看，教师对于学习兴趣和学习习惯的过程性评价有所提升，整节课中，学生能够及时反馈问题，说明这类评价对学生起到了一些作用，能够促使学生主动思考、主动发言，充分调动学生的学习积极性，让课堂氛围更加活跃。

（2）每月评价追踪表数据反馈

采集2020年4—6月的评价跟踪表数据信息，得到我班人均3个评价维度的星数总和数据如下：

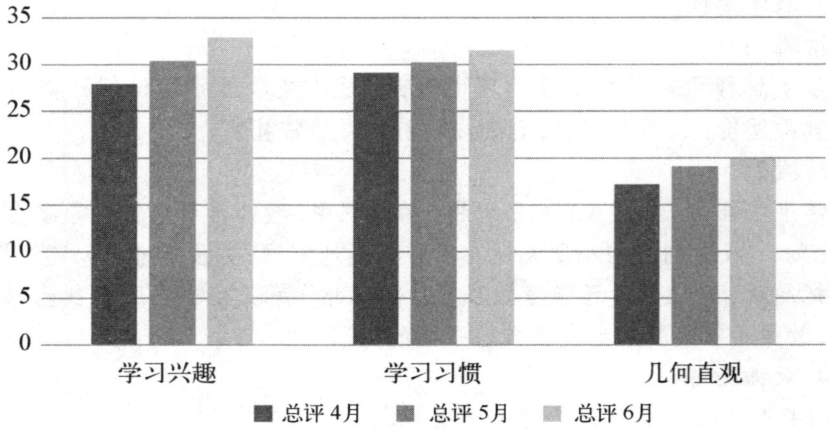

图14 每月评价跟踪表数据反馈情况

从上述评价数据可以看出,学生的学习兴趣有明显提升,学习习惯和几何直观能力也有一定的提升。可见,本次行动有一定的成效。

5.反思

本轮行动研究设计较上一轮更加成熟,教学效果也更加明显。学生在课堂中能保持较高的专注力和学习兴趣,而且课堂互动的氛围也比较浓郁。不过,仍有一些不足之处:

（1）评价形式比较烦琐,特别是学生自评和互评时,需要花费很多时间,而导致小部分学生有评价不能及时完成的情况。

（2）评价时间基本都是在校内的时间,校外基本没有任何对学生的评价。若是能设计几何直观能力的校外活动、任务,进行及时评价,对学生几何直观能力的提升能起到很大的作用。

五、成效分析

（一）实施提升小学生几何直观能力的过程性评价策略

1.建立评价标准,促动校本实施。

2.统一"教、学、评"目标,促进三方共存。

3.延续评价活动,促使评价增值。

（二）本次行动研究在学生中的成效

经过一段时间实践后,再次对年级进行分项评价调研,数据如下:

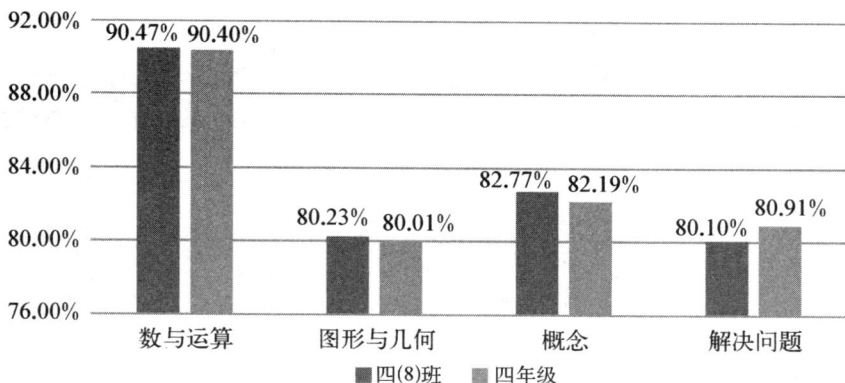

图15 期末数学分项调研情况

从统计图中可以看到,学生图形与几何的正确率超过了年级平均水平,而之前该模块的正确率是低于年级平均水平的。

分析具体错例,将学生的解题思路进行分类、统计,得到如下数据:

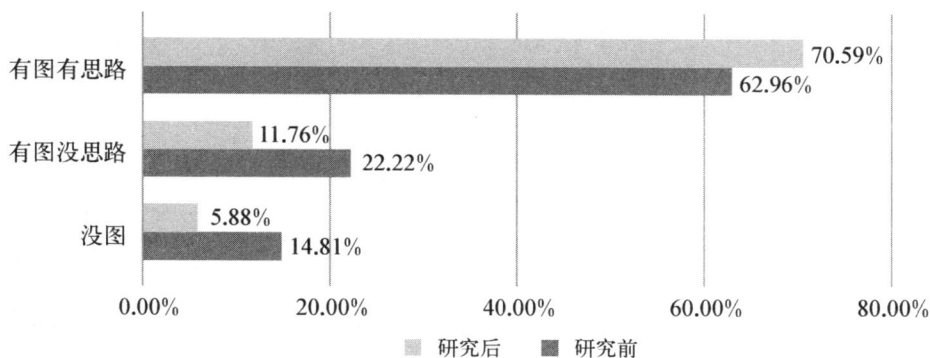

图16 学生错误情况对比

从学生错误情况对比来看,大多数学生能利用画图帮助理解题目的意思,能够有思路地画图帮助解决问题的学生占比增高,可以看出学生的几何直观能力有所提升。由此可见,本次的行动研究有一定的效果。

【作者简介】

程殷芳,校数学高年段教研组组长、年级组组长,宝山区数学骨干教坛新秀。曾获得宝山区中青年教师教学比赛三等奖,宝山区、上海市"优秀少先队辅导员"称号。

过程性评价助力后进生学习成长的行动研究

一、行动研究的对象与思考

"相信在孩子的心中植入信念,就像埋下一粒种子,总有一天会发芽。"作为一个班主任老师,解决孩子存在的问题,使其逐步走向完善,和孩子一起发展和成长,便是我教育工作的价值和意义。

小C,生长在离异家庭,两岁开始妈妈不在身边,爸爸几乎没有抱过孩子。从小奶奶包办得多,自理能力较差。进入小学后,学习上注意力不集中,表达困难。从任课老师的评价和观察中了解到,小C在上课的时候经常自顾自地玩耍,不听老师的劝告。但是,小C特别喜欢读书,接受能力比较强,对于自己感兴趣的事物有学习的欲望,但一旦对于喜欢的事物遇到困难或受到外界阻碍时容易放弃。

孩子进入小学后,应关注其学习习惯、学习兴趣、学业成果三个维度的评价,从下表的小思徽章平台数据中可以了解到,孩子在"习惯、兴趣、情感及自我效能"这四个方面的成长有所压抑和停滞。

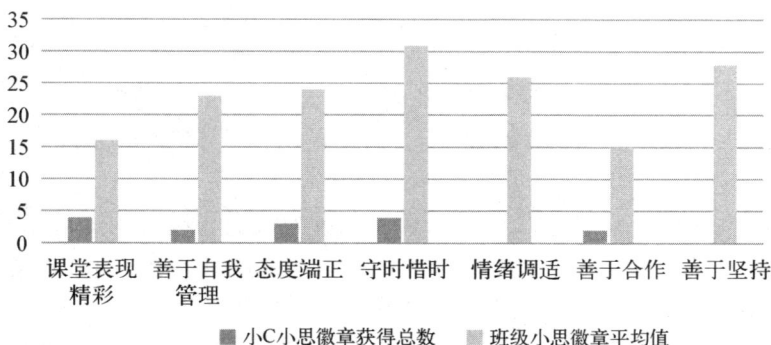

图1　小C所在班级秋季星娃小思徽章数

通过课堂观察法,观察其课堂表现和作业情况等具体的行为表现,关注老师的教学行为和家长教育方式,进行分析,小C需要干预和改变的问题行为描述如下表所示:

表1 小C进入小学后的行为描述

类别	具 体 描 述				
发生情境	听不懂课堂内容	作业不会做	平时交流、回答问题	上课前或写作业前	孩子的成绩不理想
发生过程	注意力不集中;上课时看课外书	把作业放学校不带回家,没有主动思考就说不会	读课文会加字漏字;平时交流有点口吃	桌上各种用品随意摆放;不会整理	失分严重,知识掌握得不扎实
持续时间	直到老师制止	经常	经常	经常	平时练习
干预行为历史	老师制止后没过多久继续看,或索性不听课	爸爸讲解一道题要花很长时间,且超纲指导,影响作业时间	提醒慢慢说,没有效果,就顺其自然了	提醒后理整齐,没过多久又是乱糟糟	爸爸题海战术,周末进行"魔鬼训练"

从小思徽章平台的数据和课堂观察中发现,小C对待学习的态度并非是因为没有学习能力,多数情况是由于行为问题和缺乏学习意识及内驱力而导致的。因家庭结构而导致孩子出现了种种问题,无法与人正确相处,表达情绪,甚至用犯错的方式来吸引人们的关注。在学校"三每五最"的理念下,在班集体共同学习的过程中,长时间的相对落后会让孩子造成"我总归不如别人"的固定思维,故想到了运用过程性评价,来促进其个性化的进步和成长。

过程性评价能够将小C当前的学习和行为状况与过去的进行比较,是基于学生个体的进步进行评价,能够关注孩子的发展和自身价值,调动学生学习的积极性。孩子的积极向上是与生俱来的,本研究就是希望通过一系列的过程性评价结果来改变孩子的学习问题和行为问题,激发孩子的学习动力,促使孩子的健康成长。

二、行动研究的第一个阶段——情绪调适

1. 建立关系，适时引导

从"选择适合于学生的教育"的目的出发，思考是什么原因导致孩子的学习没有积极性，行为出现了偏差？笔者作如下假设：① 没有良好的行为和学习习惯；② 想要得到老师和家长的肯定，但总是采取了错误的方式来吸引大家的注意。

于是，我在语文课前、体育活动课前、吃午饭后，利用两分钟的时间和小C进行沟通，利用孩子感兴趣的事情引发话题，真心诚意地流露对孩子的关心。例如：早晨迎接孩子进教室，一见小C，我便微笑着说道："哟，今天剪过头发了吧，看上去更精神了！这周末听你爸爸说带你去游玩了，怎么样？""哇！你能记住那么多景点和它的历史背景，你在这方面很有研究嘛！""我也很喜欢，真的是碰到知音了，来，和知音握个手！"

通过一个阶段的试验和观察，当孩子的情绪良好时，他在课堂上的表现有所改善；当孩子出现沮丧情绪时，孩子便会出现"不顺从"的抵触行为。当孩子暴露弱点、有负面行为时，尊重他，用积极的方式给予反馈。

2. 情绪过程性，课堂观察

基于表1的学生行为问题，发现绝大多数问题行为都发生在课堂上，开始尝试从学生的"学习情绪"指标入手，让学生的课堂问题行为归零。以学生的行为现状为依据，抓住有效教育契机，3位主课老师共同为其建立积极的环境，对有问题的行为及其原因和环境或方法等进行分析，尊重学生，用积极的方式给予反馈。

表2

基本方法	建立培育关系	孩子的意愿
让学生尊重并喜欢老师这个人。	洞察孩子生活上的事情，和孩子分享个人信息和成长经历，能够回应孩子的需求。	我愿意和老师沟通，听取老师的意见，老师很理解我，会为我提供支持。
让孩子知道老师坚信他有能力做到。	老师相信，通过努力，你一定能端正自己的行为。	我知道自己的行为会有很多不好的后果，我愿意去改变，我可以做到。
让学生对老师有安全感。	孩子的错误是学习的机会，接下来会有第二次（或第三次）机会，会引导和鼓励。	即使我犯错了，老师不会批评我，会给我改正的机会，老师很慈爱、友善。

　　在建立良好的师生关系后,我们利用学校"'百枚大拇指在行动'评价表",就小C的一周的语文、数学和英语课堂行为进行观察,如下表所示:

表3　"学习情绪"指标评价内容一周前后数据(一周前/一周后)

	学习压力承受	情绪行为调整	对学校认同
	遇到不会的问题置之不理;不愿纠正自己的错误	注意力不集中,做与课堂无关的事情,对老师的要求不耐烦	学习生活中愉快感较低,难以融入群体
语文课	4次/1次	3次/1次	8次/2次
数学课	8次/3次	6次/2次	8次/1次
英语课	8次/3次	10次/3次	10次/2次

3. 访谈对比,因势利导

　　在一周的课堂观察后,根据问卷内容对小C进行了访谈,他慢慢地愿意和老师沟通,听取老师的意见,并且认识到自己的行为问题,愿意去改变。以下为一周前后的访谈对比:

表4　小C"学习情绪"访谈问卷

访 谈 问 题	一 周 前	一 周 后
1. 学习上遇到老师批评或同伴对你的纠正时,你是怎么想的?	A. 讨厌,不想听	B. 有点难过,勉强接受
2. 学习上遇到困难,你会怎么解决?	A. 无所谓,等待老师的讲解	A. 无所谓,等待老师的讲解
3. 面对多个学习任务,你会怎么办?	B. 忘记完成部分任务	A. 合理安排时间,逐一完成任务
4. 碰到不顺心的事情时,有同学会发脾气,对此你怎么看?	A. 很赞同,觉得发脾气是应该的	B. 能理解,希望他们能调整好情绪

访 谈 问 题	一 周 前	一 周 后
5. 碰到不顺利的事情时，你会如何度过？	B. 难过一阵子后会调整好情绪	B. 难过一阵子后会调整好情绪
6. 每当不开心的时候，你会和谁聊一聊？	D. 不想和任何人说	D. 不想和任何人说
7. 对于参加小队或小组活动，你是怎样想的？	D. 不太愿意参加	B. 愿意参加

情绪对学生的学习和思维有着巨大的影响。有心理学家研究发现，学生的乐观性跟他们的学习成绩有着非常高的相关性，在智力相当的学生当中，乐观性高的学生会确定较高的奋斗目标，并且懂得怎样努力实现目标。因此，通过评价将学生学习中的负面情绪降低，引导学生正确面对学习过程中的挫折，对于提升学习动力意义重大。

先处理情绪，再处理事情，这是帮助孩子的原则，也就是说我们要先关注孩子的情绪，再进行具体的行为改进，激发其内驱力。当老师和孩子之间建立强大的关系后，之后进行的目标引导便能顺利开展了。但是学生和老师的固定思维是需要长时间进行实践的，其间学生的学习情绪也许还会有反复，所以如何提高学生的学习兴趣和学习能力，需要进一步地实践和研究。

三、行动研究的第二个阶段——目标激励

1. 制定目标和行动计划

当小C在改善自己的学习情绪后，如何改善其学习和行为习惯呢？我们从学习态度和习惯等基本能力出发，和小C一起协商后，共同制定了短期学习目标，一个阶段一个小目标，从基于自身原有的行为和学习习惯进行纵向比较，并且追踪其在一段时间内学习和行为习惯上的变化，让他自己有学习需求和期待，更好地提高自己的兴趣，更积极地投入到学习生活中，从而完成目标，促进其全面、健康发展。如下表所示：

表5 行动研究第二阶段目标制定与预期效果

时间	目 标 内 容	预 期 效 果
1—2周	遵守课堂纪律，认真听讲，主动参与课堂活动，积极举手发言。	拿到20枚"态度端正"、20枚"课堂精彩表现"小思徽章。
3—4周	能克服不耐烦、暴躁、易怒的情绪，能快速走出沮丧低落的情绪。主动寻求与家长、老师、同伴的沟通。	拿到20枚"情绪调适"、10枚"善于坚持"小思徽章。
5—6周	能在小组活动中积极参与、发表观点，能和同学们相互学习；保持前一段时间已有的好习惯。	拿到20枚"责任意识"、20枚"善于自我管理"、10枚"善于坚持"小思徽章。
7—8周	能承受学习上的失败，并能寻找失败的原因。对待错误有不断地练习、纠正的态度。能在学习内容繁杂时一一坚持完成。	拿到20枚"情绪调适"、20枚"态度端正"、10枚"善于坚持"小思徽章。

2. 记录与反馈举例

当制定一个短期目标后，以小思徽章为依据，从小C的能力维度出发，观察其其中一周的行为表现，如下表所示：

表6 小C一周内获得小思徽章情况

一周目标：遵守课堂纪律，认真听讲，主动参与课堂活动，积极举手发言。			
表 现	评 价 内 容	小思徽章	能力维度
课堂上不离开座位，完成一项课堂作业。	目标有挑战，也很有意义，比昨天的进步大！	善于自我管理	自主管理
语文课几乎全程在线，积极举手发言。	我喜欢你认真上课的样子，你是怎么做到的呢？	课堂精彩表现	课堂综合表现
主动告诉班主任上课的时候和同学说话了。	拥抱孩子：你主动来告诉老师你的问题，而且也认识到了自己的错误，很棒！	态度端正	习惯态度、心理状态

表　现	评 价 内 容	小思徽章	能力维度
完成了语文和数学的课堂作业,字迹很端正。	全班同学给予表扬:你的抓紧时间和努力都表现在你的作业里了!	守时惜时	时间观念
能在小组合作任务中起带头作用,而且所在小组得到胜利。	展示他取得的进步和付出的努力,并让他做榜样,承担下一次小组合作的组长。	情绪调适	习惯态度、自我调适

3. 肯定学生进步,激发内驱力

对于学困生的发展过程,我们要多一些信念,尊重孩子的差异性,在陪同孩子成长的过程中,适时地和孩子互动,给予欣赏教育,以关注学生进步为评价基准,对孩子的成长发展是非常有利的,学生学习习惯的培养是有助于提升学生学业进步的动力,小C也能在不断地自我比较中获得"每天进步一点点"的信心和动力。通过孩子本学期的表现和"学习兴趣、学习情绪、学习习惯"三个维度的小思徽章获得总数量,我们可以从下图中清晰地看到学生的进步情况。

通过比较,不难发现小C在计划达成中的进步情况,每次都在进步一点

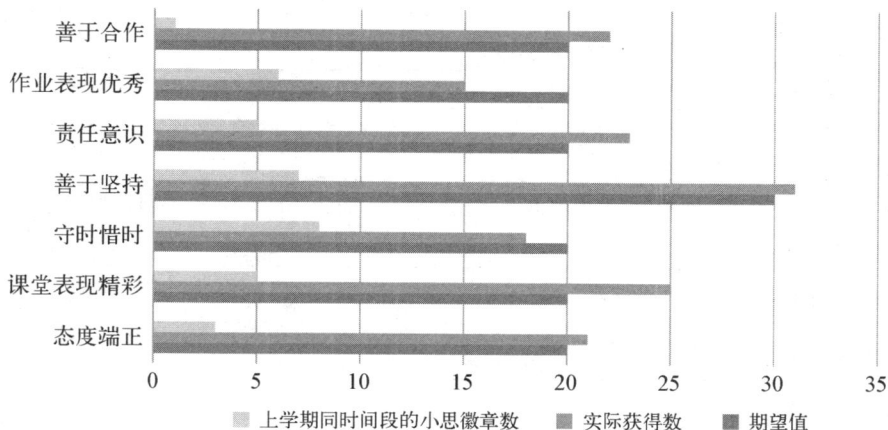

图2　8周目标完成情况数据图

点，由此说明基于学生的基础表现切实地制定目标的合理性。同时，老师的引导和鼓励，以及发自内心的欣赏和信念，给予学生能量的支持，会让其更有勇气迎接挑战。正确的反馈和表扬，对学生的进步具有强大的推动力。而且，在评价过程中，也让孩子进行自评，并及时进行自我反思、调整和改进。下表为小C学习动力调查问卷，从中不难发现，当学生在学习兴趣、学习情绪和学习习惯改善的情况下，自然而然会有自我效能的提升。

表7　学校"百枚大拇指在行动"项目——小C学习动力自评问卷

■ 经常　　■ 有时　　■ 不符

一、关于学习态度的调查问卷	
1. 每次听到上课铃声后，我一直是做好上课准备，静待老师来上课。	■
2. 课堂上的你，能整节课都全神贯注地投入。	■
3. 课堂上能主动回答老师的问题。	■
二、关于学习情绪的调查问卷	
1. 学习上遇到老师批评或同伴对你的纠正时，你可以接受。	■
2. 碰到不顺利的事情时，你会调整好情绪。	■
3. 你能积极参加学习小队或小组活动。	■
三、关于学习兴趣的调查问卷	
1. 你看到新东西，都想知道那是什么，它是怎么来的。	■
2. 你知道每天的学习任务，会进行预习和复习。	■
3. 今天老师教了新知识，可是你没有弄懂，你会通过询问同学或老师，直到弄明白为止。	■
四、关于自我效能的调查问卷	
1. 你觉得自己的学习能力很棒。	■
2. 我不害怕学习时遇到困难。	■
3. 我在学校里的表现一直有进步。	■

四、行动研究的第三个阶段——家校联合

激发学困生的自我效能,使之形成良好的行为习惯并非易事,通过学校少先队结合节日的系列活动等,牵手教育合伙人,更好地触发学生的精神价值,赋能学生更好地健康成长。

通过对小C开展目标实践的行动、反思和调整,我们结合家校共育,一起建立了如下表所示的一周一目标。通常,父子相互约定督促、相互打分,孩子进步的速度会更加快。

表8 小C家庭一周一目标情况表

孩子:

内 容	周 一	周 二	周 三	周 四	周 五
整理	☺☺☺	☺☺☺	☺☺☺	☺☺☺	☺☺☺
有礼貌					
……					

爸爸:

内 容	周 一	周 二	周 三	周 四	周 五
不发脾气	☺☺☺	☺☺☺	☺☺☺	☺☺☺	☺☺☺
表扬孩子					
陪伴孩子					

一切关系都是孩子得到能量的通道。与孩子建立好的关系,就是打通了能量输送的管道。当小C的爸爸改变自己的教育方式,不再对孩子打骂和口头说教,要想改变孩子,前提是改变我们家长自己。

结合学校行规要求、大队部每月主题活动和学校星级家庭评选活动,通过不定时地对小C和家长进行日常关怀、问题解决等方式,建构家校协作下孩子身心健康成长的支持体系。让小C的家长也参与到我们的行动中,通过

座谈会,与家长聊教育;"云沟通",了解在家里的情况;空中慧育,节假日也及时关注教育……从小C的家长和班主任老师平时的沟通以及家长调查问卷中,也能看到孩子的进步、家长的改变。

五、行动研究的策略与成效

(一)行动成效

在一个学期的行动研究后,行动方法从建立良好关系到过程性评价,再到家校共育激发内驱产生自我效能,其实是一个由外及内、层层递进的螺旋上升的过程,分析以下本行动研究过程中学生的四个维度评价成果和学业成果,发现学生在其过程中是有明显进步的。

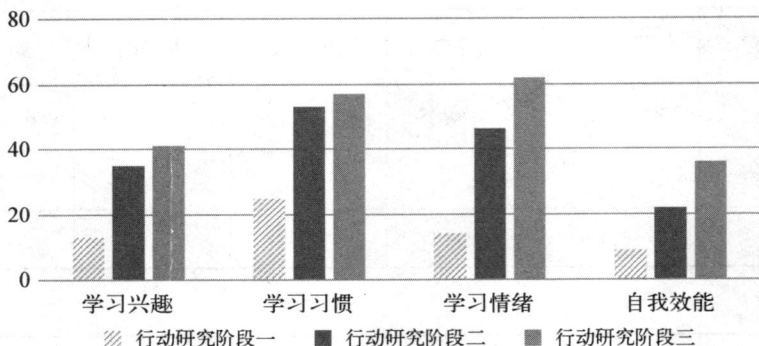

图3 学生的四个维度评价成果

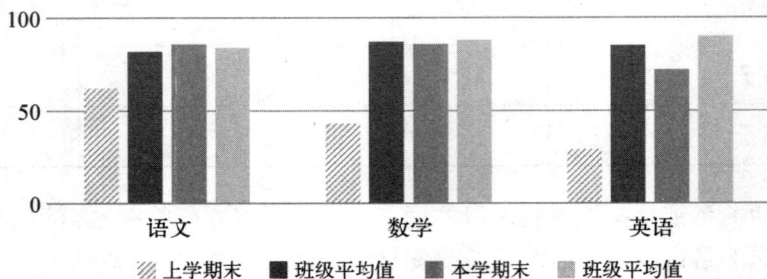

图4 学生在行动研究过程前后两次学业成果

根据小C这类需要给予特别关爱的学生情况,本人研究了如下图所示的行动研究的四个策略。先处理情绪,再处理事情,这是帮助孩子的原则,也就

是说我们要先关注孩子的情绪,再进行具体的行为改进,用过程性评价贯穿始终,激发其内驱力,如以下流程图所示:

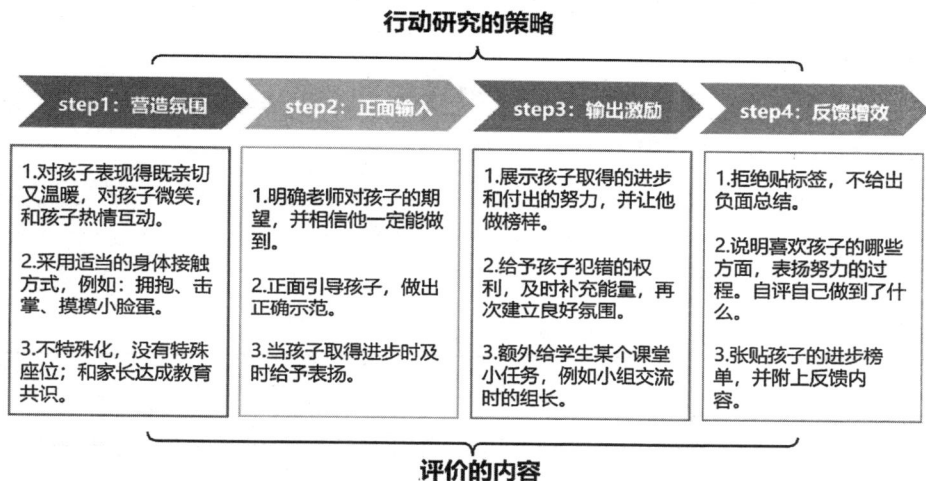

行动研究的策略

step1：营造氛围	step2：正面输入	step3：输出激励	step4：反馈增效
1.对孩子表现得既亲切又温暖,对孩子微笑,和孩子热情互动。 2.采用适当的身体接触方式,例如:拥抱、击掌、摸摸小脸蛋。 3.不特殊化,没有特殊座位;和家长达成教育共识。	1.明确老师对孩子的期望,并相信他一定能做到。 2.正面引导孩子,做出正确示范。 3.当孩子取得进步时及时给予表扬。	1.展示孩子取得的进步和付出的努力,并让他做榜样。 2.给予孩子犯错的权利,及时补充能量,再次建立良好氛围。 3.额外给学生某个课堂小任务,例如小组交流时的组长。	1.拒绝贴标签,不给出负面总结。 2.说明喜欢孩子的哪些方面,表扬努力的过程。自评自己做到了什么。 3.张贴孩子的进步榜单,并附上反馈内容。

评价的内容

图5　本行动研究的策略流程图

（二）后续思考

1. 长效追踪保根本

良好行为习惯的养成,不仅周期长而且具有反复性,这就需要进行较长时间的研究与实践,而本研究的时间仅为一个学期不到,难免会影响到研究效果,因此后续将对小C进行长期的跟踪观察,从而保证不良学习习惯从根本上得到改善。评价主要是看未来的发展和素养的提升,注重学生发展的多样化和个性化,不用统一的标准要求所有的学生。由原来的横比变为既横比又纵比:横比看标准,纵比看发展。

回顾本次行动研究过程,在后续的评价中,希望能够让学生利用以下自我挑战评价表,来制订计划,形成内驱,产生更大的自我效能。

表9　自我评价行动表

我的问题（计划）是:
我解决问题的最终期限是:

续　表

为了解决我的问题（实现我的计划），我需要的资源是：
为了解决我的问题（实现我的计划），我需要做的事情是：
为了解决我的问题（实现我的计划），我的障碍是：
为了克服这些障碍，我需要：
如果我犯了错误，我会：
以下的一些表现会让我知道我已有所成长： （1） （2）

2. 多方联合拓思路

世界很大、很多元，我们只看见了一部分。怎么看自己的孩子，孩子就会成为怎样的人。相信只要我们有足够大的能量和足够多的信念，一定会改变学困生，用过程性评价为他们赋能。学生的非智力因素在学生的学习成长过程中扮演着重要的角色，改变老师的固定思维，用成长型思维帮助孩子学会学习的方法。我们还需要联合家长，突破家庭教育指导和理念，尝试转变评价理念。后续要继续关注学生在探究型课程、拓展型课程的表现，培养其综合素质。

【作者简介】

陆帅珺，教龄13年，一级教师。宝山区德育教学能手，宝山区家庭教育骨干团队成员，区"奇绩"班主任工作室领衔人，中国家庭教育指导师，曾荣获上海市优秀班主任，"师爱在家庭中闪光"上海市家庭教育优秀指导者等称号。

激励性评价提升小学英语学困生
阅读兴趣的行动研究

一、问题的提出

小学英语课堂中，语篇学习是必不可少的一环。但是在日常教学和检测过程中，教师发现学生对于语篇阅读理解有一定障碍，尤其对于学困生而言，满篇的英语文字或是复杂的图表都让他们望而却步。在一次阅读小练习中，一位学生阅读了1分钟后就趴在桌上放弃作答，课后教师对其进行访谈。

师：刚才那篇阅读做得怎么样？

生：不太好吧。

师：为什么呢？你觉得没意思吗？

生：有点难，看不太懂。

师：文章读了很久吗？

生：没有，文章看不懂就不太想看了。

师：你有没有尝试到文中找找题目里的关键词呢？

生：字太多了，我觉得我找不到。

这样的情况在学困生身上普遍发生，即使是在集体讲解环节，他们也不乐于动笔写下生词的释义或圈画关键词，久而久之，对于英语阅读理解愈发抵触。

二、调查与归因

（一）调查

根据学校几次阅读分项评价结果，定义各班阅读答题正确率位于年级后30%的学生为学困生，三（1）班共10人，三（6）班共12人。针对上述情况，对宝山区第二中心小学三（1）班及三（6）班的全体学生进行了问卷调查，通过问卷发现，学困生在英语阅读方面的学业成绩的不理想除了受到自身知识缺乏及阅读能力的限制外,外语阅读品格的缺失也是诱因。学困生对于阅读的低兴趣表现在:缺乏阅读体验(强烈的畏难情绪、缺乏阅读主动性等方面)及阅读习惯,并且严重影响了他们阅读的速度、答题正确率,体现出非智力因素同样对学生的学业水平产生影响。

维度	问卷题目	三(1)班、三(6)班全体学生	三(1)班、三(6)班学困生
阅读体验	你认为做阅读题难吗?	难,32% / 不难,12% / 一般,56%	难,76% / 不难,2% / 一般,22%
	你认真做完一篇阅读需要多久呢?	0-10分钟,57% / 11-20分钟,25% / 20分钟以上,18%	0-10分钟,4% / 11-20分钟,23% / 20分钟以上,73%
	你会主动去阅读英语短文吗?	经常,32% / 偶尔,45% / 几乎不,23%	经常,0% / 偶尔,18% / 几乎不,82%

维度	问卷题目	三(1)班、三(6)班全体学生	三(1)班、三(6)班学困生
阅读体验	你喜欢阅读英语短文吗?	一般,30%；喜欢,56%；不喜欢,14%	喜欢,14%；一般,36%；不喜欢,50%
阅读习惯	你在阅读时会圈画关键词吗?	几乎不,20%；经常,29%；偶尔,51%	经常,5%；几乎不,45%；偶尔,50%
	上阅读课时,你常常举手发言吗?	几乎不,13%；偶尔,30%；经常,57%	经常,9%；几乎不,36%；偶尔,55%
	你会在阅读后查阅生词或记录释义吗?	几乎不,27%；经常,31%；偶尔,42%	经常,0%；偶尔,36%；几乎不,64%

（二）归因

1. 理论文献的启发

非智力因素（nonintelligence factors）又称非认知因素（noncognitive factors），主要是指那些不直接参与认知过程，但对认知过程起着始动、定向、引导、维持、强化作用的心理因素。非智力因素包括动机、兴趣、意志、态度、性格、气质等因素；而智力因素则由观察、想象、思维等组成。

沈德立等（1997年）编制了《中小学生非智力因素调查问卷》，分别从成就动机（AM）、交往动机、认识兴趣、学习热情、学习焦虑、学习责任心、学习毅力、注意稳定性、情绪稳定性、好胜心、支配性等11个类别对非智力因素进行测查，比较系统、全面地研究了中小学生非智力因素与中小学生学业成就的关系。

王晓柳等（1988年）研究了智力因素、非智力因素对学习成绩的定量影响，发现对于学习成绩较好的学生来说，智力因素对学习成绩有明显的直接影响，非智力因素对学习成绩的直接影响很微弱，主要通过其对智力因素的影响而对学习成绩产生间接效应；对于学习成绩较差者来说，智力因素和非智力因素对其学习成绩都有直接影响，但智力因素的影响远低于非智力因素的直接影响，而且非智力因素也不能通过其对智力因素的影响对学习成绩产生间接促进作用。

因此，教师在教学过程中要关注非智力因素对学困生的高影响力，通过有效的措施提升学生的阅读兴趣、阅读习惯等，从而对学困生的英语阅读学习产生促进作用。

2. 结合实际教学的思考

分析调查问卷数据及查阅阅读素养相关的文献后，我们认为学困生对英语阅读缺乏兴趣的主要原因有以下几点：

（1）教师过度关注语言知识，忽视了学生的阅读体验

教师在上阅读课的时候常常因为过度关注阅读题的文本信息、答题思路、策略运用及答案而忽略语境的融入。这样的课堂氛围过于沉闷，学生的阅读体验大打折扣。学生跟随老师把更多的关注点放在了文字和阅读题答案的本身，而没有达成阅读语段后学习到相应的常识、文化体验或是欣赏幽默的目标，学生难以在阅读中有知识本体以外的收获，也让有些本身就容易游离于课堂之外的学生更加找不到机会投入其中。一般来说，阅读课的阅读材料难度略高于课本，学困生在学习常规课文内容时尚且感到吃力，对于阅读语篇就更加费劲了，课堂中若是缺乏吸引他们的活动，自然导致了学困生

注意力不集中,小动作增多。久而久之,"英语阅读"与"难""没意思""看不懂听不懂"画上了等号,并且这种畏难情绪会导致他们对阅读丧失兴趣,并拒绝花费时间和精力巩固提高自身的阅读能力,形成恶性循环。

(2)教师容易在课堂中忽视学困生,学习动力难被激发

高年级的英语阅读语篇形式多变,思维含量大,学生需要整节课紧紧跟随着老师的节奏才能从主旨到细枝末节读透文章。因此,教师的问题设置层层推进,难度逐步提升。对于学困生而言,只要中途稍稍走神,就容易跟不上课堂内容。而教师为了照顾班级整体常常无法因为个别同学停下脚步,老师的提问解答不上,能够跟老师积极互动并且得到表扬的也往往是那些本身学业成绩优秀的学生,学困生对待有难度的语篇的学习动力从一开始就没有被激发。

宝山区第二中心小学的"大拇指评价体系"关注了学生的非智力因素,探索激活每个学生的潜力,对于提高每个学生的学习动力有促进意义,使其稳定化、持续化,促进学生基础学习素养的全面提升。通过统计学困生在学习兴趣和学习习惯两个板块的大拇指数量发现,课堂主动参与相关的"善于观察""善于表达""课堂精彩表现"等大拇指徽章获得数也明显少于其他同学,说明学生自身不主动,再加上教师缺乏关注,导致学困生对于阅读学习缺乏动力。

(3)学困生的阅读习惯培养需要从被鼓励到主动

从学困生的卷面上能看出他们阅读习惯的培养是不到位的。在阅读的过程中没有关注一些标志性的词句,答题时也不会圈画题干和文本中的关键词,做题可以说是毫无章法。但是对于学困生的阅读习惯的培养更加需要教师、家长、学生共同付出努力。对于小学阶段的学生,尤其是本身在掌握基础知识上就有困难的孩子而言,将习惯的培养完全寄托在他们自主行动上是不可能的,他们更需要的是手把手的教学以及相应的鼓励,并且体会自己迈出一步后能够获得小小成功的喜悦。

三、行动研究的设计与实施

(一)初步的设想

针对上述归因,教师以上海牛津英语教材三年级上学期《Module 2 Unit 2 My family》这一单元为例,展开几轮行动研究,主要改进以下几点:

1. 改进学习活动设计,变机械地练习为有乐趣地练习。与传统阅读课堂设计相比,减少英译中、简单问答等枯燥活动的占比,尽量设计一些能够增加

学生参与感的活动,并且精心设计制作媒体作为支撑,提升学生的阅读体验。

2.改进学习动力激发,变结果性评价为过程性评价。在课堂行进过程中,多关注学困生的课堂表现,以激励性的评价鼓励学生参与课堂过程,并且用大拇指徽章的分发肯定学生的行为改进。

3.改进阅读习惯的培养,变被动地评价为主动地评价。设计学生自评表单,让学生通过自我评估提升培养阅读习惯的意识,争取让学困生完成从量变到质变、从被动培养到主动培养的改进。

（二）结合实践研究,完善改进计划

第一轮行动:改进教学环节,让学生自发参与课堂。

教师在三(1)班展开课堂教学,并且收集三(1)班10位学困生的自评表作为第一轮行动的数据进行分析比对。

1.操作实录

提升学困生阅读学习兴趣的第一步是改善学生的课堂体验,首先就从课堂活动的精心设计做起。

（1）改变文本呈现形式,媒体支撑提升阅读兴趣

传统的文本呈现都是以一大段文字和题目构成,学生见到这样的框架就开始丧失阅读的兴趣。而在本节课的阅读环节中,首先我将文本内容融入了一张报纸,有支撑理解的图片、加粗字体的标题、分段呈现的文字,与现实生活

DAILY NEWS

THE WINNERS OF 'RAINBOW NEIGHBOURHOOD COOKING COMPETITION'

'Rainbow Neighbourhood Cooking Competition' was held last week. Three ladies won the game. Let's know more about them.

The 1ˢᵗ prize: Mrs Li
Mrs Li is a housewife(家庭主妇). She is kind and nice. She cooks for her family every day. She can cook Beijing food. She likes singing while(…时) cooking. Everyone loves her roasted duck(烤鸭).

The 2ⁿᵈ prize: Mrs Chen
Mrs Chen is a tall lady. She is young. She likes reading cookbooks(烹饪书). She can cook very well. Her family like eating chicken wings. Her chicken wings are really yummy.

The 3ʳᵈ prize: Mrs Wang
Mrs Wang is 54 years old. She likes watching TV. And she often learns from the TV programs(电视节目). She can cook fish very well. Her children love her food.

中的报纸保持高度还原。并且用PPT的动画形式展现了报纸从折叠到展开的过程,让学生首先从视觉上被吸引,激发学生的好奇心,勾起他们的阅读兴趣。

(2)改变教师主讲形式,将课堂主人地位还给学生

在阅读时,传统的方式是教师直接将段落翻译成中文讲解给学生听,而这次我将问题融入课堂,以问题引导的方式让学生分段自主阅读,观察并提取信息,并且在过程中重点关注学困生的课堂参与度。例如,观察图片和标题时让学生作答"Who can you see in the picture?""What can she do?"简单的问题可以让学困生主动参与,并且给予他们积极的评价"So great!""You can read it so carefully!"使他们始终保持课堂参与度。将练习的形式从传统选择题、判断题等改变为"帮助Peter为他的妈妈完成一张信息卡",让学生融入语境,更愿意去阅读文本。

(3)小组活动学演结合,确保每个学生都有开口的机会

小学阶段的学生爱表演,在阅读课中也可以加入表演环节。在这节阅读课上,同学们4人一组,根据阅读文本自己编创对话扮演故事中的人物。这样对文本信息的掌握要求更高,并且小组活动给予了同学之间相互学习的机会,基础较好的学生可以主要负责文本的创编和角色安排,基础稍弱的同学可以在旁辅助,熟读同伴创编的对话完成表演,在此过程中,学生根据自己的学习水平分层参与,但是又让每个学生都有开口的机会。

2. 反思改进

在本次课堂实践后,根据学困生的自评结果分析发现,学生的课堂参与度有不同程度的提升。学生的上课举手次数、课堂笔记记录完整度、对文本喜爱度等均有提高,但是也有部分学生的提升程度不明显。根据教师上课观察,个别同学在阅读和问题的难度逐步加深的过程中,渐渐无法跟上课堂节奏,有走神的现象。这说明在课堂活动的设计中,除了要关注难度的递增,同样也要采取不同的形式让学困生能参与课堂,比如,在难题前设计一个简单的一级问题、让学困生帮忙一起朗读句子或单词并且给予鼓励等。

第二轮行动:采用两轮自评,提升自我检验及自主学习意识。

改进教学后,教师在三(6)班再次开展课堂教学,并且收集三(6)班12位学困生的自评表作为第二轮行动的数据进行分析比对。

1. 操作实录

在第一轮行动中,发现课堂上较为单调的口头评价及课后自评表能够在一定程度上帮助学困生自主培养阅读习惯,但是仍有可以改进的地方。因此,

第二轮行动的主要着力点在于自评表的改变。

（1）课前预估，课后检验，让学生有目标地进行学习

从第一轮行动来看，学生课后填写评价表只是对自己本节课表现的总结，能够看出课堂的设置是否对于学生的课堂参与度提升有帮助，但是无法帮助学生提升自主培养阅读习惯的意识。因此，在第二轮行动中，我让学生在课前先进行一轮自评，给自己立下本节课的目标，课程结束后进行第二轮自评，比较是否完成了目标，并且教师直接给予大拇指徽章的奖励，能够更好地激励学生学习的积极性。

学生若能积极举手发言，根据举手次数获得"课堂精彩表现"大拇指徽章；学生若能主动记录课堂笔记，根据记录情况获得"态度端正"大拇指徽章；学生若能在小组活动中合作，根据参与情况获得"善于合作"大拇指徽章；学生根据课前目标的达成与否可获得额外大拇指徽章。

宝山区第二中心小学 英语阅读课自评表		
班级：_____ 姓名：_____ 学号：_____		
这节阅读课你将如何表现呢？请先在"课前预测"根据问题圈一圈你想获得的大拇指个数，下课后在"我做到了吗？"中圈一圈你的表现。		
这节课：	课前预估	我做到了吗？
我举手参与课堂的次数是：	1～2次 3～4次 5次以上	Yes. No.
我会这样记录笔记：	圈画 圈画并记录笔记	Yes. No.
我会在小组活动时担任这份工作：	听从组长指挥 为对话编写出谋划策 与其他成员合作一起完成对话	Yes. No.

（2）实时评价，及时肯定，运用多种奖励机制

第一轮行动时，教师仅仅通过课堂过程中的口头评价给予学生鼓励，虽有效果，但是学生的感受不够深刻。因此在第二轮行动过程中，学困生在正确回答问题后，老师评价："You can read it so carefully! 今天你找信息特别精准，1枚善于观察大拇指徽章送给你！继续努力哦！"在问题有难度的情况下，若学生没有正确回答，老师评价："Is it right? Can you read it more carefully? 请你再在文本中找找关键词圈一圈，如果你能自己阅读改正回答，老师将给你1枚善于观察和1枚善于课堂精彩表现的大拇指徽章！"在评价的过程中除了口头的表扬，将奖励一并告知，可以进一步激发学困生参与课堂的热情。

课后，教师将根据学生的自评表情况一并分发大拇指徽章，在这样的双重奖励机制下，学生能够更好地集中注意力听讲，并且实现逐渐从被老师提醒培养阅读习惯到自主培养的转变。

2. 反思改进

第二轮行动实施后，学生的参与课堂积极性有大幅提升，但是课后在分发大拇指徽章时容易引起混淆，学生和老师不记得课上被奖励了何种大拇指徽章，降低了预期的效果和学生获得成功的喜悦程度。之后在课堂的过程中可以直接分发不同颜色的标记，请同学课后带着自评表一起兑换大拇指徽章，学生在获得实物奖励后将更有兴趣和动力参与课堂。

四、成效分析

根据其他班学困生及两个实验班学生的自评表结果分析，学生能够自主提升课堂参与度及提高自主阅读习惯培养意识，并且在大拇指徽章获得的客观个数上也有所体现。

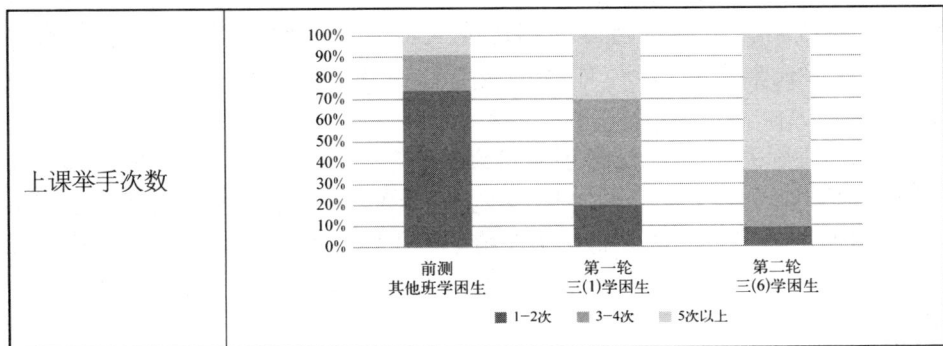

上课举手次数

前测 其他班学困生 | 第一轮 三(1)学困生 | 第二轮 三(6)学困生

■ 1~2次 ■ 3~4次 ■ 5次以上

续　表

笔记记录情况	
平均获大拇指徽章数	

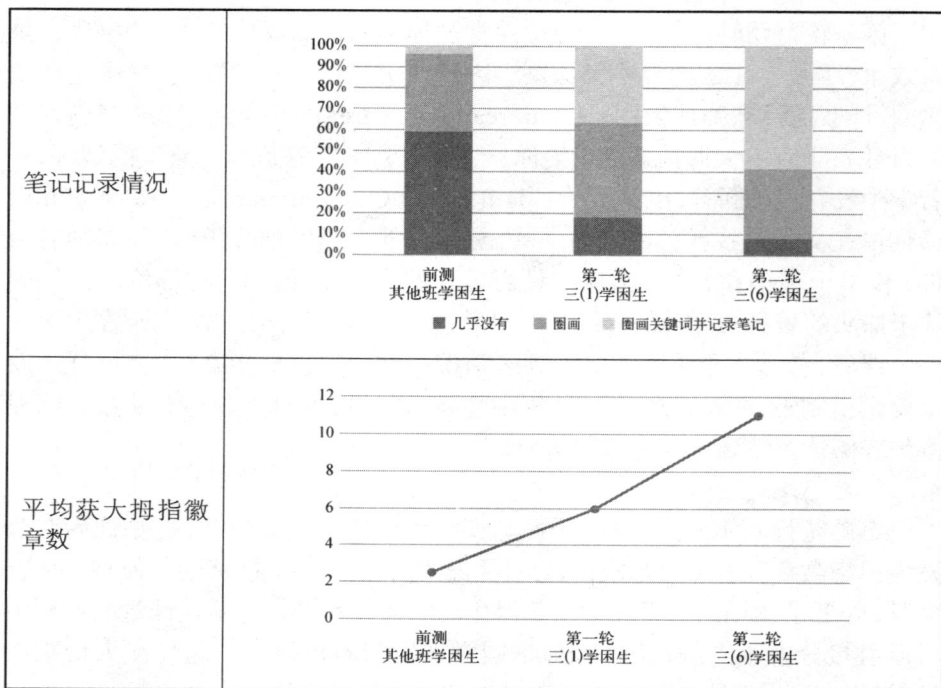

五、结论与建议

经过这一次的行动研究,我对于如何提高学困生英语阅读课的兴趣及参与度有了更深的认识,通过理论学习和实践经验总结得出以下策略:

(一)提升课堂体验,丰富课堂活动

改机械的训练为有情趣的训练,提升课堂练习的效能。强化语境,借助信息科技将文字信息转变为图片或列表信息,让学生获得更直观的体验;设计形式丰富的活动,如游戏、猜谜、儿歌、扮演等,使课堂的互动性更强。

(二)时刻关注学生,给予展示机会

改满堂灌为连续性表达,把思考的空间和时间还给孩子。提问时增加递进性,并且将难度不同的问题依次抛给学困生、中等生和优等生,提升学生答题的自信心;尽可能加入小组活动,请小组成员分工共同完成任务,做到人人参与,加强生生互动及互学。

（三）课前制定目标，课后自我评价

改单一评价为师评、自评相结合，让孩子自己跳一跳摘苹果。课前分发自评表，请学生自我预测本节课的课堂表现，制定下可以达到的目标，并且在课堂过程中关注学生表现，及时鼓励或提醒；课后请学生再次自评，衡量目标达成率，自我鼓励或反思。

（四）激励评价伴随，言语与奖励并行

融入学校文化，让学生在大拇指的激励下学习并进步。课堂过程中及时评价学生，除了口头的 "So great!" "You have golden eyes!" "Excellent!" 等鼓励外，同时给予小思徽章或大拇指的肯定，让学生获得即时激励。

【作者简介】

施琳，教龄4年，二级教师。曾获宝山区2018学年见习教师基本功大赛之演讲比赛（小学组）三等奖，宝山区优质资源采集展评活动教学课件组一等奖，数次参与区级教研活动担任课堂展示及说课。

为孩子们打造爱逛的线上商城

——在线教学背景下小学劳技课堂的以评促学实践研究

疫情再次来袭使得网络教学成为实现"停课不停学"的不二选择,虽然线上教学相较于传统教学有不少优势,但同时也存在着许多弊端,且劳动技术课不同于文化类学科,其对材料与工具的准备要求较高,如果无法使用工具,甚至没有材料进行制作,则会对教学目标的达成造成巨大的影响。那么,如何在这样困难重重的条件下提高劳技在线课堂的效果,发挥劳动技术学科在学习中的独有作用呢?本文尝试从丰富在线评价的角度入手,对有效开展小学劳技课堂在线教学进行实践研究。

一、缘起

疫情再次来袭使得网络教学成为实现"停课不停学"的不二选择,虽然线上教学相较于两年前,无论是在软件平台的建设上,还是在资源内容的储备上都有一定的基础,但还是会存在诸多不便。而劳技在线课堂的授课不同于文化课的学习,其困难和障碍更多,主要表现为以下几点:

第一,劳动技术学科由于其学科特性,在教学时必须要有工具与材料的保障才能进行,而学生在家进行学习时,无论是材料还是工具都无法得到有效的保障;第二,不同于传统教学,在线教学依赖于电子设备和网络,教师难以及时发现学生的错误操作,学生也无法在小组内获得同伴的提醒,安全性难以保障;第三,电子设备对学生的视力健康会造成一定影响,在"主学科"学习之余,不少家长不愿孩子再使用电子设备进行"副科"的学习,这同样也是摆在劳技在线课堂前的一大阻碍。

综上所述,为了能让学生主动找寻材料,认真参与课堂,并能够通过劳技课堂,丰富劳动体验,提高劳动素养,锻炼劳动技能,形成劳动意识,培养劳动情感,养成劳动习惯,我想能否借助学校新引入的"雨校在线商城"为平台,通过探索"在线评价"进行实践研究。

二、调查与分析

（一）调查内容

评什么？怎么评？其实都取决于学生，所以首先要做的是对学生的基本情况进行调查，只有了解到学生在家学习的实际条件与情况，才能开展"贴肉"的评价。于是我从三个方面对四年级的孩子们展开了抽样问卷调查：

1. 对学生劳技学习意愿的调查

问　　题	选　项
1.你愿意参加劳技课的线上学习吗？	A. 愿意；B. 老师要求就参与；C. 不愿意
2.在家期间,你愿意帮助家长进行家务劳动吗？	A. 愿意；B. 家长要求就帮助；C. 不愿意
3.你愿意通过网络学习小制作吗？比如折纸、黏土等……	A. 愿意；B. 无所谓；C. 不愿意
4.你愿意将自己在家的小制作分享给别的同学吗？	A. 愿意；B. 无所谓；C. 不愿意

2. 对学生劳技学习障碍的调查

问　　题	选　　项
5.线上学习劳技课所需要的材料(如：铁丝、多芯线等……)家里能找到吗？	A. 能；B. 能找到一部分；C. 不能
6.线上学习劳技课所需要的工具(如：尖嘴钳、钢丝钳等……)家里能找到吗？	A. 能；B. 能找到一部分；C. 不能
7.家长支持你学习劳动技术课吗？	A. 支持；B. 不阻止也不鼓励；C. 不支持
8.对于学习劳动技术课,你还有什么困难之处吗？	A. 没有；B. 有,比如＿＿＿＿＿＿

3. 对学生劳技学习期望的调查

问　　　题	选　　项
9. 你最期望在劳技课堂上学习什么？	A. 有用的制作；B. 有趣的制作；C. 扎实的技术；D. 其他＿＿＿＿＿
10. 你期望劳技课堂上老师对你进行多少次的在线指导？	A. 2次以上；B. 2次；C. 1次；D. 最好别对我进行指导
11. 你期望劳技课堂上与同学交流的次数是？	A. 2次以上；B. 2次；C. 1次；D. 最好别进行交流
12. 你最期望在劳技课堂得到哪种奖励？	A. 老师的表扬；B. 同学们的点赞；C. 学校发放的奖励；D. 其他＿＿＿＿＿

（二）结果分析

1. 学生对于制作的兴趣高于上课的兴趣

在学生学习意愿方面，调查结果显示"学生对于通过网络学习小制作"的意愿高于"上劳技课学习制作"的意愿，经过进一步询问个别学生原因后，得到了原因是"可以自主选择喜欢的制作""可以根据自己所拥有的材料进行选择"。而对于"不愿意"帮助家长进行家务的同学进行询问后，原因让人哭笑不得，竟然是父母不让孩子做，或者稍一动手就被父母取代。

2. 家长成为在线学习的第二大阻碍

在学习障碍方面，"材料与工具"的欠缺不出所料地占据了绝大多数比例，但是令人意外的是，家长阻碍学生进行劳技学习的也有不少，这类学生反映的原因大多为"家长担心长时间使用电子设备会损害视力""家长认为语数英更重要，应该把精力全都放在'主科'上面"。

3. "有趣"高居期望选项榜首

在学生学习期待方面，学生期望在劳技课中学习"有趣的制作"高于"扎实的技术"，符合小学生的心理发展特征，而对于劳技课堂中获得的奖励，学生选择较为平均，对于"学校发放的奖励"稍高出一些。在后续的调查中，问及无法发放实物奖励怎么办时，有一位孩子这样回答："爸爸妈妈整天在家里刷手机，如果奖励是有人陪着聊天我也会很满足。"

综上所述，喜爱动手的天性使得学生对于劳动技术学习的热情尚可，但他们更喜欢有趣的制作，而不是单纯的技术；居家学习的最大阻碍仍然在材料与工具的配备上，而阻碍学生学习的原因中还有部分家长的抵触；在评价上，学生对于老师的评价、其他学生的评价和奖励的发放都很看重，如果将这些评价进行融合，能够大大提高评价的效果，促进学生的学习。

三、实践与改进

根据调查的结果，我选择学校新投入使用的"雨校"平台开展综合评价，该平台上的评价维度多样，评价范围全面，奖励机制有趣，符合我想要开展的实践研究的需求。而开展在线课堂的时候，我使用的是"Classin"平台，该平台虚拟班级功能强大，课堂和作业功能都容易上手，能够弥补"雨校"平台在课堂评价中的空缺。

（一）平台简介

1. 多维评价找寻学生亮点

"雨校"平台中的评价范围包括"日常表现""作业登记"和"日常考勤"，能够对学生的在线出席、课堂表现以及课后作业情况分别进行评价，而在评价维度上又包括"思想道德水平""自我管理能力"和"学习探究能力"，其包含了30个评价点（见图1），方便教师在不同维度上找寻学生的亮点。

图1　雨校平台中的多个评价维度

2. 成长银行促进学生进步

"学生成长银行"是一个奖励发放的平台，学生通过从教师那里获得的评价转换为"消费币"，而后可以在类似于"在线商城"的界面中查看"商品"。值得注意的是，页面中的商品全都可以由教师自行设置，十分灵活（见图2）。

图2 "在线商城"中教师设置的商品

3. 灵活沟通保持学生热情

"雨校"作为评价和记录的平台，其互动性有限，尤其是线上教学的情况下，这一个平台无法满足所有的评价需求，故"Classin"作为在线授课的主要平台，承担了课堂评价和作业评价的重要补充，运用其丰富的功能，可以进行更灵活、多元的评价，从而保持学生的热情。

（二）开展实践

基于上述的调查与现有的基础，我在"课前""课中""课后"分别设置了活动从而进行评价：课前的活动以劳动为主，兼顾课中的内容；课中的内容以习惯为主，兼顾知识与兴趣；课后的内容以制作为主，体现学科的技术要素。

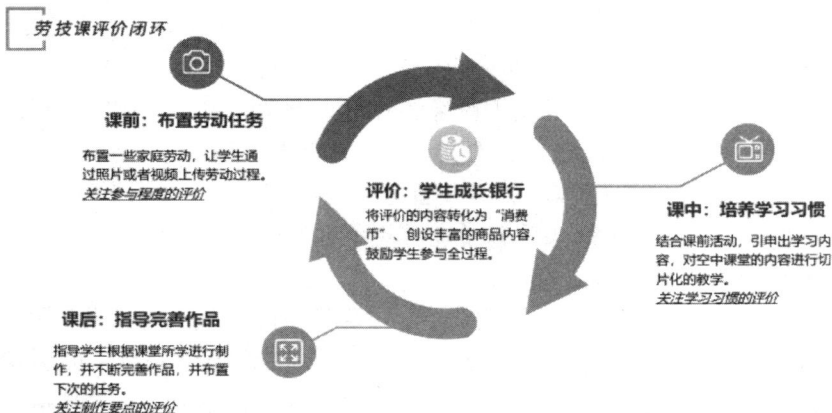

图3 劳技线上课堂评价闭环

1. 课前任务，寓教于乐

课前的评价以学生参与程度为主，布置的"劳动小任务"会根据劳技课的内容来进行选择。四年级第二学期的劳技教学以金属丝制品为主，通过梳理发现其中不少制作都和厨房有关。于是，我以"我家的小厨房"为主题，进行了"亲子鸡蛋料理"的劳动任务布置，通过这样的劳动，学生能在过程中自然而然地接触到打蛋、锅盖架放置、垃圾分类等问题，而这些问题恰好能为本学期要学习的"锅盖架模型""打蛋器""垃圾袋架模型"的教学提供背景知识。例如《简易衣架模型》这一课前，我们可以布置在家晾晒一次衣服的小任务；在《模型机械手》这一课前，我们可以布置清理家中柜子缝隙、茶几底下等清洁劳动……将教学中需要解决的问题提前置于活动之中，从而使得学生在学习时能够更感同身受。

对于课前活动的评价关注的是学生的参与度，凡是参与活动的都将奖励"劳动小能手"5至10个积点，同时，会将优秀的作业发布给所有同学进行表彰，并成为同伴互学的资源。

2. 课中评价，养成习惯

课中的评价会以引导学生积极参与，培养学习习惯为主。首先，我会对学生的学习准备做出要求，要提前2分钟进入教室，对于准时进入课堂的孩子会奖励"惜时守时"的1个积点。其次，运用Classin本身的课堂出席情况统计，对学生的考勤情况进行不同的奖励,参与整节互动课堂的会奖励"态度端正"的2个积点。最后,在课中我们还鼓励学生打开摄像头,与老师面对面进行学习,运用视频墙随机时间截图,使用摄像头并认真上课的奖励"正直守信"的1个积点,课中参与文字互动或视频互动的奖励"善于表达"的1个积点。课中评价是学生获取积点的主要方式之一,通过一段时间对学生学习态度、学习品质、学习能力的评价,越来越多的孩子能够规范地参与到劳技线上课中来。

3. 课后作业,分享成就

课后的评价以体现其技术运用为主,只要学生能够找到替代品,体现其对于课程内容的理解,都将给予"创意小高手"的5至10个积点。而后参与互相评价也会得到1个积点。通过制作能够满足学生的制作欲,同时将作品分享给同学交流会让学生获得成就感。当然,如果作品实用性非常强,学生使用的频率就会更高,就会让学生产生精益求精的内驱力,评价所形成的良性循环作用就更加显著了。

(三)改进措施

经过第一阶段的实践,我发现学生的课堂规范显著提升,但参与意愿出现两极分化,一部分同学变得更加踊跃,还有一部分同学则逐渐冷漠下来,究其原因可能是"付出"大于"回报"的原因,对于学生而言"积点"虽然可以转化为"消费币",但"消费币"兑换的商品却无法立马得到,所以其奖励的作用大打折扣。于是,对于这一情况,我又对商品进行了以下改进:

1. 改革"商品"内容,让商品能够"隔空"发放

首先,我进行了"虚拟商品"的设计,即设计制作一些可以通过网络传输的商品,从而让兑换的孩子能够马上获得。例如我将第一次"亲子鸡蛋料理"中优秀的作品制作成了"蛋料理入门料理集""蛋料理进阶料理集"和"蛋料理大师料理集",将各种鸡蛋料理的视频整理成为合集,当学生前来兑换时发放对应的视频。这样不通过接触,学生也能够"隔空"得到自己兑换的商品,加强了"积点"评价的效用。

2. 挖掘"商品"内涵,让商品有"劳技味道"

然后,我设计了一些制作类的图纸。比如,有一款"镜子拼图"(见图4),它是一个纸艺制作的设计图,学生兑换后可以通过打印,或是自己手绘,再进行具体的纸艺加工制作后就可以进行游戏,同时还能复习四年级第一学期的劳技内容;又如:电路连接小程序(见图5)是一款电脑软件,学生可以在电脑上运行学习电路的模拟连接实验,而有关于电子电路的学习内容将会在五年级第二学期的劳技学习中接触到。像这样的虚拟商品，学生既能够满足自己的动手欲，又能够对技术学习起到帮助，让"商品"本身成为劳技教学的载体，主动地进行学习。

商品详情　　　　　　　　　　　　　　　　　　　　　　　　　　　　返回▶

校园商品 【大拇指梦工厂】纸艺产品——镜子拼图

用镜子来拼图，敢不敢挑战一下？

消费币：🔘 28　限购：每学年限购1次

暂停兑换　编辑　删除下架

暂停兑换可选是否学生可见，学生可见后可见但不可兑换，不可见后学生暂不可见该商品

商品介绍

想来挑战一下镜子拼图吗？你能拼出多少种图案来？
前提是你得先把它做出来……
不，前提是你得先把它打印出来……
不，前提是你得先把它买下来！

兑换规则

所有同学都可兑换，但自己花"消费币"买的图样，请不要赠与别人哦！每个人都应该靠自己的努力来换取奖励不是吗？

图4　"镜子拼图"商品介绍

商品详情　　　　　　　　　　　　　　　　　　　　　　　　　　　　返回▶

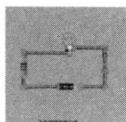

校园商品 【大拇指梦工厂】电路的认知——电路连接小程序

模拟程序满足你的好奇心，带你安全"玩电"！

消费币：🔘 28　限购：每学年限购1次

暂停兑换　编辑　删除下架

暂停兑换可选是否学生可见，学生可见后可见但不可兑换，不可见后学生暂不可见该商品

商品介绍

家里的插座是不可能拿来玩的，
但是计算机模拟的想来试一试吗？
你能让小灯亮起来吗？
纸币导电吗？手导电吗？
运用小程序带你安全"玩电路"！
前提是你能搞清楚怎么连接……
不，前提是你得有台电脑……
不，前提是你得先把它买下来！

兑换规则

所有同学都可兑换，但自己花"消费币"买的程序，请不要赠与别人哦！每个人都应该靠自己的努力来换取奖励不是吗？

图5　"模拟电路连接小程序"商品介绍

3. 拓宽"商品"形式,让商品更有吸引力

另外,除了"发放类"的商品,我和同伴教师还开发了"参与类"的商品,如"手工制作教室—小狐狸的制作"。该商品是周末空余时间的一堂在线交流课,学生通过消费币兑换课程的二维码,从而加入周末折纸教室的学习。在该教室内,学生无须关闭麦克风,在教室里互相聊天的同时进行折纸学习,模拟在一起的感受,让孩子在家中也能获得同学和老师的陪伴。

除此以外,还有"线上音乐会门票"等,也是以"参与"为奖励的商品,将商品的形式和外延进行拓展,使得商品种类更多、更具吸引力。

4. 均分"商品"售额,让商品开发渠道打开

最后,由学生开发的商品,其销售额归学生所有,既体现了知识产权的价值,也让商品开发的渠道从教师单一开发转变为学生一同开发。例如前面所述的"料理集"视频和"线上音乐会"的演奏视频,每售出一份所得的消费币将平均分给这些视频的作者,从而鼓励学生参与活动,积极创作,享受知识产权的价值。

总之,通过改进商品的内容和形式,学生逐渐体会劳动创造幸福。使用消费币是一种奖励,而获取消费币是一种荣誉。这样的评价能够让学生愿意去学习,知道学习什么,并且想方设法做得更好。

四、反思与展望

通过拓展"学生成长银行"的使用方法,我将"商品"的作用从原本"仅作奖励"转变为"评价与奖励兼顾",使得日常评价对学生的激励作用更为显著。同时,我对商品的内容和形式进行了一定的探索,这样的探索无论是对线上教学,还是对疫情后恢复的线下教学都能起到良好的作用。期盼早日复学之余,我还设想将学校的劳动岗位也转变为"商品",通过应聘、考核等进行积点发放,使得消费币能够促进学生各个方面均衡发展,让这样的评价不仅限于劳技学科,而是推广至学校的各个学科和各个方面。

【作者简介】

孙奇,教龄12年,一级教师。数学教师,兼职劳技教师。曾获"上海市中小学劳动技术学科论文评选活动"一等奖,"上海市中小学劳动技术学科说课活动"二等奖。现为上海市劳技学科中心组成员,宝山区劳技学科中心组及课题组成员。

第四章 基于数据分析的教学保障改进

信息技术影响教育形态的核心表征是信息技术与教育深度融合，即强化信息技术与教育系统的各个组成部分和业务流程的"耦合"与"创造"，实现教育形态新的发展结构与生长模式。从总体上看，信息技术深度参与、介入了中国乃至世界的教育改革进程，引领人类教育改变传统的教育格局，走向由信息技术带来的新的教育样态。由于教育教学本身的系统性、复杂性，在推动信息技术与教学变革的耦合和创造过程中，就不能仅用单一的线性思维，仅关注课堂教学中技术的运用问题，而是要着眼整个教学生态，建构基于信息技术的教学改革的完整的保障系统。本章中的7篇文章，抓住了学校层面建构基于数据分析的教学改革保障的核心问题，从校本研修机制的改革，信息化教学、管理和评价平台的建设，学校信息化设备、环境的更新换代等角度，探索了在开展信息技术支撑的教学变革中如何提升教师的数据素养，如何实现信息化教学和管理硬件设备的升级等行动策略，对于建构完善的信息化环境下的课程教学改革保障系统具有积极的借鉴价值。

数据支持下的"教科研训"一体化 校本教师专业发展实践

【摘要】以数据分析为运行基础,通过确立"教科研训一体化"的问题域,设计"教科研训一体化"的路线图,探索"教科研训一体化"的教学法,研发"教科研训一体化"的课程群等举措,建构了契合新时代教育改革发展特征和教师专业成长需要的"教科研训一体化"的教师专业实践体系,实现了技术赋能教学改进和教师成长的价值追求。

【关键词】数据分析　教师专业发展路径

教师是教育的第一资源,是教育质量提升的最根本保障。《全面深化新时代教师队伍建设改革的意见》特别明确了"促进教师终身学习和专业发展"的目标要求。尽管教师专业发展概念的明确提出不过半个世纪的历程,但是却毫无疑问地已经成为教育研究的科学,围绕这一领域的校本实践样态也越来越丰富。校本培训是教师专业成长的有效方式,当前学校教师队伍建设的重要使命就是结合时代发展特征和教师专业成长需求,不断重构教师研训的内容和路径体系,形成教师专业发展的系统性支持。通过数据支持下的"教科研训一体化"实践,我校形成了校本教师专业发展的新模式,提升了教师的专业能力与素养,打响了学校发展的新品牌。

一、数据支持下的"教科研训一体化"教师专业发展的内涵阐释

1."教科研训一体化"以教师发展为核心导向

任何一种校本教师专业发展模式的建构首先应该指向于学校教师队伍建设实际问题的解决。据统计,近6年我校共有103名教师加入,其中30岁以下的52名,教师队伍严重年轻化,促使教师成长和发展的需求旺盛、迫切。基于这样的现实需要,"教科研训一体化"可以理解为以教师专业成长为核心指向,贯通教师教学、科研、教研和校本培训等活动的教师专业发展整体设计。

在这一体系中，教学是教师发展的基础，教师教学过程中存在的现实问题是"教科研训一体化"教师专业发展的逻辑起点；"科""研"分别指教师教育科研活动和教研活动，其核心功能是将教师教学中存在的普遍性问题通过行动研究、团队攻关进行化解，形成可辐射、可借鉴的问题解决经验和方法；"训"是指校本教师培训，即将"科研""教研"的成果进行课程化的开发，形成校本教师培训的特色课程，依托这一课程进行校本教师培训，反哺和回归教师教学活动，化解教师的普遍性困惑，提升教师教学的有效性和专业发展水平。

2."教科研训一体化"以数据分析为运行基础

相比较同类型的教师专业发展一体化设计，宝山区第二中心小学的"教科研训一体化"教师专业发展更加突出信息时代发展的特征，尤为注重大数据的统计分析和运用。之所以突出这样的特征，主要是因为随着"互联网+教育"的全面推进，教育不仅面临的是教与学层面的改革，更是信息技术支持下教育治理模式的变革。虚拟与现实的结合、人机环境的融合以及静态与动态的结合将大大改变未来教育的形态，教师作为未来教育治理体系的重要参与者，必须对信息技术在教育体系中的运用方式有一定的了解，必须形成与未来教育相适应的信息素养。

二、数据支持下的"教科研训一体化"教师专业发展的原因分析

教师专业发展或许可以从不同的路径，借助于不同的内容来切入，但最终必须指向专业实践的改善，之所以提出和探索数据支持下的"教科研训一体化"的教师专业发展主要是基于两个方面实践问题的解决需要。

其一，对传统校本教师培训问题的分析。校本教师培训是促进教师专业发展的有效方式，但目前我国教师校本培训尚存在培训目标与参训教师专业发展目标不契合、培训内容与参训教师专业短板不协调、培训方式与参训教师学习规律不匹配以及培训效果与参训教师实际发展不一致等问题。究其原因，一个重要的方面就是教师对于教学科研的实践困惑、校本培训的内容设计、课程供给以及实施方式没有形成内在的一致性联系，教师培训对教师专业发展中的实践性问题、真实性问题关照不够。而数据支持下的"教科研训一体化"建设，能够借助数据的力量，挖掘数据的价值，真正聚焦到教师发展的现实问题，通过校本性的教研、科研活动把教师的行动经验上升为培训素材，针对性地解决教师困惑，形成基于问题到回归问题的闭环，解决校本教师培训普遍存在的现实问题。

其二,对学校教师专业发展需求的研判。为了优化学校教师专业发展支持体系,我们对全校教师进行了全样本问卷调查,调查显示:对于教研活动,近五成教师认为主题式教研带来了教育观念的改变。但是在教研主题的设计上不够科学、系统,教研目标与方向不够精准;对于科研活动,约有**45%**的教师对教育科研活动存在一定的怀疑和抵触情绪。教师对于科研的最大困惑是如何将研究与实践的改进有机融合,充分发挥科研促进教学改进的价值;对于师训活动,**93.33%**的教师认同学校当前主打的"微课程群"模式,但是也有**21.67%**的教师认为自身技术能力能够支撑当前自身专业发展的需求;对于教研、科研和师训活动的关系,**77%**的教师认为当前学校改进教师专业发展的上述三个活动之间的关联不够紧密,**85.6%**的教师认为有必要按照统一的逻辑整合上述三大体系,建构真正具有学校特色的教师专业发展系统。

基于上述问题和分析,我校认为,在互联网+的时代背景下,教师认可且需要信息技术支持下的专业成长方式。同时,教师的教研、科研与教师培训工作有着内在的关联,应该围绕教师成长的现实需要建构数据支持下的"教科研训一体化"教师发展路径。

三、数据支持下的"教科研训一体化"教师发展的校本设计

1. 确立数据支持下的"教科研训一体化"的问题域

问题是校本研修的起点,也是教师专业发展的起点。学校通过项目化的方式推进数据支持下的"教科研训一体化"教师专业发展设计,研发了具有5G时代特征的项目推进流程图,通过"建立标准—建设平台—分析数据—决策干预—循证迭代"的"教科研训一体化"的流程图,明确通过对数据的显性分析、隐性归因分析以及类比、归类、对比等方法,在分析数据的基础上,开展教学决策干预,最后在一次次的行动研究中,实现教育教学行为的迭代更替。

为了确保数据采集的即时性和全面性,我们和校外专业机构合作,借助专业技术的力量建设了学校专属的一个"学生学业质量绿色评价标准平台",关注每次质量调研的数据分析。当然,用数据分析帮助老师找到目标指向强的研究点,还是远远不够的,我们更注重的是运用数据分析,助推教研组研修选题的代表性和结果的循证性。

2. 设计数据支持下的"教科研训一体化"的路线图

数据,不仅为教学研究提供了指向明确的研究点,更为教师培训提供了基于数据的全新范式。为了让"教科研训一体化"成为每一个教研组研究的

基本路径，我们设计了"基于数据分析的教科研训一体化"教师专业发展范式图谱，建构了可视化技术路径和管理路径，加强了成员针对性收集证据的意识和方法，形成了"在线测评—数据分析—问题归类—项目研究—教学改进—集体发展"的循证发展模式。初步形成了以教研团队"公转"带动教师"自转"的研训特色。

3. 探索数据支持下的"教科研训一体化"的教学法

正如钟启泉教授所说，教师的专业发展，如果不同学校改革的实践，特别是课堂改革的实践紧紧挂起钩来，其所谓的专业发展是不靠谱的。为了更好地推动教师的专业发展，我们在数据支持下的"教科研训一体化"建设中着重开展了数据分析运用于日常教学研究的实践，让数据说话、用数据决策。

一方面，我们将数据分析拓展于日常的教学；另一方面，我们以"大数据、信息化、新平台"为引擎，对宝山区第二中心小学原"教学五流程"进行修订，聚焦于数据和云平台的教学改革，让运用数据分析改进教学行为成为常态。

4. 研发数据支持下的"教科研训一体化"的课程群

将教研、科研成果进行必要的课程转化，是打造数据支持下的"教科研训一体化"教师专业发展体系的必然要求。依托教研和科研开发的课程不像传统讲座式培训课程那样具有既定的形成内容，其形成过程是教师主动参与的结果，具有鲜明的建构性。我校注重对已积累的案例进行文本分析，建构了涵盖语文、数学、英语等学科在内的不同主题的校本教师培训课程群，为"教科研训一体化"教师专业发展在实践中的有序运行提供了根本性的支撑。

【作者简介】

谈莉莉，上海市特级校长，高级教师，上海市"双名工程"名校长培养对象，长三角名校长高级研修班学员，曾获上海市优秀校长、上海市园丁奖。

本文曾发表于《现代教学》，2021年3A期，第70~71页。

基于数据分析的活力评价促进
教师专业自觉的实践

　　评价是学校管理的风向标,更是改革的"动力源"。学校的可持续发展,源自教师的专业自觉。教师专业自觉是教师专业发展成熟的标志,是教师专业发展的最高境界,是不依赖外力推动自我追求发展的状态或境界。

　　针对当前"成熟型教师职业发展倦怠与其发展受限制的问题""青年教师专业发展高需求与自身教学经验低储备的矛盾"以及"教育质量优质均衡需求与教师发展水平不均衡之间的矛盾"等问题,我们经历了5年时间,结合数据,依托活力管理理论,开展激发教师专业自觉的评价实践,开展了"基于数据分析的活力评价促进教师专业自觉"的评价改革实践,通过系统的探索,形成了"采集数据—分析数据—运用数据"的闭环式教师评价实践路径,以及"尊重差异、相信潜能、搭建平台、欣赏成功、激发内驱、助力成长"的评价管理策略,让教师走出惯性的思路,走进行动的实践,走向价值的理性思考。

　　在这一过程中,致力于通过评价数据的综合分析和运用,探索"教科研训一体化"教师专业成长模式,形成了"评价结果分析—改进管理体系—赋能教师发展—促进教师专业自觉"的特色化可持续路径,让新时代教育评价的核心理念得到落实。

一、建构激发教师专业成长活力的评价的总体框架

　　学校着重从"动力机制""支持机制""评价机制"三个维度入手,通过系统性的变革为教师生命价值的激扬和专业自觉的养成提供保障、支持和载体,并从评价的角度呈现了循序渐进的实施基本环节和教师专业成长的要素,在实施框架下形成评价的运作框架(图1所示),旨在改变"唯学生分数""唯获奖""唯论文"评价老师的传统观念,改变校方单向评价教师的方式,在多元评价中提升教师的专业认同感,实现综合发展。

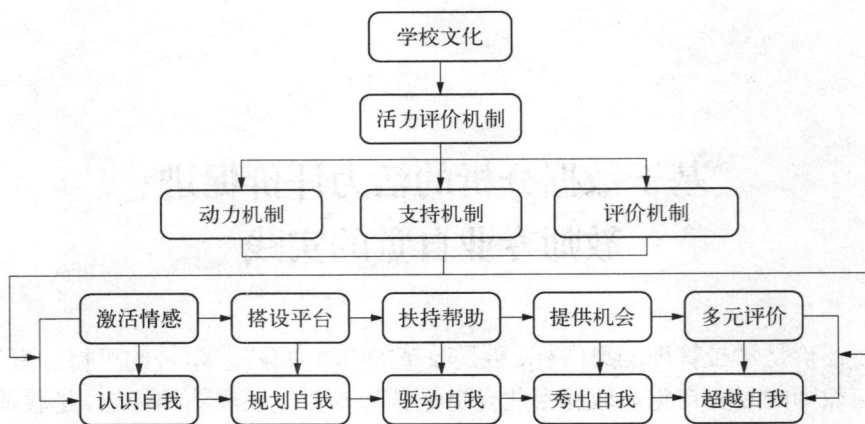

图1 活力评价运作框架图

二、建构践行教师专业自觉的活力评价支持体系

通过活力评价变革实现提升教师专业自觉的目标,最为关键的是要形成与活力评价理念相契合、能够真正支持和促进教师专业发展实践的完善体系。基于这样的认识,宝山区第二中心小学建构了活力评价理念下"1310"教师专业发展校本支持体系,通过一定数量的、具体化的制度与举措,探索从外力助推到内力修炼的教师成长路径。

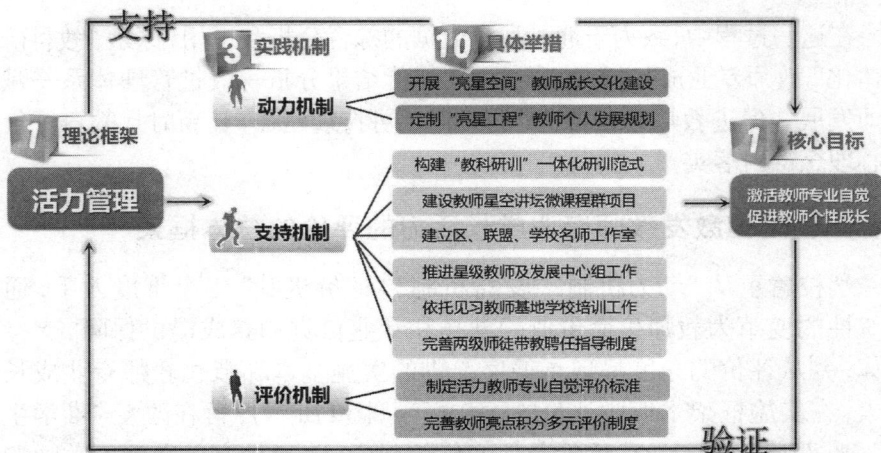

图2 基于活力管理的指向教师群体发展的"1310"支持体系

其中,"1"是指围绕"激活教师专业自觉,促进教师个性化成长"这一核心目标;"3"是指基于目标设计的"动力机制、支持机制、评价机制"三大实践机制;"10"是指与三大实践机制相契合的10项具体制度或教师专业发展具体举措。

三、基于数据分析的闭环式教师评价实践路径

我们形成了"数据采集—数据分析—数据运用"的闭环式教师评价实践路径。

在"数据采集"环节,我们确定了四维度数据采集法:教学过程表现性数据、教学成果增值性数据、教研过程调查性数据、专题活动阶段性数据;并运用"学校数字化学业质量绿色评价系统""学生发展过程性评价系统""智慧教学助手"等系统,即时、有效地采集数据,并对数据进行初步筛选和显性分析。

在"数据分析"环节,我们设计了数据分析驾驶舱,围绕"教师专业发展动机""教师专业发展能力"两个维度,在教师教学理念、教学成效、教学态度、专业发展自觉等维度进行不同类型数据间的关联分析。

在"数据运用"环节,我们建构了一整套以"活力教育"思想为理论支撑的"1310"支持体系,通过一定数量的、具体化的制度与举措,探索从外力推动到内力修炼的教师专业成长路径,最终促使教师群体实现专业自觉。

四、形成评价机制的具体举措

1. 教师专业自觉的评价指标建设

维　　度	一级指标	二级指标
自觉发展动机	积极的发展意愿	自我选定的专业发展方向
		具有工作主动进取精神
	稳定的专业认同	热爱自己的教育工作
		坚定地遵循教育规律
自觉发展能力	不倦的专业探索	具有教育探索精神
		具有一定的教育科研能力

续　表

维　　度	一　级　指　标	二　级　指　标
自觉发展能力	深刻的专业反思	深刻的教育教学反思
		具有批判性思维能力
	不倦的专业学习	具有终身学习意识能力
		注重专业学习与实践运用

2. 评价方式设计

具体推进中，我们充分运用采集到的四个维度的数据，关注评价的"三度""三维""三策略"。

"三度"：在创设阶梯、平台中激发教师工作的热度；在任务加压、贴身帮助中帮助教师学会挖掘教材的深度；在有效沟通、及时反馈中摆正每一名教师的工作态度。

"三维"：小步子分层纵向评价，在和自己过去的比较中获得成功；近距离同层面横向评价，在和同伴的比较中发现距离；通过特色个性评价，在和常规的比较中发掘潜能。

"三策略"：捆绑并进策略，确保同伴互助中无短板；师徒带教策略，确保缩短成长期；数字化平台学用策略，带着思考学习和交流，确保发展的有效性。

在这个基础上，我们形成了具有学校特色的教师亮点积分制。不仅关注量化数据，还关注非量化的状态；不仅关注横向比较，也考虑纵向发展；不仅关注教育教学质量，更关注引领示范，在关注全员、全过程、全覆盖的评价中提升每一名教师的专业自觉。

五、实践成效

我校开展的活力评价，是指以积极心理学理论为指导，以活力教育思想为核心，通过赏识、激励等手段，充分维持教师的内部动力，激发其创造性，是以保持积极情绪为指向的评价，是充分展现人性化而提升学校"软实力"的一种新的评价创新及实践。

实践让我们看到，依托活力管理开展基于数据的指向教师专业自觉的评价,对于破解当前许多一线学校遇到的"如何缩短青年教师成长期,引导成熟型教师走出职业倦怠期,支持教师群体专业发展,激发教师专业自觉以获得持续发展内在动力"的难题具有普遍借鉴意义。

1. 创新教师评价的全新研究视角

本案例借鉴活力管理理论,采用"基于数据"行动研究和准实验研究方法,探讨活力管理与教师专业自觉之间的关系,并提出教师专业发展的校本支持体系,在研究视角上有一定的新意。

2. 提供教师评价的整校改革思路

将活力管理理论应用到激活教师专业自觉的评价研究中,并使其稳定化、持续化,成为一种制度化力量,为一线学校的教师专业发展及评价探索新的路径与策略。

3. 激发教师专业发展的持续动能

通过分析不同发展阶段教师的职业特点和成长需要,明确影响教师专业成长的关键因素,建构教师专业成长校本支持体系,为一线学校如何通过数据分析开展评价研究、支持教师专业发展,提供一种新的视角和思路。

4. 提升学校人才培养的现实成效

学校积累了基于数据分析指向三种不同类型教师(青年教师、高发展期教师、成熟型教师)的评价案例,提炼激发教师专业自觉的促进策略,为一线学校激发不同类型教师专业自觉提供可参考和借鉴的实践策略。

我校通过在观点、路径、机制和模式等维度的创新,形成了"数据采集—数据分析—数据运用"的完整评价闭环,勾连数据分析与评价导向,促进管理变革,率先实现了教师专业发展由盲目、零星个体的发展向持续全体化发展转变;同时,为解决当前普遍面临的教师专业发展职业倦怠、满足当前建设高质量教育体系需求,提供了全新的思路,获得了指导评价改进的有效策略;突破了传统的教师评价范式,形成了基于数据分析的教师评价策略,促进了教师专业自觉。

【作者简介】

谈莉莉,上海市特级校长,高级教师,上海市"双名工程"名校长培养对象,长三角名校长高级研修班学员,曾获上海市优秀校长、上海市园丁奖。

本案例曾获得上海市教育评价改革优秀典型案例。

"公转"带"自转"

——英语教研组校本研修模式的实践与探索

一、研究背景

在学校龙头课题《数据分析支持下的教学改进研究》的引领下,英语教研组以提升学生核心素养、促进学生全面发展为导向,以语音和阅读教学的改进为抓手,借助信息技术手段,整合各类教育数据,科学合理地解读,发现真实问题,制订行动计划,实施教学改进。在一次次的校本研修中,形成了"公转"带"自转"的校本研修模式,即通过自上而下的任务驱动,采用集体攻关、分工协作的方式,推进自下而上的实践,落实教学改进,以教研组团队的"公转"带动教师个体的"自转",提升学科教研品质,促进教师专业发展。

在2020学年的几次阶段性分项评价和日常过程性数据的分析中,我们发现学生的语音和阅读处于各项英语学习内容的低洼地带,存在着有待提升的空间。对此,教研组在校本研修中仔细研读了《普通高中英语课程标准(2017年版)》和《上海市小学英语学科教学基本要求(试验本)》,为教学改进寻找依据。课程标准中指出,"语言知识包括语音、词汇、语法、语篇和语用知识"。教学基本要求中将语音和语篇作为五个学习单元中的两个,足见语音和语篇在小学英语学习中的重要性。语音与语义密不可分,语言依靠语音实现其社会交际功能。小学生学习英语的起步就是从字母、单词、句子的发音开始的,英语发音的准确性、语调语气的表情达意等都对语言交际能力的发展有着至关重要的影响。语篇则承载着语言知识和文化知识,传递文化内涵、价值取向和思维方式。而小学生学习语篇的最主要方式就是阅读,在阅读语篇的过程中获取信息,理解大意,增加语言积累,体验语言的文化内涵。

因此,英语教研组将教学改进的研究方向定位于语音和阅读,基于数据分析发现的问题,结合我校学生的实际情况,精准定位知识与能力的改进点,以此为抓手积极展开校本研修活动。

二、行动过程

英语组聚焦语音与阅读教学，组建研究微共体，分阶段化解难点问题，团结协作攻坚克难，形成了"采集各类数据→分析解读信息→初步形成知识→实践改进教学→架构知识系统"的行动路径，大致经历了如下三个研究阶段：

（一）第一阶段："公转"——采集各类数据，明确研究方向

教研组集思广益，寻找各类数据。我们借助信息技术的支持，搜集有关学生学习生活各方面的数据，主要从学业成果、学习兴趣与学习习惯三个方面进行采集。数据主要来源于学科分项检测（阶段性评价）和小思徽章统计（过程性评价），还有部分教师课堂观察与评价的数据。综合数据显示，我校学生在英语语音和阅读方面的学习有待改善。

在2019学年第一学期的一次分项检测后，教研组通过数据分析，发现我校学生得分率最低的是语音，正确率只有36.9%，阅读理解的得分率紧随其后为第二低，也只有62.7%（见图1）。

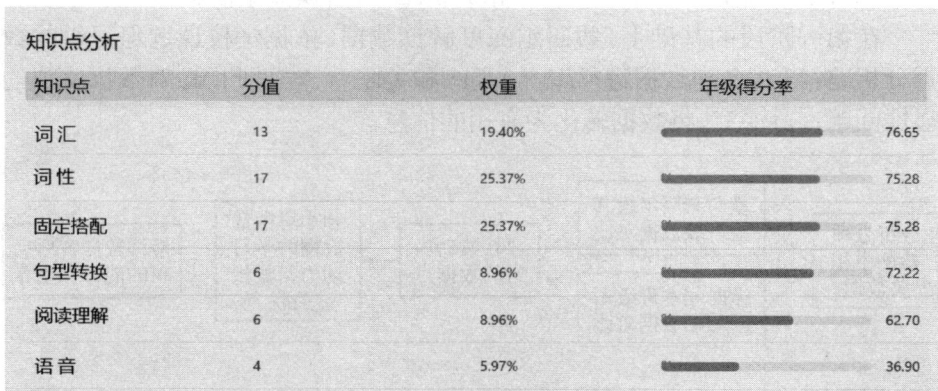

知识点分析

知识点	分值	权重	年级得分率
词汇	13	19.40%	76.65
词性	17	25.37%	75.28
固定搭配	17	25.37%	75.28
句型转换	6	8.96%	72.22
阅读理解	6	8.96%	62.70
语音	4	5.97%	36.90

图1　2019学年第一学期的一次英语分项检测数据分析

教研组老师在研讨中提出，语音部分的得分率一向是最低的，一直以来就是学生的一个难点，但是阅读理解却由以往的"得分项"变成了"失分项"，值得警惕。教研组以四年级为例，将分项检测中涉及到阅读理解的各类题目进行聚类分析，得出相关数据，再找出三年级时的分项数据进行对比（见图

2），发现学生在阅读方面的优势不复存在，正确率滑坡较大，在各个年级中都有这样的趋势。于是，教研组将阅读和语音定为研究方向。

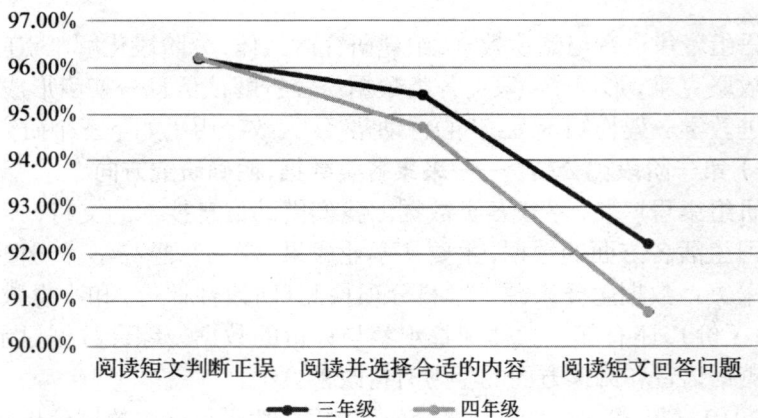

图2 同届学生在三年级和四年级时的分项检测数据对比

（二）第二阶段："公转"——依据分析路径，解读数据信息

在第一阶段的基础上，教研组深度解读数据，依据学校课题组提供的数据分析路径，对各类数据进行聚类、类比和关联后，尝试归因，对数据反映的显性问题进行深究，将数据转化为有用的信息。

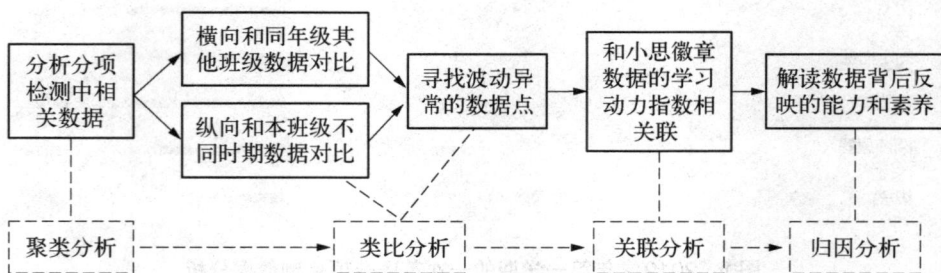

图3 英语组的数据分析路径图

我们打破分项检测中既定的题型划分，将所有涉及到阅读或是语音的题目进行重新聚类，获取相关数据；在类比分析中发现优势，弥补弱势；再和过程性评价相关联，结合小思徽章App后台数据，从学习兴趣、学习习惯、学习情绪和

自我效能方面关照学业成果；最后综合归因，解读数据反映的能力和素养问题。整个数据分析路径从分项检测的数据出发，关联学生学习生活中的各类数据，反映学生的学习动力指数，最后指向能力和素养，基于学业成果又超越学业成果。

以针对学生阅读能力的研究为例，教研组对分项检测的数据做进一步的类比分析，寻找波动异常的数据点，即阅读题中正确率明显低于或高于其他部分的数据点，定位到具体的小题，再对题目进行深入解读，剖析隐藏在数据背后的原因。在此次分项检测中，正确率最低的是一道阅读判断题（见图4、图5）。

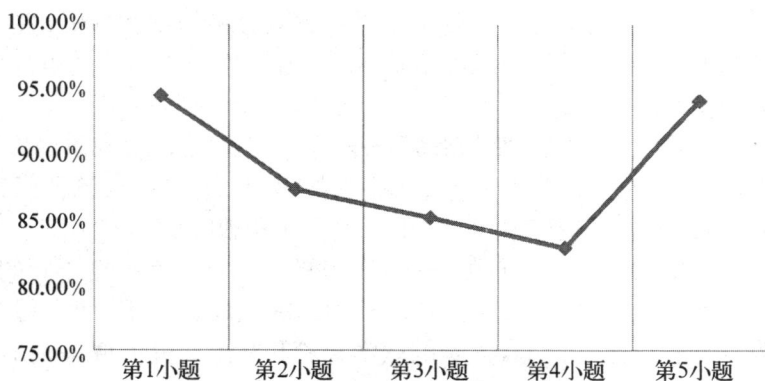

图4 阅读部分各小题正确率

图5 正确率最低的一题

　　教研组经过讨论，认为阅读判断虽然是学生常做的题，但这一题不是单纯的文字阅读，而是图表题，形式上的改变可能给学生制造了一定的阅读障碍。其中第4小题的正确率又是在低谷，这一题无法在文中直接找出答案，首先，学生需要根据图表信息得知orange含有维生素C，再对照表格中提到的"维生素C对骨骼和牙齿有好处"，才能判断出orange对眼睛有好处是错误的。这样的题目不是简单的信息提取，而是要在理解的基础上，进行信息加工，合理推断，具有一定的思维含量。

　　我们拨开表面看本质，透过数据看素养，打通不同数据间的关联，将指向学业成果、学习兴趣与学习习惯的数据进行关联分析与聚类分析，并在此基础上进行归因，确定了以指向思维品质的阅读和指向语言能力的语音教学改进为目标的校本研修计划。

　　（三）第三阶段："公转"带"自转"——团队联合攻关，寻找改进方法

　　学生在"学"的方面出现的问题一定和教师的"教"有关，教研组采用团队攻关的方式，从知识内容本身、学生学习方式和教师教学方法三个方面细致分析问题产生的原因。我们发现一个问题的背后往往有多个不同的成因，而其中改变教师的"教"是关键。针对梳理出的问题，我们将组内每个教师制定的改进点进行汇总，结合大家的教学经验和文献研究的成果，初步形成了改进方法。

表1　基于数据分析的教学改进方案汇总表（教研组汇总部分）

语音教学问题汇总	改进点汇总	改进方法	负责人
A. 知识内容方面 A1. 语音板块的内容相较于词汇、词法、句法和语篇而言，对教师的本体知识水平要求较高，学习内容的量虽不大，难度却不小。 A2. 按照《教学基本要求》，语音知识还细分为"重读开音节""重读闭音节""元音—单元音，双元音""辅音—清辅音，浊辅音，其他辅音"等，教材隐含了这些内容，但没有明确提出这些概念，教师也有概念不清的现象存在。	1. 针对问题A1、A2、C1和C4进行改进，整体设计语音教学目标，形成可操作的系列目标。	基于教学基本要求，梳理各个年段→学期→单元的语音教学目标。教研组层面制定年段教学目标+备课组层面制定单元和课时教学目标。在目标框架中，对应相关的语音知识概念，教师在教学前先做到目标明确，心中有数。	朱佳凤

续　表

语音教学问题汇总	改进点汇总	改进方法	负责人
B. 学生学习方面 B1. 语音内容学习水平属于 A 级，要求识记、背记为主，较为单一和枯燥，学生学习的积极性不高。 B2. 语音的源头在于读音，学生平时朗读单词的读音不准，直接导致出错。 B3. 学生接触国际音标的机会和频率较少，相对陌生，熟练度不够。	2. 针对问题 B1、B3、A2 和 C1 进行改进，设计形式多样的语音学习活动，激发学生的学习兴趣。	梳理、总结各类语音练习的题型，从听、说、读、看、写的角度丰富题型设计，提升语言知识和技能。借助图片语境，设计生动活泼、形式多样的语音学习活动，提高学生的学习兴趣。	潘安妮
C. 教师教学方面 C1. 单元整体设计时忽略了语音板块的教学，每一课时中对语音板块的学习要达到什么目标思考不足，目标定位不清晰。 C2. 语音教学的方式单一，多以朗读为主，缺乏语境和活动设计。 C3. 语音学习活动缺乏评价，课堂上无法及时评价每个学生是否朗读正确，课后也缺少相应的评价方式。	3. 针对问题 B2、C2 和 C3 进行改进，丰富语音教学的方式，实施课中和课后的精准指导。	梳理、总结各类语音教学的方法，从听、说、读、看、写的角度丰富教学方法设计，提升语言知识和技能。利用信息技术的支持，提高学生朗读的正确率，实施精准指导。	李玉洁 王　娟
C4. 语音知识缺乏归纳和总结，教师往往就教材中 Learn the sounds 中出现的内容进行单一板块的教学，没有对小学五个年段的教材系统地思考，缺少按照《教学基本要求》对语音知识系统地归纳和梳理。 C5. 对于日常口语中高频词汇的读音没有关注，存在盲点。	4. 针对问题 C4 和 C5 进行改进，从多个维度整理教材中的语音学习内容，系统梳理资料。	将教材自然单元中的各部分语音知识，按不同的维度进行整理、归纳，如按音标和字母（字母组合）的对应关系、音形相近易错词、口语常用高频词等维度进行归纳。	赵怡莲 俞舒逸
阅读教学问题汇总	**改进点汇总**	**改进方法**	**负责人**
A. 知识内容方面 A1. 教师自身对于阅读的重要性认识不足，认为阅读理解就是简单的做题、答题。	1. 针对问题 A1 和 A2 进行改进，厘清阅读能力的相关概念，梳理形成 1～5 年段的相关目标。	基于教学基本要求和《中国中小学生英语分级阅读标准》，厘清阅读素养的相关概念，形成各个年段的阅读教学目标。在目标框架中，	吴旻烨

续　表

阅读教学问题汇总	改进点汇总	改进方法	负责人
A2. 教材中每一篇文本实则都是阅读的语篇材料,但是在进行单元整体设计时,这些语篇多被当作"语境",用来衬托词汇、词法和句法的教学,反而忽略了其本身作为"阅读"材料的功能和意义。		对应相关的阅读素养概念,教师在教学前先做到目标明确、心中有数。	吴旻烨
B. 学生学习方面 B1. 词汇量积累不够,阅读语篇时造成理解困难,读不懂、做不出。 B2. 基础知识的学习不够扎实,当阅读题中出现有关语法的考点时,就会难上加难,即使理解了也会出错。 B3. 日常训练中多偏重词汇语法,题型单一,很多阅读题没有思维含量,都可以直接在文中找出答案。	2. 针对问题B1、B2和B3进行改进,从阅读中融入基础语法知识和指向思维与文化这两个角度设计阅读习题。	1. 梳理、归纳阅读中涉及语法知识的题型,将这些题型融入语篇阅读,形成高质量训练内容。 2. 梳理、归纳阅读中涉及思维和文化的题型;收集、设计相应的有思维含量的阅读练习。	刘　琼 戴咏珏 施　琳
C. 教师教学方面 C1. 课堂中多停留于对语篇表面意思的检验与评价,缺少对文本更深一层的意义理解。词句背后的意思,学生往往读不懂。 C2. 阅读教学中教师仅仅关注语言知识,缺乏对学生思维品质和文化意识的关注,没有做到真正用英语来做事情。 C3. 阅读教学时,仅关注对阅读题答案的讲解,就题讲题,没有注意帮助学生归纳和总结阅读理解的方法和策略。	3. 针对问题C1、C2、C3进行改进,整理、归纳阅读教学的方法策略,在阅读教学中体现核心素养。	基于教材语篇进行阅读教学设计。按教材内容,将语篇大致分为对话型、应用文型和故事型,分类收集阅读教学方法。整理提炼阅读教学的策略,关注阅读能力和核心素养的提升。	徐　健 支晶珏

（四）第四阶段:"自转"促"公转"——实施教学改进,形成改进策略

教研组将整个学年的教研主题定为"让数据为学生的学习说话——提升学生语音和阅读能力的校本研修"。教师在教研活动中,实践上一阶段初步形成的教学改进方法,设计个性化的评价工具,开展教学实践。我们以教研组集体的"公转"带动教师个体的"自转",自上而下地推进研究,同时,也鼓励大家发挥主观能动性,自下而上地开展实践,优化教学改进策略。

表 2　基于数据分析的校本化教学改进策略

改进方向	改进内容	改进策略	具 体 策 略 举 例
阅读	阅读能力目标	从阅读能力、文化意识、阅读习惯、阅读兴趣四个方面制定校本化的目标,为教学导航。	一、二年级阅读教学目标 1. 阅读能力:能够从标题和配图中推测语篇的主题。 2. 文化意识:能够比较中西方家庭成员的称呼的异同。 3. 阅读习惯:能够在短时间(5～10分钟)内专注地阅读。 4. 阅读兴趣:能够初步体会到阅读的乐趣,能愉悦地听读或朗读读物。
	阅读教学策略	文本信息结构的解读策略、文本内容理解的综合策略、多元文化意识的渗透策略、多元思维品质的培养策略。	1. 文本信息结构的解读策略:关键词提取策略;事件顺序把握策略;文本问题提炼策略。 2. 文本内容理解的综合策略;信息整理策略;大意概括策略;情感体验策略。 3. 多元文化意识的渗透策略:通过图片呈现感受文化知识;通过文本理解体现价值判断;通过对比分析感受文化异同。 4. 多元思维品质的培养策略:在真实问题情境中解决问题的策略;运用跨学科知识分析问题的策略。
	阅读练习设计	融入信息加工、策略运用和多元思维。	设计推断类、多模态图表类、跨学科运用类、观点表达类等高阶思维练习。
语音	语音系统知识	梳理各个年段学生需要掌握的语音知识相关目标。	1. 二年级:识别字母的音和形,知晓辅音字母的读音规则,具有初步的音素意识,能进行音素替换。 2. 三年级:知晓元音字母的读音规则和常用字母组合的读音规则。 3. 四年级:知晓常用字母组合的读音规则,能进行音素添加,认识双元音。 4. 五年级:识别、认读国际音标——单元音、清辅音、浊辅音、双元音、其他辅音;运用读音规则和国际音标知识朗读单词。

续　表

改进方向	改进内容	改进策略	具 体 策 略 举 例
语音	语音教学策略	运用对比归纳法、游戏教学法和儿童歌谣法等,引导学生自主观察,主动归纳,学习语音。	1. 对比归纳法:自觉对比法、类比法、归纳法、演绎法。 2. 游戏法:听音摘单词、找音素朋友、抢读单词、找帽子、彼此呼应、指挥官。 3. 儿童歌谣法。
	高频词汇正音	系统整理日常口语中的高频词汇,从源头纠正发音,提高日常表达的正确性。	1. 100个口语中高频词整理。 2. 小学段同音异义词整理。 3. 名词复数读音整理。 4. 动词过去式读音整理。 5. 常用介词读音整理。 6. 音标整理。 ……

　　经过研究与实践,教研组形成了阅读教学的校本化目标、基于文本理解的阅读教学策略、融入思维品质的阅读练习设计、基于标准的系统语音知识、融入学习策略的语音教学策略和常用的高频词汇梳理。这些从实践中提炼出来的策略是整个教研组将数据转化为信息,再将信息转变为知识的成果。除了系统优化的教学策略,我们还针对语音和阅读需要改进的内容制定了校本化的评价标准,在学生阅读和语音学习时的兴趣和习惯等方面形成评价观察点,运用学校的小思徽章评价平台,以26枚具有学校特色的大拇指章用于学生的过程性评价,以评价促进学习,实现教学评的一致性。

表3　基于数据分析的校本化评价标准

校本评价		评价要点	评 价 语 示 例	大拇指章
语音	学习兴趣	1. 经常对新鲜的未知事物进行发问,提出自己的观点和疑问。	你愿意在阅读后分享和谈论对文本的观点和感受,能阐述自己的观点,还能提出问题,是一个善于思考的小读者。	 知识小问号

续 表

校本评价		评价要点	评 价 语 示 例	大拇指章
语音	学习兴趣	2. 能主动观察、了解与学习有关的内容，获得有效信息。	你能在学习过程中安静地听老师的发音并正确模仿，真是英语学习小达人。你善于倾听，并能抓住句子的语音、语调及重音的读法。你有一双灵敏的耳朵。	善于观察
		3. 能给自己定一个明确的学习目标，并尽力完成。	你能给自己设定一个目标，坚持每周阅读，并在阅读时保持专注。	善于自我管理
		4. 经常通过书籍、网络查阅资料，能主动探究各学科的课外知识。	你能主动阅读课外读物，还能借助书籍、网络，寻求老师和同伴的帮助，积极想办法解决问题。	善于信息处理
阅读	学习习惯	1. 主动参与课堂学习活动，积极举手发言。	你总能在倾听的时候积极思考，并能正确复述别人发言的内容，真不错。	课堂精彩表现
		2. 知道一天的学习任务，能够合理地安排自己的学习时间。	你有良好的时间管理观念，能够合理地安排自己的学习时间，做学习的小主人。	善于自我管理
		3. 课堂回答有自己的见解，与老师和同伴思维对接，有效互动。	你的课堂准备相当充分，想要表达自己的积极性也很高，真是太棒了，希望你一直能保持这份热情。	课堂精彩表现
		4. 对有一定难度和挑战性的问题愿意去思考并表达。	不畏惧难题，勇于挑战自己，不会因为害怕说得不好而保持沉默，这就是一种值得赞扬的学习习惯。	善于坚持 善于表达

校本评价		评价要点	评 价 语 示 例	大拇指章
阅读	学习习惯	5. 能积极主动完成课后学习任务，并保证任务的质量。	对于学习任务，你能积极、主动地完成，坚持每周阅读一定的课外读物，能对自己的学习负责。	阅读小能手
	学习情绪	1. 能承受学习上的失败，快速走出沮丧低落的情绪。	你能带着良好的情绪进行学习，即使遇到困难和失败，也能及时调整心态，为你点赞。	情绪调适
		2. 对待错误有不断地练习、纠正的态度。	碰到发音有困难的单词，或是较难朗读的文章时，你愿意一遍一遍地尝试，不断地练习让你获得了成功。	态度端正
		3. 能在学习内容繁杂时一一坚持完成。	日积跬步方能远行，阅读能力和语音能力的提升都需要长时间的坚持，为你的坚持点赞。	善于坚持
		4. 能在小队、小组等群体学习中愉快合作，相互学习。	你能积极参加小组阅读活动，配合同伴完成任务，分享自己的阅读观点，合作让学习更愉快。	善于合作
	自我效能	1. 能在力所能及的情况下，愿意帮助有困难的同学共同进步。	你愿意主动为有困难的同学提供帮助，他的进步也有你的功劳哦。	乐于助人
		2. 对自己所取得的进步感到满意，相信自己的能力。	今天的你又比昨天有进步了呢，你的自信会让你发光。	进步显著
		3. 能为同伴、班级、学校作出贡献而感到自豪。	你能为同伴、班级、学校作出贡献而感到自豪，你是团队中不可或缺的一员。	热爱集体

　　评价是教与学的导向，数据则是教与学的实证。发挥评价的价值导向功能，从以知识、分数为中心的单一学业评价转向以能力和素养为中心的多元评价，离不开数据的支持。教研组以阅读和语音学习为切入点，通过"公转"带"自转"开展研究，又通过"自转"反促"公转"，从教师的实践中提炼智慧，形成了校本化的评价指标和评价用语示例，为后续开展基于教学改进的评价提供依据和参考。

　　校本研修是学校整体发展，也是教师专业发展的重要场域。我们以数据分析为抓手开展校本研修，其关键在于运用数据时，不能停留于数据表面，而是要善于发现数据背后隐藏的因素，才能够精准改进教学，关注学生的全面发展需求。这一系统的研究与改进过程，需要依托教研组集体的力量，依靠群体的智慧，我们尝试"'公转'带'自转'"的校本研修模式，合众人之力，探数据之谜，让数据为教师的教学改进提供实证，也为学生的学习改进提供依据，让校本研修成为每位教师的专业成长之旅。

【作者简介】

　　吴旻烨，高级教师，英语学科分管。曾获上海市中青年教师英语学科教学大奖赛一等奖；全国小学英语教师基本功大赛一等奖、最佳综合素质奖；上海市园丁奖；第三届全国中小学外语教师名师称号；上海市基础教育首届新秀教师称号。

基于绿标分析结果的"数据—信息— 知识—智慧"教学改进模式

——以小学生高层次思维培养的教学行为改进为例

【摘要】基于证据的教学改进是当前教学研究和实践中亟待突破的难点,宝山区第二中心小学以上海市学业质量绿色指标综合评价为研究起点,以高层次思维培养为研究切入口,开展了"数据—信息—知识—智慧"教学改进模式的实践研究,从而提升学业质量,助力教师群体专业成长。

【关键词】绿色指标 数据分析 教学行为改进 高层次思维

宝山区第二中心小学结合市、区两级的学业质量绿色指标数据报告,开展了"数据—信息—知识—智慧"教学改进模式的实践研究。通过绿色指标分析结果,定位我校学生学业质量水平存在的显性问题,然后以"教研组'公转'带动教师个体'自转'"的行动模式协同攻关,通过关联分析把数据转化为指导教学的有效信息,再将有效信息转化为教学知识开展教学改进,最后努力上升为促进教师专业成长的智慧。

一、问题提出

2018学年,我校四年级参加区级学业质量绿色指标评价,语文、数学学业成绩均优于全区平均成绩。[1]但是,高层次思维能力上的表现却没有明显的优势,班级之间成绩差异较大,高层次思维能力的均衡度不高。

我校在区级绿色指标分析结果的基础上,对语文、数学任课教师进行了

---

1 受测学生2015年9月进入宝山区第二中心小学学习,学生接受测试时,进入四年级学习刚满两个月,数据分析报告于2019年4月完成。

《关于高层次思维能力培养的教师调查问卷》。[1]问卷发现，系统了解过高层次思维的教师占比为17.33%、没有深入了解过的教师占比为74.67%、从未听说过高层次思维的教师占比为8%。通过访谈了解到，一部分教师对高层次思维的系统认识来自绿色指标综合评价理论[2]和布卢姆、安德森的教育目标分类[3]。更多的教师是在培训活动中，通过专家讲座听说过高层次思维，认识到它已经成为学生发展核心素养的重要组成部分。因此，绝大多数的教师认为有必要在教学中培养学生的高层次思维能力。综上可知，我校教师有培养学生高层次思维的理念，但是对于高层次思维的概念和构成要素没有清晰的认识。

教材是教学的重要工具，也是学习活动的知识载体，教师对于教材内容的利用影响了学生高层次思维的培养。

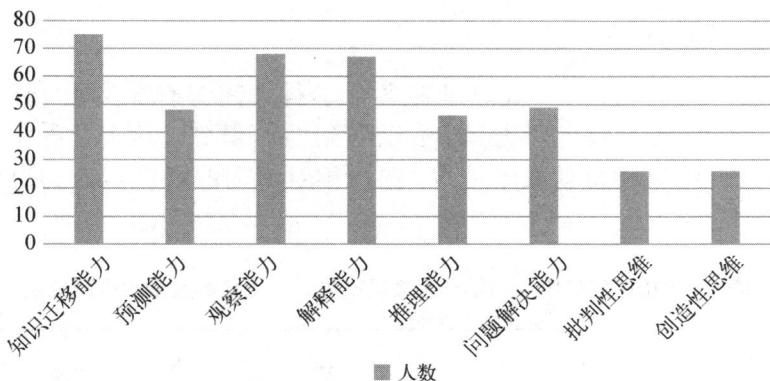

图1 "利用教材内容侧重培养学生哪些高层次思维能力"调查结果

上图显示，教师对教材内容培养高层次思维价值的认识是不均衡的。在预测能力、推理能力、问题解决能力等方面，还出现了学科上的差异，以预测

---

1 受访的75位教师中，教龄10年以上经验教师占比26.67%，2～9年的青年教师占比65.33%，0～1年职初教师占比8%。

2 上海市教育委员会教学研究室.上海市中小学学业质量绿色指标综合评价的理论与实践研究[M].上海：中华地图学社，2019：34.

3 洛林·W·安德森，等.布卢姆教育目标分类学（修订版）[M].北京：外语教学与研究出版社，2009：23-24.

能力为例，90%的语文教师有结合教材文本内容培养预测能力的经历，因为预测是阅读重要技能；而数学教师中只有12%的教师会培养预测能力。在推理能力和问题解决能力上，数学教师比语文教师更为重视。

教学方法上，96%的教师主要使用问答法，71%的教师选择讲授法，使用讨论法的教师占40%。学生进行合作探究式学习时，组员间的任务分配不太合理，学生的参与程度不均衡。调查结果体现出在高层次思维培养中，我校学生以听取教师讲解和思考回答教师问题为主要学习活动形式，但这样的活动形式并不能够有效激活学生的高层次思维。

调查显示，我校在高层次思维能力培养上处于一个模糊地带，存在两个共性问题：一方面，教师对高层次思维的概念界定、构成要素缺少认识；另一方面，教师在培养学生高层次思维能力的学习活动选择上呈现单一化。

二、行动探索

文献研究表明，高层次思维在各个学科之间都有交叉，同时各有侧重，以一线学校的教科研力量，难以做到面面俱到。因此，我校基于绿色指标分析结果和日常教学情况，选择相对薄弱的能力点作为研究切入口，见表1：

表1　宝山区第二中心小学学生高层次思维能力培养教学改进研究点

学　　科	研　　究　　点
语　文	阅读推断能力的培养
数　学	解决问题能力的培养
英　语	语音中读音规则的运用

下面以语文学科培养阅读推断能力的行动研究案例，说明"数据—信息—知识—智慧"教学改进模式如何运行。

1. 数据：多种方式采集数据

语文教研组对区学业质量绿色指标数据报告中的阅读板块进行了初步分析，其中知识点失分率见下图（图2）：

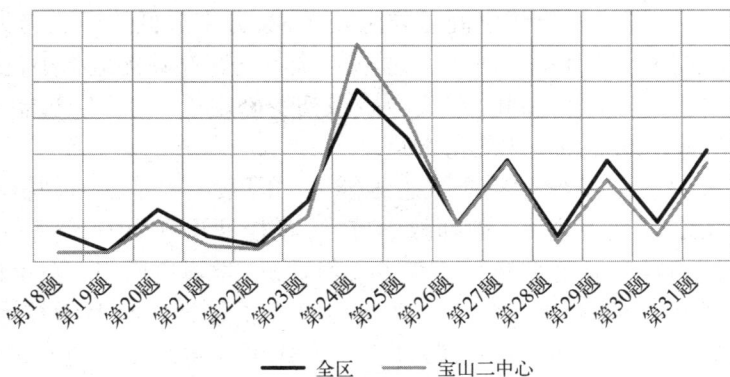

图2 阅读板块各小题失分率

从折线图中可以看到,阅读板块中,我校绝大多数知识点失分率低于全区水平,第24题失分率明显高于全区。见下图:

> 24. 第⑩自然段划线句子中,男孩"反悔"的想法与举动反映出他是怎样的人?理解不正确的一项是( )。
> A. 不守信用　　　　　　B. 调皮　　　　　　C. 贪婪　　　　　　D. 勇敢

这一题的考察点是"推断人物的内心想法和行为动机,再评价人物的个性",属于高层次思维范畴。再对比班级间的失分率,见下图:

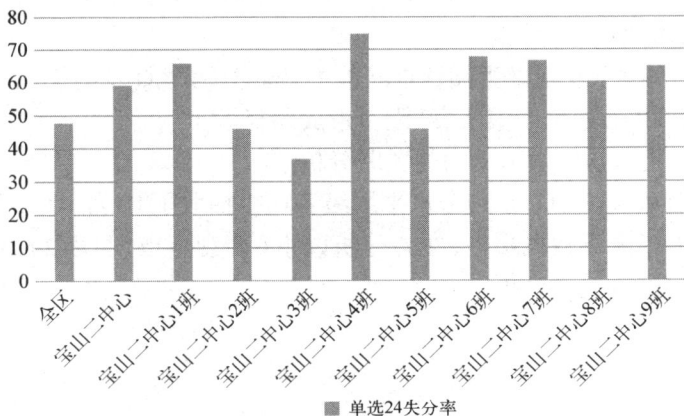

图3 第24题各班级失分率

从图中可以看到,班级之间差异比较大,失分率最低的班级与失分率最高的班级之间相差近40个百分点。学校与全区之间的差异也不小,仅有三个班级失分率低于全区。由此,语文教研组初步确定了"阅读推断能力"为我校学生语文高层次思维能力的薄弱点。

研究表明,"影响学生高层次思维能力的因素主要是学习动机、学习自信心、学习压力、师生关系、教师教学方式、学校课程领导力,这些因素对高层次思维能力具有显著影响"[1]。其中学习动机、学习自信心、学习压力可以通过过程性评价表现,因此,语文教研组收集了过去一个月学校大拇指徽章平台的数据报表;师生关系、教师教学方式可以通过课堂观察采集数据。各种评价方式获得了大量数据资料,为把数据转化为指导教学的有效信息做好准备。

2. 信息:关联分析获得信息

接下来,语文教研组根据学校提出的数据分析流程图,进行关联分析。

(1)量化数据与质性数据的关联分析

教研组结合绿色指标数据分析结果,从四个水平层级各选出5名学生进行访谈,再通过关联分析,归纳学生层面的原因。通过访谈,可知A、B、C水平层级学生都按照"阅读相关语句—联系上下文—思考人物行为"的思维路径完成该题。但A水平层级学生明确自己要完成的任务,有整体关联意识,能关注到句与句之间的关系,还能综合使用两种以上的阅读策略,在访谈时能够用清晰、规范的语言进行解释;B水平层级的同学只关注了邻近的前后两句话,没有运用策略的意识;D水平层级学生仅凭借个人主观猜测进行理解,脱离文本语境进行推断。

综上,教研组发现学生阅读推断能力较弱有两个原因:第一,不善于联系文本语境;第二,思维习惯不良,没有形成路径。

(2)学业水平与学习动力的关联分析

教研组从A、B、C、D四个水平层级各随机抽取了10名学生,分析了一个月以来大拇指徽章数据报告,重点分析以下6个观察点(见表2),对学业水平和学习动力进行关联分析。

1　汪茂华.高阶思维能力的评价研究[D].上海:华东师范大学,2018:236.

表2 阅读态度与行为评价观察点

观 察 点	评价反馈
1. 在阅读中经常对有新鲜感的语段进行发问。	 知识小问号
2. 能主动观察、了解与阅读有关的内容,从中获得有效信息。	 善于观察
3. 能通过网络查阅资料,解决阅读中的疑问。	 善于信息处理
4. 在阅读中,对有一定难度和挑战性的问题愿意坚持思考。	 善于坚持
5. 在阅读交流中有自己的见解,与老师和同伴思维对接,有效互动。	 课堂精彩表现
6. 能承受阅读时遇到的困难,快速摆脱沮丧、低落的情绪。	 情绪调适

在学习动机方面,A水平学生在阅读时产生疑问,主动探究的意识非常强烈,B水平学生、C水平学生低于A水平学生,D水平学生在阅读时很少产生疑问,见下图:

在学习自信心方面,A水平学生尝试解决困难问题的意愿强烈,积极与老师、同伴交流自己的阅读体验,B水平学生和C水平学生之间有略微的差异,D水平学生不愿意主动参与交流。面对阅读中的困难,A水平学生、B水平学生能够比较快地调整情绪,继续投入阅读,但C水平学生、D水平学生则

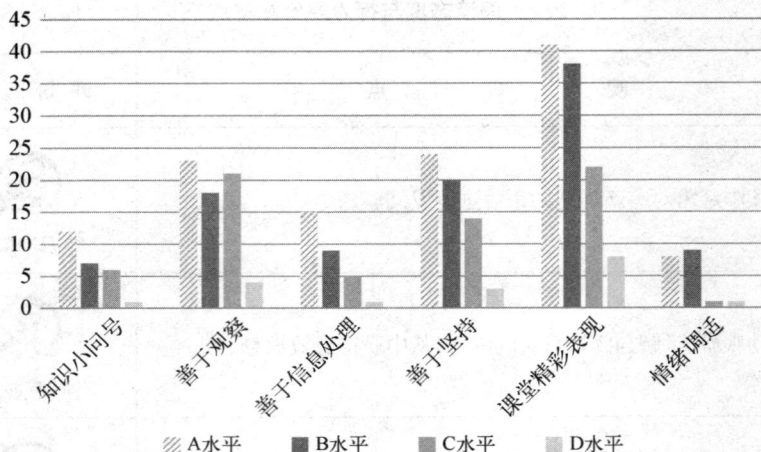

图4　各水平层级学生大拇指徽章一个月内的平均获得数量

陷入焦虑。

综上，学生阅读中推断能力与学习动力指数成正相关，高层次思维的培养需要激活学生学习动机，促进主动学习，更要鼓励和保护学生的好奇心，缓解学生的畏难情绪。

（3）学生学业水平与教师教学行为的关联分析

本次参加绿色指标检测的四年级共有9个班，教研组选择了失分率最低的3班、失分率与年级持平的8班作为实验班进行课堂观察，教学内容为沪教版四年级下册第八单元《尊严》一课。[1]学生须由已知信息推断人物的内心感受，最后才能对人物品质进行评价。在教学时，任教3班的P老师和任教8班的D老师都结合课后习题设计了同样的教学环节——读相关语句，思考"当杰克逊大叔回答哈默没有什么活儿需要他做时，哈默内心的感受是怎样的"。从教学方法上看，两位老师都采用了问答法，但是在教学组织上，D老师与学生的互动是一问一答，只有思维敏捷的学生参与了课堂互动，而剩下的学生都乐于充当听众，甚至走神发呆。P老师善于追问，鼓励能力较弱的孩子参与互动，并给予了支架，课堂参与面广泛。在课堂评价上，D老师面对学生优秀的回答，缺乏有效的评价语，没有很好地发挥评价的激励和改进作用。可见教学组织与课堂评价影响了高层次思维的培养。

---

[1]　课堂观察时间为2019年6月，四年级学生使用的教材是沪教版。

3. 知识：协同攻关运用知识

为了让学生经过多次训练直到熟练运用阅读策略，形成思维路径，教研组选择了四上第四单元，以单元为载体来推进教学改进，实验对象为我校2019学年四年级学生。

（1）提升教师的课标和教材解读能力，为有效实施教学奠定基础

查阅课程标准中小学阶段的阅读课程目标，发现以下内容与推断能力有关：

结合上下文和生活实际了解课文中词句的意思（第一学段）。

联系上下文，理解词句的意思，体会课文中关键词句表达情意的作用。

能初步把握文章的主要内容，体会文章表达的思想感情（第二学段）。

能联系上下文和自己的积累，推想课文中有关词句的意思，辨别词语的感情色彩，体会其表达效果（第三学段）。

理解词句的意思、体会文章表达的情感都离不开推断能力。再对课程标准中关于推断能力培养的学段目标进行分解，按年级对目标进行分配，见下表（表3）：

表3　"推断能力培养"的分配

课　程　目　标	子　　目　　标	目标分配
理解词语的意思	结合上下文推断词语的意思。	1—2年级
	联系上下文推断词句的意思。	3—4年级
	联系上下文推断词句的所指意义。	5年级
体会文章表达的情感	根据已知信息做简单推断。	1—2年级
	根据已知信息推断人物心理活动。	3—5年级
	根据已知信息推断人物行为动机。	
	根据已知信息推断情节的发展。	

研读统编教材中与推断能力培养相关的教学内容，梳理教学重点，对学

习要求进一步具体化,叙写单元教学目标。[1]以下为部分涉及推断能力的单元教学目标(见表4):

表4 "推断能力培养"的单元教学目标

	语 文 要 素	单元教学目标
一下第三单元	结合上下文理解词语意思。	结合上下文,理解"孤单"等词语的意思。
一下第七单元	根据信息做简单推断。	结合上下文,对故事可能的发展做简单推断。
二上第四单元	结合上下文理解词语意思。	结合上下文,理解"五光十色"等词语的意思。
二上第五单元	初步体会课文讲述的道理。	根据已知信息对人物的心理活动、行为动机做简单推断。
二上第六单元	借助词句,了解课文内容。	结合上下文,理解"泛滥"等词语的意思。
……	……	……

通过对语文要素的分析以及课后习题的梳理,教研组明确四上第四单元的重点目标:第一,抓住故事的起因、经过、结果,复述故事;第二,感受神话的神奇;第三,对神话的主要人物进行评价。其中,要对神话中的主要人物进行评价,需要推断人物的心理活动和行为动机。因此,教案组确定本单元其中一条教学目标:

联系上下文和生活实际,推断神话人物的心理活动和行为动机,感受人物品质。

(2)优化教师教学组织和课堂评价能力,创设和谐的学习环境

教研组按照教学进度,选择四上第四单元《精卫填海》一课进行了三次实践。

---

1 2019年9月,语文统编教材全面铺开,因此教研组选择对统编教材进行分析。

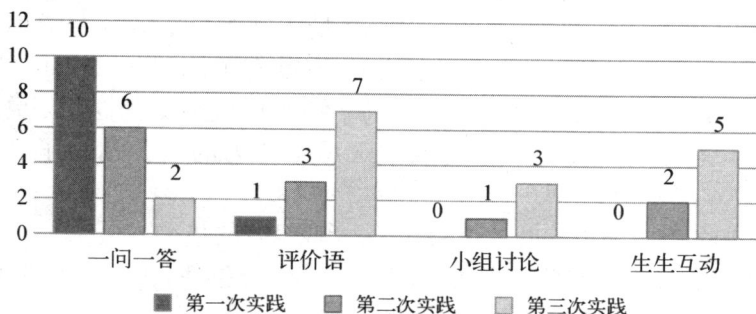

图5 《精卫填海》三次教学实践课堂观察反馈——教师教学

通过三次课堂实践结果来看,一问一答式的对话方式在逐步减少,评价语引导和鼓励学生的次数在不断增加,小组讨论、生生互动的方式都有明显的增多。

表5 《精卫填海》三次教学实践课堂观察反馈——学生交流

学生行为		课 堂 观 察 结 果		
1. 学生听课的参与度和注意力集中程度（积极举手、认真听讲）。		80%～100%	60%～80%	小于60%
	第一次	58%	40%	2%
	第二次	80%	18%	2%
	第三次	95%	5%	0%
2. 在课堂反馈中,倾听同伴的回答,边听边思考,取长补短。		认真倾听,还能够有思考的表达。	能够倾听,但表达有困难。	没有认真倾听别人的回答。
	第一次	40%	45%	15%
	第二次	75%	15%	10%
	第三次	93%	4%	3%
3. 在小组讨论中,能够表达自己想法,并听取他人想法,完善自己的观点。		积极参与	被动参与	不参与
	第一次	30%	60%	10%
	第二次	67%	25%	8%
	第三次	90%	7%	3%

教师不再使用一问一答的方式，而是不断追问，将所有学生的注意力都吸引到核心问题上，学生的课堂参与度有了明显提高。可见，教学组织方式改变和激励性评价语的运用，使课堂氛围更为融洽，更多的学生参与课堂，表达阅读感受，为高层次思维能力的培养创设了和谐的学习环境。

（3）加强推断能力的阅读策略教学，形成良好的思维习惯

学生通过文本中的关键词句，对相关内容进行推断，包含四个步骤：

第一步，学生需要从文中划出关键词句；

第二步，在关键词句之间建立联系；

第三步，思考辨析并进行推断；

第四步，用自己的话阐述自己的观点。

以四上第四单元第一篇精读课文《盘古开天地》为例，在学习第四自然段时，学生结合课文内容，推断盘古在天地之间时的心理活动，最后对盘古这一人物进行评价。老师先让学生朗读第四自然段，要求是读正确；接着，让学生默读这一自然段，并圈出认为能体现人物品质的语句；然后，老师在多媒体课件中，将学生圈出的关键词句凸显出来，学生交流盘古内心的想法，意识到盘古这样做是为了不让这个世界再次陷入黑暗；最后，请学生结合盘古的行为，分析"他是一个怎样的人"。

学生通过3篇精读课的学习后，尝试自主学习略读课文《女娲补天》，推断女娲行为背后的动机，对人物形象进行评价。课后练习题所呈现的数据，体现了学生能力的提升。

1.摘录文中表现女娲人物品质的句子，写出其品质。

例：女娲看到这情景，难过极了，决心把天和地修补起来，让人类重新过上幸福的生活。

【善良】

(1) _____ 【　　　】

(2) _____ 【　　　】

本次课后练习反馈情况，获得A等级的学生为115人，获得B等级的学生为120人，获得C等级的学生为55人，获得D等级的为30人。与第一次的数据进行对比，第一次数据见下图：

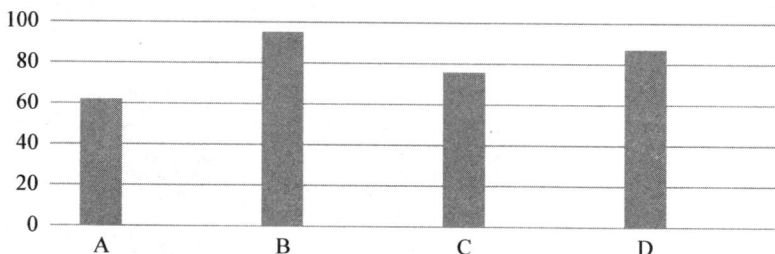

图6　课后练习题反馈情况

通过课堂观察和课后练习的数据反馈,教研组发现参研教师的教学组织和课堂评价有了改善,受测学生形成了思考的路径:提取信息—建立联系—进行思辨—表达观点,这对学生高层次思维提升是非常重要的。

4. 智慧:总结提炼追求智慧

经过上一阶段的实践,教师对于如何在课堂教学中培养学生阅读推断能力有了更深的认识,在反思过程中梳理出两条高层次思维教学策略,致力于将实践经验上升为促进教师专业成长的智慧。

（1）四聚一评

"四聚"即"聚集、聚焦、聚齐、凝聚","一评"即"评价"。在教学的关键环节中,首先聚集学生的目光,让所有学生聚焦到核心问题上。其次,聚齐学生的不同想法,让所有学生卷入讨论。最后,学生在思考辨析中,凝聚出核心智慧。在此过程中,教师关注整个学习过程,包括习惯、兴趣、态度等方面,运用激励性、指导性评价语组织教学,创设和谐的学习环境。

（2）五力整合

"五力"即"提取力、发现力、联系力、思辨力、表达力"。学生先在阅读中提取信息,在信息中发现问题,在问题中建立联系,在联系中进行思辨,在思辨中产生观点,最后用自己的话清晰表达。在这个动态过程中,使课堂充满生命活力,高层次思维得以生长。

三、研究成效

2019学年,我校四年级参加市级学业质量绿色指标评价,高层次思维指数有明显提升,学生对教师教学方式的评价也有提高,见图7。

在绿色指标评价数据应用于教学改进上也有一定的尝试,见图8。

1. 绘制了数据分析流程图,多维分析数据以获取指导教学改进的有效

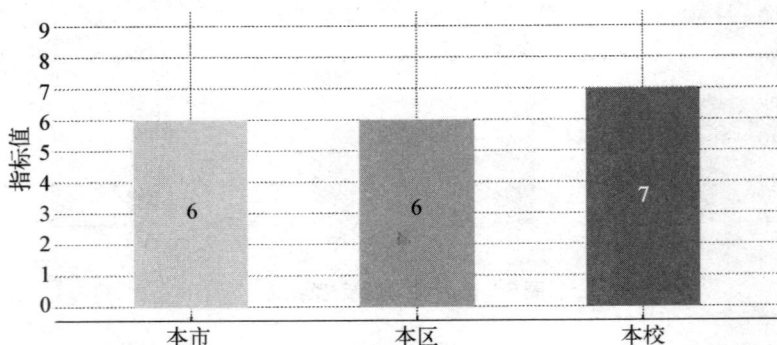

图7 学生高层次思维能力指数

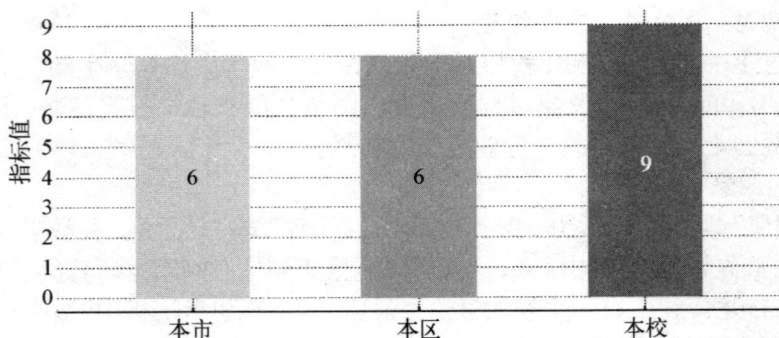

图8 教师教学方式指数

信息。

在与不同年级之间的关联、不同数据类型的关联、不同群体的关联中，教师学会从庞大、纷杂的数据中，剔除偶然性、非常态的数据，学会对量化数据和质性数据、学科知识与核心素养、学科知识与学习能力学习动力、学生学业成果与教师教学行为之间的关联分析，大大改变了学校的教育针对性和实效性。

2. 架构了"教科研训一体化"的协同攻关图谱，形成教研组"公转"带动教师个体"自转"模式。

为了让"教科研训一体化"成为每一个教研组研究的基本路径，我校设计了"基于数据分析的'教科研训一体化'"协同攻关图谱，建构了可视化技术路径和管理路径，初步形成了以教研团队"公转"带动教师"自转"的行动模式。

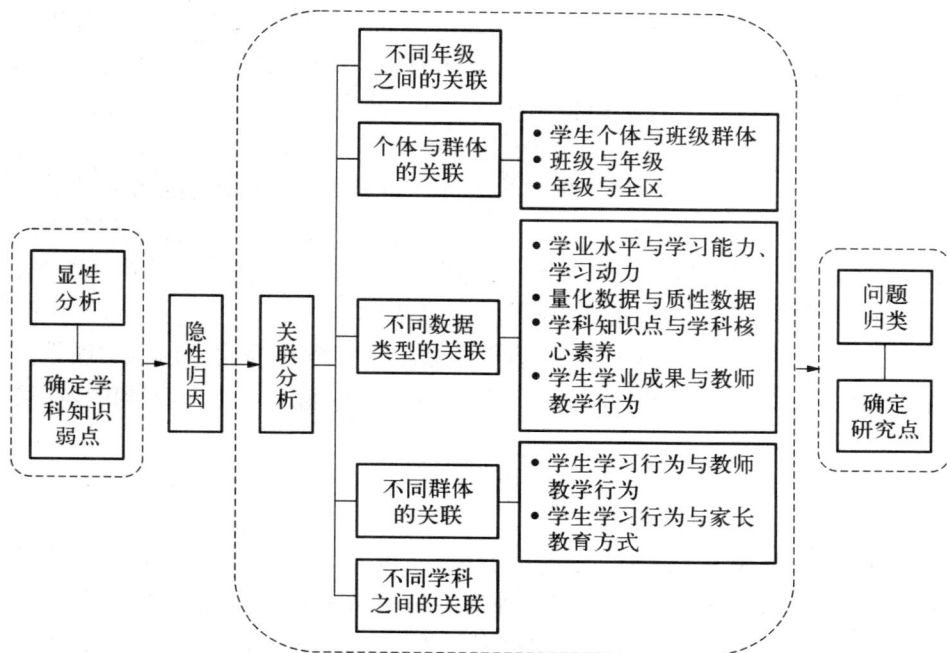

图9　数据分析流程图

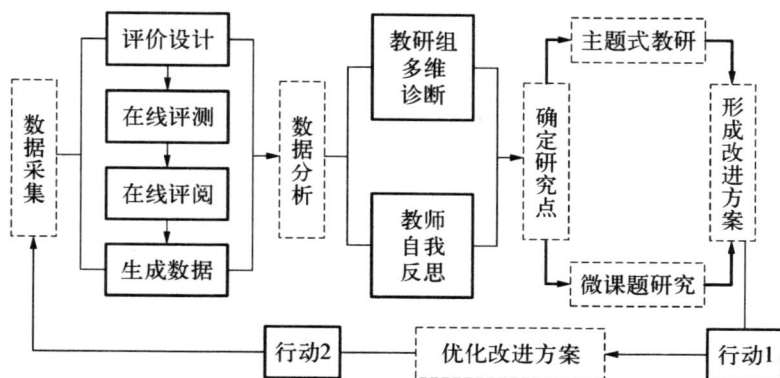

图10　基于数据分析的"教科研训一体化"协同攻关图谱

四、研究反思

经过初期的探索实践,我们也发现了实践研究中存在的不足:

首先,目前教师的教学改进是基于市、区的绿色指标分析结果,但是市级绿色指标评价为三年一度、区级绿色指标为一年一度,时间跨度比较大。为了弥补阶段与日常,学校尝试借助信息技术,开发了校本化学生学业质量绿色评价标准平台,在日常教学实施"采集数据→分析数据→运用数据"完整闭环。校本评价平台如何更好地衔接市、区绿色指标评价,还需要全盘考虑。

其次,目前除了市教委基础教育质量检测中心提供的数据涉及部分艺术和科学的评价分析,校本评价平台的使用局限于语文、数学、英语三个学科,对音乐、体育、美术等学科指导不够具体。

最后,帮助教师在分析数据、运用数据改进教学行为的过程中实现教师群体成长,最终将教师实践经验上升为促进教师专业成长的智慧是我校的努力方向。

【作者简介】

谈莉莉,上海市特级校长,高级教师,上海市"双名工程"名校长培养对象,长三角名校长高级研修班学员,曾获上海市优秀校长、上海市园丁奖。

本文曾发表于《上海课程教学研究》,2021年7～8期,第127～135页。

汇集"云"力量,架好"空中课堂"

——基于数据分析的线上教学管理平台的架构与初步实践

教学管理是指"对制约教学质量的诸多因素进行组织、协调和控制,使学校有正常的教学秩序,并沿着一定轨道运行,从而保证学校教学任务的顺利完成",[1]其实质是对教师的教与学生的学的管理。线上教学管理就是对以信息技术平台为媒介进行的教师教学活动和学生学习活动的管理。

疫情防控下被动采取的线上教学,面临困难:线上教学,师生活动在时空上相对分离,教师难以把握全体学生的学习开展情况,学生少了教师的管理,更需要自觉[2];绝大多数教师没有线上教学经验,又没有足够的适应期,就必须展开教学。因此,为确保线上教学的质量,需要架构一个线上教学管理平台。

我校自2019年起开展了"基于数据分析的课程实施与评价实践研究",认为数据分析能够真实反映教师的教学问题和学生的学习需求,辅助教师制定精准的教学策略,实现信息技术支持下的精准化帮学,从而提高教学有效性。[3]因此,我们在数据分析的基础上,通过"解读政策,找好定位→数据分析,明确需求→统筹资源,构建平台"的程序,架构了线上教学管理平台。在实践中,提炼出"线上教学流程化、线上教研常态化、学生管理艺术化、教育保障制度化、技术培训体系化"五个实践策略。

一、架构线上教学管理平台

我校架构线上教学管理平台程序如下(见图1):

1　杨颖秀.教育管理学[M].吉林:东北师范大学出版社,2010:85-89.
2　魏顺平,韩艳辉,王丽娜.基于学习过程数据挖掘与分析的在线教学反思研究[J].现代教育技术,2015,6:89.
3　林厚从.基于大数据分析的精准化教学[J].上海教育科研,2017,2:63.

三个步骤层层递进、环环相扣:第一步确定基本规范;第二步通过数据分析,明确学生需求;第三步则在前两步的基础上,统筹已有资源,构建平台。

(一)解读政策,找准定位

只有把握了教育部"停课不停教、停课不停学"号召的科学内涵,才能确保线上教学的重心不偏位。因此,解读相关政策后,我们确定了线上教学的基本规范,见图2:

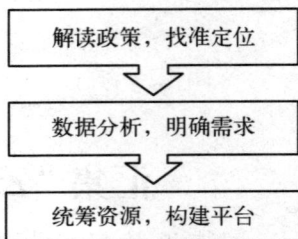

图1 线上教育平台架构程序图

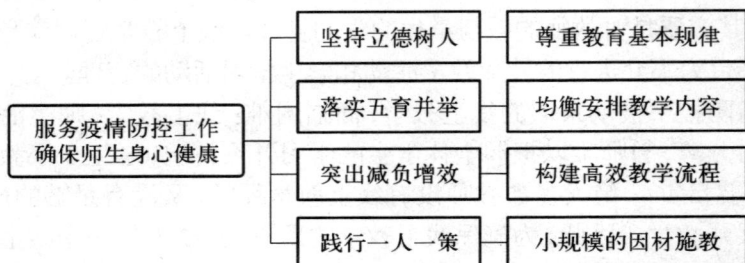

图2 线上教学工作基本规范

(二)数据分析,明确需求

数据是管理平台架构的基础,也是核心。只有通过覆盖全校学生的调查,搜集数据,进行分析,才能了解学生的需求。调查过程如下。

我们设计了《线上教学摸底调查问卷》,运用"晓黑板"推送给1 642位学生,回收有效问卷1 642份。数据分析后,我们发现学生的实际需求体现在三个方面:

1. 线上教学的效率

问卷的第4题如下:

4. 白天在线学习时间,( )陪伴在孩子身边,协助他一起参与学习。			
A. 父亲	B. 母亲	C. 其他亲属	D. 没有人陪伴
10.53%	26.32%	47.37%	15.79%

47.37%的学生选择C选项、15.79%的学生选择了D选项,这意味着1 038位学生无法在父母的陪伴下进行线上学习。再看第5题:

5.除了爸爸、妈妈,家里的其他长辈能辅导你学习吗?(　　)		
可以	完全不可以	有的可以,有的不行
A. 15.79%	B. 73.68%	C. 10.53%

73.68%的学生表示长辈完全无力辅导,**10.53%**的表示看知识的难易程度,越到高年级,长辈能辅导的比例越小。综合两项数据,可见近1 500位学生需要独立完成线上学习;线上学习效率,面临很大挑战。

2. 线上学习质量

为初步了解线上学习的效果,我们设计了以下两道题:

(1)寒假里,你在校外参加过线上学习吗?(　　)

　　A. 经常参加　　　　　B. 偶尔参加　　　　　C. 从未参加

（2）你觉得在校外参加线上学习的效果怎么样？（　　　）

    A. 非常好，我听得很专注。

    B. 还不错，我偶尔走神。

    C. 不太好，原因是＿＿＿＿＿＿＿＿

第一题中，46.04%的学生在这个寒假参加过校外线上培训，其中近七成的学生感觉效果不太好，原因主要有三：首先，网络平台不太稳定或教师操作不熟练，出现掉线的情况，学生的积极性受到影响；其次，网课老师教学进度较快，学生跟不上；最后，网课时间紧张，上课学生较多，学生发言机会较少，缺少学习动力。除此之外，还有家长表示学生会被电脑游戏所吸引，无法专心听课。相对线下，线上学习在学习质量上，确实令人担忧。

3. 线上学习负担

问卷的最后，我们设计了一道开放性题目：

面对即将到来的线上学习，你最担心的是什么？（　　　）

选　　项	比　　例
A. 担心自己的网课学习效果，怕上学后会跟不上老师的节奏。	30.47%
B. 担心线上学习时老师布置的作业会比较多，怕完成不了。	42.65%
C. 担心一直不能出门玩。	14.7%
D. 担心线上学习不适应会让老师批评。	14.7%
E. 担心线上学习不适应会让爸爸妈妈批评。	13.26%
F. 怕线上学习后，家长布置更多的家庭作业。	31.54%

从选项占比最大的A、B、F来看，学生的压力可见一斑。如何在不增加学生负担的同时保证学习质量，成为另一个要点。

针对上述三个方面，我们认为关键在于通过教学管理，解决以下四个问题：解决老教师技术运用能力不足的问题；解决新教师教育教学经验不足的问题；解决网络教学平台适用性问题；解决如何进行因材施教的问题。

（三）统筹资源，构建机制

1. 梳理已有资源

为了提高效率，我们梳理了已有的资源：

（1）已成型的教学流程

我校已有一个成型的教学流程，从备课、上课、作业，到评价、辅导，都有明确的要求。

（2）已使用的技术平台

小思徽章是一个综合评价平台，可以通过该平台发放代表学生行为表现的大拇指章，对学生进行评价。晓黑板是一个家校沟通平台，教师通过该平台布置作业，发放通知，学生也能通过该平台参加打卡。

（3）已掌握的线上教学技能

我校购置了一批"微课宝"，用于录制教师培训的微课程，但是微课宝数量有限，不能满足所有教师。

（4）已储备的线上教学资源

在线上教学全面启动前，我们采取"核心示范—骨干先行—全员推进"的路径，尝试录制171节微课，见下表：

学科	语文	数学	英语	音乐	美术	自然	体育
节数	57节	40节	36节	10节	10节	10节	8节

涵盖了各个学科，时长在15～20分钟以内，可供教师选择使用，也可以作为学生自学的资料。

2. 针对性地调整

通过梳理，我们认为有必要根据线上教学的特点进行调整：

第一，原有教学五流程可以应用于线上教学，但是具体的细则需要调整。以备课为例，除了常规的工作，还需要研究市级网课的内容，以便做好衔接。

第二，已有技术平台不能满足线上授课的需求。经过学校信息技术部门的比对和使用，我校选择了"腾讯课堂"作为在线教学的主要平台，并选择了"晓黑板"为辅助平台，以备不时之需。

第三，已有的教研师训模式未必能够适应线上教学需要。为及时解决线上教学中出现的问题，选择"腾讯会议"作为教研活动和教师培训的平台，以提升教师线上教学能力和水平。

第四,已有的171节微课可以成为教师的教学资源和学生的学习资源,但是这些微课的内容与市级网课有重合,需要进行优化。

基于上述思考,我校架构了线上教学管理平台(见图3):

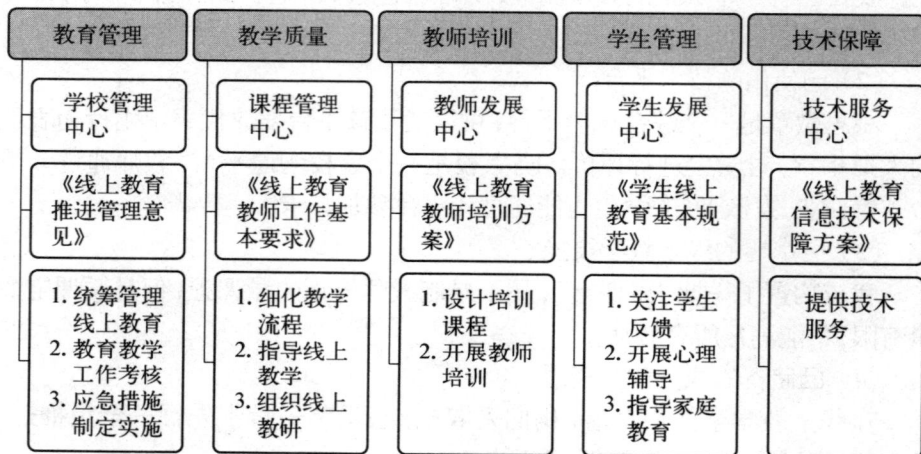

教育管理	教学质量	教师培训	学生管理	技术保障
学校管理中心	课程管理中心	教师发展中心	学生发展中心	技术服务中心
《线上教育推进管理意见》	《线上教育教师工作基本要求》	《线上教育教师培训方案》	《学生线上教育基本规范》	《线上教育信息技术保障方案》
1. 统筹管理线上教育 2. 教育教学工作考核 3. 应急措施制定实施	1. 细化教学流程 2. 指导线上教学 3. 组织线上教研	1. 设计培训课程 2. 开展教师培训	1. 关注学生反馈 2. 开展心理辅导 3. 指导家庭教育	提供技术服务

图3　线上教学平台架构图

二、探索线上教学实践策略

经过一个阶段实践,我校提炼出五个策略:

(一)线上教学流程化

流程化的工作可以帮助教师更快地适应线上教学。教学流程化,即制定教学步骤,将碎片化的工作进行系统化的处理。在原有的教学五流程的基础上,我校形成了线上教学五流程(见图4):

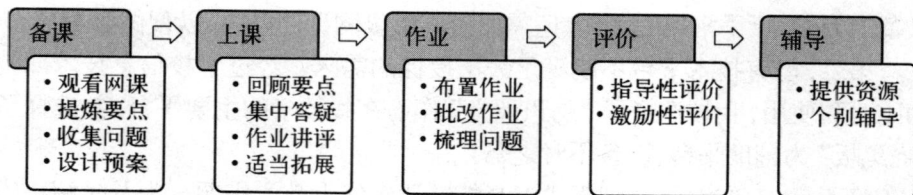

备课	上课	作业	评价	辅导
·观看网课 ·提炼要点 ·收集问题 ·设计预案	·回顾要点 ·集中答疑 ·作业讲评 ·适当拓展	·布置作业 ·批改作业 ·梳理问题	·指导性评价 ·激励性评价	·提供资源 ·个别辅导

图4　线上教学五流程

1. 备课环节

我校关注与市级网课的对接，根据"研读课标—分析学情—提炼要点—收集问题—设计预案—个性修改"的研修流程，开展集体备课，具体操作如下：教研组组织全体学科教师通过提前观看市级网课，对教学中目标达成度、重难点突破度进行切片式的分析，并组织集体备课。

2. 上课环节

市级"空中课堂"为20分钟，教学容量大，学生以"听众"的形式参与，没有互动的机会。因此，我校提出了板块式的线上教学模式。具体操作如下：教师将线上教学划分为四个板块，按照"回顾要点—集中答疑—作业讲评—适当拓展"的流程展开教学，抓住核心问题，让学生讨论、交流。

3. 作业环节

为确保作业训练的精准性，作业环节做到三个基于：基于市网络授课内容确定辅导内容；基于一周教学内容统筹安排；基于收集学生学习问题情况。大致经历一个循环过程（见图5）：

在这个环节，数据分析再次成为核心，教师基于数据分析，收集错题，并进行分层讲评。

4. 评价环节

借助小思徽章平台对学习习惯进行激励性评价，对能够主动完成作业、互动积极的学生，发放定制徽章。借助微校平台对学业成果进行评价。开展在线答题，通过分析数据，教师可以及时了解每一位学生在各个知识环节的掌握情况，精准定位学生的学习缺失，还能从学生作业的时长，深层分析学生习惯缺位，为改进教学提供依据（见图6、图7、图8）。

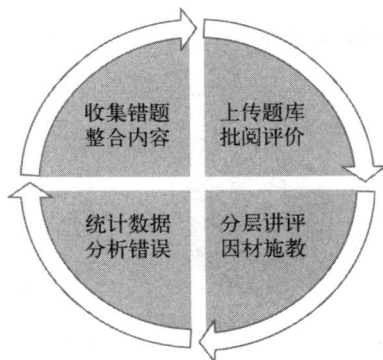

图5 线上教学作业设计流程图

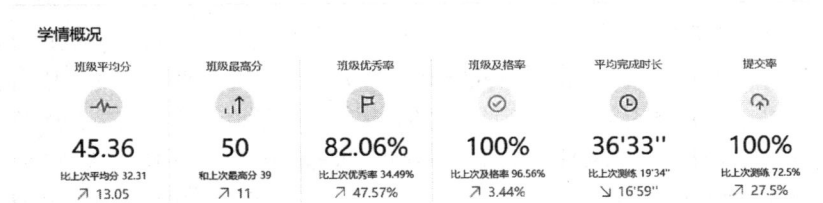

学情概况

班级平均分	班级最高分	班级优秀率	班级及格率	平均完成时长	提交率
45.36	50	82.06%	100%	36'33''	100%
比上次平均分 32.31	和上次最高分 39	比上次优秀率 34.49%	比上次及格率 96.56%	比上次测练 19'34''	比上次测练 72.5%
↗ 13.05	↗ 11	↗ 47.57%	↗ 3.44%	↘ 16'59''	↗ 27.5%

图6 学生在线答题总体情况

时长分布

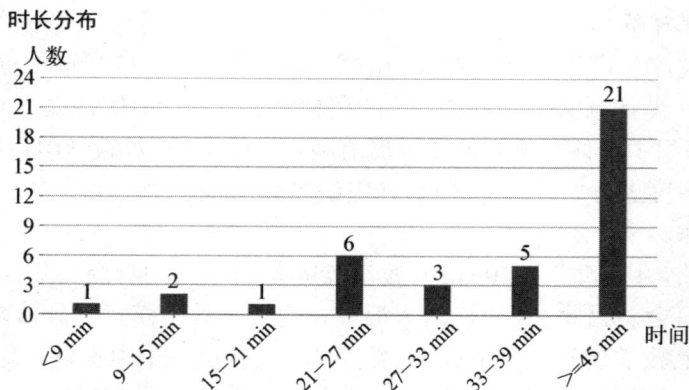

图7　学生在线答题完成时长分布图

我的答题习惯如何？

习惯等级

你完成作业速度超过了74%的同学，
加油，相信你可以表现更出色！

答题时间

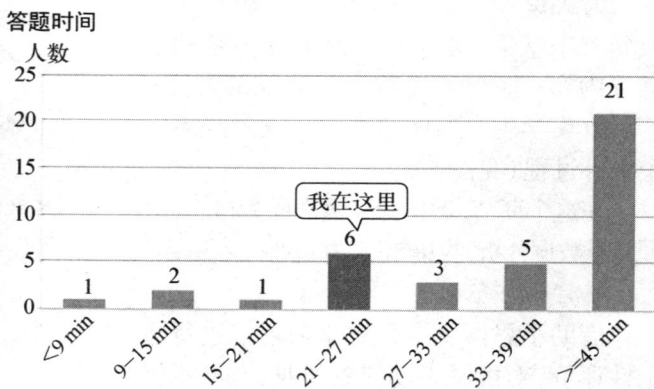

图8　某学生答题习惯反馈

5. 辅导环节

　　基于数据分析，我校制定了三种因材施教的在线教学决策，分别是集体辅导、按需辅导和个别辅导。集体辅导，针对集体性问题，通过腾讯课堂针对性跟进训练，及时指导学生制作属于自己的错题集；按需辅导，老师通过录屏讲解和制作微课，给予学生更多的选择，让学生"错误很多反复听、稍有错误挑选听、没有错误不用听"拓展学习的时空；差异化的个别辅导，采用分层教学的方式，邀请个别有需要的学生进入腾讯课堂，也欢迎其他学生进来旁听。自我管理能力较强的学生则无须进入，可以自主安排，提高效率，让学习有困难的学生享受精细辅导，学习自我管理，最终实现大面积的因材施教。

（二）线上教研常态化

借助腾讯会议，将线下常态教研转化为线上常态教研。以备课组为单位，每周安排一次线上教研。除了固定教研的时间，根据线上教学的特点，确定教研模式：分工备课—模拟课堂—梳理问题—交流意见。

1. 分工备课

围绕"基于课标、立足学生，整合资源、提升课效"的原则，组织教师根据学生的"学习表现""学习结果"，根据教师的"教学体验"确定一周的学习计划，分工备课，凸显"聚焦课标，整理要点；摸清家底，找准弱点；制作PPT，突出重点"的教学要求，努力让每一堂备课能充分利用"空中课堂"资源，成为学生拓展个性学习的渠道；让每一次在线教研互动，形成智慧研学的生态。

2. 模拟课堂

我们着力研究在线互动教学，每次教研活动，以"学科＋活动"的方式，不断优化课程设计，以"实践＋提炼"的方式，不断模拟在线课堂的探索，确保课程组织方式和教学样态的不断优化。

3. 梳理问题

模拟课堂之后，我们采取"切片式"分析，关注目标的达成度、重难点的突破度和训练的实施度等维度进行分析，选取典型，分析原因，梳理问题，调整互动内容、调整练习内容，优化教学实践。

4. 交流意见

针对问题，教师再根据自己的"在线教学体验"分析讨论，形成可供推广的具体做法，让教师教学更有章法，让教研互动更有合力。

（三）学生管理艺术化

线上教学最大的特点是需要学生有较强的自我管理能力。为此，我校以"文化"的方式落实渗透教育主题，以"主题—活动"的内容序列落实管理内容，具体采取了两个措施：

1. 开展线上家长会

召开线上家长会，达成"线上教学，家庭管理更重要"的共识；鼓励家长渗透学校"大拇指文化"，运用大拇指评价指导手册，有效开展线下陪护；形成家长辅导小贴士，让教育尺度更有温度。

2. 有效评价培养学生的自我管理能力

借助小思徽章平台，对学生线上学习、生活进行评价。关注学生学习习惯的养成，培养学生的自我管理能力。

（四）教育保障制度化

线上教学的有序推进，离不开制度的保障。在这个过程中，校长研究布局、部门研究方案、组长研究策略，形成了一整套各有侧重的制度，见表格：

侧　　重　　点	制　度　名　称
侧重在线教学推进	《在线教学课程推进管理意见》
侧重在线教学技术保障	《在线信息技术保障方案》
侧重在线教学质量	《在线教学工作指导意见》

为了确保后期在线课堂的高质量推进，还制定了《新冠病毒肺炎疫情防控期间教育教学工作考核条例》，及时宣传和表彰每一个在防疫期间靠前站位、亮出"核心"使命担当的宝山区第二中心小学每一名教育人。

（五）技术培训体系化

一个教师的技术缺位，有可能导致一个班、一个学科的线上教育缺失。为此，我们确保本校教师技术零缺位，采取"行政骨干先行—师徒结对互助—教师全面普及"的路径，稳步推进线上培训工作，防止因教师技术不到位，导致学生学习不到位。

三、追求线上教学管理实效

经过两个多月的实践，我们向家长和教师发放问卷，调研教学效果。数据证明，线上教学管理有一定实效。

（一）全力以赴不掉队

在线上教学管理下，我校注重因材施教，尽力确保每个学生不掉队。家长问卷第7题：

7. 线上学习期间，您觉得自己的孩子对于各学科知识掌握的程度为（　　）。	
选　　项	比　　例
A. 非常好	53.06%
B. 比较好	21.04%
C. 一般	20.75%
D. 不太好	1.15%

从家长对孩子的学科知识掌握的评价来看,过半家长认可线上教学的效果,仅1.15%的家长认为孩子的知识掌握不理想。再看家长问卷第9题:

9. 您对学校提供的线上教学服务,最满意的一项是(　　　)。	
选　　项	比　　例
A. 线上互动环节	40.45%
B. 小思徽章发放	17.2%
C. 作业辅导环节	38.54%
D. 作业批改	3.82%
您的理由是:	

40.45%的家长对于线上互动环节非常满意,理由是老师的讲解与市级网课有很好的衔接,学生有充分的机会发言。38.54%的家长对于作业辅导非常满意,这些家长的孩子多数得到过个别辅导。

（二）对标一流提品质

发挥备课组团队作用,"学名师、增师智、提师能";我们实施教学保障机制:课前定人员、定时间、进课堂,课中做记录、找亮点、寻不足;课后勤交流、做反馈、保质量;我们研究在线教研模型,形成"梳理学情要素寻找突破—设计教学预案研究模型—统计在线学习数据分析干预"的研修模型,做好学生学习的领航人,努力实现减负增效。

（三）齐心协力补短板

通过数据分析,了解教师的实际需求,齐心协力补短板。经过一段时间的实践,教师也深感受益。教师问卷第6题:

线上教学以来,我校为老师提供了多种培训,开展了多次教研活动,您觉得对您的教学最有帮助的是(　　　)。

A. 信息技术培训　　　　　B. 线上教研活动　　　　　C. 没有任何帮助

1～5年教龄的青年教师多数选择了B项,因为教研活动的研修,实行分工备课,共享资源,弥补了青年教师教学经验不足的短板。而25～30年教龄的老教师则认为学校开展多级技术培训,成立技术服务中心,弥补了自己信息技术运用能力不足的短板。

线上教学实践以来,我们发现信息技术可以打破空间限制、时间限制,能够更好地因材施教。我们还看到在信息技术的帮助下,资源共享更为便利,教师专业发展有了新方向。疫情结束,我们依旧会在线上教学上进行持之以恒的探索,汇集"云"力量,架好"空中课堂",惠及全体师生。

【作者简介】

谈莉莉,上海市特级校长,高级教师,上海市"双名工程"名校长培养对象,长三角名校长高级研修班学员,曾获上海市优秀校长、上海市园丁奖。

本文曾发表于《宝山教育》2020年《2020在线教学专刊》,获得宝山区2020年线上教学优秀案例评比一等奖。

经验+实证：流程化教研模式构建

——数学教研组"图形与几何模块"教学改进

数学素养是指当前或未来的生活中为满足个人成为一个会关心、会思考的公民的需要而具备的认识、理解数学在自然、社会生活中的地位的能力，做出数学判断的能力，以及参与数学活动的能力，提升小学生数学素养有助于学生终身和未来的发展。通过大量数据的分析可以发现，小学生空间想象能力的培养，对于学生从数学的角度看待问题，用数学的思维思考问题，用数学的方法解决问题起到至关重要的作用。因此，利用数据分析来改进高年级图形与几何模块的教学，提升高年级学生的空间想象能力，成为数学教研组的教学改进的一个重点。

一、研究背景

近年来，"核心素养"成为了新一轮课程改革中的方向标，引领着中小学课程教学改革实践。而针对数学学科，马云鹏教授指出，数学学科素养可以理解为学生学习数学应当达成的有特定意义的综合性能力，它是在数学知识技能的学习过程中形成的，有助于学生深刻理解与掌握数学知识技能。数学素养不等同于数学知识技能，是高于数学的知识技能，指向于学生的一般发展，有助于学生的终身发展。数学素养与数学课程的目标和内容密切相关，对于理解数学内容的本质、设计数学教学，以及开展数学学习评价等，有着重要的意义和价值。人们所遇到的问题可能是数学问题，也可能不是明显的和直接的数学问题，而具备数学素养的人可以从数学的角度看待问题，用数学的思维方法思考问题，用数学的方法解决问题。

《义务教育数学课程标准（2011年版）》明确提出，数学教学中应特别重视的10个重要能力，即数感、符号意识、空间观念、几何直观、数据分析观念、运算能力、推理能力、模型思想、应用意识和创新意识。

在基于日常教学和评价检测的数据分析下，可以直观地发现小学生的空间想象能力相对其他数学素养而言较弱。小学教学的基本目标，就是要培养小学生的想象能力，通过对学生空间想象能力的培养，进而促成创造性思维能力的不断发展和提高，对于小学生的启蒙教学具有一定的价值意义。

因此，数学教研组将目光定位于图形与几何模块中提升小学生空间想象这一数学能力和素养上，通过对于学生和教师两个方面的评价，立足于教育的过程性和发展性，对当前教育评价中结果性评价取向的扭转，有效推动教师从关注少数优秀学生发展到关注每一个学生发展的转变，让每一个学生的价值都得到体现；同时，也有利于激发教师的效能，调动教师的积极性，实现整个教研组的内涵式发展。

二、基于数据分析，精准定位原因

"互联网+"催生了大数据，形成了新的生产力。运用大数据为教学改革服务，提高教学的有效性，是大数据时代教学改革面临的新挑战。而教师可以利用学情分析、行为轨迹等基本数据，寻找学生学习的困难和瓶颈位置，确定课堂教学的重点、难点，定位教学起点，调整教学进程，改进教学策略，改变固有的教学流程。

1. 传统质量分析的不足之处

在传统检测中，教师试图通过分析班级错误率情况的统计来找到自己的教学问题，进而提出改进意见作为后期的改进实施方法。但是，从传统的质量分析中我们不难发现，教师无非将改进意见分成两类：一类为学生的学习态度问题；另一类为知识点的欠缺，后期应进行针对性的训练。

题型		应得分	实得分	得分率	错误举例	分析原因（老师）
第一部分	一	369	357	96.7%		计算总体不错，有1个人计算扣分严重，需要针对这个人的计算问题进行训练。
	二	492	476	96.7%		
	三	656	640	97.6%		

续　表

题型		应得分	实得分	得分率	错误举例	分析原因(老师)
	四	492	468	95.1%		填表的难度不大，但是全班有11人出错，说明老师对于学习习惯和学习态度需要加强关注。
第二部分	五	902	883	97.9%		学生对与分数的理解还不全面，对于整体与部分之间的变化不能产生逻辑的关联，老师需要通过数形结合帮孩子进一步理解。周长和面积在计算的时候会搞混，说明这类题目的熟练度还不够，并且学生的学习习惯也有些问题，需要加强关注。

　　这样简单而又单一的质量分析，会导致以下几个问题：

　　（1）统计对象较为单一，不具备全面性。教师能看到的仅仅是本班级的情况，无法进行班级与班级之间的横向比较，不能及时了解全校乃至全区同年级学生的一般水平，也就很难客观地看到自己教学的优势和劣势，不利于教师对自己好的教学经验的总结、归纳以及对教学薄弱点的把握和改进。

　　（2）统计内容为大题，不具备针对性。传统的质量分析，分析的往往是具体某些大题的得分率，但是我们也发现，具体某一大题中包含了多个知识考核内容，以填空题为例，得分率往往仅有70%～80%，分析原因也就是概念模糊，但具体是哪方面的概念教师依旧模糊不清，自然也就无法找到具有针对性的改进意见。

（3）统计数据存在偶然因素，客观性不足。教师进行质量分析的目的是希望寻找到教学问题从而进行改进，但不可否认，某一次的分项检测存在数据的偶然性，如：这一题目检测前恰好做过类似的题型。用这样单——次的数据去衡量一位教师的教学情况也就不够客观。

（4）改进效果不可视，不具备持续性。教师对每一次的质量分析都针对的是某一次分项检测，往往关注的也就是一次的问题，改进也就变成了"头痛医头脚痛医脚"，而对"医好了吗"这一问题我们无法进行持续性地跟踪，下一次的检测数据也就变成了一个新的"医治"过程，上一次的改进是否具有成效？是否值得推广还是需要进行调整我们不得而知。

（5）教师的分析意识不强，进行完成任务式的质量分析，缺乏主动性和积极性。如果出现前期没有训练到的新题型，我们可以看到教师往往是把原因归结为没有训练到位，会在后期加入这类题型，没有真正关注到学生未能掌握的本质原因，提出的改进意见存在一定的偏差。甚至有些班级计算部分得分率较低，个别教师归结为学生学习态度问题，无法真正实现分析为后期的教学服务的宗旨。

（6）缺乏过程性评价分析，难以精准定位改进措施。因为一次的结果除了教学过程中存在的必然性缺失，还存在了某次检测的偶然性问题，缺乏了日常教学的过程性分析，得到的原因也就存在片面性，对于分析结果及改进措施的精准性就有一定的偏差，存在教师的主观臆断。

2. 基于大数据的分析流程

因此，数学教研组从学校的分项检测数据入手，形成了"指向课堂改进的数据分析流程图"，让教师依据流程能更全面、更细致地进行数据分析，最终能形成切实且有针对性的课堂教学改进点。在进行数据分析时，首先在收集数据的过程中寻找学生在"数与运算""图形与几何""统计与概率""方程与代数"这四大模块中的短板，并在错例中抽离出问题的共性，通过对于《数学课程标准》及《上海市小学数学学科教学基本要求》的深度研读，提炼出学生知识问题背后体现的能力和素养的缺失，并通过关联其他学科的数据加以论证。

为了进一步精准地找到学生数学素养的缺失，可收集学生日常获得小思徽章和《"成长的足迹"大拇指评价手册》中记录的过程性数据，同时通过访谈、问卷等多种形式，找到学生的本质缺失原因及教师日常教学中的关注点，力求让分析具有精准性、针对性，能结合每一个学生的目前水平提出具有实

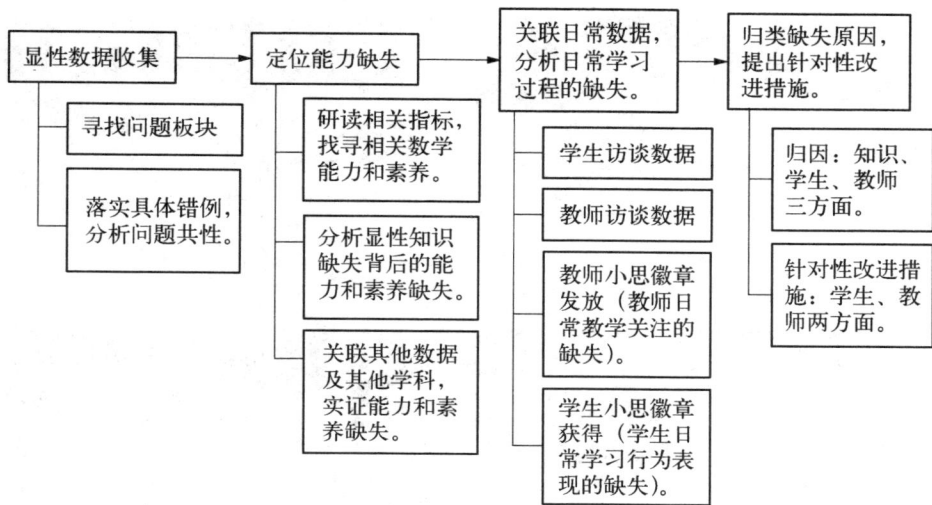

图1 指向课堂改进的数据分析流程图

效性的改进措施,既为每一位学生数学素养的增值提供帮助,也为教师的个体发展提供依据。

3.基于数据分析的数学教研组改进点确立

数学组研究了一至五年级的分项检测数据情况,结合《数学课程标准》及《上海市小学数学学科教学基本要求》,发现学生在图形几何模块的缺失较大,通过一系列相关错例的共性分析,集中发现学生的空间想象能力相对比较薄弱,同时,关联了美术、英语等学科的相关检测及教师访谈数据,也集中反映出了这一问题。因此,数学教研组将提升学生空间想象能力作为教学改进的一个重点,力求通过教研活动示范、日常教学改进、练习设计改进等多种形式,为学生的空间想象能力的提升做出努力。

接下来就以关于"图形与几何"知识范畴的空间想象能力缺失的针对性教研分析为例,看一下如何确立的这一改进点:

针对某次五年级毕业分项检测,就评价结果依托网络公司进行了大数据的分析,从全区的层面对10个班级进行了针对性的统计和比较,并用统计图的形式直观地体现统计结果。

从统计图中可以发现,此次五年级在"数与运算""图形与几何""方程与代数""统计与概率"四大模块中,图形与几何模块相对较弱。

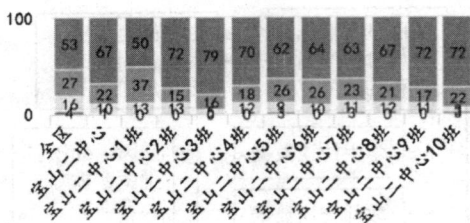

数与运算

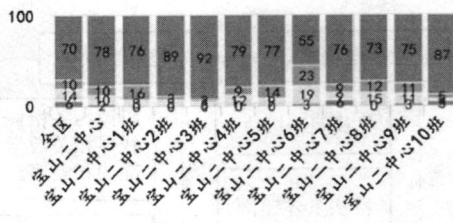

方程与代数

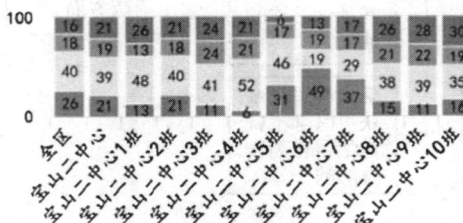

图形与几何

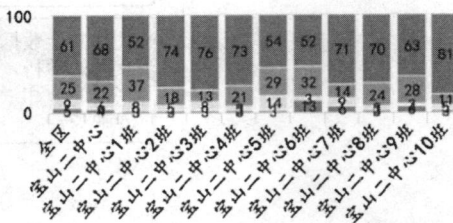

统计与概率

■ A ■ B □ C ■ D

纵观一至五年级的各年级分项检测数据，各分项数据结果依然呈现出图形几何模块是四个分项模块中的短板。

之后教研组教师就"图形与几何"模块研读了《上海市小学数学学科教学基本要求》，发现小学阶段"图形与几何"这一学习领域主要研究现实世界中的物体和几何图形的形状、大小、位置关系及其变化。

学　习　内　容	学　科　素　养
学生主要学习常见几何图形的基本特征，图形的轴对称性，周长、面积、表面积与体积的意义、计算方法及其简单应用。学习时，要经历从现实背景中抽象出图形的过程，通过观察、操作、想象等活动，加强对平面图形的形状、大小、位置关系及轴对称性的感知与体验，还要开展制作模型等实践活动，促进长方体、正方体与其平面展开图的双向联想。	"图形与几何"的学习有利于学生从"形"的视角去认识周围的事物，感受几何图形的美，发展空间想象能力，培养几何直观与推理能力，逐步培养几何学习的良好习惯，拓展数学应用的范围，增强数学应用意识。

回到具体检测试卷中，我们可以发现，正确率低的题目都集中在图形与几何模块。

序号	题 号	知 识 点	全区	本校
1	一	小数加减乘除计算	6.87	4.92
2	二_1,二_2,二_3	小数简便计算	8.16	4.12
3	二_4	小数四则混合运算	3.80	1.40
4	三_1,三_2	解方程	1.92	0.98
5	四_1,四_2	列综合式或方程解决问题	8.52	5.41
6	5-1	估算的实际运用	7.14	4.49
7	5-2,六2-1,六2-2,六3-1,六3-2	数的认识	28.44	20.22
8	5-3,六4-1,六4-2,六11-1,六11-2	含字母式子的意义	20.46	17.78
9	5-4	体积的认识	5.05	1.97
10	5-5	长、正方体体积	15.37	14.04
11	5-6	长方体的体积与容积	32.44	25.00
12	5-7	统计图的认识	12.85	9.55
13	5-8,九-1	四则混合运算的应用	32.94	30.90
14	六1-1,六1-2	量与计量	9.19	4.78
15	六5-1,六5-2,八_1,八_2,八_3,八_4	方程的简单应用	10.88	6.38
16	六6-1,六6-2	知识之间的关系	41.82	35.81
17	六7-1,六7-2,六7-3	平面图形的周长和面积	27.60	23.13
18	六8-1	长方体体积运用	6.91	5.06
19	六8-2	长、正方体表面积变化	17.74	12.64

续　表

序号	题　　　号	知　识　点	全区	本校
20	六9-1,六9-2	平均数的应用	8.44	7.44
21	六10-1,六10-2,六10-3	可能性	10.16	8.05
22	七_1	轴对称图形	4.31	3.51
23	七_2	长、正方体的展开图	27.52	21.21
24	九_2	组合体体积	57.38	54.35

可以发现在集中错误的24题中,有9题是图形与几何模块的内容,占37.5%;而在这9题中,7题是属于立体几何的内容,占77.8%。可见在图形与几何中学生对于立体几何的学习更加有困难。针对错的立体几何的7题检测点做细致分析,发现错误集中在长方体、正方体的展开图,以及体积的变化这类问题,也就是说学生的问题不在于基本的立体图形认识,也不在于体积和表面积的基本计算,而是对于立体图形的空间想象能力比较薄弱。

因此,数学教研组将提升学生的空间想象能力作为图形与几何模块改进的素养落脚点,希望在教学改进中找到可操作、可复制的范式进行推广,最终提升学生的空间想象能力,解决图形与几何模块的短板问题。

三、构建教研流程,提炼改进措施

数学教研组尝试通过学校给予的大数据分析结果,借助集体的智慧进行全面的并具有针对性的分析,从而尝试提出教学改进意见,形成教学范式,最终为学生数学素养的形成和提升形成脉络式的分析,为教师今后的教学提供教学策略的参考。

我们从"收集→改进→总结"三个阶段入手,希望通过构建规范化的教研模式流程提供给数学组各位教师一个基于数据的教学改进范式,同时在基于流程的改进过程中收集好相关的改进案例。希望通过这样一种方式,让基于数据的教学改进成为每一位教师的教学改进思考方式,帮助教师更好地改进教学,从而实现因材施教的教育目标,同时也帮助教师更好地成长。

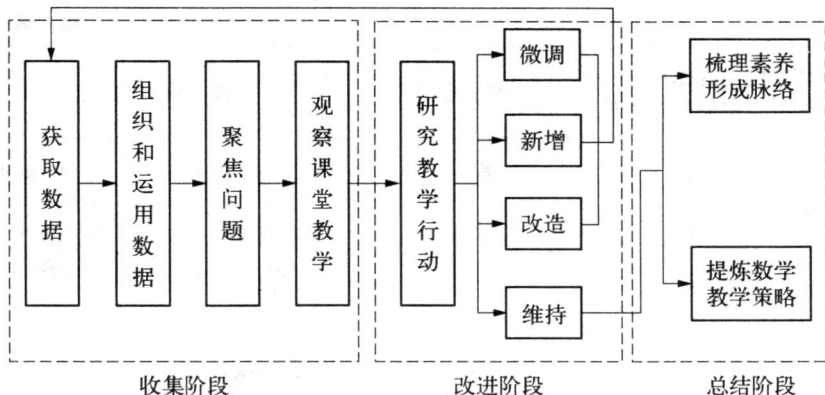

图2 基于数据分析的教学改进流程图

1. 基于数据的收集阶段

我们利用分项评价后的数据进行班级与班级之间、教学模块之间的差异分析，同时，结合教师的日常教学课堂观察以及日常的教学行为评价，从而找到教师教学中的侧重点，试图分析出班级与班级之间、班级与一般水平之间的差异产生的本质原因，并基于教学经验和优秀教师的做法，提出相应的改进点和拟改进措施。

我们尝试将各位数学教师在针对数据分析中的空间想象能力在图形与几何模块教学中的问题分三个层面进行汇总，并将汇总的问题进行有效的归类并提出针对性的改进措施。希望在对问题进行梳理的过程中，能找到切实有效的教学改进方法，并在后期实际课堂教学中具体落实这些改进点，最终反馈到数据中，以此论证改进方法的有效性。

表1 空间想象能力提升的改进点

空间想象能力在图形与几何模块教学中的问题汇总	改进点汇总	改 进 方 法
知识内容方面 A1. 几何板块部分概念对在学生学习过程中容易产生混淆。 A2. 空间观念和空间想象能力的发展主要在几何板块，比较单一。	针对A1、A2、A4、S1～S3、T1～T4问题，教师可关注变式练习的设计，发展教师关注思想方法的意	1. 在目标设计时需要有意识、有针对性地制定数学思想方法的目标。 2. 设计"系统化的系列问题"，感悟数学思想方法。 3. 在教学设计时，关注学生的认知能力和认知特点。

空间想象能力在图形与几何 模块教学中的问题汇总	改进点汇总	改　进　方　法
A3. 缺乏几何直观、空间想象等能力。 A4. 对于图形之间的联系不清,知识没有形成脉络。	识,提炼发展学生思想方法的教学策略和方法。	4. 课堂中注重知识的总结、整理与复习,在整理与复习的过程中能有效地将知识系统化,通过系统化的知识,能更深刻地感悟数学思想方法。
学生学习方面 S1. 部分学生的空间想象能力比较薄弱。 S2. 解题策略的运用不足。 S3. 学生审题不清,信息获取不全面。 S4. 难以将文字在脑中抽象出几何图形。 S5. 无法将文字用画图、剪纸等活动转化为图形进行思考。	针对 S4～S5、T6～T7 问题,通过不同类型的操作活动,提升空间想象能力。	1. 数学操作需要具有生活性、层次性、实践性。 2. 关注课堂操作活动: (1)观察理解概念的操作:通过观察、体验大量的例子,从例子中找出实物之间的联系或共同属性,形成概念。 (2)探究数学规律的操作:注重学生的猜测、验证和归纳的过程。 (3)形成数学技能的操作:在教师的引导和帮助下或者同伴的合作中完成。 (4)用知识解决问题的操作:通过动手实践将已经学习的数学知识运用到解决实际生活问题。
教师教学方面 T1. 教学中对数形结合等数学思想不够重视。 T2. 无法在课堂中有效让学生感悟数学思想。 T3. 变式练习不足。 T4. 对于学生的前概念和认知能力认识不足。 T5. 课堂中缺少情境创设,学生缺乏真实需求。 T6. 不能系统、科学地进行操作活动设计。 T7. 对操作活动缺乏科学的理论指导,不能对学生实施有	针对 A2、A3、S1、S4、S5、T5 问题,通过创设有效的问题情境,提升学生解决问题的能力。	1. 创设生活化的问题情境,勾起学生已有认知进行推理。 2. 创设启发性的问题情境,给学生的自主探究搭建平台。 3. 创设趣味性的问题情境,给学生层层深入探究的动力。 4. 创设开放性的问题情境,让学生的思维模式从"单一思维"到"多向拓展",让学生在开放性、探究性问题中表现自我、发展自我,从而初步形成"我能够而且应当学会数学地思考"。

续　表

空间想象能力在图形与几何模块教学中的问题汇总	改进点汇总	改　进　方　法
效的课堂观察，也没有进行深入的课后反思，达不到操作活动的效果。		

2. 基于数据的改进阶段

结合梳理出的空间想象能力提升的改进点，老师确立了改进的课例，在改进过程中从"微调""新增""改造"和"维持"四个方面来全面落实教学改进，教研组利用教研活动时间集体探讨课例的改进成效。

同时，为了切实地落实教学改进成效，数学教研组通过梳理《数学课程标准》和《上海市小学数学学科教学基本要求》中对低、中、高三个年段的学习要求，结合学生的年龄和认知特点，我们尝试提出了符合年龄特征的教学手段，并根据循序渐进、螺旋式上升的素养提升目标提出了相应的改进效果评价点。希望通过有效教学手段的辅助，结合教学改进方法，能最终实现每个阶段学生应达到的知识、能力和素养的目标。

表2　改进效果评价点

年　段	低　年　段	中　年　段	高　年　段
空间想象能力发展阶段	萌芽阶段	初步形成阶段	逐步提升阶段
年龄特点	低年级的学生具有爱玩的天性，他们渴望动手操作，但是由于认知程度比较浅，所以常常浮于表面而无法深入。	学生已经对图形的空间想象有了基本的技巧和概念，但还较模糊，特别对于辨析有一定的困难。	虽然学生在低段已经初步认识了一些简单的立体图形，能够识别出长方体、正方体、圆柱和球。但是高段数学中"几何体""空间"以及"图形"知识的出现，更是在很大程度上增加了小学高段数学教学的困难程度。

年　段	低　年　段	中　年　段	高　年　段
采用的教学手段	可采用直接参与操作的方式构建图形特征。	借助信息技术对模糊判断进行辨析,尤其是为能力还较弱的学生提供直观的支撑。	高年段学生的思维从直观形象思维为主逐步向抽象思维过渡,因此在教学中,教师可按照学生认识事物的规律,使学生获得空间与图形的鲜明表象,积累几何图形丰富的感性经验。充分利用信息技术,使无形变为有形,使有限变为无限。
改进效果评价点	学生能够积极参与到教学活动中,在潜移默化中渗透空间想象能力。	运用信息技术,帮助学生增强空间想象能力,学会想象的方法,在原有的基础上进一步展开想象,有助于学生今后能够独立探究并解决相关变式问题,可以说在学生心中埋下了想象的种子。	在需求的刺激下,学生能主动地进行空间想象,而当想象能力不足的时候,学生可以通过同伴的操作和演示,吸取间接经验,从而对新知识有更深的理解和认识。

3. 基于数据的总结阶段

但我们也知道,仅仅一些课例的示范只能是一部分问题的反映,如何做到由一节课辐射一类课,最终辐射到整个高年级图形与几何模块的教学改进,这是值得深入思考的。同时,教研活动一定是有示范性和启示性的,如何让教研活动的研究过程和成果能具体化到日常教学中,让每一位教师都能通过教研活动得到启示和发展呢?

我们尝试充分利用这一个个高年级图形与几何模块的课例,将课例进行具体化的分析,希望从一个个课例中找到共性问题,提升教研的效益。在这个过程中,我们需要老师注意如下三个具体问题:

① 如何确定高年级图形与几何模块课堂教学的核心问题。

成功的教学离不开一个核心问题,这个问题既能紧扣知识内容,又能发展学生的核心素养。就像在高年级图形与几何模块的教学时,除了图形的特征、计算等知识内容外,如何在每一节课都能让学生进行合理的想象,将空间想象能力落到实处? 这是需要后期进一步思考的。

② 日常课堂没有那么多操作活动,如何激发学生空间想象的内驱力。

在教研活动的示范课教学中,教师舍得花大量的时间让学生进行操作,在一次次尝试和操作过程中,学生进行了主动的参与和思考,想象的内驱力被很好地激发。在日常教学中,如何用任务驱动学生空间想象的内驱力,用怎样形式的任务可以激发每一个孩子的学习动力,都是需要尝试和继续探索的。

③ 如何让数据更好地反馈改进效益,让分析更精准、改进更具针对性。

从前期大量的数据分析过程中,我们发现数据分析不能仅仅依靠一两次偶尔的检测结果,而是应根据学业成果及日常学习情况综合分析诊断,生成各种维度的报告,更加科学地梳理和分析,提高教研和科研活动的针对性,尽可能有效地帮助教师进行专业提升,更好地为学生成长奠基。不同的数据来源能给我们指出哪些是针对性强的问题,这是后期在数据分析过程中需要思考的。

我们希望通过这样一种流程化的教研改进模式的构建,能够让数学教研组的全体教师对于改进课例的有效教学经验进行整理、提炼和总结,归纳出对于同一教学问题的改进方案,进而在今后的日常教学实践中教师可以依据课例的改进方法进行针对性地改进,通过跟进数据的分析评价改进效果,最终能提炼和总结策略与方法,为今后教师进行教学实践提供范式,更好地为学生和教师的发展而服务。

【作者简介】

徐弘,教龄8年,一级教师,数学教研组组长。曾获上海市基础教育青年教师爱岗敬业教学竞赛小学组二等奖,宝山区中青年教师教学评选"一等奖"等;先后被评为宝山区教育"十佳青年"提名,宝山区"教学能手"等荣誉称号。

整合+联动：教科研超链接下 教研推进方式的创新

——语文教研组中高年级阅读推断能力的行动研究

如何平衡学校整体发展与教师个人需求，在科研和教研之间找到契合点，既能保障学校龙头课题稳步推进，又能让教师保有个人的研究志趣，而且不增加教师的工作负担？语文教研组以数据分析为支撑的实证研究和以教研活动为载体的行动研究为切入点，在整合联动的视野内，实现教科研超链接，创新教研的推进方式。

一、问题的提出

在2019年度上海市小学学业质量绿色指标检测中，阅读板块的题目8和题目10这两道题，考查的都是学生根据文本信息对相关问题做出合理解释的能力，都指向学生的推断能力。

通过数据分析，教研组发现大部分的学生仅仅关注了显性信息，对问题的解释不完整；甚至还有的学生只根据次要信息做出推断，理解有偏颇，或是不能有效地提取文本信息，理解错误。虽然题目10的得分率略高于本区的整体，但通过

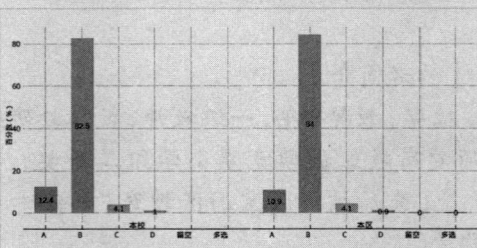

典型题目 8: C3AO221

第③自然段中，关于工匠获得皇帝许多赏赐的原因，表述最恰当的一项是（　　）。

A. 他技术高超，熟练地修好平天冠

B. 他熟练地修好平天冠，维护了皇帝的威权

C. 他主动而又恭敬的态度让皇帝非常高兴

D. 他谦虚的话语让皇帝非常高兴

- 内容维度：阅读
- 考查能力：能根据文本信息、联系个人经验对文本内容作出合理的解释
- 正确答案：B（选 A 得 2 分，选 B 得 4 分，选 C 得 1 分，选 D 得 0 分）
- 本题满分：4 分
- 平均得分率：89.7 %（本校），90.5 %（本区）

图 3-10 学生在题目 C3AO221 的作答情况

本校参加测试的学生中，语文总体水平处于 A、B、C 三个水平的学生在本题上的平均得分率分别为 92.5 %、71.2 %、100 %。

图1 2019年度上海市小学学业质量绿色指标第8题作答情况

典型题目 10: C3AS241

请联系上下文，在第⑤自然段中的横线上填写工匠对妻子说的话。

- 内容维度：阅读
- 考查能力：能根据文本信息、联系个人经验对文本内容作出合理的解释
- 正确答案："我可以专修天平冠，还可以拔老虎刺。"（答对一点得 2 分，答对两点得 4 分）
- 本题满分：4 分
- 平均得分率：92 %（本校），84.1 %（本区）

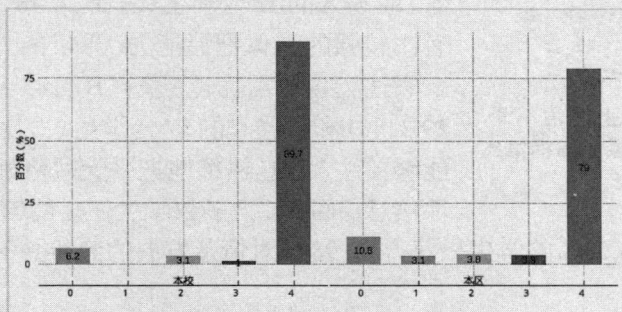

图 3-12 学生在题目 C3AS241 的作答情况

本校参加测试的学生中，语文总体水平处于 A、B、C 三个水平的学生在本题上的平均得分率分别为 97 %、67.3 %、0 %。

图2　2019年度上海市小学学业质量绿色指标第10题作答情况

数据纵向比较，发现各班级之间存在较大的差异：有的班级大部分的学生能从整体出发，通过联系上下文内容做出推断，形成合理的解释；有的班级虽有联系上下文的意识，但对文本的整体把握能力比较薄弱，缺漏关键信息，对问题的解释不完整或偏差；还有个别班级对这类题型，无从下手。

同时，各年段的分项评价的数据也都显示，学生推断词义、推断人物心理活动和推断观点之间的关系，这些知识点失分严重。可见，无论哪个年段的学生，推断是各年段的学生阅读能力的短板。

二、归因分析

为了明确学生推断能力较弱的原因，教研组结合绿色指标中题目8，先对测试的学生进行了访谈，将学生的水平划分为A、B、C、D四个水平层次：A水平最高，他们对文本具有比较强的整体把握能力，既注意了工匠的表现，又注意了皇帝的表现及想法，根据这两个方面的信息做出推断，形成了合理解释；B水平的学生，仅关注了一些显性信息，对问题的解释不完整；C水平的学生，

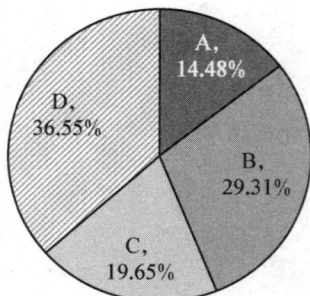

图3 2019年度上海市小学学业质量绿色指标第8题水平分布

只根据一些次要信息做出推断,理解有偏颇;D水平为未达到基本要求,学生不能有效地提取文本信息,理解错误推断不正确。该题的水平分布如左图。

从水平分布及卷面情况和学生日常观察来看,获得A的42名学生(占比14.48%)对文本具有比较强的整体把握能力,思辨能力较好,在语言表达上也非常优越;获得B的85名学生(占比29.31%)和获得C的57名学生(占比19.65%)都能够关注"工匠熟练地把平天冠修好了"这一显性信息。可见,大多数学生还是能够进行简单的推断。尚有36.55%的学生只获得D,98位对情节发展的判断并不准确,27位同学未答题。

考虑到获得B水平、C水平的学生都能够进行简单推断,差别只在于思考不全面,只关注到了显性信息或是次要信息就做出推断。而了解获得D水平学生的思考过程更为重要,于是从A、B两个水平层级各选出1名学生,从D水平层级选出三名学生进行访谈,尝试通过分析学生的答案和访谈结果归纳原因。

1. 学生层面

先看获得A、B等级学生对此题的答案:

B:他熟练地修好平天冠,维护了皇帝的威仪

A:他技术高超,熟练地修好平天冠

再来看看这两位同学是怎样思考的:

Z同学:我先读了前文,知道皇帝出来郊游,发现头上的平天冠坏了,但又来不及回皇宫,感到当下有损皇帝的威仪。又读了后文,从"这到底是自己的本行,工匠熟练地把天平冠修好了",知道工匠获得了皇帝的许多赏赐,是有"维护皇帝的尊严"和"熟练修好天平冠"两个原因。

T同学:我读了本自然段的一句话"这到底是自己的本行,工匠熟练地把天平冠修好了",知道了他技术高超,所以得到了皇帝的很多赏赐。

通过访谈,可见两位学生都用了联系上下文的方法完成该题,但Z同学的思考更为深入,有整体关联意识,关注到句与句之间的关系。T同学只关注了第三自然段邻近的前后两句话。

获得D等级的同学又是如何回答的?

L同学:因为工匠很谦虚。

H同学:工匠说"小人会修"。

W同学:未答题。

对于自己的答案,L同学是这么说的:

在那个年代,谦虚的人,肯定受到皇帝的喜爱。

H同学则说:我觉得,自己称"小人",感觉他很谦虚。

W同学认为这道题没看懂,就没选择。

从答案和访谈来看,一些学生的理解有偏差,比如"小人会修",他们隐约知道如何联系上下文进行推断,但并不清晰、不全面。一些学生仅凭借个人主观猜测进行理解,都是因为没有联系上下文,脱离文本语境进行推断。

那些有联系上下文意识的学生,以T同学访谈为例:

H老师:你用什么方法完成这道题?

T同学:联系上下文。

H老师:你是怎么做的?

T同学:先读读上面的句子,再读读下面的句子,最后想一想。

有的只关注上文,忽视下文;有的只关注邻近的一两句话,导致回答不够完整。综上,学生在阅读中推断能力的表现情况,主要有两个方面:第一,不善于联系文本语境推理;第二,没有形成策略[1]。

"行有不得,反求诸己。"学生的表现背后仍是教师自身的问题。因此,教研组内对本年级的老师进行了问卷调查和访谈,从教师层面归纳原因。

2. 教师层面

教研组内对这届四年级的语文教师进行了《关于推断教学的教师调查问卷》调查,其中:3位经验教师、4位青年教师和1位刚入职的教师。通过问卷调查发现,经验教师有一定的教学经验,对推断[2]的教学重在方法的指导,得分率很高;青年教师对于推断有模糊的概念,但教学策略单一,对于评价的标准

---

1 《美国学生阅读技能训练》一书中这样定义"策略":"阅读者为了完成某一具体任务或者培养某一具体技能,经过慎重思考采取的有目的的手段。阅读策略就像按部就班的程序或食谱,可以将阅读这一无形的工作变得具体并且切实可行。"简而言之,是将阅读工作划分为可行的步骤。(《美国学生阅读技能训练》第17页)

2 《布鲁姆教育目标分类学》(修订版)中,认为认知过程维度包括六个主类别,其中"理解"类别的具体认知过程有解释、举例、分类、总结、推断、比较和说明。(第23页)

你对推断了解吗?

对于推断的教学,你有哪些教学策略?

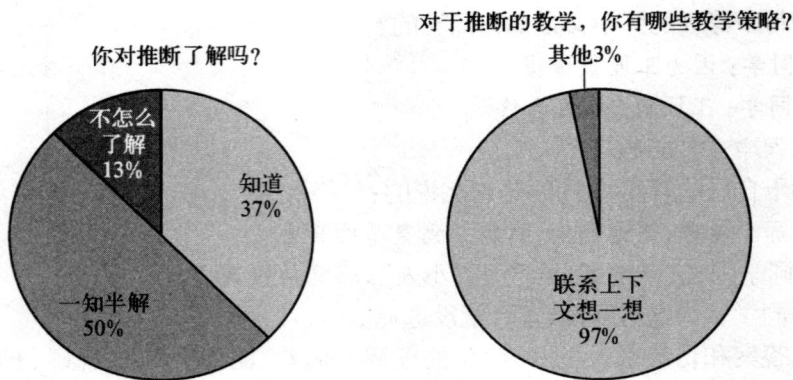

图4　《关于推断教学的教师调查问卷》数据分析图

也很模糊;职初教师对推断很陌生,教学策略更是不知道。

可见,教师教学的策略比较单一是造成班级学生推断能力较弱的首要原因。其次,个别青年教师的本体知识欠缺。比如,在日常教学中,教学生联系上下文时,老师通常是这样处理的:

师:"泛滥"是什么意思?

生1:就是河水溢出来了。

师:文中造成了什么影响呢?读读前后文。

生2:大水淹没了田地,冲毁了房屋,毒蛇猛兽到处伤害百姓和牲畜,人们的生活痛苦极了。

师:你真会读书!【PPT演示:大水淹没了田地,冲毁了房屋,毒蛇猛兽到处伤害百姓和牲畜,人们的生活痛苦极了。】读读这个句子,再说说"泛滥"的意思。

生3:河水溢出来,淹没了田地,冲毁了房屋,毒蛇猛兽到处伤害百姓和牲畜,人们的生活痛苦极了,这就是泛滥。

师:联系了上文,你理解了"泛滥"的意思。

——二上《大禹治水》理解"泛滥"的教学片段

在教学过程中,方法比较单一,即只出示有关联的句子,请学生读一读,再说一说自己的理解。教学中只关注"教内容",却没有对学生思考过程进行回顾,再提炼阅读策略。学生在懵懵懂懂间似乎学会了,实际上仍是一头雾水。

最后,对于推断的评价标准,每位老师都认为推断一定要合理。至于什么是合理,没有定论。

综上,在教师层面,主要有以下几个问题:教师教学方法单一、评价标准不统一;青年教师本体知识缺乏。

三、两个转型实现"超链接"

基于此,我们以"数据分析"和"行动研究"为契合点,从内容、方法等方面进行了转型,在整合联动的视野下使教研与科研之间实现了"超链接"。

(一)转型研究内容

在学校科研的导向下,教研组的教研从研究教材转向研究学生。虽然教材、课程标准和教学参考中阐述了该年龄层次的、一般意义上的学生学习起点,但事实上,学生有着各种各样的差别,我们将目光投向了眼前的每一位学生,研究他们的学习需求、学习动力、思维方式、发展方向,在充分理解学生的基础上改进教学,同时,提高教师自身的目标制定能力、教学整合能力和多元评价能力。

(二)转型研究方法

数据分析帮助教师准确定位教学问题,且贯穿应用于研究全过程。有丰富且真实的数据做支撑,小到个别学生的转化教育,大到整个学科的教学改进,教师都能够结合实际拟订合适的行动研究方案。而行动研究作为一种以问题解决为主要导向的研究方法,很好地弥补了研究与实用之间的脱节,在教研和科研之间架构了桥梁。

四、行动研究过程

教研组采取的是基于数据分析培养小学生语文阅读推断能力的教学实践,将2015届(参加2019年绿色指标检测的)的学生作为研究对象,选择了两个班级,分别是青年教师和职初教师任教的各自班级。

(一)第一轮行动研究

本轮通过文献研究,我们梳理出两个能提升学生推断能力的阅读策略:KIS策略和关联背景知识。

KIS即Key Word、Infer、Support,学生通过文本中的关键词句,对相关内容进行推断,包含三个步骤:第一步,学生需要从文中画出关键词句;第二步,在关键词句之间建立联系并进行推断;第三步,用自己的话阐述你是怎么推断出以上内容。在此过程中,学生可以填写表KIS表格来帮助自己回顾推断

过程:

姓名:	日期:	书名:
文本中的关键词:		
推断:		
支持:你是怎么推断出以上内容		

以四上《牛和鹅》一课进行说明。这一课的书后习题,要求学生体会"我"见到鹅和被鹅袭击的心情。这道题正是要求学生由已知信息推断文本的人物心理。以我见到"鹅"教学为例。老师先让学生默读这一段,画出描写"我"和鹅的表现,并圈出认为能体现人物心情的词语。学生圈出了"不敢""马上""贴着""悄悄"等关键词;然后,老师在多媒体课件中,将学生圈出的关键词凸显出来,让学生在书本上写下表示心情的词语,学生写出了"战战兢兢""害怕"等词;最后,请学生交流自己写的词,并说说写这个词的理由。

在《一只窝囊的大老虎》一课中,引导学生关联背景知识推断"我"的心情为什么会有这样的变化。本文以动作、语言、神态描写为主,因此,可以利用学生在现实生活中对人的认识和了解推断人物的感受。首先,老师请学生自读课文,找到"我"心情的变化。其次,找到这样的变化后,请学生思考为什么会有这样的变化?这些就是学生的背景知识,学生的回答五花八门,最后,学生通过书中的线索和自己的背景知识得出了推断。

> (2)青年画家回去后,着实认真地画起来,用一年的时间画一张画,果然不到一天就卖出去了。此时,他心想:_____。

在课堂教学过程中,往往两种策略是交替进行的。通过一段时间的实践,对该班级进行了一次随堂小测,完成阅读《勤奋的画家——门采尔》,其中一题涉及推断:

这一题要求学生读懂两位画家的对话。首先联系上文,从门采尔的话中归纳获得成功的秘诀,再联系结局,可推断青年画家的心理活动应该是对门采尔的认同,根据这两个方面的信息做出推断,从而领悟了画画需要靠勤奋这个道理。本次小测试中，2个实验班级中获得A等级的学生为32人，获得B等级的学生为28人，获得C等级的学生为15人，获得D等级的学生为15人。与第一次的数据进行对比，见下表：

表1　2019学年第一学期四年级语文年级随堂小测第2题水平分布

等　级	A	B	C	D
第一次	15	18	30	27
第二次	32	28	15	15

从表格中可以看到，获得A、B等级的学生数量有了提高，获得C、D等级的学生数量下降，可见KIS策略和关联背景知识对提升学生的推断能力有一定帮助。

（二）第二轮行动研究

通过反思，我们发现课堂基本是以教师为主导，教师提供策略，学生按部就班地完成。"我们为学生提供阅读策略，希望他们最终能够掌握这些策略。"[1]因此，让学生通过不断地训练直到自然而然地运用成为第二轮行动研究思考的方向。

在本轮的教学设计中，教研组以单元为载体来推进，按照教学的进度，选择了四年级上册第四单元。第一，通过对语文要素的分析以及课后习题的梳理，明确这个单元的重点目标就是抓住故事的起因、经过、结果，复述故事；第二，感受神话的神奇；第三，对神话的主要人物进行评价。这一单元的文体是神话，故事中充满了神奇的想象，神话人物有惊人的成就。要完成复述故事这个任务，需要运用到概括起因、经过、结果这一策略；要完成评价神话中的主要人物，就需要运用到推断人物的心理活动，思考行为背后的动机这一策略。

精读篇目重视方法的学习，略读篇目强调方法的运用，在教学过程中渗透推断策略，以期引导学生在后期的阅读中自主运用。

1　［美］珍妮佛·塞拉瓦洛.《美国学生阅读技能训练》.北京：北京科学技术出版社，2018年版第17页.

1. 课堂教学片段①

表2 第二轮行动研究教学片段

教学目标	抓住关键词句,交流精卫给自己留下的印象。
教学重点	推断行为背后的想法,感受人物的形象。
教学难点	学习如何一步步感受精卫人物的形象。

教学过程	教学意图
老师:同学们,刚才我们抓住故事起因和经过,复述了《精卫填海》这个故事。那故事的结果呢? 学生:这个故事没有结果,大海无边无际,精卫根本不可能填平。 老师:是啊,那么精卫为什么要填海呢?她到底是怎么想的? 学生:精卫想:大海夺去了我年轻的生命,我不甘心,我要复仇,把它填平。于是,她常常飞去西山,用嘴叼着木枝和石块,用来填塞东海。 老师:你联系了上文中故事的起因,推断了精卫填海这一行为的动机。我们来看一段视频。 学生:精卫想:大海夺去了我的生命,我要把它填平,不能让更多人的葬身于此。于是,她常常飞去西山,用嘴叼着木枝和石块,用来填塞东海。 老师:是呀,你不仅联系了故事的起因,还联系了刚才资料中提到的远古时期人类的生活环境进行了推断。现在,你们能说说,精卫是一个怎样的人吗? 学生:我认为精卫不仅是一个坚持不懈的人,更是一个善良的人,她为别人着想,才不辞辛苦,坚持填海。 老师:真会思考,你联系了精卫内心的想法,感受到精卫坚持不懈、为人着想的高贵品质。同学们,谁能来说一说,刚才我们是怎么一步一步感受到精卫的人物形象? 学生:我们先联系上文和老师给的资料,说说精卫内心的想法,再联系精卫的想法来说说精卫是一个怎样的人。 老师:真会学习,要想感受人物形象,我们往往要推断他行为背后的想法。	通过故事结局的想象,推断精卫的心理活动,思考她行动背后的动机,从而感悟人物形象。 在教师一步步的引导下,帮助学生梳理评价人物形象的教学策略。

2. 行动观察①

本研究通过现场观课、小组阅读推断能力情况汇总表和听课教师的评课进行观察、反思。

表3　小组阅读推断能力情况汇总表

四（2）班阅读推断能力情况汇总表					
班级	评价神话中主要人物			故事的复述		
	完整并表述清晰	较完整,语言不够流畅	说不清楚	完整并表述清晰	较完整,语言不够流畅	说不清楚
第一组（9人）	4	3	2	5	3	1
第二组（8人）	5	2	1	4	2	2
第三组（8人）	4	2	2	5	3	0
第四组（8人）	6	2	0	6	2	0
第五组（8人）	5	3	0	5	3	0

　　在第二轮行动研究中,学生通过小组合作,对《精卫填海》的故事复述、主要人物的评价这两个语文要素的达成情况良好,阅读推断能力情况反馈表就是一个很好的汇总说明,相比前一轮,前两类的数量都有所增加。

　　同时,我们又针对全年级的学生就"推断行为背后的想法,感受人物的形象"这个训练点,对学生《语文练习部分》第三题(如图)的情况进行了综合统计。

3.将精卫的别名和其含义正确连线,结合课文内容写出你喜欢的别名及理由。

冤禽　　　　　　　　有志气的鸟

誓鸟　　　　　　　　含冤的鸟

志鸟　　　　　　　　发下誓愿的鸟

我喜欢＿＿＿＿＿这个别名,因为＿＿＿＿＿＿＿＿＿＿＿＿＿＿

＿＿＿＿＿＿＿＿＿＿＿＿＿＿＿＿＿＿＿＿＿＿＿＿＿＿＿＿＿＿

＿＿＿＿＿＿＿＿＿＿＿＿＿＿＿＿＿＿＿＿＿＿＿＿＿＿＿＿＿＿

　　这一题是需要学生结合课文的内容,推断精卫行为背后的想法,从而给出合理的解释。

　　从答题情况来看,获得A水平优秀,能综合使用多种策略的学生有62名学生(占比19.4%);获得B水平良好,仅仅停留在一种策略的有95名学生(占比29.7%);获得C水平合格,仍然只会联系上下文的有76名学生

（占比23.8%）；尚有27.2%的学生只获得D水平，水平未达到基本要求，没有策略。

课后练习题反馈情况

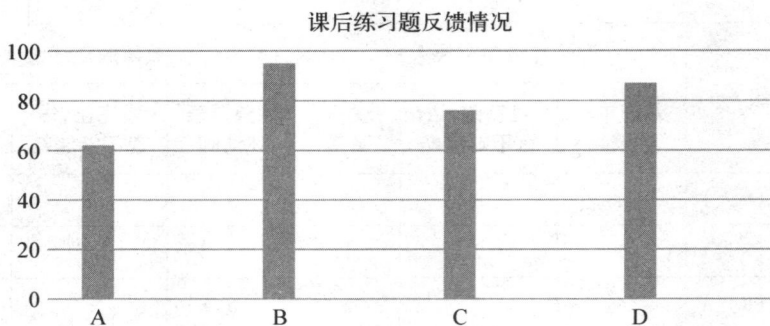

通过学生对这两个问题的情况来看，大部分学生经过本课的学习，已经掌握了如何通过推断来评价人物。

3. 课堂教学片段②

表4　第二轮行动研究教学片段

教学目标	抓住关键词句，交流女娲给自己留下的印象。
教学重点	推断行为背后的想法，感受人物的形象。
教学难点	推断行为背后的想法，感受人物的形象。

教学过程	教学意图
老师：同学们，我们抓住起因、经过和结果，讲述了女娲补天的故事，现在我们交流一下女娲的人物形象。 学生：老师，我读到女娲飞到世界各地找五色石，将五色石炼化补天，非常辛苦，女娲一定是想：如果不把天补好，人们就要一直生活在苦难之中，所以我认为女娲非常善良。 老师：这位同学找到女娲的具体行为，还推断了行为背后的想法，最后再说了对女娲形象的理解。非常了不起。	学生自主学习，通过寻找相关行动的语句，推断背后的想法，从而感受人物的形象。

4. 行动观察②

《女娲补天》是本单元的一篇略读课文，学生通过一个单元的学习后，能合理地运用所学到的策略，推断相关的人物形象。无论是课堂学生的表现还是课后练习题所呈现的数据，都能感受到学生能力的提升。

---

1. 摘录文中表现女娲人物品质的句子，写出其品质。

例：女娲看到这情景，难过极了，决心把天和地修补起来，让人类重新过上幸福的生活。　　　　　　　　　　　　　　　　　　　　　　　　　　　　　【善良】

(1) _____【　　　】

(2) _____【　　　】

本次课后练习反馈情况，获得 A 等级的学生为 115 人，获得 B 等级的学生为 120 人，获得 C 等级的学生为 55 人，获得 D 等级的学生为 30 人。与第一次的数据进行对比，见下表：

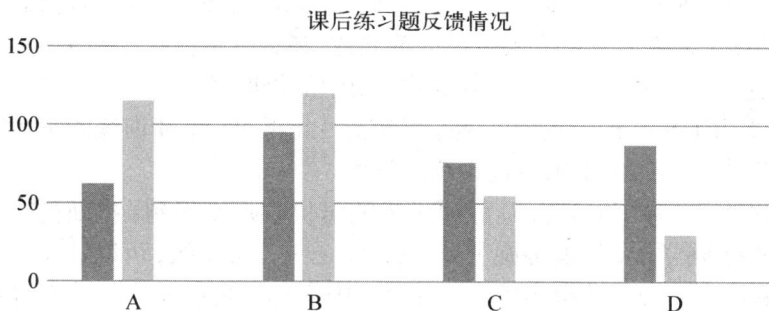

课后练习题反馈情况

五、成效分析和反思

通过近一年时间的实践，在四年级第二学期期末，再次进行阅读分项检测。第二篇阅读中，要求学生读画线句子"我想来想去，决定把小鱼放了，让它们重新回到河里"，写出"我"想了些什么。将四年级各班的得分率与上学期期末的阅读分项进行纵向对比：

班级	四(1)	四(2)	四(3)	四(4)	四(5)	四(6)	四(7)	四(8)	年级平均得分率
第一学期	78.46%	93.47%	76.38%	75.67%	42.65%	65.3%	71.22%	58.33%	70.19%

续　表

班级	四(1)	四(2)	四(3)	四(4)	四(5)	四(6)	四(7)	四(8)	年级平均得分率
第二学期	83.33%	97.37%	80.56%	80.67%	56.65%	70.3%	75.22%	63.33%	84.95%

由表可见，每个班的得分率均有所提高。评价过后，再次对T同学进行访谈，了解他的解题思路：

我先圈出一个关键词"想来想去"，这个词说明故事中的"我"非常犹豫，接下来我问了自己一个问题：为什么犹豫？我读了读上文，知道作者写了"我"抓鱼很不容易，还写了如果不放小鱼会怎么样，我猜主人公既舍不得小鱼，又担心小鱼会死，所以很犹豫。再看了看后文，发现"我"最后还是把鱼放了，我想这道题要写出主人公内心的犹豫，还得写出他最后的决定。

通过访谈可见，原本处于中游的T同学的推断能力上升了一个层次，而且综合使用了KIS和自我提问两个策略，由此可见，经过训练的学生在推断能力上的表现确实优于未经过训练的学生。

通过本次的行动研究，让教研组内的每位教师意识到：推断能力的培养应落实在不同学段，呈现螺旋上升。比如，在一、二年级，可以让学生学会解释自己的想法，查找故事中的固定模式；中高年级可以从人物的互动中得出推论，抓语言和动作来推断人物的性格。不同的文本还有不同的策略，比如，虚构类文本，学生读故事，可以思考行为的动机；非虚构类的文本，学生读说明文，理解了文本的主要观点，可以揣测文本的视角，推断作者为什么要选用这样的写作材料。

在今后的教研中，让教研与科研联动——科研有了"教研"作载体，才能落地；教研有了"科研"提品质，才能高位。

【作者简介】

崔颖，教龄10年，一级教师。曾参与"空中课堂"教学的录制，荣获宝山区中青年教师教学评比一等奖，宝山区"教学能手"等。

洪玲芳，教龄5年，一级教师。曾获宝山区见习规范化培训"优秀见习教师"称号，撰写论文多次获得上海市小学语文教学优秀论文评比活动一、二等奖。

后　　记

　　当数据的浪潮不断袭来，涌入教育领域时，我们开始思考，变还是不变？是被时代的浪潮裹挟着前进，还是乘风破浪勇立潮头？我们选择了后者，教学要变，要从基于经验，转向基于经验和实证的融合，而这样的转变对我们固有的知识体系和行为模式是有巨大冲击的。在我们的日常教学中，收集什么样的数据能够实时、动态、准确地反映教学情况，既切实可行又不增加师生负担？怎么分析收集到的数据，并依据分析结果准确地发现教学问题及其产生的原因？数据会说话，但是我们能听见吗？

　　在研究的推进中，我们的老师从一开始看不懂数据、不喜欢看数据，逐渐变得对数据敏感；数据在老师的眼里，不再是一堆没有意义的数字，而变得会说话、有故事。我们开始能够主动提出并且回答基于数据的问题，用数据进行解释、分析。

　　当然，我们每个人听到数据所发出的声音，可能是各不相同的，得出的信息也不尽相同。如何把这些零散的信息，进行整合、归纳，把其中有价值的部分沉淀下来，这需要依靠教研组集体的力量。我们采用"教研组'公转'带动教师个体'自转'"的方式，进一步聚焦数据转化而来的信息，开展深度解读。我们将数据转化而来的信息，进行了结构化、系统化的梳理，让信息升级为知识，挖掘隐藏在数据背后的丰富价值。当科研和教研融为一体时，每个老师都能在团队协作中不断地参与，共享教研智慧。

　　我们发现，数据和技术让改变有了可能，而教师强烈的意愿和行动力则让改变成为了现实。我们以科研为引领，领航新优质创建，聚焦数据素养，促进专业自觉，老师已经能将数据转化为信息、将信息升级为知识。未来，我们还期待着继续将知识升华为智慧。

　　不论前方是坦途还是坎坷，我们都毫不畏惧，因为宝山区第二中心小学的老师有着共同的愿景——在研究的道路上不断前行，共享数据智慧，铸就卓越品质，成就每一个孩子的幸福人生！

2022 年 6 月 22 日

图书在版编目（CIP）数据

倾听数据的声音／谈莉莉主编. —上海：文汇出
版社，2022.1（2024.1重印）
 ISBN 978－7－5496－3906－9

Ⅰ.①倾…　Ⅱ.①谈…　Ⅲ.① 信息技术－应用－教学
研究　Ⅳ.①G434

中国版本图书馆CIP数据核字（2022）第196397号

倾听数据的声音

——技术赋能的课堂教学改进

主　　编／谈莉莉
副 主 编／吴旻烨　洪玲芳

责任编辑／熊　勇
封面装帧／卢慧珠

出版发行／文匯出版社
　　　　　上海市威海路755号
　　　　　（邮政编码200041）
经　　销／全国新华书店
排　　版／南京展望文化发展有限公司
印刷装订／永清县晔盛亚胶印有限公司
版　　次／2022年11月第1版
印　　次／2024年1月第2次印刷
开　　本／720×1000　1/16
字　　数／450千
印　　张／27

ISBN 978－7－5496－3906－9
定　　价／58.00元